Leitfäden der Informatik

Herbert Klaeren, Michael Sperber

Die Macht der Abstraktion

Leitfäden der Informatik

Herausgegeben von

Prof. Dr. Bernd Becker
Prof. Dr. Friedemann Mattern
Prof. Dr. Heinrich Müller
Prof. Dr. Wilhelm Schäfer
Prof. Dr. Dorothea Wagner
Prof. Dr. Ingo Wegener

Die Leitfäden der Informatik behandeln

■ Themen aus der Theoretischen, Praktischen und Technischen Informatik entsprechend dem aktuellen Stand der Wissenschaft in einer systematischen und fundierten Darstellung des jeweiligen Gebietes

■ Methoden und Ergebnisse der Informatik, ausgearbeitet und dargestellt aus der Sicht der Anwendung in einer für Anwender verständlichen, exakten und präzisen Form.

Die Bände der Reihe wenden sich zum einen als Grundlage und Ergänzung zu Vorlesungen der Informatik an Studierende und Lehrende in Informatik-Studiengängen an Hochschulen, zum anderen an „Praktiker", die sich einen Überblick über die Anwendungen der Informatik (-Methoden) verschaffen wollen; sie dienen aber auch in Wirtschaft, Industrie und Verwaltung tätigen Informatikerinnen und Informatikern zur Fortbildung in praxisrelevanten Fragestellungen ihres Faches.

Herbert Klaeren, Michael Sperber

Die Macht
der Abstraktion

Einführung in die
Programmierung

Teubner

Bibliografische Information der Deutschen Bibliothek
Die Deutsche Bibliothek verzeichnet diese Publikation in der Deutschen Nationalbibliographie;
detaillierte bibliografische Daten sind im Internet über <http://dnb.ddb.de> abrufbar.

Prof. Dr. nat. Herbert Klaeren

Geboren 1950 in Gerolstein/Eifel. Studium der Mathematik und Informatik an der Universität Bonn. Promotion in Informatik an der RWTH Aachen (1980). Seit 1988 Professor für Programmiersprachen und Übersetzer an der Eberhard-Karls-Universität Tübingen.

Dr. rer. nat. Michael Sperber

Geboren 1971 in Marburg/Lahn. Studium der Informatik und Mathematik an den Universitäten Hagen, Hannover und Tübingen. Promotion in Informatik an der Universität Tübingen (2001). Bis 2003 wissenschaftlicher Assistent am Lehrstuhl für Programmiersprachen und Übersetzer an der Eberhard-Karls-Universität Tübingen. Seit 2003 freiberuflicher Software-Entwickler.

1. Auflage Januar 2007

Alle Rechte vorbehalten
© B. G. Teubner Verlag / GWV Fachverlage GmbH, Wiesbaden 2007

Lektorat: Ulrich Sandten / Kerstin Hoffmann

Der B. G. Teubner Verlag ist ein Unternehmen der Fachverlagsgruppe BertelsmannSpringer.
www.teubner.de

Umschlaggestaltung: Ulrike Weigel, www.CorporateDesignGroup.de
Druck und buchbinderische Verarbeitung: Strauss Offsetdruck, Mörlenbach
Gedruckt auf säurefreiem und chlorfrei gebleichtem Papier.
Printed in Germany

ISBN 978-3-8351-0155-5

Inhaltsverzeichnis

Vorwort

What is a magician but a practicing theorist? — Obi-Wan Kenobi

Obi-Wan Kenobis berühmte Bemerkung gilt auch für die Hauptdisziplin der Informatik, das Programmieren. Meister der Programmierung beherrschen sowohl die Praxis als auch die Theorie dahinter.

Die Erstellung kleiner Programme ist einfach und schnell erlernbar und erfordert keine umfangreiche professionelle Ausbildung: Diese Programme können durch schrittweise Änderungen und Ausprobieren erstellt werden. Wenn Fehler auftreten, wird einfach geflickt – bis das Programm adäquat arbeitet oder den nächsten Fehler aufweist. Diese Technik der Programmentwicklung durch Basteln funktioniert, so lange die Programme klein bleiben. Wachsen die Programme, nehmen die Fehler unaufhaltsam zu und neue Erweiterungen fallen immer schwerer. Von diesem Problem können Computeranwender ein Liedchen singen, deren Sofware Fehler produziert, abstürzt oder von Schädlingen befallen wird, die durch „unvorhergesehene" Lücken im System schlüpfen. Erfahrene Software-Entwickler wissen, wie solche Programmierung ihre Arbeit erschwert und was für Risiken sie birgt.

Die erfolgreiche Entwicklung realistischer und großer Software-Systeme benötigt nach wie vor die Fähigkeiten eines Meisters. Ein Meister der Programmierung unterscheidet sich vom Anfänger vor allen Dingen dadurch, daß er Programme systematisch anstatt durch Basteln und Flickwerk entwickelt. Er benutzt wie ein Architekt, Ingenieur oder Handwerker bei seiner Tätigkeit eine Vielzahl von grundlegenden Werkzeugen und Techniken, die genau auf bestimmte, oft wiederkehrende Probleme zugeschnitten sind. Er erkennt außerdem, wenn ein bestimmtes Problem eine besondere Strategie erfordert und benutzt dann seine Kreativität und Erfahrung, um neue Lösungstechniken zu entwickeln und anzuwenden. Die Meisterschaft der Programmierung kombiniert also grundlegende handwerkliche Fähigkeiten mit der Inspiration der Kreativität. Um beides geht es in diesem Buch.

Dieses Buch benutzt *Konstruktionsanleitungen* als Grundlage für die systematische Programmentwicklung. Die Konstruktionsanleitungen sind ein schrittweiser Leitfaden für die Entwicklung von Programmen. Die einzelnen Anleitungen beschreiben konkrete Programmiertechniken und orientieren sich direkt an den Daten des Problems. Die Konstruktionsanleitungen vereinfachen die Entwicklung von korrekten Programmmen drastisch. Sie bieten außerdem leichte Zugänge zu traditionell als „schwierig" angesehenen Themen wie zusammengesetzten Daten oder Rekursion. Außerdem erlauben sie dem Programmierer, seine kreative Energie auf die wirklich schwierigen Probleme zu konzentrieren.

Die Grundlage aller mächtigen Programmiertechniken ist die *Abstraktion*, die Fähigkeit, über Details zu verallgemeinern, um die Gesamtstruktur des Programms im Auge zu behalten und seine Komplexität zu beherrschen. Um die Konstruktion der Programmen und damit die Abstraktion geht es in diesem Buch. Getreu Obi-Wans Weisung spielen dabei nicht nur die äußerlichen Aspekte von Programmen eine Rolle, sondern auch deren inneren Qualitäten: die theoretischen Grundlagen der Programmauswertung, aber auch die systematische Entwicklung, Verständlichkeit, Eleganz und Schönheit.

Lehre mit diesem Buch

Die Macht der Abstraktion ist aus dem Vorgängerbuch *Vom Problem zum Programm* und der Lehrpraxis entstanden: Das hier präsentierte Material entstammt einer Reihe von einführenden Vorlesungen zur Informatik für Haupt- und Nebenfachstudenten und für Geisteswissenschaftler sowie Erfahrungen in zahlreichen Fortbildungen. Inhalte und Präsentation wurden dabei unter Beobachtung der Studenten und ihres Lernerfolgs immer wieder verbessert. Der Stoff dieses Buchs entspricht einer einsemestrigen Vorlesung *Informatik I* mit vier Vorlesungsstunden und zwei Übungsstunden.

Gegenüber *Vom Problem zum Programm* ist die Behandlung der Programmierung vollständig neu entwickelt worden; insbesondere ist die systematische Behandlung von Konstruktionsanleitungen neu. Auch alles andere Material wurde gründlich überarbeitet und ggf. angepaßt.

Das Material dieses Buchs unterliegt einer mehr oder minder willkürlichen Reihenfolge. Wir, die Autoren dieses Buchs, haben die Vorlesung zum Buch in zwei „Spuren" organisiert, *Bedeutung* und *Konstruktion*. In der Spur zur Konstruktion geht es um die konkrete Programmierung, in der Spur zur Bedeutung um die Grundlagen. Dieses Prinzip hat sich in der Praxis bewährt. Es ist auch möglich, den Fokus auf die Konstruktions-Kapitel (Kapitel 2, 3, 4, die zweite Hälfte von Kapitel 6, Kapitel 7, 8, 9, 11, 12 und 13) unter weitgehendem Verzicht auf die Bedeutungs-Spur zu setzen, zum Beispiel in einer speziellen Vorlesung für Nebenfächler oder fachfremde Studierende.

Anhang B erläutert die im Buch verwendeten mathematischen Notationen und Termini.

Programmiersprache

Leider sind die heute in der Industrie populären Programmiersprachen für die Lehre nicht geeignet: ihre Abstraktionsmittel sind begrenzt, und das Erlernen ihrer komplizierten Syntax kostet wertvolle Zeit und Kraft.

Aus diesem Grund verwendet der vorliegende Text die Programmiersprache *Scheme*. Ursprünglich in den 70er Jahren entstanden, bis heute weiterentwickelt und verfeinert, hat Scheme den Test der Zeit bestanden: alle wichtigen Programmiertechniken lassen sich in Scheme demonstrieren. Mehr noch: Scheme-Programme sind kürzer als ihre Pendants in anderen etablierten Sprachen und lassen sich damit einfacher erklären, abdrucken und an die Tafel schreiben. Moderne Scheme-Systeme bieten außerdem hervorragende Entwicklungsumgebungen sowie mächtige Bibliotheken für die Programmierung von Grafik und Benutzeroberflächen. Scheme-Programmierer lernen, weil ihnen die zugrundeliegenden Programmiertechniken bereits bestens vertraut sind, neue Programmiersprachen erfahrungsgemäß in einem Bruchteil der Zeit, die ihre Kollegen dazu brauchen. Es ist deswegen nicht verwunderlich, daß Scheme als Programmiersprache der Wahl sowohl in der Ausbildung als auch in besonders fortschrittlichen kommerziellen Entwicklungsprojekten zunehmend Fuß faßt.

Trotzdem ist dieses Buch kein ausgewiesener Scheme-Kurs: Viele interessante Aspekte der Sprache werden nicht behandelt. Stattdessen dient Scheme hier lediglich zur Illustration allgemeiner Prinzipien des Programmierens. Eine Beschäftigung über den Stoff in diesem Buch hinaus ist lohnenswert, genau wie die Beschäftigung mit anderen Programmiersprachen.

Zum Zeitpunkt der Drucklegung ist die nächste Auflage des Sprachstandards von Scheme (das sogenannte R^6RS [SPERBER et al. 2006]) in Arbeit. Diese Auflage wird viele Veränderungen und Erweiterungen der Sprache beschreiben. Die Programmierbeispiele dieses Buchs benutzen allerdings eine spezielle Variante der Sprache, die im Scheme-System DrScheme läuft, und werden auch nach der Veröffentlichung des R^6RS weiter funktionieren.

Software und Material zum Buch

Die Programmierbeispiele dieses Buchs bauen auf der Programmierumgebung DrScheme auf, die speziell für die Programmierausbildung entwickelt wurde. Insbesondere unterstützt DrScheme die Verwendung sogenannter *Sprachebenen*, Varianten der Sprache, die speziell für die Ausbildung zugeschnitten wurden. Dieses Buch benutzt spezielle Sprachebenen, die Teil der sogenannten *DMdA-Erweiterungen* von DrScheme sind.

DrScheme ist kostenlos im Internet auf der Seite `http://www.drscheme.org/` erhältlich und läuft auf Windows-, Mac- und Unix-/Linux-Rechnern. Die DMdA-Erweiterungen sind von der Homepage zu *Die Macht der Abstraktion* erhältlich:

`http://www.deinprogramm.de/dmda/`

Dort steht auch eine Installationsanleitung.

Auf der Homepage befindet sich weiteres Material zum Buch, insbesondere Quelltext für alle Programmbeispiele zum Herunterladen.

Danksagungen

Wir, die Autoren, haben bei der Erstellung dieses Buchs immens von der Hilfe anderer profitiert. Robert Giegerich, Ulrich Güntzer, Peter Thiemann, Martin Plümicke, Christoph Schmitz und Volker Klaeren machten viele Verbesserungsvorschläge zum Vorgängerbuch *Vom Problem zum Programm*.

Martin Gasbichler hielt einen Teil der Vorlesungen der letzten *Informatik I*, half bei der Entwicklung der DMdA-Erweiterungen und ist für eine große Anzahl von Verbesserungen verantwortlich, die sich in diesem Buch finden. Eric Knauel, Marcus Crestani, Sabine Sperber und Mayte Fleischer brachten viele Verbesserungsvorschläge ein. Besonderer Dank gebührt den Tutoren und Studenten unserer Vorlesung *Informatik I*, die eine Fülle wertvoller Kritik und exzellenter Verbesserungsvorschläge lieferten.

Wir sind außerdem dankbar für die Arbeit unserer Kollegen, die Pionierarbeit in der Entwicklung von Konzepten für die Programmierausbildung geliefert haben. Besonders zu nennen sind Harold Abelson, Gerald Jay Sussman und Julie Sussman für ihr bahnbrechendes und immer noch richtungsweisendes Buch *Structure and Interpretation of Computer Programs* [ABELSON et al. 1996] sowie Max Hailperin, Barbara Kaiser und Karl Knight für das exzellente *Concrete Abstractions* [HAILPERIN et al. 1999]. Eine besondere Stellung nehmen Matthias Felleisen, Robert Bruce Findler, Matthew Flatt und Shriram Krishnamurthi und ihr Buch *How to Design Programs* [FELLEISEN et al. 2001] ein, das entscheidende didaktische Impulse für dieses Buch gegeben hat. Felleisens Arbeit im Rahmen des PLT-Projekts hat uns stark beeinflußt; das PLT-DrScheme-System ist eine entscheidende Grundlage für die Arbeit mit diesem Buch. Großer Dank gebührt den Erfindern der Sprache, Guy L. Steele und Gerald Jay Sussman und den Redakteuren der folgenden Ausgaben des Scheme-Standards.

Herbert Klaeren

Michael Sperber

Tübingen, September 2006

1 Was ist Informatik?

Der Bürger der Informationsgesellschaft gerät täglich mit Informatik in Berührung und ist deshalb mit ihren Anwendungen vertraut. Diese Anwendungen sind allerdings so breit gefächert, daß es sich lohnt, einen Blick auf den eigentlichen Inhalt der Disziplin zu werfen.

Seit etwa 1967 gibt es in der Bundesrepublik Deutschland den Studiengang Informatik. In Amerika ist das entsprechende Wort *informatics* nicht sehr verbreitet, dort sind die Bezeichnungen *„Computer Science"* oder *„Computing Science(s)"* üblich. Die deutsche Bezeichnung wurde damals in Anlehnung an den von der *Académie Française* geprägten Begriff *„informatique"* gewählt, die dort als *„traitement rationnel de l'information"* (rationale Behandlung der Information) definiert wurde. (Einige geschichtliche Hinweise zur Informatik finden sich in Anhang A.)

Der Gleichklang von „Informatik" mit „Mathematik" ist kein Zufall. Die Wortschöpfer wollten deutlich machen, daß es in der Informatik um mehr geht als um Computer; es geht um Informationsverarbeitung und damit neben informationsverarbeitenden Maschinen auch um mathematische Modelle der Prozesse, die auf ihnen ablaufen.

Die Informatik ist auch vom Paradigma der *Ingenieurwissenschaft* geprägt. Der American Council of Engineers [BRITANNICA CD 1994-1999] definiert die Tätigkeit eines Ingenieurs als

> „die schöpferische Anwendung wissenschaftlicher Prinzipien auf Entwurf und Entwicklung von Strukturen, Maschinen, Apparaten oder Herstellungsprozessen oder Arbeiten, wobei diese einzeln oder in Kombination verwendet werden; oder dies alles zu konstruieren und zu betreiben in voller Kenntnis seines Entwurfs; oder dessen Verhalten unter bestimmten Betriebsbedingungen vorherzusagen; alles dies im Hinblick auf eine gewünschte Funktion, Wirtschaftlichkeit des Betriebs und Sicherheit von Leben und Eigentum."

Diese Erklärung enthält drei wichtige Ziele:

1. Erstes Ziel des Ingenieurs ist, eine „gewünschte Funktion" zu erbringen, also den Schritt von einem Problem zu einer Lösung. Im Gegensatz zur Mathematik, die sich vielfach mit reinen Existenzbeweisen zufriedengibt, muß in der Informatik die Lösung *konstruktiv* sein und ein greifbares Ergebnis erbringen.

2. Die Problemlösungen sollen im Hinblick auf die Wirtschaftlichkeit *effizient* sein.

3. Informatiksysteme sind inzwischen an fast allen Aspekten des täglichen Lebens beteiligt und haben damit das Potential, großen Schaden anzurichten – an wirtschaftlichem

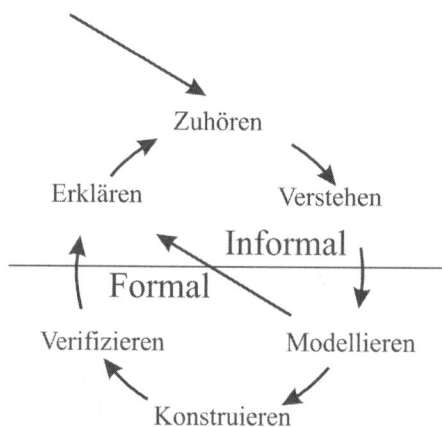

Abbildung 1.1   Entwicklung eines Informatikprodukts

Gut, Leben und Gesundheit, aber auch schwerer zu fassenden gesellschaftlichen Gütern wie Privatsphäre und Datensicherheit. Dementsprechende Sicherheitsbetrachtungen gehören von jeher zu den Pflichten des Ingenieurs.

Informatiker erarbeiten Lösungen für Probleme von Menschen und Organisationen und müssen damit oft interdisziplinär arbeiten und viele unterschiedliche Ansätze verfolgen können. Sie haben es selten mit klar definierten Aufgaben zu tun. Oft müssen sie die eigentliche Aufgabe erst herausfinden.

Computerprogramme sind formale Objekte, die der Computer rigide interpretiert. Selbst kleinste Unterschiede, wie die Ersetzung eines Kommas durch einen Punkt, können deshalb schwerwiegende Konsequenzen haben.[1]

Die Anwendungswelt, innerhalb derer sich die Informatikprodukte bewähren müssen, ist in aller Regel nicht formalisiert. Informatiker müssen zwischen ihrer exakten Wissenschaft und der Welt vermitteln. Ihre kommunikativen Fähigkeiten sind dabei stark gefordert.

In Abbildung 1.1 ist das idealisierte Arbeitsverfahren bei der Herstellung von Informatikprodukten schematisch dargestellt. Die Linie in der Mitte trennt informale von formalen Vorgängen. Die Arbeit des Informatikers beginnt informal, indem er einem zukünftigen Benutzer seines Produkts („Auftraggeber") aufmerksam zuhört und versteht, welche Anforderungen dieser an das Produkt hat. Nach dem Verstehen wendet er zunächst formale Methoden an, indem er ein *Modell* des geplanten Produkts herstellt. Vermutlich wird der Auftraggeber das Ergebnis der Modellierung nicht verstehen können. Der Informatiker erklärt ihm deshalb die Eigenschaften des entstandenen Modells. Möglicherweise stellen sich

---

[1]Ein klassisches Beispiel ist der Fehlschlag der Mariner-1-Mission 1962. Die 80 Millionen Dollar teure Sonde mußte gesprengt werden, als sie vom Kurs abwich. Das Problem wurde auf einen einzelnen falschen Buchstaben in einem Programm zurückgeführt.

dabei Mißverständnisse zwischen Auftraggeber und Informatiker heraus. Der Auftraggeber wird dann seine Vorstellungen präzisieren, erweitern oder revidieren. Nach einigen Iterationen des Zyklus „Zuhören-Verstehen-Modellieren-Erklären", die hoffentlich zu einem gemeinsamen Verständnis bei Auftraggeber und Informatiker geführt haben, beginnt die Konstruktion des Produkts. Danach findet sicherheitshalber eine Verifikation des konstruierten Programms relativ zu dem Modell statt. Anschließend erklärt der Informatiker das fertige Produkt dem Auftraggeber, was möglicherweise weitere Mißverständnisse und Änderungswünsche zutage fördert.

Textaufgaben oder Denksportaufgaben in Wochenzeitungen oder Magazinen stellen Prototypen *informeller Problembeschreibungen* dar. Speziell die Denksportaufgaben zeigen, daß häufig die eigentliche Leistung in der Spezifikation des Problems liegt. Ein banales Beispiel aus einem Mathematikbuch für die Schule zeigt die Tücken informeller Problembeschreibungen auf:

> Auf einem Parkplatz stehen PKWs und Motorräder ohne Beiwagen. Zusammen seien es n Fahrzeuge mit insgesamt m Rädern. Bestimme die Anzahl P der PKWs.

Diese Aufgabe beschreibt viele Probleme, nämlich je eines für jede mögliche Wahl von n und m. Anders gesagt: Die Problembeschreibung enthält n und m als *Parameter*. Das Problem ist die Berechnung eines Funktionswerts $P(n,m)$.

Die Anzahl $P(n,m)$ der PKWs plus die Anzahl $M(n,m)$ der Motorräder muß offensichtlich die Gesamtzahl n der Fahrzeuge ergeben. Außerdem hat jeder PKW vier Räder und jedes Motorrad zwei Räder. Die Radzahlen der PKWs und Motorräder zusammen müssen m ergeben. Wenn also P für $P(n,m)$ steht und M für $M(n,m)$, ergibt sich folgendes Gleichungssystem:

$$\begin{aligned} P + M &= n \\ 4P + 2M &= m \end{aligned}$$

Auflösen der ersten Gleichung nach M ergibt

$$M = n - P$$

und Einsetzen in die zweite Gleichung führt zu

$$\begin{aligned} 4P + 2(n-P) &= m \\ 4P + 2n - 2P &= m \\ 2P &= m - 2n \\ P &= \frac{m-2n}{2} \end{aligned}$$

An dieser Stelle ist das Problem scheinbar gelöst; es ließe sich jetzt nach dieser Formel ein Computerprogramm schreiben. Trotzdem produziert diese Formel einige erstaunliche Resultate, z. B. für $n = 3$ und $m = 9$:

$$P(3,9) = \frac{9 - 2 \cdot 3}{2} = \frac{3}{2} = 1,5$$

Also müßten auf dem Parkplatz anderthalb PKWs stehen. Offensichtlich ergibt die Aufgabe nur einen Sinn, wenn die Anzahl m der Räder gerade ist. Aber das ist noch nicht alles, wie die Rechnung für $n = 5$ und $m = 2$ zeigt:

$$P(5,2) = \frac{2 - 2 \cdot 5}{2} = \frac{2(1-5)}{2} = 1 - 5 = -4$$

Die Antwort wäre in diesem Fall also *„Es fehlen vier PKWs"*, was auch unsinnig ist. Die Anzahl der Räder muß mindestens zweimal so groß sein wie die Anzahl der Fahrzeuge. Ein dritter Versuch mit $n = 2$ und $m = 10$ ergibt:

$$P(2,10) = \frac{10 - 2 \cdot 2}{2} = \frac{10 - 4}{2} = 3$$

Dieses Ergebnis ist noch besorgniserregender als die anderen beiden, denn hier ist nicht sofort ersichtlich, daß das Ergebnis unsinnig ist. Erst auf den zweiten Blick fällt das Problem auf. Wenn das Ergebnis stimmte, wären drei von zwei Fahrzeugen PKWs und das dritte Fahrzeug eine Art „negatives Motorrad", weil die Anzahl der Räder höchstens viermal so groß sein darf wie die Anzahl der Fahrzeuge.

Der „Fehler" in der Problembeschreibung dieses Beispiels ist, daß einige Tatsachen aus der Anschauungswelt als allgemein bekannt vorausgesetzt werden. Unter anderem wird im Beispiel davon ausgegangen, daß es sich bei n und m tatsächlich um die Fahrzeugzahl und Räderzahl eines realen Parkplatzes handelt. Dort können die hier angesprochenen Probleme natürlich nicht auftreten. Für die mathematische Behandlung in der Formel oben sind jedoch n und m nur irgendwelche Zahlen. Der Bezug zu real existierenden Gegenständen ist aufgehoben. Derartige *Abstraktionsschritte* sind typisch für die Mathematik und die Informatik. In der Informatik sind die Folgen einer inkonsequenten Benutzung von Abstraktionen gelegentlich verheerend, weil sie durch Computer vervielfacht werden.

Ein vorsichtiger Informatiker würde deshalb für das Parkplatzproblem eine Einschränkung für die Eingaben seiner Formel formulieren:

$$m \text{ gerade und } 2n \leq m \leq 4n$$

Diese Anforderungen sind hinreichend für die Lösbarkeit des Gleichungssystems über $\mathbb{N}$: Wenn die Zahl der Räder m gerade ist, dann ist auch $m - 2n$ gerade, so daß die Zahl P der PKWs in jedem Fall eine ganze Zahl wird. Die Bedingung $2n \leq m$ sorgt dafür, daß P nicht negativ wird und die Bedingung $m \leq 4n$ dafür, daß der maximale Wert von P gleich n ist; dadurch werden negative Motorradzahlen vermieden.

Wenn diese Voraussetzung – auch *Anforderung* genannt – nicht erfüllt ist, produziert das Verfahren kein sinnvolles Ergebnis. Im Idealfall sind Programme *robust* und überprüfen die Einhaltung ihrer Anforderungen selbst, bevor sie mit der Rechnung beginnen.

2 Elemente des Programmierens

Programmierung ist die Erstellung von Computerprogrammen. Ein Computerprogramm (oder kurz *Programm*) beschreibt einen *Berechnungsprozeß*, manchmal auch *Informationsverarbeitungsprozeß* genannt. Ein Berechnungsprozeß verrichtet seine Arbeit, indem er *Daten* verarbeitet. Diese Daten sind *Repräsentationen* von Dingen, die außerhalb des Computers existieren. Das sind manchmal reale Dinge – ein Fingerabdruck, die Position eines UFOs oder eine Abschlußarbeit – aber oft auch nur Ideen im Kopf des Programmierers. Ein Computerprogramm enthält Regeln, die genau angeben, wie sich der Berechnungsprozeß verhalten soll.

Das wichtigste Werkzeug des Programmierers bei der Spezifikation von Berechnungsprozessen ist die Programmiersprache. Da diese die Ausdrucksmittel bestimmt, die dem Programmierer bei der Lösung von Problemen zur Verfügung stehen, ist ihre Auswahl von großer Bedeutung. Die grundlegenden Konzepte des Programmierens sind jedoch von der konkreten Programmiersprache unabhängig. Dieses Kapitel beschreibt die Grundelemente des Programmierens anhand der Programmiersprache Scheme und des Scheme-Systems DrScheme.

2.1 Handwerkszeug für das Programmieren

In diesem Kapitel wird zum ersten Mal die Programmierumgebung *DrScheme* verwendet. (Bezugsquelle und weitere Hinweise dazu stehen im Vorwort.) Zur Verwendung mit diesem Buch müssen in DrScheme die DMdA-Erweiterungen aktiviert werden. Dies geschieht durch Auswahl des Menüpunkts `Sprache → Sprache auswählen` (bzw. `Language → Choose language` in der englischen Fassung), worauf ein Dialog zur Auswahl von sogenannten *Sprachebenen* erscheint. Dort gibt es in der Abteilung `Lehrsprachen` eine Überschrift namens `DeinProgramm`, unterhalb dessen mehrere Einträge erscheinen, die speziell auf die Kapitel dieses Buchs zugeschnitten sind.

Für den ersten Teil des Buches ist die Ebene `Die Macht der Abstraktion - Anfänger` zuständig. In Kapitel 7 wird auf `Die Macht der Abstraktion` (ohne „Anfänger"), und in Kapitel 12 auf `Die Macht der Abstraktion mit Zuweisungen` umgeschaltet. In Kapitel 16 kommt schließlich `Die Macht der Abstraktion - fortgeschritten` zum Einsatz.

Der Programmierer kann DrScheme ähnlich wie einen Taschenrechner benutzen: DrScheme akzeptiert eine Eingabe mit einer „Frage", berechnet sofort eine Antwort und gibt diese aus. Danach akzeptiert das System die nächste Eingabe. Auf Englisch heißt diese Vor-

Abbildung 2.1   Die REPL von DrScheme

gehensweise „*read-eval-print loop*", kurz: REPL. DrScheme bietet dem Programmierer deshalb ein zweigeteiltes Fenster:

1. In der oberen Hälfte des Fensters (dem *Editor* oder *Definitionsfenster*) steht der Programmtext. Der Editor funktioniert ähnlich wie ein reguläres Textverarbeitungsprogramm.

2. In der unteren Hälfte des Fensters (der *REPL* oder dem *Interaktionsfenster*) finden die Interaktionen zwischen Benutzer und Programm statt. Außerdem kann der Programmierer hier „Fragen" an das Programm stellen, um einzelne Programmteile gezielt auszuprobieren.

   Die REPL hat gegenüber dem Editor den Vorteil, daß DrScheme die Antworten sofort nach Druck auf die Return-Taste berechnet und ausdruckt. Anders als der Inhalt des Editors kann der Inhalt der REPL allerdings nicht direkt abgespeichert werden. Der Editor ist also für den entstehenden Programmtext gedacht, die REPL zum schnellen Ausprobieren.

Ein Scheme-Programm besteht aus einer Aneinanderreihung von *Formen*. Manche Formen, die *Ausdrücke*, haben ein Ergebnis, einen *Wert*. Beim Druck auf die Start-Taste (die in der englischen Version Execute heißt) führt DrScheme den Berechnungsprozeß aus, der zum Programm im Editor gehört. Dabei werden die Werte aller Ausdrücke des Scheme-Programms in der REPL angezeigt.

Abbildung 2.1 zeigt das DrScheme-System mit einem kleinen Vorgriff auf die Scheme-Programmierung: Es besteht aus vier untereinanderstehenden Formen, von denen die letzten beiden, (+ x y) und (- y x), Ausdrücke sind. Unten sind die Ergebnisse dieser Aus-

drücke, 65 und 19, zu erkennen, sowie das Ergebnis des in der REPL eingegebenen Ausdrucks (* x y).

DrScheme wird mit umfangreicher Dokumentation geliefert, darunter auch eine Führung
durch die Bedieneroberfläche, die unter dem Stichwort Tour im Hilfezentrum liegt, das
über den Menüpunkt Hilfe → Hilfezentrum erreichbar ist. (Die Führung liegt zum
Zeitpunkt der Drucklegung dieses Buches allerdings leider nur in Englisch vor.)

2.2 Bausteine für Programme

Hier ist ein Computerprogramm in der Programmiersprache Scheme:

23

Wenn dieses Programm im Editor eingegeben und der Start-Knopf gedrückt wird, so steht
in der REPL das Ergebnis: 23. Dieses Programm besteht aus einem *Literal*, einem festen
Namen für einen bestimmten Datenwert. Da der Wert eines Literals immer der gleiche ist,
heißt er *Konstante*.

Das Programm 23 erscheint trivial, aber im Computer spielen sich nach dem Druck auf den
Start-Knopf folgende Vorgänge ab:

1. Das Programm ist nicht wirklich die Zahl „dreiundzwanzig", sondern zunächst einmal
   die Aneinanderreihung der Ziffern 2 und 3.

2. Das Scheme-System übersetzt dieses Programm in Instruktionen für einen Berechnungsprozeß.

3. Das Scheme-System startet den Berechnungsprozeß, dessen Resultat die Zahl „dreiundzwanzig" ist.

4. Das Scheme-System druckt das Resultat des Berechnungsprozesses in der REPL als die
   Ziffernfolge 23 aus – die *Repräsentation* der Zahl dreiundzwanzig.

Der Begriff der Repräsentation ist wesentlich in der Programmierung: Die Ziffernfolge 23
mag eine Repräsentation für die Zahl „dreiundzwanzig" sein. Diese ist in einem realen Programm ebenfalls eine Repräsentation einer anderen Größe, z.B. des Ölstands eines Autos,
des Alter eines Wellensittichs oder der Anzahl der Haare von Bruce Willis. Umgekehrt
wird auch die Ziffernfolge 23 durch ein Punktmuster auf dem Bildschirm, ein Bitmuster
im Computerspeicher, eine Anordnung elektrischer Ladungen, ein Muster auf der Netz-
haut, eine Anordnung von Neuronenströmen repräsentiert – undsoweiter, undsoweiter.

In den Programmbeispielen dieses Buchs steht ↪ dafür, daß das folgende den Wert eines
Ausdrucks darstellt, etwa so:

23
↪ 23

In der Praxis ist der Text nach dem ↪ das, was die DrScheme-REPL ausdruckt, wenn der
Ausdruck in der Zeile davor in der REPL eingegeben wurde oder im Editor steht und auf
Start gedrückt wurde.

Während 23 eine „atomare" Form ist, besteht das folgende Programm aus einer *zusammengesetzten Form*:

```
(+ 23 42)
```

Zusammengesetzte Formen heißen so, weil sie aus mehreren Bestandteilen bestehen. Eine zusammengesetzte Form hat in Scheme immer die gleiche Gestalt:

- eine öffnende Klammer,
- ein *Operator*, der angibt, was zu tun ist,
- möglicherweise mehrere *Operanden* des Operators,
- eine schließende Klammer.

Zwischen Formen dürfen beliebig Leerzeichen und Zeilenumbrüche stehen. Die obige Form ist also äquivalent zu den folgenden Schreibweisen:

```
(+        23          42)
```

```
(+ 23
   42)
```

Im Beispiel (+ 23 42) ist + der Operator, der besagt, daß es um Addition geht. Die Operanden sind die beiden Literale 23 und 42 – die Zahlen, die „+" addieren soll. Heraus kommt:

```
(+ 23 42)
↪ 65
```

Bei (+ 23 42) handelt es sich, genau wie 23, um einen Ausdruck, also eine Form, die einen Wert hat. Überall, wo ein „einfacher" Ausdruck wie 23 auftauchen kann, darf auch ein Ausdruck stehen, der eine zusammengesetzte Form ist (kurz: ein zusammengesetzter Ausdruck). Ausdrücke können geschachtelt werden:

```
(+ 23 (* 21 2))
↪ 65
(+ (/ 46 2) (* 21 2))
↪ 65
(+ (* 2 (+ (/ 4 2) 5)) 3)
↪ 17
```

In Scheme steht + für die Addition, * für die Multiplikation und / für den Bruchstrich der Division. Der erste Ausdruck läßt sich am einfachsten lesen als „die Summe von 23 und dem Produkt von 21 und 2", der zweite als „die Summe vom Quotienten von 46 und 2 und dem Produkt von 21 und 2", der dritte als „die Summe vom Produkt von 2 und der Summe vom Quotienten von 4 und 2 und 5 und 3". Spätestens am letzten Beispiel wird deutlich, daß die Klammern nützlich sind, um klarzumachen, was genau womit addiert oder multipliziert wird.

Zusammengesetzte Formen sind in Scheme die *einzigen* Stellen, an denen Klammern auftauchen dürfen. Es ist also nicht zulässig, einfach ein paar Klammern dazuzusetzen, wie es
in der Mathematik (und manchen anderen Programmiersprachen) möglich ist. Wer es doch
versucht, bekommt von DrScheme eine Fehlermeldung serviert:

```
(+ (* 12 ((+ (/ 4 2) 17))) 3)
↪ procedure application: expected procedure, given: 19 (no arguments)
```

Unübersichtliche Ausdrücke wie die längeren Beispiele oben dürfen und sollten über mehrere Zeilen verteilt werden:

```
(+ 23 (* 21 2))
(+ (/ 46 2)
   (* 21 2))
(+ (* 12
      (+ (/ 4 2)
         17))
   3)
```

Mit der Aufteilung und der entsprechenden Einrückung werden diese übersichtlicher. Nach
dem Druck auf die Return- oder die Tabulator-Taste rückt DrScheme die aktuelle Zeile auf
eine Art ein, die sich als besonders leicht zu lesen herausgestellt hat. Außerdem markiert
der DrScheme-Editor Klammernpaare, wenn der Cursor an Klammern anliegt. Damit ver-
lieren die vielen Klammern schnell ihren Schrecken.

In Scheme gibt es zwei Mechanismen, um Dinge zu benennen. Der einfachere von beiden
heißt define:

```
(define x 23)
```

Dies ist ebenfalls eine zusammengesetzte Form – eine *Definition*. Eine Definition ist kein
Ausdruck, weil sie keinen Wert hat. Außerdem kann sie nur ganz „außen" in einem Programm stehen. Eine Definition ist eine sogenannte *Spezialform*. Eine Spezialform ist stets
daran zu erkennen, daß sie als Operator ein bestimmtes Wort hat – ein sogenanntes *syntaktisches Schlüsselwort*. In der REPL läßt sich nach dem Druck auf Start ein Ausdruck
eingeben, der zeigt, was die Definition bewirkt hat.

```
x
↪ 23
```

Namen müssen nicht so geheimnisvoll-kryptisch lauten wie x und y und müssen auch nicht
immer nur einzelne Buchstaben wie im Mathematikunterricht sein:

```
(define karl-otto 423)
(define mehrwertsteuer 19)
(define duftmarke (* 8 4))
```

Der zweite Operand einer Definition muß ein Ausdruck sein, dessen Wert an den Namen
gebunden wird. Namen, die nicht Literale sind, heißen *Variablen*.

Definitionen sind nützlich: sie dienen (nicht immer, aber häufig) der Abkürzung. Vor allem aber erlauben sie dem Programmierer, einem für sich betrachtet bedeutungslosen Wert einen deskriptiven Namen zu geben und den Wert selbst zu vergessen. Die Zahl 19 aus dem obigen Beispiel würde für sich alleine gar nichts aussagen; außer der Mehrwertsteuer könnte sie auch den Spritverbrauch eines SUVs oder das Alter repräsentieren, in dem ein Teenager aufhört, die *Bravo* zu lesen – der Name kann also einen Hinweis darauf geben, was der an ihn gebundene Wert repräsentiert.

Will z.B. ein Programmierer den Umfang eines Kreises berechnen, könnte das folgendermaßen vor sich gehen:[1]

```
(define pi 3.14159265)
(define radius 27)
(* 2 pi radius)
```

Leider berechnet dieses Programm nur den Umfang eines einzelnen Kreises, nämlich des Kreises mit Radius 27. Was ist aber, wenn in einem Programm die Umfänge vieler Kreise mit unterschiedlichen Radien berechnet werden sollen? Der Programmierer sollte von dem konkreten Radius 27 *abstrahieren* können und sagen: was immer der Radius sein mag, hier ist eine Regel für die Berechnung des Umfangs.

Hier ist eine sogenannte *Abstraktion*, also ein Scheme-Ausdruck, dessen Wert den Umfang eines beliebigen Kreises aus dessen Radius berechnet:

```
(lambda (radius) (* 2 pi radius))
```

Eine Abstraktion (ihr genauer Aufbau wird weiter unten erläutert) hat als Wert eine *Prozedur*. Für sich genommen macht eine Prozedur noch nichts interessantes. (Die REPL druckt #<procedure> aus.) Sie kann jedoch *angewendet* werden. Im folgenden Beispiel wird der Umfang eines Kreises mit Radius 13 berechnet:

```
((lambda (radius) (* 2 pi radius)) 13)
↪ 81.6814089
```

Dieser Ausdruck (eine sogenannte *Anwendung* oder *Applikation*, die weiter unten genauer erläutert wird) hat die Abstraktion an erster Stelle, also als Operator. Wenn dieser ausgewertet wird, so wird die Zahl dreizehn für radius im Ausdruck (* 2 pi radius) eingesetzt: es entsteht (* 2 pi 13). Nach Einsetzen für pi ist das Ergebnis 81.6814089.

In Scheme sind Abstraktionen Spezialformen mit dem syntaktischen Schlüsselwort lambda und werden darum auch *Lambda-Ausdrücke* genannt. Der Lambda-Ausdruck (lambda (radius) (* 2 pi radius)) hat folgende drei Bestandteile:

- das Schlüsselwort lambda,

---

[1]Dieses Beispiel arbeitet mit „Zahlen mit Komma" die entsprechend dem angelsächsischen Gebrauch mit Punkt statt mit Komma geschrieben werden. Die Definition von pi ist natürlich eine Annäherung. Tatsächlich werden in Scheme alle Berechnungen, in denen Zahlen mit Dezimalpunkt vorkommen, nur gerundet mit einer begrenzten Anzahl von Stellen durchgeführt. Außerdem werden die Ergebnisse nicht dezimal sondern binär gerundet, so daß manche Ergebnisse etwas überraschende Nachkommastellen ausweisen. Das ist „ganz normal". Bei allen anderen Zahlen wird jedoch genau gerechnet.

- die Variable `radius`, ein *Parameter*,
- der Ausdruck (* 2 pi radius), der *Rumpf*.

Mit der Abstraktion für den Kreisumfang läßt sich noch nicht mehr anfangen als mit dem ersten Programm für diesen Zweck, weil sie nur dort verwendet wird, wo sie hingeschrieben wurde. Doch `define` erlaubt, diese Abstraktion zu benennen und mehrfach zu verwenden:

```
(define pi 3.14159265)
(define circumference
  (lambda (radius) (* 2 pi radius)))
```

Jetzt läßt sich in der REPL fragen:

```
(circumference 13)
↪ 81.6814089
(circumference 27)
↪ 169.6460031
```

Was ist passiert? Der Ausdruck, der den Umfang berechnet, ist unverändert geblieben. Der Ausdruck (`circumference 13`) ist wieder eine *Applikation* oder ein *Aufruf* der Prozedur, die an `circumference` gebunden ist.

Bei der Auswertung einer Applikation werden alle Operanden ausgewertet und ihre Werte, die sogenannten *Argumente*, für alle Vorkommen der entsprechenden Parameter im Rumpf eingesetzt. Das Ergebnis einer Applikation heißt auch *Rückgabewert* oder *Ergebnis*. Dementsprechend kommen oft die Sprechweisen „die Prozedur gibt einen Wert zurück" oder „die Prozedur hat als Ergebnis" vor. Außerdem wird der Begriff „Prozedur" häufig synonym mit der Abstraktion verwendet, deren Wert sie ist.

„+" und „-" sind Variablen, die in Scheme vordefiniert sind; sie sind ansonsten nicht von mit `lambda` geschriebenen Prozeduren zu unterscheiden.

Auch für das Parkplatz-Problem aus Kapitel 1 läßt sich eine Prozedur schreiben, die es löst:

```
(define parking-lot-cars
  (lambda (n m)
    (/ (- m (* 2 n))
       2)))
```

2.3 Sorten und Verträge

Angenommen, die Prozedurdefinition von `parking-lot-cars` wird an jemanden weitergegeben, der dieses Buch nicht gelesen hat, aber die Prozedur trotzdem einsetzen soll. Der potentielle Leser kann zwar das Scheme-Programm prinzipiell verstehen, hat aber keinen weiteren Hinweis darauf, wofür `parking-lot-cars` verwendet werden kann.

Das Problem ist, daß die Definition von `parking-lot-cars` das Endprodukt des Denkprozesses ist, der in Kapitel 1 beschrieben wurde. Der Denkprozeß selbst, der mit der Aufgabenstellung anfängt, ist nicht Teil der Definition. Darum ist es hilfreich, wenn wichtige

> In Scheme kennzeichnet ein Semikolon ; einen *Kommentar*. Der Kommentar erstreckt sich vom Semikolon bis zum Ende der Zeile und wird vom Scheme-System ignoriert.

Abbildung 2.2   Kommentare

Aspekte des Denkprozesses als *Kommentare* (siehe Abbildung 2.2) bei den Definitionen stehen. (Kästen wie Abbildung 2.2 werden in diesem Buch noch oft dazu dienen, neue Sprachelemente einzuführen.)

Ein erster sinnvoller Kommentar ist eine *Kurzbeschreibung* der Aufgabenstellung:

```
; aus der Anzahl der Fahrzeuge und Räder die Anzahl der PKWs bestimmen
```

Als nächstes ist eine formalisierte Art Kommentar hilfreich, der sogenannte *Vertrag*. Ein Vertrag ist eine Vorstufe für die zu entwickelnde Prozedur und faßt einige wichtige Informationen zusammen:

1. den Namen der Prozedur,

2. Anzahl und Sorten der Argumente und

3. die Sorte des Rückgabewerts der Prozedur.

Die *Sorten* sind Namen für die Mengen, aus denen die Argumente bzw. der Rückgabewert stammen. Im Fall von `parking-lot-cars` sind alle Sorten gleich. Es ist jeweils die Sorte der natürlichen bzw. ganzen nichtnegativen Zahlen, im Programmtext als N geschrieben. Der Vertrag sieht so aus:

```
; parking-lot-cars : N N -> N
```

Vor dem Doppelpunkt steht der Name der Prozedur, danach die Sorten der Argumente und des Rückgabewerts, die durch den Pfeil getrennt werden. Da die Prozedur zwei Zahlen als Argumente hat, stehen auch zwei Ns links vom Pfeil: Die Prozedur *akzeptiert* oder *konsumiert* zwei Zahlen. Der Vertrag ähnelt der mathematischen Notation für Funktionen, die aus einer bestimmten Menge stammen.

Aus dem Vertrag ergeben sich die ersten beiden Zeilen der Definition, das sogenannte *Gerüst*:

```
(define parking-lot-cars
  (lambda (n m)
    ...))
```

Es bleibt, die passende Formel aus der mathematischen Theorie aus Kapitel 1 einzusetzen. Die Definition von `parking-lot-cars` sollte vollständig so aussehen:

```
; aus der Anzahl der Fahrzeuge und Räder die Anzahl der PKWs bestimmen
; parking-lot-cars : N N -> N
(define parking-lot-cars
  (lambda (n m)
    (/ (- m (* 2 n))
       2)))
```

Bei `parking-lot-cars` ist der Vertrag noch nicht besonders umfangreich oder kompliziert. Spätere Kapitel werden zeigen, daß sich aus vielen Verträgen ganz automatisch *Schablonen* ergeben, die dem Programmierer einen Großteil der Denkarbeit bei der Entwicklung von Prozeduren abnehmen.

Aus diesem Grund lohnt es sich für den Programmierer besonders, die Kurzbeschreibung und den Vertrag in das Programm zu schreiben, *bevor* er die Definition entwickelt. Die nachträgliche Entwicklung dieser Kommentare ist oft mühselig und langweilig. Außerdem sind die Kurzbeschreibung und der Vertrag ein hilfreicher Teil des Problemlösungsprozesses. Schon mancher Programmierer – Anfänger und Profi – ist an Aufgaben gescheitert, die sich mit Hilfe systematischen Vorgehens anhand des Vertrags leicht hätten lösen lassen.

Aus dem fernen Osten stammt der Begriff des „Mantras" als einem Sinnspruch, den es sich lohnt, auswendig zu lernen. Hier das erste Mantra:

Mantra 1 (Vertrag vor Ausführung) Schreibe eine Kurzbeschreibung der Aufgabe und einen Vertrag als Kommentare ins Programm, bevor du die Prozedur selbst programmierst.

Ab jetzt werden sich die Programmbeispiele in diesem Buch natürlich strikt an dieses Mantra halten. Kurzbeschreibung, Vertrag, Gerüst und Schablone sind feste Bestandteile einer *Konstruktionsanleitung*, die systematisch beschreibt, wie eine Aufgabe schrittweise gelöst werden kann. Dieses Buch wird eine Reihe von Konstruktionsanleitungen vorstellen, die sich stets am Vertrag einer Prozedur orientieren. Alle Mantras sind in Anhang C und die Konstruktionsanleitungen in Anhang D zusammengefaßt.

2.4 Testfälle

Vertrauen ist gut – aber Fehler passieren, auch bei sorgfältiger Programmierung. Angenommen, bei der Programmierung von `parking-lot-cars` wäre folgendes herausgekommen:

```
; aus der Anzahl der Fahrzeuge und Räder die Anzahl der PKWs bestimmen
; parking-lot-cars: N N -> N
(define parking-lot-cars
  (lambda (n m)
    (/ (- m (* 4 n))
       2)))
```

Auf den ersten Blick ist da kaum ein Fehler zu erkennen, aber einfaches Ausprobieren ergibt zum Beispiel:

```
(parking-lot-cars 1 4)
↪ 0
```

Bei der Entwicklung der Prozedur sollten also *Testfälle* konstruiert werden, die an ausgewählten Beispielen überprüfen, ob die gerade programmierte Prozedur auch korrekt funktioniert. Testen ist eine unverzichtbare Tätigkeit des Programmierers.

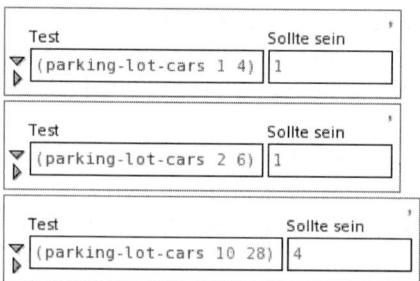

Abbildung 2.3 Testfälle für `parking-lot-cars`

Die Testfälle werden am besten *vor* der Definition der Prozedur aufgestellt. Wenn sie erst hinterher geschrieben werden, ist die Gefahr groß, daß der Programmierer unbewußt das tatsächliche Ergebnis eines Prozeduraufrufs als das gewünschte eingibt oder besonders kritische Beispiele wegläßt. (In der industriellen Praxis ist sogar vorzuziehen, daß jemand anderes als der Autor der Definitionen die Testfälle schreibt.)

Es ist mühselig, bei der Programmentwicklung ständig Testfälle in die REPL einzutippen und durch einen Vergleich mit den erwarteten Ergebnissen herauszubekommen, ob alles in Ordnung ist. In DrScheme geht es allerdings auch einfacher: das `Spezial`-Menü hat einen Eintrag `Testfall einfügen`. Wenn er angewählt wird, erscheint ein Kasten im Editor wie in Abbildung 2.3. In das Feld `Test` kommt ein beliebiger Ausdruck (in der Regel ein Aufruf der zu testenden Prozedur), und in das Feld `Sollte sein` ein Ausdruck mit dem gewünschten Ergebnis. Dabei müssen die Testfälle für eine Prozedur stets hinter ihrer Definition stehen, auch wenn sie vorher geschrieben werden.

Beim Druck auf den `Start`-Knopf überprüft DrScheme, ob die tatsächlichen Ergebnisse der Ausdrücke mit den Soll-Werten übereinstimmen. Die erfolgreichen Testfälle werden mit einem grünen Haken markiert, die fehlgeschlagenen mit einem roten Kreuz. Die häufige Anwendung von Testfällen kann so viele Programmierfehler aufdecken und damit die Programmierung erleichtern und beschleunigen.

Mantra 2 (Testfälle) Schreibe für jede Prozedur Testfälle, bevor du die Definition schreibst.

In diesem Buch sind die Testfälle nicht jedesmal einzeln erwähnt, gehören aber zwingend zur Lösung jeder Aufgabe und damit zu jeder Konstruktionsanleitung.

2.5 Probleme und Teilprobleme

Die Probleme, die beim Programmieren auftreten, sind meist zu groß, als daß sie auf einmal gelöst werden könnten. Sie müssen in kleinere Teilprobleme zerlegt werden, die sich separat lösen lassen. Hier ein Beispiel: eine Prozedur, die das Volumen eines Zylinders berechnet, von dem Radius und Höhe bekannt sind. Erst die Kurzbeschreibung:

```
; Volumen eines Zylinders berechnen
```

Der Vertrag:

```
; cylinder-volume : number number -> number
```

Das Gerüst:

```
(define cylinder-volume
  (lambda (radius height)
    ...))
```

Das Volumen eines Zylinders (ein Spezialfall eines Prismas) ist definiert als Grundfläche mal Höhe. Die Grundfläche wiederum ist definiert als πr^2, wenn r der Radius ist. Wenn h die Höhe ist, ergibt sich zusammengenommen für das Volumen V die Formel $V = \pi r^2 h$:

```
; Volumen eines Zylinders berechnen
; cylinder-volume : number number -> number
(define cylinder-volume
  (lambda (radius height)
    (* (* 3.14159265 (* radius radius))
       height)))
```

Im Problem, das zu dieser Prozedur gehört, sind mehrere Teilprobleme versteckt: so ist das Volumen eines Zylinders gerade das Produkt aus Grundfläche und Höhe. Diese Tatsache ist dem obigen Programm nicht unmittelbar anzusehen, läßt sich aber durch die Auslagerung der Grundflächenberechnung in eine weitere Prozedur sichtbar machen. Das gleiche gilt für die Zahl π und die Quadrierungs-Operation in der Flächenberechnung.

```
; Volumen eines Zylinders berechnen
; cylinder-volume : number number -> number
(define cylinder-volume
  (lambda (radius height)
    (* (circle-area radius) height)))

; Fläche eines Kreises berechnen
; circle-area : number -> number
(define circle-area
  (lambda (radius)
    (* pi (square radius))))

; Kreiskonstante
; pi : number
(define pi 3.14159265)

; Zahl quadrieren
; square : number -> number
(define square
  (lambda (x)
    (* x x)))
```

Das entstandene Programm ist insgesamt länger, aber seine Bestandteile sind kürzer geworden: Jede der resultierenden Prozeduren läßt sich einfacher verstehen als das ursprüngliche `cylinder-volume`. Das Beispiel zeigt außerdem, daß Kurzbeschreibung und Vertrag auch auf „einfache" Definitionen wie die von `pi` anwendbar sind, nicht nur auf Prozeduren.

Daß die Struktur des Problems in Unterprobleme der Struktur der Abstraktionen des Programms entspricht, ist eines der erstrebenswertesten Ziele bei der Programmierung. Dabei wird auch die Fehlersuche erleichtert, weil die Prozeduren für Teilprobleme einzeln getestet werden können.

Mantra 3 (Strukturerhaltung) Versuche, dein Programm so wie das Problem zu strukturieren.

Aus der Anwendung dieses Mantras resultieren zwei „Untermantras":

Mantra 4 (Abstraktion) Schreibe eine Abstraktion für jedes Unterproblem des Problems.

Mantra 5 (Namen) Definiere Namen für häufig benutzte Konstanten und benutze diese Namen anstatt der Konstanten, für die sie stehen.

2.6   Das Substitutionsmodell

Bei den bisherigen Beispielen war es nicht schwer zu erraten, welches Ergebnis ein Programm produziert. Es fehlt aber noch eine präzise formale Beschreibung, wie Programme ausgewertet werden. Ein einfacher Ansatz für die formale Beschreibung des Berechnungsprozesses eines Programms ist das sogenannte *Substitutionsmodell*. Das Substitutionsmodell beschreibt die Auswertung eines Ausdrucks als eine Folge von Schritten. Bei jedem Schritt wird ein Teil des Ausdrucks durch einen anderen Ausdruck ersetzt („substituiert"). Dieses Verfahren läßt sich auch auf dem Papier nachvollziehen.

Bisher wurden folgende Arten von Ausdrücken vorgestellt: Literale, Variablen, Abstraktionen (mit `lambda`) und Applikationen/Prozeduraufrufe. Jede Art Ausdruck hat eine eigene Regel, die beschreibt, wie der Ausdruck ausgewertet und sein Wert ermittelt wird. Bei einem zusammengesetzten Ausdruck kann es sein, daß zuerst seine Teilausdrücke ausgewertet werden. Ein Auswertungsschritt macht aus einem Ausdruck einen neuen Ausdruck, indem ein Teilausdruck des ursprünglichen Ausdrucks oder der ganze Ausdruck selbst durch einen neuen Ausdruck ersetzt wird, bis schließlich ein fertiger Wert dasteht. Ein solches Verfahren heißt allgemein auch *Reduktion*, ein Auswertungsschritt *Reduktionsschritt*. Werte sind die bekannten Zahlen und Prozeduren, wobei Prozeduren im Programm stehen oder eingebaut sein können. Hier sind die Auswertungsregeln des Substitutionsmodells:

Literale Jedes Literal wird zum zugehörigen Wert ausgewertet. Aus 23 wird z.B. der Wert 23.

Variablen Für jede Variable gibt es entweder eine Definition im Programm (wie bei `pi` oder `square`), oder sie benennt eine eingebaute Prozedur (wie +, * etc.). (Die Parameter werden bereits bei der Anwendung der Regel für Applikationen ersetzt, siehe unten.) Wenn eine Definition im Programm steht, ist der Wert der Variablen der Wert des Ausdrucks der Definition. Eine eingebaute Prozedur wird einfach mit ihrem Namen notiert.

Abstraktionen Eine `lambda`-Form wird einfach stehengelassen und gilt als ausgewertet, steht also für die Prozedur, die ihr Wert ist.

Applikationen Eine Applikation hat die allgemeine Form:

$$(p \ o_1 \ \ldots \ o_n)$$

für eine natürliche Zahl n, wobei p und die o_i wiederum Ausdrücke sind.

Sie wird in mehreren Teilschritten ausgewertet. Zunächst werden Operator p und Operanden $o_1, \ldots, o_n$ ausgewertet. Die Werte der Operanden sind die Argumente. Der Wert von p muß eine Prozedur sein. Diese Prozedur kann entweder aus dem Programm stammen oder eingebaut sein:

- Wenn die Prozedur aus dem Programm stammt, ist der Wert des Operators die zugehörige `lambda`-Form. Zur Auswertung werden im Rumpf der Form die Parameter durch die Argumente ersetzt oder *substituiert*, und der entstehende Ausdruck wird ausgewertet.

- Wenn der Wert eine eingebaute Prozedur ist (wie +), wird die entsprechende Operation angewendet, also die Summe der Argumente, deren Produkt etc. berechnet, und das Ergebnis wird zum Wert der Applikation.

- Wenn der Wert keine Prozedur ist, so ist das Programm fehlerhaft.

Das Substitutionsmodell wird auf ein ganzes Programm angewendet, indem nacheinander die Formen des Programms bearbeitet werden: Bei jeder Definition wird der enthaltene Ausdruck ausgewertet; der Wert wird an die Variable gebunden und steht damit für die Verwendung in folgenden Ausdrücken zur Verfügung. Alle Formen, die keine Definitionen sind, also normale Ausdrücke, werden direkt ausgewertet.

Mit Hilfe der Regeln des Substitutionsmodells läßt sich nachvollziehen, wie der Wert eines Ausdrucks ermittelt wird. Die komplette Folge von Reduktionsschritten für (cylinder-volume 2 7) sieht folgendermaßen aus, wobei jeweils der Teilausdruck, der ersetzt wird, unterstrichen ist:

```
(cylinder-volume 2 7)
⟹ ((lambda (radius height) (* (circle-area radius) height)) 2 7)
⟹ (* (circle-area 2) 7)
⟹ (* ((lambda (radius) (* pi (square radius))) 2) 7)
⟹ (* (* pi (square 2)) 7)
⟹ (* (* pi ((lambda (x) (* x x)) 2)) 7)
⟹ (* (* pi (* 2 2)) 7)
⟹ (* (* pi 4) 7)
⟹ (* (* 3.14159265 4) 7)
⟹ (* 12.5663706 7)
⟹ 87.9645942
```

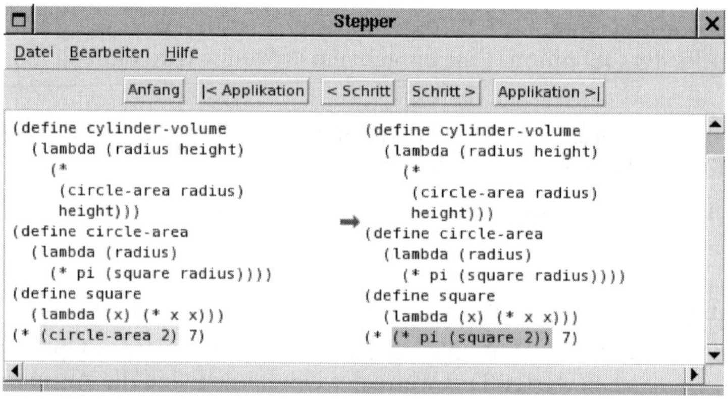

Abbildung 2.4   Der Stepper in DrScheme

Die Abfolge von Auswertungsschritten im Substitutionsmodell stellt also den Berechnungsprozeß dar.

Diese Auswertungsschritte kann DrScheme auch selbständig anzeigen. Mit dem Knopf `Stepper` wird ein Fenster angezeigt, in dem jeweils ein Auswertungsschritt angezeigt wird, vgl. Abbildung 2.4. Damit der Stepper funktioniert, muß im Editor das Programm stehen sowie am Ende ein Ausdruck, dessen Auswertung der Stepper dann verfolgt.

Im Stepper-Fenster ist links der Ausdruck vor dem Auswertungsschritt zu sehen, rechts der Ausdruck danach. Der Teilausdruck, der ersetzt wird, ist links grün markiert, und rechts das Substitut in lila. Der Knopf links oben erlaubt es, an den Anfang der Auswertung zu gehen. Die Knöpfe `< Schritt` und `Schritt >` gehen jeweils einen Auswertungsschritt vorwärts bzw. rückwärts. Die Knöpfe mit `Applikation` sind ähnlich wie die Knöpfe `Schritt`, führen aber gelegentlich mehrere Schritte auf einmal durch, um direkt die nächste Applikation zu ersetzen. Dieser Unterschied fällt mit den Programmen dieses Kapitels noch nicht weiter auf, wird aber bei der Behandlung von Verzweigungen in Kapitel 3 relevant.

2.7 Lexikalische Bindung

Bei der letzten Regel des Substitutionsmodells kann es scheinbar zu Mehrdeutigkeiten kommen, wie folgendes Beispiel zeigt:

```
((lambda (x) ((lambda (x) (+ x 1)) (+ x 2))) 13)
```

Das Grundproblem ist, die Vorkommen von x in den Rümpfen der jeweils richtigen Abstraktion zuzuordnen. Wird die 13 für das x in (+ x 1) oder für das x in (+ x 2) (oder für beide) eingesetzt?

Das Prinzip der *lexikalischen Bindung*, das in Scheme gilt, klärt die Frage: Eine Variable gehört zu der Abstraktion, die ihr, von innen nach außen gesucht, am nächsten liegt. Das x in (+ x 1) gehört also zur „inneren“, zweiten Abstraktion. Das x in (+ x 2) ist außerhalb der inneren Abstraktion, gehört also zur äußeren:

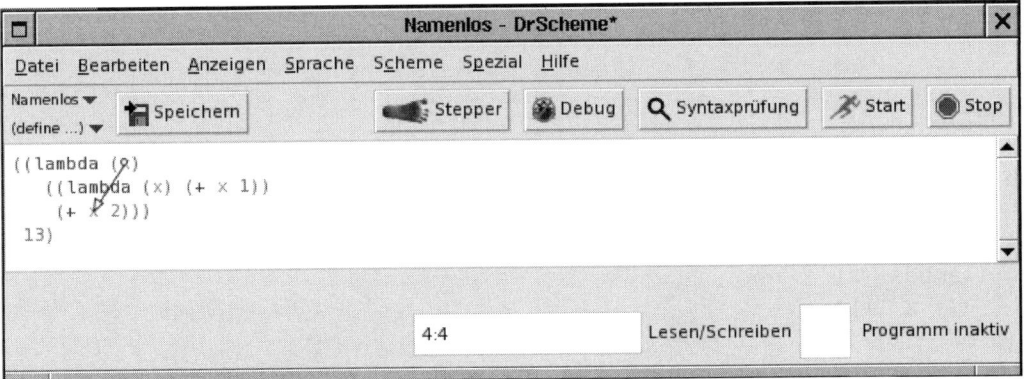

Abbildung 2.5 DrScheme zeigt Bindungen an

```
((lambda (x) ((lambda (x) (+ x 1)) (+ x 2))) 13)
```

13 wird daher nur für das x der äußeren Abstraktion eingesetzt. Der Wert des Ausdrucks ist damit 16.

Es ist bei jedem Scheme-Ausdruck möglich, die Variablen so umzubenennen, daß jeder Variablenname nur einmal gebunden wird. Im Beispiel kann ein x durch y ersetzt werden:

```
((lambda (x) ((lambda (y) (+ y 1)) (+ x 2))) 13)
```

Es wäre allerdings übertrieben, deswegen zu verbieten, daß eine Variable in einem Ausdruck mehrere Bindungen haben kann: Gelegentlich ist es nützlich, einen einzelnen Namen mehrfach zu verwenden – insbesondere, wenn Programmstücke aus verschiedenen Quellen zusammenkopiert werden.

In Zweifelsfragen bei der Bindung hilft DrScheme weiter: Wenn der Knopf Syntaxprüfung gedrückt wird, zeigt DrScheme beim Überstreichen von Variablen mit dem Mauszeiger an, welche Variablen zusammengehören, vgl. Abbildung 2.5.

Aufgaben

Aufgabe 2.1 Welche Resultate druckt die DrScheme-REPL anstelle der Fragezeichen als Werte der Ausdrücken in folgendem Code aus? Es ist Sinn der Aufgabe, erst zu raten und dann auszuprobieren.

```
23
↪ ?
(+ 1 2 3 4 5 6 7 8 9 10 11 12 13 14 15 16 17 18 19 20)
↪ ?
```

```
(+ (* 2 4) (- 4 6))
↪ ?

(define a 3)
(define b (+ a 1))
b
↪ ?
(define f
  (lambda (x)
    (+ x 1)))
(f b)
↪ ?
x
↪ ?


(define mike
  (lambda (sperber)
    (* sperber sperber)))
(define sperber
  (lambda (mike)
    (+ mike mike)))
(mike (sperber 5))
↪ ?
```

Aufgabe 2.2 Schreibe eine Prozedur, die aus dem Preis für einen Liter Sprit und dem bezahlten Preis (in Euro-Cent) einer Tankfüllung die enthaltene Öko-Steuer berechnet. Der Einfachheit halber sei die Ökosteuer mit 7 Cent pro Liter Sprit überschlagen. Schreibe zunächst eine Kurzbeschreibung und einen Vertrag für die Prozedur mit dem Namen oekosteuer, dann mehrere Testfälle und schließlich die Definition selbst.

Die Prozedur soll sich beispielsweise so verhalten:

```
(oekosteuer 203 10150)
↪ 350
```

Aufgabe 2.3 Schreibe zwei Prozeduren (inklusive Kurzbeschreibungen und Verträgen), welche die „Mitternachtsformel" zur Lösung quadratischer Gleichungen anwenden, also Gleichungen der Form

$$ax^2 + bx + c = 0$$

Schreibe dazu eine Prozedur mitternacht-1 mit drei Parametern für a, b und c, welche die eine Lösung ausrechnet und eine Prozedur mitternacht-2 für die andere Lösung. Zur Lösung kannst du die eingebaute Prozedur sqrt verwenden: (sqrt x) liefert die Quadratwurzel von x. In der REPL sollten sich die beiden Prozeduren zum Beispiel so verhalten:

```
(mitternacht-1 1 -3 -4)
↪ 4
```

```
(mitternacht-2 1 -3 -4)
↪ -1
```

Schreibe entsprechende Testfälle. Arbeiten die Prozeduren bei nicht-reellen Ergebnissen korrekt?

Aufgabe 2.4 Was ist der Wert der letzten Form in folgendem Programm? Warum?

```
(define schnittchen 23)
(define canapee 42)

(define haeppchen
  (lambda (schnittchen canapee)
    ((lambda (schnittchen)
       (+ schnittchen canapee))
     schnittchen)))

(haeppchen canapee schnittchen)
```

Überprüfe, ob Du das Programm richtig nachvollzogen hast, indem Du den Stepper verwendest!

Aufgabe 2.5 Betrachte das folgende *tippfehlerfreie* kleine Scheme-Programm:

```
(define schweinebacke 23)
(define sauschinken 42)

(define ferkelhintern
  (lambda (schweinebacke sauschinken ferkelhintern)
    ((lambda (sauschinken)
       (lambda (ferkelhintern)
         (lambda (frekelhintern)
           (lambda (ferkelhintern)
             ((schweinebacke
               (* ferkelhintern ferkelhintern))
              sauschinken)))))
     (+ sauschinken ferkelhintern))))

((((ferkelhintern
    (lambda (sauschinken)
      (lambda (schweinebacke)
        (- sauschinken schweinebacke))))
   schweinebacke
   sauschinken)
  schweinebacke)
 ferkelhintern)
sauschinken)
```

Welches Ergebnis liefert das Programm und warum?

Ändere in dem Program die Variablennamen, ohne die Bedeutung des Programms zu verändern. Und zwar ...

- einmal so, daß eine minimale Anzahl von Namen verwendet wird
- und einmal so, daß eine maximale Anzahl von Namen verwendet wird.

Begründe die Korrektheit deiner Lösungen!

3 Fallunterscheidungen und Verzweigungen

Computerprogramme müssen bei manchen Daten, die sie verarbeiten, zwischen verschiedenen Möglichkeiten differenzieren: Ist die Wassertemperatur warm genug zum Baden? Welche von fünf Tupperschüsseln ist für eine bestimmte Menge Kartoffelsalat groß genug? Welches ist die richtige Abzweigung nach Dortmund? Solche Entscheidungen sind daran festgemacht, daß ein Wert zu einer von mehreren verschiedenen Kategorien gehören kann – es handelt sich dann um eine sogenannte *Fallunterscheidung*; mathematische Funktionen und Scheme-Prozeduren operieren auf Daten mit Fallunterscheidung durch *Verzweigungen*. Um diese geht es in diesem Kapitel.

3.1 Fallunterscheidungen und boolesche Ausdrücke

Eine Wassertemperatur kann einen von drei Aggregatzuständen annehmen:

- gefroren
- flüssig
- gasförmig

Eine Funktion, die den Aggregatzustand aus einer Temperatur ermittelt, sieht folgendermaßen aus:

$$a(T) \overset{\text{def}}{=} \begin{cases} \text{gefroren} & \text{falls } T \leq 0 \\ \text{flüssig} & \text{falls } T < 100 \\ \text{gasförmig} & \text{sonst} \end{cases}$$

Die Notation mit der großen geschweiften Klammer heißt *Verzweigung* (engl. *conditional*); ein Ausdruck wie $T \leq 0$, der wahr oder falsch sein kann, heißt *Bedingung* oder *Test*. Hier ist ein Beispiel für einen Test in Scheme:

```
(<= -5 0)
↪ #t
```

`(<= -5 0)` ist die Scheme-Schreibweise für $-5 \leq 0$. Als Frage gestellt oder Aussage aufgefaßt, ist $-5 \leq 0$ „wahr". `#t` steht für „true" oder „wahr". `<=` ist eine eingebaute Prozedur, welche auf „kleiner gleich" testet. (Ebenso gibt es auch `=` für =, `<` für <, `>` für > und `>=` für $\geq$.)

Ein Test kann auch negativ ausfallen:

```
(<= 5 0)
↪ #f
```

#f steht für „false" oder „falsch". „Wahr" und „falsch" heißen zusammen *boolesche Werte* oder auch *Wahrheitswerte*.[1]

#t und #f sind wie Zahlen Literale, können also auch in Programmen stehen:

```
#t
↪ #t
#f
↪ #f
```

In Scheme werden Verzweigungen mit der Spezialform cond dargestellt. Ein cond-Ausdruck hat die folgende Form:

```
(cond
   (t₁  a₁)
   (t₂  a₂)
   ...
   (t_{n-1}  a_{n-1})
   (else  aₙ)))
```

Dabei sind die t_i und die a_i ihrerseits Ausdrücke. Der cond-Ausdruck wertet nacheinander alle Tests t_i aus; sobald ein Test t_k #t ergibt, wird der cond-Ausdruck durch das entsprechende a_k ersetzt. Wenn alle Tests fehlschlagen, wird durch a_n ersetzt. Die Paarungen $(t_i\ a_i)$ heißen *Zweige* des cond-Ausdruckes, und der Zweig mit else (auf deutsch „sonst") heißt *else-Zweig*. Der else-Zweig kann auch fehlen – dann sollte aber immer einer der Tests #t ergeben. Wenn doch einmal bei allen t_i #f herauskommen sollte, bricht DrScheme das Programm ab und gibt eine Fehlermeldung aus.

So sieht eine Übersetzung der Aggregatszustands-Funktion a von oben in Scheme aus:

```
; aus einer Temperatur den Aggregatzustand von Wasser bestimmen
; state-of-aggregation : number -> {"frozen", "liquid", "gaseous"}
(define state-of-aggregation
   (lambda (T)
      (cond
         ((<= T 0) "frozen")
         ((< T 100) "liquid")
         (else "gaseous"))))
```

Dabei deutet die rechte Seite vom Pfeil im Vertrag von state-of-aggregation darauf hin, daß die Prozedur einen Wert aus der Menge der drei Zeichenketten (vgl. Abb. 3.1) "frozen", "liquid", "gaseous" zurückgibt.

Für Fallunterscheidungen gibt es die erste richtige Konstruktionsanleitung. Sie folgt aus einer *Datenanalyse* der Argumente der zu schreibenden Prozedur: Wenn ein Argument

---

[1]Die booleschen Werte sind benannt nach *George Boole* (1815–1864), der zuerst einen algebraischen Ansatz für die Behandlung von Logik mit den Werten „wahr" und „falsch" formulierte.

Zeichenketten (auf Englisch *Strings*) repräsentieren Text. Literale für Zeichenketten haben folgende Form:

"$z_1z_2 \ldots z_n$"

Dabei sind die z_i beliebige einzelne Zeichen, außer " selbst. Beispiel:

"Mike was here!"

Das Anführungszeichen (") kann nicht „ungeschützt" vorkommen, da es das Ende der Zeichenkette markiert. Es wird als Zeichen innerhalb einer Zeichenkette durch \" dargestellt:

"Herbert sagt, Mike wäre \"doof\"!"

Analog zu = für Zahlen können Zeichenketten mit string=? verglichen werden:

(string=? "Mike" "Mike")
↪ #t
(string=? "Herbert" "Mike")
↪ #f

Abbildung 3.1   Zeichenketten

zu einer Fallunterscheidung gehört, die möglichen Werte also in feste Kategorien sortiert werden können, steht im Rumpf eine Verzweigung. Die Anzahl der Zweige entspricht der Anzahl der Kategorien.

Die Konstruktionsanleitung gibt eine systematische Entwicklung der Prozedur state-of-aggregation vor. Zuerst das Gerüst, das sich aus dem Vertrag ergibt:

```
(define state-of-aggregation
  (lambda (T)
    ...))
```

Der Aggregatzustand unterscheidet zwischen *drei* verschiedenen Kategorien von Temperaturen. Der Rumpf der Prozedur kann also schon mit einem cond-Ausdruck mit *drei* Zweigen ergänzt werden:

```
(define state-of-aggregation
  (lambda (T)
    (cond
      (... ...)
      (... ...)
      (... ...)))))
```

Solch ein „Rumpf mit Lücken" (die Ellipsen ... stehen für noch zu ergänzende Programmteile) ist eine *Schablone*. Häufig ergeben sich Schablonen direkt aus der Analyse der Eingabedaten einer Prozedur, so wie in diesem Fall. Diese Schablone wird nun schrittweise ergänzt, bis der Rumpf vollständig ist.

In der Schablone für die Verzweigung werden als nächstes die Tests ergänzt, welche die verschiedenen Kategorien unterscheiden:

```
(define state-of-aggregation
  (lambda (T)
    (cond
      ((<= T 0) ...)    ; gefroren
      ((< T 100) ...)   ; flüssig
      (else ...))))     ; gasförmig
```

Anschließend werden die rechten Seiten der Zweige vervollständigt. Diese erschließen sich
hier direkt aus dem Vertrag der Prozedur:

```
(define state-of-aggregation
  (lambda (T)
    (cond
      ((<= T 0) "frozen")
      ((< T 100) "liquid")
      (else "gaseous"))))
```

Fertig!

Die Konstruktionsanleitung für Fallunterscheidungen ist noch einmal als Konstruktionsanleitung 2 in Anhang D zusammenfaßt. (Konstruktionsanleitung 1 beschreibt die Konstruktion von Prozeduren im allgemeinen.) Für alle folgenden Konstruktionsanleitungen
gilt folgendes Mantra:

Mantra 6 Benutze ausgehend von einer Datenanalyse die passende Konstruktionsanleitung!

3.2   Binäre Verzweigungen

Bei Fallunterscheidungen gibt es manchmal nur zwei Kategorien, wie z.B. beim Absolut-
betrag. Hier die Definition dazu in mathematischer Schreibweise:

$$|x| \stackrel{\text{def}}{=} \begin{cases} x & \text{falls } x \geq 0 \\ -x & \text{andernfalls} \end{cases}$$

Die dazu passende Scheme-Prozedur unter Verwendung von cond sieht so aus:

```
; Absolutbetrag einer Zahl berechnen
; absolute : number -> number
(define absolute
  (lambda (x)
    (cond
      ((>= x 0) x)
      (else (- x)))))
```

Dieser Spezialfall mit nur zwei Kategorien, genannt *binäre Verzweigung* kommt in der
Praxis häufig vor. In Scheme gibt es dafür eine eigene Spezialform, genannt if, die hier
kürzer ausfällt als cond:

```
(define absolute
  (lambda (x)
    (if (>= x 0)
        x
        (- x)))))
```

Eine if-Form hat folgende Form:

(if *t* *k* *a*)

Dabei ist *t* der Test und *k* und *a* sind die beiden Zweige: die *Konsequente k* und die *Alternative a*. Abhängig vom Ausgang des Tests ist der Wert der Verzweigung entweder der Wert der Konsequente oder der Wert der Alternative.

Tatsächlich ist if die „primitivere" Form als cond: jede cond-Form kann in eine äquivalente if-Form übersetzt werden, und zwar nach folgendem Schema:

(cond $(t_1\ a_1)$ $(t_2\ a_2)$ ... $(t_{n-1}\ a_{n-1})$ (else a_n))
$\mapsto$ (if t_1 a_1 (if t_2 a_2 ... (if t_{n-1} a_{n-1} a_n)...))

Die geschachtelte if-Form auf der rechten Seite der Übersetzung wertet, genau wie die cond-Form, nacheinander alle Tests aus, bis einer #t liefert. Die rechte Seite des cond-Zweigs ist dann gerade die Konsequente des ifs. Erst wenn alle Tests fehlschlagen ist die Alternative des letzten if-Ausdrucks dran, nämlich a_n aus dem else-Zweig.

Da sich mit Hilfe dieser Übersetzung jede cond-Form durch geschachtelte if-Formen ersetzen läßt, ist cond streng genommen gar nicht notwendig. Cond ist deswegen eine sogenannte *abgeleitete Form*. Da cond und andere abgeleitete Formen trotzdem praktisch und angenehm zu verwenden sind, heißen abgeleitete Formen auch *syntaktischer Zucker*.

Um die Funktionsweise von Verzweigungen genau zu beschreiben, dient folgende zusätzliche Regel für das Substitutionsmodell aus Abschnitt 2.6:

binäre Verzweigungen Bei der Auswertung einer Verzweigung wird zunächst der Wert des Tests festgestellt. Ist dieser Wert #t, so ist der Wert der Verzweigung der Wert der Konsequente. Ist er #f, so ist der Wert der Verzweigung der Wert der Alternative. Ist der Wert des Tests kein boolescher Wert ist, ist das Programm fehlerhaft.

3.3 Weitere boolesche Operatoren

Abhängig von der Jahreszeit sprechen Meteorologen gern von „milden Temperaturen". Im Winter liegt eine milde Temperatur meist zwischen 4° und 12°. Eine Prozedur, die diesen Tatbestand erfaßt, könnte folgende Beschreibung und Vertrag haben:

```
; feststellen, ob Temperatur mild ist
; temperature-mild? : number -> boolean
```

Das Fragezeichen am Ende eines Namens wird in Scheme häufig benutzt, um anzudeuten, daß die Prozedur einen booleschen Wert zurückliefert, der eine Ja/Nein-Frage beantwortet. Die Sorte boolean steht für einen Wert, der #t oder #f sein kann.

Das Gerüst sieht vertragsgemäß so aus:

```
(define temperature-mild?
  (lambda (T)
    ...))
```

Die Schablone ergibt sich aus der Konstruktionsanleitung. Erst einmal wird zwischen Temperaturen bei oder über 4° unterschieden:

```
(define temperature-mild?
  (lambda (T)
    (if (>= T 4)
        ...
        ...)))
```

In der Alternative ist klar, daß es sich nicht um eine milde Temperatur handelt:

```
(define temperature-mild?
  (lambda (T)
    (if (>= T 4)
        ...
        #f)))
```

In der Konsequente ist jedoch eine weitere Fallunterscheidung nötig, um die obere Grenze für die Temperatur festzulegen:

```
(define temperature-mild?
  (lambda (T)
    (if (>= T 4)
        (if (<= T 12)
            #t
            #f)
        #f)))
```

Die Prozedur funktioniert nun korrekt:

```
(temperature-mild? 7)
↪ #t
(temperature-mild? -4)
↪ #f
(temperature-mild? 12)
↪ #t
(temperature-mild? 14)
↪ #f
```

Der Rumpf von temperature-mild? sieht jedoch häßlich aus. Ein Außenstehender müßte schon genau hinschauen, um die Essenz der Funktionsweise zu verstehen.

Glücklicherweise gibt es in Scheme eine Spezialform namens and, die das umgangssprachliche „und" abbildet. Ein and-Ausdruck hat die folgende Form:

(and e_1 e_2 ... e_n)

wobei die e_i ihrerseits Ausdrücke sind. Ein and-Ausdruck liefert dann #t, wenn alle e_i
#t ergeben. Ergibt ein e_i #f, liefert auch der and-Ausdruck #f. Mit Hilfe von and kann
temperature-mild? lesbarer umformuliert werden:

```
(define temperature-mild?
  (lambda (T)
    (if (and (>= T 4) (<= T 12))
        #t
        #f)))
```

Es geht noch kürzer: temperature-mild? liefert immer denselben Wert wie (and (>= T
4) (<= T 12)), nämlich #t, wenn der Test des ifs #t liefert, und #f, wenn der Test #f
liefert. Der Rumpf läßt sich also auf diesen Ausdruck reduzieren:

```
(define temperature-mild?
  (lambda (T)
    (and (>= T 4) (<= T 12))))
```

Zu einer anderen Aufgabe: eine Temperatur ist (für manche Menschen) unangenehm, wenn
sie unter 14° oder über 34° liegt. Kurzbeschreibung und Vertrag:

```
; feststellen, ob Temperatur unangenehm ist
; temperature-uncomfortable? : number -> boolean
```

Gerüst:

```
(define temperature-uncomfortable?
  (lambda (T)
    ...))
```

Das entscheidende Wort in der Definition von „unangenehm" ist *oder*. Dazu gibt es in
Scheme, analog zu and, die Spezialform or.

Ein or-Ausdruck hat die Form:

(or e_1 e_2 ... e_n)

Ein or-Ausdruck gibt dann #f zurück, wenn alle e_i #f ergeben. Ergibt einer der e_i #t,
liefert auch der or-Ausdruck #t.

Der Rumpf zu temperature-uncomfortable? sieht unter Verwendung von or folgendermaßen aus:

```
(define temperature-uncomfortable?
  (lambda (T)
    (or (< T 14) (> T 34))))
```

Die Definitionen von temperature-mild? haben gezeigt, daß sich der and-Ausdruck auch
mit Hilfe von if ohne Verwendung von and schreiben läßt.

Tatsächlich ist es immer möglich, einen and-Ausdruck in `ifs` zu übersetzen; es handelt sich also, wie auch bei cond, um syntaktischen Zucker. Es gelten folgende Übersetzungsregeln:

```
(and) ↦ #t
(and e₁ e₂ ...) ↦ (if e₁ (and e₂ ...) #f)
```

Ein and-Ausdruck mit mehreren Operanden wird so schrittweise in eine Kaskade von `if`-Ausdrücken übersetzt:

```
(and a b c)
↦   (if a (and b c) #f)
↦   (if a (if b (and c) #f) #f)
↦   (if a (if b (if c (and) #f) #f) #f)
↦   (if a (if b (if c #t #f) #f) #f)
```

Ebenso lassen sich or-Ausdrücke immer in `if`-Ausdrücke übersetzen, und zwar mit folgender Übersetzung:

```
(or) ↦ #f
(or e₁ e₂ ...) ↦ (if e₁ #t (or e₂ ...))
```

Beispiel:

```
(or a b c)
↦   (if a #t (or b c))
↦   (if a #t (if b #t (or c)))
↦   (if a #t (if b #t (if c #t (or))))
↦   (if a #t (if b #t (if c #t #f)))
```

Des weiteren gibt es noch eine eingebaute Prozedur not mit:

```
(not #f)
↪ #t
(not #t)
↪ #f
```

Für Menschen mit besonders empfindlicher Temperaturwahrnehmung könnte eine Variante von `temperature-uncomfortable?` zum Beispiel so aussehen:

```
; feststellen, ob Temperatur unangenehm ist
; temperature-uncomfortable? : number -> boolean
(define temperature-uncomfortable?
  (lambda (T)
    (not (= T 23))))
```

Aufgaben

Aufgabe 3.1 Schreibe eine Prozedur `minimum` mit zwei Parametern, welche als Ergebnis die kleinere zweier Zahlen liefert.

Aufgabe 3.2 Schreibe eine Prozedur, die drei Zahlen als Argumente akzeptiert, und die Summe der Quadrate der beiden größeren Zahlen zurückgibt.

Aufgabe 3.3 An der Lummerland-Universität werden Studenten für ihre Studiengebühren drei Kaltgetränke im Monat kostenlos gestellt. Darüber hinaus dürfen sie zehn weitere Kaltgetränke zum halben Preis erwerben. Alle weiteren kosten den vollen Preis. Schreibe eine Prozedur, welche die Anzahl der Kaltgetränke für einen Monat und den Grundpreis für ein Getränk konsumiert, und die Geldsumme zurückliefert, die ein Student dafür zahlen muß. (Die Studiengebühren zahlen die Eltern, fallen hier also nicht ins Gewicht.)

Aufgabe 3.4 Ein Tagegeldkonto wirft 2% Zinsen unterhalb eines Kontostandes von 3000€ ab und darüber 3%. Schreibe eine Prozedur, die abhängig vom Kontostand den Zinssatz (nicht den Zinsbetrag) zurückliefert. Schreibe aufbauend darauf eine Prozedur, die den Zinsbetrag bei jährlicher (nicht bei kontinuierlicher) Zinszahlung liefert.

Aufgabe 3.5 Die Diamantene Kreditkarte wirbt damit, daß Kunden für mit der Kreditkarte gemachte Einkäufe Gutschriften bekommen, und zwar 1% für Beträge bis 1000€, 2% für Beträge darüber hinaus bis insgesamt 5000€, und darüber hinaus 3%. Schreibe eine Prozedur, die einen Zahlbetrag auf der Kreditkarte konsumiert und die dazugehörige Gutschrift zurückliefert.

Aufgabe 3.6 Schreibe eine Prozedur, die für eine quadratische Gleichung

$$ax^2 + bx + c = 0$$

die Koeffizienten a und b konsumiert, und eine Zahl zurückliefert, die angibt, wieviele reelle Lösungen die Gleichung hat. (Verwende dazu die „Mitternachtsformel".)

Aufgabe 3.7 Ersetze die folgenden `cond`-Ausdrücke durch `if`-Ausdrücke nach dem Schema aus Abschnitt 3.2.

```
(cond
  ((= 0 x) "null")
  (else    "nicht null"))

(cond
  ((<= T 0) "frozen")
  ((< T 100) "liquid")
  (else "gaseous"))

(cond
  ((< 0 x) "positiv")
  ((= 0 x) "null")
  (else    "negativ"))
```

Aufgabe 3.8 In Abschnitt 3.2 steht eine Regel, die beschreibt, wie ein `cond`-Ausdruck in eine Kaskade von `if`-Ausdrücken übersetzt wird. Gib eine Regel für die umgekehrte Richtung an, die einen `if`-Ausdruck in einen gleichbedeutenden `cond`-Ausdruck übersetzt.

Aufgabe 3.9 Gib eine Übersetzungsregel für cond-Ausdrücke, die keinen else-Zweig haben, in Kaskaden von if-Ausdrücken an. Benutze für das nötige Ausgeben der Fehlermeldung den Aufruf:

```
(violation "Kein Test im cond-Ausdruck war wahr")
```

(Die eingebaute violation-Prozedur bricht das Programm nach Ausdrucken der Fehlermeldung ab.)

Aufgabe 3.10 Schreibe eine Regel für das Substitutionsmodell für cond, entsprechend der Substitutionsregel für if in Abschnitt 3.2. Begründe anhand der Übersetzung von cond-Ausdrücken in if-Ausdrücke, daß deine Regel korrekt ist.

Aufgabe 3.11 Schreibe den Rumpf der Prozedur temperature-uncomfortable? aus Abschnitt 3.3 so um, daß statt or nur if benutzt wird.

4 Zusammengesetzte und gemischte Daten

Programme müssen häufig Dinge darstellen, die mehrere Bestandteilen haben:

- Ein Schokokeks besteht aus einem Schoko- und einem Keks-Anteil.
- Eine kartesische Koordinate in der Ebene besteht aus einer X- und einer Y-Koordinate.
- Ein ausgiebiges Essen besteht aus Vorspeise, Hauptgang und Nachspeise.

Mit anderen Worten: mehrere Dinge werden *zu einem* zusammengesetzt. Eine andere Betrachtungsweise ist, daß ein einzelnes Ding mehrere Eigenschaften hat.

In Scheme lassen sich solche *zusammengesetzte Daten* durch *Records* darstellen. Ein Record ist wie ein Behälter mit mehreren Fächern, in denen die Bestandteile der Daten untergebracht sind.

Neben den zusammengesetzten Daten verarbeiten Programme häufig auch *gemischte Daten*, die verschiedene Formen annehmen können, aber grundlegende Gemeinsamkeiten ausweisen:

- Ein Keks kann ein Schokokeks oder ein Marmelade-Creme-Keks sein.
- Eine Koordinate kann eine kartesische Koordinate oder eine Polarkoordinate sein.
- Ein Essen kann ein Frühstück, Mittagessen oder Abendessen sein.

Obwohl die Daten verschiedenartig sind, unterstützen sie doch gemeinsame Operationen: Das Gesamtgewicht eines Kekses kann sowohl für einen Schokokeks also auch für einen Marmelade-Creme-Keks berechnet werden, der Abstand vom Ursprung kann für beide Koordinatendarstellungen berechnet werden, die Menge Vitamin A kann für jede Art Essen bestimmt werden, etc.

4.1 Schokokekse im Computer

Hier ist ein vereinfachter Schokokeks als Diagramm:

Für die Darstellung des Schokokekses im Computer interessieren uns vorerst nur die Gewichtsanteile an Keks und Schokolade, nicht aber ihre spezielle Geschmacksrichtigung oder Qualität. Diese vereinfachte Version könnte dann so aussehen:

	Feld	Komponente
Schokokeks:	Schoko:	12g
	Keks:	14g

Die Darstellung für solche *zusammengesetzte Daten*, die aus mehreren *Komponenten* (in diesem Fall Schoko- und Keks-Anteil) besteht, heißt *Record*. Alle Records für Schokokekse gehören zu einer gemeinsamen Menge, dem *Record-Typ* für Schokokekse. (Weiter hinten in diesem Kapitel wird beschrieben, wie ein Programm eigene Record-Typen definieren kann.) Der Record-Typ für Schokokekse sieht feste *Felder* („Schoko" und „Keks") vor, welche die Komponenten aufnehmen. Für jedes Feld des Record-Typs „Schokokeks" besitzt also jeder einzelne Schokokeks jeweils eine Komponente, in diesem Fall eine für das Schoko- und eine für das Keks-Feld.

Der Schokokeks-Bäcker stellt einen echten Schokokeks her, indem er zunächst die Keks- und Schokoteile fertigstellt und diese dann zusammensetzt. Umgekehrt nehmen manche Genießer die beiden Teile vor dem Verzehr wieder auseinander, zum Beispiel um den Keks-Anteil in Milch zu tauchen. Diese Operationen werden auch für die Darstellungen von Schokokeksen im Computer benötigt.

In der DrScheme-Sprachebene `Die Macht der Abstraktion - Anfänger` sind Schokokekse schon eingebaut. Ein Schokokeks mit Schoko-Anteil 12 und Keks-Anteil 14 wird folgendermaßen hergestellt:

```
(make-chocolate-cookie 12 14)
↪ #<record:chocolate-cookie 12 14>
```

Die Prozedur `make-chocolate-cookie` hat folgenden Vertrag:

```
; make-chocolate-cookie : number number -> chocolate-cookie
```

Sie macht also aus zwei Zahlen einen Wert der eingebauten Sorte `chocolate-cookie` der Schokokeks-Records. Die DrScheme-REPL druckt Record-Werte mit der Schreibweise `#<record:... ...>` aus, damit Sorte und Komponenten sichtbar werden.

Schokokekse sind Werte wie andere auch und lassen sich zum Beispiel an Variablen binden:

```
(define double-choc (make-chocolate-cookie 24 14))
↪ double-choc
#<record:chocolate-cookie 24 14>
```

Da die Prozedur `make-chocolate-cookie` einen Schokokeks „konstruiert", heißt sie auch *Konstruktor*. Für das Zerlegen von Schokokeksen sind die Prozeduren `chocolate-cookie-chocolate` und `chocolate-cookie-cookie` zuständig:

```
(chocolate-cookie-chocolate double-choc)
↪ 24
```

```
(chocolate-cookie-cookie double-choc)
↪ 14
```

Diese beiden Prozeduren extrahieren die Bestandteile aus einem Schokokeks und heißen *Selektoren*. Sie haben folgende Verträge:

```
; chocolate-cookie-chocolate : chocolate-cookie -> number
; chocolate-cookie-cookie : chocolate-cookie -> number
```

Die Namen mögen umständlich lang erscheinen, lassen sich aber lesen als „Schokokeks – Schoko-Anteil" und „Schokokeks – Keks-Anteil".

Der Konstruktor und die Selektoren für Schokokekse erfüllen folgende Gleichungen:

```
(chocolate-cookie-chocolate (make-chocolate-cookie x y)) = x
(chocolate-cookie-cookie (make-chocolate-cookie x y)) = y
```

Mit Hilfe des Konstruktors und der Selektoren kann der Programmierer weitergehende Prozeduren definieren. Für den Anfang könnte das eine Prozedur sein, die das Gesamtgewicht eines Kekses berechnet, z.B. das Gewicht des double-choc-Kekses von oben:

```
(chocolate-cookie-weight double-choc)
↪ 38
```

Eine solche Prozedur müßte Kurzbeschreibung und Vertrag wie folgt haben:

```
; Gewicht eines Schokokekses bestimmen
; chocolate-cookie-weight : chocolate-cookie -> number
```

... und folgendes Gerüst haben:

```
(define chocolate-cookie-weight
  (lambda (c)
    ...))
```

Da in das Gewicht eines Schokokekses sowohl das Gewicht des Keks- als auch des Schokoladenanteils eingehen, steht schon fest, daß die entsprechenden Selektoraufrufe im Rumpf der Prozedur vorkommen müssen:

```
(define chocolate-cookie-weight
  (lambda (c)
    ... (chocolate-cookie-chocolate c) ...
    ... (chocolate-cookie-cookie c) ...))
```

Das Gesamtgewicht ergibt sich aus Addition der beiden Teilgewichte:

```
(define chocolate-cookie-weight
  (lambda (c)
    (+ (chocolate-cookie-cookie c)
       (chocolate-cookie-chocolate c))))
```

Fertig!

4.2   Record-Definitionen

Natürlich sind zusammengesetzte Daten in Scheme nicht auf Schokokekse beschränkt – der Programmierer kann neue Arten zusammengesetzter Daten selbst definieren. Voraussetzung für die Definition einer neuen Art zusammengesetzter Daten ist eine klare Vorstellung davon, was die Komponenten sind. Dabei hilft eine informelle Beschreibung wie diese hier:

Eine kartesische Koordinate in der Ebene besteht aus einer X- und Y-Koordinate.

Eine solche *Datendefinition* läßt sich direkt in Scheme übersetzen. Datendefinitionen werden mit *Record-Definitionen* programmiert. Eine Record-Definition ist eine Form mit dem syntaktischen Schlüsselwort `define-record-procedures`. Eine Record-Definition definiert einen neuen Record-Typ und dabei automatisch auch u.a. den Konstruktor und die Selektoren – nur ihre Namen müssen angegeben werden. Hier eine Record-Definition für kartesische Koordinaten:

```
(define-record-procedures cartesian
  make-cartesian cartesian?
  (cartesian-x cartesian-y))
```

Diese Record-Definition hat die folgenden Bestandteile:

- Der erste Operand `cartesian` ist der Name des Record-Typs. Wenn ein Parameter einer Prozedur ein `cartesian`-Record ist, steht im Vertrag dazu das Wort `cartesian`.

- Als nächstes ist `make-cartesian` der Konstruktor für kartesische Koordinaten. Da `cartesian` zwei Komponenten (X- und Y-Koordinate) hat, akzeptiert der Konstruktor auch zwei Argumente. Der Vertrag von `make-cartesian` ist also:

  ```
  ; make-cartesian : number number -> cartesian
  ```

  Hier sind zwei Beispiele für die Benutzung des Konstruktors:

  ```
  (make-cartesian 17 23)
  ↪ #<record:cartesian 17 23>
  (make-cartesian 42 -42)
  ↪ #<record:cartesian 42 -42>
  ```

- Mit `cartesian?` wird das *Prädikat* des Record-Typs definiert. Das Prädikat ist eine Prozedur, die einen beliebigen Wert akzeptiert; sie liefert `#t` zurück, wenn es sich um einen `cartesian`-Record handelt, und `#f` sonst. Das Prädikat hat also den Vertrag:

  ```
  ; cartesian? : value -> boolean
  ```

  Das Prädikat unterscheidet also `cartesian`-Werte von anderen Werten:

  ```
  (cartesian? 42)
  ↪ #f
  ```

```
(cartesian? (make-chocolate-cookie 12 14))
↪ #f
(cartesian? (make-cartesian 17 23))
↪ #t
(cartesian? (make-cartesian 42 -42))
↪ #t
```

Das ? am Ende des Namens bedeutet, wie bei den Beispielen aus Abschnitt 3.3, daß die Prozedur eine Ja-/Nein-Frage beantwortet, also einen booleschen Wert zurückgibt.

Der Sinn von Prädikaten wird in Abschnitt 4.6 erläutert.

- Cartesian-x und cartesian-y sind die Selektoren von cartesian; sie extrahieren jeweils die X- und die Y-Komponente aus einem cartesian-Record. Die Selektoren haben die folgenden Verträge:

```
; cartesian-x : cartesian -> number
; cartesian-y : cartesian -> number
```

Die Selektoren erfüllen die Gleichungen:

```
(cartesian-x (make-cartesian x y))
  = x

(cartesian-y (make-cartesian x y))
  = y
```

Einige Beispiele:

```
(cartesian-x (make-cartesian 17 23))
↪ 17
(cartesian-x (make-cartesian 42 -42))
↪ 42
(cartesian-y (make-cartesian 17 23))
↪ 23
(cartesian-y (make-cartesian 42 -42))
↪ -42
```

Eine define-record-procedures-Form hat folgende allgemeine Form:

```
(define-record-procedures t
  c p
  (s₁ ... sₙ))
```

Diese Form definiert einen Record-Typ mit n Feldern. Dabei sind t, c, p, $s_1 \ldots s_n$ allesamt Variablen, für die define-record-procedures Definitionen anlegt:

- t ist der Name des Record-Typs.
- c ist der Name des Konstruktors, den define-record-procedures anlegt.

- *p* ist der Name des Prädikats, das `define-record-procedures` anlegt.
- $s_1, \ldots, s_n$ sind die Namen der Selektoren für die Felder des Record-Typen.

Beim Entwurf einer Record-Definition hilft es, mit der formellen Datendefinition anzufangen, die ausführlich beschreibt, was für Komponenten die Daten haben. Für Schoko-Kekse sieht diese Datendefinition folgendermaßen aus:

```
; Ein Schokokeks ist ein Wert
;  (make-chocolate-cookie x y)
; bei dem x und y Zahlen sind, die Schoko- und Keks-Anteil
; des Schokokekses darstellen.
```

Hier ist die Datendefinition für kartesische Koordinaten:

```
; Eine kartesische Koordinate ist ein Wert
;  (make-cartesian x y)
; bei dem x und y Zahlen sind, die X- und Y-Anteil
; der Koordinate darstellen.
```

Die Datendefinition sollte genau soviele Komponenten aufweisen, wie die zusammengesetzten Daten Bestandteile haben.

Aus der Datendefinition ergibt sich direkt die Record-Definition. Insbesondere gehört zu jeder Komponente ein Selektor. Die Namen für den Konstruktor, das Prädikat und die Selektoren können frei gewählt werden, sollten aber meist einer einheitlichen Konvention folgen, um anderen das Lesen des Programms zu erleichern. Die gängige Konvention ist, daß der Konstruktor mit `make-` anfängt (`make-cartesian`, der Name des Prädikats auf ein Fragezeichen endet (`cartesian?`), und die Selektoren auf die Namen der Felder enden (`cartesian-x`, `cartesian-y`).

Die Methode, für zusammengesetzte Daten erst eine Datendefinition aufzuschreiben und diese dann direkt in eine Record-Definition zu übersetzen, bildet Konstruktionsanleitung 3 in Anhang D.

4.3   Prozeduren, die Records konsumieren

Eine nützliche Prozedur auf kartesischen Koordinaten könnte den Abstand zum Ursprung berechnen. Sie soll Kurzbeschreibung und Vertrag wie folgt haben:

```
; Abstand vom Ursprung berechnen
; distance-to-origin : cartesian -> number
```

Die Konstruktion der Prozedur funktioniert genau wie bei `chocolate-cookie-weight` aus dem ersten Abschnitt. Hier ist das Gerüst:

```
(define distance-to-origin
  (lambda (c)
    ...))
```

Da der Abstand aus den beiden Komponenten berechnet wird, stehen die entsprechenden Aufrufe der Selektoren im Gerüst:

```
(define distance-to-origin
  (lambda (c)
    ... (cartesian-x c) ...
    ... (cartesian-y c) ...))
```

Ein Blick in die Formelsammlung liefert folgende Gleichung für den Abstand d des Punktes bei x und y zum Ursprung:

$$d = \sqrt{x^2 + y^2}$$

Für die beiden Quadrate wird Prozedur `square` aus Abschnitt 2.5 wiederverwendet:

```
; Quadrat einer Zahl bestimmen
; square : number -> number
(define square
  (lambda (x)
    (* x x)))
```

Für die Quadratwurzel ist eine eingebaute Prozedur zuständig, die `sqrt` heißt. Die Prozedur `sqrt` hat folgenden Vertrag:

```
; sqrt : number -> number
```

und liefert für eine beliebige Zahl, die sie konsumiert, deren Wurzel. Die obige Formel vervollständigt jetzt das Gerüst, mit Hilfe von `square` und `sqrt`:

```
(define distance-to-origin
  (lambda (c)
    (sqrt
      (+ (square (cartesian-x c))
         (square (cartesian-y c))))))
```

Die Definitionen von `chocolate-cookie-weight` und `distance-to-origin` folgen dem selben Muster. Dieses Muster ergibt Schablonen für Prozeduren, die Records als Argumente konsumieren und läßt sich auch auf andere Record-Typen folgendermaßen in eine Konstruktionsanleitung übertragen:

- Stelle fest, von welchen Komponenten des Records das Ergebnis der Prozeduren abhängt.
- Für jede dieser Komponenten, schreibe (s c) in die Schablone, wobei s der Selektor der Komponente und c der Name des Record-Parameters ist.
- Vervollständige die Schablone, indem du einen Ausdruck konstruierst, in dem die Selektor-Anwendungen vorkommen.

Konstruktionsanleitung 4 in Anhang D faßt diese Schritte noch einmal zusammen.

4.4 Prozeduren, die Records herstellen

Jemand könnte zwei Schokokekse nehmen und zu einem Doppeldecker machen:

Dies könnte eine Prozedur mit Kurzbeschreibung und Vertrag wie folgt werden:

```
; Schokoladenkeks doppeldeckern
; double-chocolate-cookie : chocolate-cookie -> chocolate-cookie
```

Gerüst:

```
(define double-chocolate-cookie
  (lambda (c)
    ...))
```

Da die Prozedur einen Schokokeks konsumiert, ist die Konstruktionsanleitung aus dem vorigen Abschnitt anwendbar. Es entsteht folgende erste Schablone:

```
(define double-chocolate-cookie
  (lambda (c)
    ... (chocolate-cookie-chocolate c) ...
    ... (chocolate-cookie-cookie c) ...))
```

Da die Prozedur nicht nur Kekse konsumieren, sondern auch einen neuen Keks produzieren soll, muß irgendwo im Rumpf ein Aufruf des Konstruktors vorkommen:

```
(define double-chocolate-cookie
  (lambda (c)
    (make-chocolate-cookie
     ... (chocolate-cookie-chocolate c) ...
     ... (chocolate-cookie-cookie c) ...)))
```

Daß im Rumpf jeder Prozedur, die Kekse produziert, ein Aufruf des Konstruktors stehen muß, ist abermals eine Schablone für eine Konstruktionsanleitung: Nummer 5 in Anhang D. Das erste Argument für make-chocolate-cookie muß den Schoko-Anteil des neuen Kekses darstellen, also das doppelte des Schoko-Anteils des konsumierten Kekses:

```
(define double-chocolate-cookie
  (lambda (c)
    (make-chocolate-cookie
     (* 2 (chocolate-cookie-chocolate c))
     ... (chocolate-cookie-cookie c) ...)))
```

Bleibt der Keks-Anteil, der wiederum das doppelte des Keks-Anteils des Arguments ist:

```
(define double-chocolate-cookie
  (lambda (c)
    (make-chocolate-cookie
      (* 2 (chocolate-cookie-chocolate c))
      (* 2 (chocolate-cookie-cookie c)))))))
```

4.5 Ein erweitertes Beispiel für zusammengesetzte Daten

„Nim" ist ein Spiel für zwei Spieler. Auf dem Tisch stehen zwei gleichgroße Stapel Münzen. Die Spieler sind abwechselnd an der Reihe. Bei jedem Spielzug darf ein Spieler von einem Stapel seiner Wahl eine beliebige Anzahl Münzen entfernen. Gewonnen hat der Spieler, der die letzte Münze(n) vom Tisch entfernt. Die Lösung der folgenden Aufgabe könnte Teil eines Programms zum Nim-Spielen werden:

Entwirf Daten- und Record-Definitionen für Spielstände und Spielzüge des Spiels. Schreibe außerdem eine Prozedur apply-nim-move, die einen Spielstand und einen Spielzug konsumiert, und einen neuen Spielstand zurückgibt.

Die Daten- und Record-Definitionen für Spielstände sind zuerst an der Reihe. Zur Erinnerung: auf dem Tisch stehen zwei Stapel Münzen. Für den Spielverlauf spielt es keine Rolle, um was für Münzen es sich handelt, wohl aber, wie viele es sind. Damit reichen zwei Zahlen für die Darstellung des Spielstands aus. Da *zwei* Zahlen zu *einem* Spielstand werden sollen, handelt es sich um zusammengesetzte Daten, die mit Records programmiert werden. Hier ist die Datendefinition:

```
; Ein Nim-Spielstand ist ein Wert
;   (make-nim-score l r)
; bei dem l und r Zahlen sind, welche jeweils die Anzahl
; der Münzen auf dem linken und dem rechten Stapel darstellen.
```

Daraus folgt direkt die Record-Definition:

```
(define-record-procedures nim-score
  make-nim-score nim-score?
  (nim-score-left nim-score-right))
```

Die Selektoren heißen hier willkürlich nim-score-left und nim-score-right, könnten aber auch nim-score-1 und nim-score-2 oder nim-score-a und nim-score-b heißen.

Um einen Spielzug zu machen, muß eine Spieler angeben, von welchem Stapel er Münzen nehmen möchte und wie viele.

```
; Ein Nim-Spielzug ist ein Wert
;   (make-nim-move p n)
; wobei p den Stapel darstellt und n die Zahl der Münzen ist,
; die vom Stapel entfernt werden sollen.
```

Die Datendefinition ist noch nicht vollständig, weil noch nirgendwo steht, wie die Darstellung eines Stapels aussieht. Mit den bisher erklärten Mitteln in Scheme gibt es mehrere Möglichkeiten:

1. eine Zahl: 1 für den linken, 2 für den rechten Stapel
2. eine Zahl: 1000 für den linken, 4711 für den rechten Stapel
3. eine Zeichenkette: `"left"` für den linken und `"right"` für den rechten Stapel
4. eine Zeichenkette: `"Axl"` für den linken und `"Slash"` für den rechten Stapel

Die Wahl ist subjektiv, aber die Verwendung von Zeichenketten `"left"` und `"right"` ist intuitiv. Außerdem schließen die Zeichenketten Verwechslungen aus, die bei Zahlen passieren könnten. Hier ist eine Datendefinition für Stapel:

```
; Ein Stapel ist entweder die Zeichenkette "left" für den
; linken Stapel oder "right" für den rechten Stapel
```

Die Record-Definition von Spielzügen ergibt sich wieder direkt aus der Daten-Definition:

```
(define-record-procedures nim-move
  make-nim-move nim-move?
  (nim-move-stack nim-move-count))
```

In der Aufgabe ist ist eine Prozedur gefragt mit Kurzbeschreibung und Vertrag wie folgt:

```
; Spielstand nach einem Spielzug berechnen
; apply-nim-move : nim-score nim-move -> nim-score
```

Daraus ergibt sich folgendes Gerüst:

```
(define apply-nim-move
  (lambda (s m)
    ...))
```

Nun handelt es sich bei s um einen `nim-score`-Record; damit kann das Gerüst schon zu einer Schablone erweitert werden:

```
(define apply-nim-move
  (lambda (s m)
    ... (nim-score-left s) ...
    ... (nim-score-right s) ...))
```

Das Argument zum Parameter m ist ebenfalls ein Record, diesmal vom Typ `nim-move` – mehr Material für die Schablone:

```
(define apply-nim-move
  (lambda (s m)
    ... (nim-score-left s) ...
    ... (nim-score-right s) ...
    ... (nim-move-stack m) ...
    ... (nim-move-count m) ...))
```

Die Prozedur soll außerdem einen `nim-score`-Record zurückgeben, muß ihn also konstruieren. Die Schablone wächst abermals:

```
(define apply-nim-move
  (lambda (s m)
    (make-nim-score
      ... (nim-score-left s) ...
      ... (nim-score-right s) ...
      ... (nim-move-stack m) ...
      ... (nim-move-count m) ...)))
```

Immer noch ist nicht alles berücksichtigt: Beim Stapel-Feld von `m` handelt es sich um einen der zwei Werte `"left"` und `"right"`; bei `(nim-move-stack m)` ist also eine Fallunterscheidung angebracht:

```
(define apply-nim-move
  (lambda (s m)
    ...
    (cond
      ((string=? (nim-move-stack m) "left") ...)
      ((string=? (nim-move-stack m) "right") ...))
    ...
    (make-nim-score
      ... (nim-score-left s) ...
      ... (nim-score-right s) ...
      ... (nim-move-count m) ...)))
```

Jetzt müssen die Bestandteile noch richtig zusammengesetzt werden. Je nach Ausgang der Fallunterscheidung muß `apply-nim-move` einen unterschiedlichen Spielstand zurückgeben. Die Schablonenteile unter der Fallunterscheidung werden also in beide Zweige kopiert:

```
(define apply-nim-move
  (lambda (s m)
    (cond
      ((string=? (nim-move-stack m) "left")
       (make-nim-score
         ... (nim-score-left s) ...
         ... (nim-score-right s) ...
         ... (nim-move-count m) ...))
      ((string=? (nim-move-stack m) "right")
       (make-nim-score
         ... (nim-score-left s) ...
         ... (nim-score-right s) ...
         ... (nim-move-count m) ...)))))
```

Um die beiden Aufrufe von `make-nim-move` zu vervollständigen, muß der Programmierer jeweils folgende Fragen beantworten:

- Wie viele Münzen sind hinterher auf dem linken Stapel?
- Wie viele Münzen sind hinterher auf dem rechten Stapel?

Hier das Ergebnis:

```
(define apply-nim-move
  (lambda (s m)
    (cond
      ((string=? (nim-move-stack m) "left")
       (make-nim-score
        (- (nim-score-left s) (nim-move-count m))
        (nim-score-right s)))
      ((string=? (nim-move-stack m) "right")
       (make-nim-score
        (nim-score-left s)
        (- (nim-score-right s) (nim-move-count m)))))))
```

Die apply-nim-move-Prozedur verhält sich zum Beispiel folgendermaßen:

```
(apply-nim-move (make-nim-score 5 6) (make-nim-move "left" 3))
↪ #<record:nim-score 2 6>
(apply-nim-move (make-nim-score 5 6) (make-nim-move "right" 4))
↪ #<record:nim-score 5 2>
```

In dieser Lösung wurde die Schablone primär nach der Anleitung für Fallunterscheidungen strukturiert, und die Konstruktion der Records wurde in beide Zweige kopiert. Es ist genauso möglich, die Konstruktion der Records an den Anfang zu stellen und die Fallunterscheidungen innen einzusetzen und zu kopieren. Dabei entsteht die folgende alternative Schablone:

```
(define apply-nim-move
  (lambda (s m)
    (make-nim-score
      (cond
        ((string=? (nim-move-stack m) "left")
         ... (nim-score-left s) ...
         ... (nim-score-right s) ...
         ... (nim-move-count m) ...)
        ((string=? (nim-move-stack m) "right")
         ... (nim-score-left s) ...
         ... (nim-score-right s) ...
         ... (nim-move-count m) ...))
      (cond
        ((string=? (nim-move-stack m) "left")
         ... (nim-score-left s) ...
         ... (nim-score-right s) ...
         ... (nim-move-count m) ...)
```

```
      ((string=? (nim-move-stack m) "right")
        ... (nim-score-left s) ...
        ... (nim-score-right s) ...
        ... (nim-move-count m) ...)))))
```

Die fertige Prozedur ist ebenso korrekt und sieht so aus:

```
(define apply-nim-move
  (lambda (s m)
    (make-nim-score
      (cond
        ((string=? (nim-move-stack m) "left")
          (- (nim-score-left s) (nim-move-count m)))
        ((string=? (nim-move-stack m) "right")
          (nim-score-left s)))
      (cond
        ((string=? (nim-move-stack m) "left")
          (nim-score-right s))
        ((string=? (nim-move-stack m) "right")
          (- (nim-score-right s) (nim-move-count m)))))))
```

Wenn mehrere Schablonen aufeinandertreffen, ist schwer pauschal vorherzusagen, welche
„außen" und welche „innen" landen sollte. Meist führen beide Ansätze zum Erfolg; gelegentlich lohnt es sich, beide auszuprobieren, um die elegantere auszuwählen.

4.6   Gemischte Daten

In der Einleitung war die Rede von Marmelade-Creme-Keksen. Hier ist die Daten-Definition für die Leckerbissen:

```
; Ein Marmelade-Creme-Keks ist ein Wert
;   (make-jelly-cream-cookie x y z)
; wobei x, y und z Zahlen sind, die Creme-, Marmeladen-,
; und Keks-Anteil darstellen.
```

Die Record-Definition folgt wie immer direkt daraus:

```
(define-record-procedures jelly-cream-cookie
  make-jelly-cream-cookie jelly-cream-cookie?
  (jelly-cream-cookie-cream
   jelly-cream-cookie-jelly
   jelly-cream-cookie-cookie))
```

Ebenso wie sich Schokokekse lassen sich auch Marmelade-Creme-Kekse doppeldeckern
(theoretisch zumindest). Hier sind die Kurzbeschreibung und der Vertrag für eine passende
Prozedur:

```
; Marmelade-Creme-Keks doppeldeckern
; double-jelly-cream-cookie : jelly-cream-cookie -> jelly-cream-cookie
```

Gerüst und Rumpf der Prozedur folgen genau wie bei `double-chocolate-cookie` aus Abschnitt 4.4. Zuerst das Gerüst:

```
(define double-jelly-cream-cookie
  (lambda (c)
    ...))
```

Schablone:

```
(define double-jelly-cream-cookie
  (lambda (c)
    (make-jelly-cream-cookie
      ... (jelly-cream-cookie-cream c) ...
      ... (jelly-cream-cookie-jelly c) ...
      ... (jelly-cream-cookie-cookie c) ...)))
```

Rumpf:

```
(define double-jelly-cream-cookie
  (lambda (c)
    (make-jelly-cream-cookie
      (* 2 (jelly-cream-cookie-cream c))
      (* 2 (jelly-cream-cookie-jelly c))
      (* 2 (jelly-cream-cookie-cookie c)))))
```

Mit den Marmelade-Creme-Keksen sind zwei Sorten Kekse im Spiel. Beide zusammen ergeben eine Datendefinition für „Kekse im allgemeinen":

```
; Ein Keks ist eins der folgenden:
; - ein Schokokeks oder
; - ein Marmelade-Creme-Keks
; Name: cookie
```

Eine Datendefinition wie diese, welche die Formulierung „eins der folgenden" enthält, definiert eine Sorte *gemischter Daten*, in diesem Fall `cookie`. In Scheme muß nichts extra programmiert werden, damit eine gemischte Datensorte verarbeitet werden kann; die Datendefinition genügt. Als Aufgabe soll die Doppeldecker-Operation verallgemeinert werden:

```
; Keks doppeldeckern
; double-cookie : cookie -> cookie
```

Das Gerüst ergibt sich wieder einmal aus dem Vertrag:

```
(define double-cookie
  (lambda (c)
    ...))
```

Beim Parameter c handelt es sich zwar um einen Keks – also einen Schokokeks oder einen Marmelade-Creme-Keks – jedoch ist die Konstruktionsanleitung für zusammengesetzte Daten nicht direkt anwendbar, da die Prozedur nicht weiß, um welche Sorte Keks es sich handelt. Weil die Datendefinition eine Fallunterscheidung mit zwei Alternativen enthält, muß die Prozedur-Schablone eine Verzweigung mit zwei Zweigen enthalten:

```
(define double-cookie
  (lambda (c)
    (cond
      (... ...)
      (... ...)))))
```

Die Tests für die Fallunterscheidung müssen jeweils prüfen, ob es sich um einen Schokokeks oder einen Marmelade-Creme-Keks handelt. Dafür sind die Prädikate chocolate-cookie? und jelly-cream-cookie? da, die, auf einen beliebigen Wert angewendet, #t für einen Schokokeks bzw. einen Marmelade-Creme-Keks zurückliefern, und #f sonst. Die Schablone kann also folgendermaßen erweitert werden:

```
(define double-cookie
  (lambda (c)
    (cond
      ((chocolate-cookie? c) ...)
      ((jelly-cream-cookie? c) ...)))))
```

Der erste Zweig der Verzweigung kommt nur bei Schokokeksen in Betracht, der zweite nur bei Marmelade-Creme-Keksen. Die schon fertigen Hilfsprozeduren vervollständigen die Schablone zu einem Rumpf:

```
(define double-cookie
  (lambda (c)
    (cond
      ((chocolate-cookie? c)
       (double-chocolate-cookie c))
      ((jelly-cream-cookie? c)
       (double-jelly-cream-cookie c)))))
```

Aus diesem Beispiel ergibt sich direkt eine Konstruktionsanleitung für Prozeduren, die gemischte Daten konsumieren:

• Stelle fest, wieviele unterschiedliche Fälle die Sorte für die gemischten Daten hat.

• Schreibe eine cond-Verzweigung als Rumpf in die Schablone, die genauso viele Zweige hat wie es Fälle gibt.

• Schreibe Tests für die Zweige in die Schablone, welche die einzelnen Fälle unterscheiden.

• Vervollständige die Zweige, indem du eine Datenanalyse für jeden einzelnen Fall vornimmst und entsprechende Hilfsprozeduren oder Konstruktionsanleitungen benutzt.

Konstruktionsanleitung 6 für gemischte Daten in Anhang D faßt dies noch einmal zusammen.

Die übersichtlichsten Programme entstehen meist, wenn für jeden Fall separate Hilfsprozeduren definiert sind, wie hier `double-chocolate-cookie` und `double-jelly-cream-cookie`.

Anmerkungen

Die `define-record-procedures`-Form wurde speziell für *Die Macht der Abstraktion* entwickelt. In Scheme haben Records, anders als in vielen anderen Programmiersprachen, keine besondere festgelegte Syntax. Stattdessen ist es möglich, für jeden Zweck die Form der Record-Definition maßzuschneidern wie hier.

Aufgaben

Aufgabe 4.1 Vergewissere dich mit Beispielen und Taschenrechner, daß `distance-to-origin` aus Abschnitt 4.3 tatsächlich korrekt funktioniert.

Aufgabe 4.2 Schreibe eine Daten- und Record-Definition für *Uhrzeiten* (mit Angaben zu Stunde, Minute und Sekunde).

Schreibe eine Prozedur `time-ok?`, die eine Uhrzeit konsumiert und feststellt, ob ein Uhrzeit-Objekt einer tatsächlichen Uhrzeit entspricht. Dementsprechend soll die Funktion #t oder #f zurückgeben.

Schreibe eine Prozedur `time->seconds-since-midnight`, die eine Uhrzeit konsumiert und die Anzahl der Sekunden seit Mitternacht zurückgibt.

Schreibe eine Prozedur `seconds-since-midnight->time`, welche die Anzahl der Sekunden seit Mitternacht konsumiert und eine Uhrzeit zurückgibt.

Aufgabe 4.3 Schreibe eine Daten- und eine Record-Definition für *Kalenderdaten* (aus Jahr, Monat und Tag).

Schreibe eine Prozedur `calendar-date-ok?`, die feststellt, ob ein Kalenderdatum-Objekt einem tatsächlichen Kalenderdatum entspricht, also korrekte Daten wie 1.1.1970 von unsinnigen wie 34.17.2004 unterscheidet. Lasse dazu Schaltjahre außer acht. (Zusatzaufgabe: Berücksichtige Schaltjahre.)

Aufgabe 4.4 Schreibe Daten- und Record-Definitionen für *Zeitpunkte*. Ein Zeitpunkt ist gekennzeichnet durch ein Kalenderdatum sowie eine Uhrzeit.

Schreibe eine Prozedur `point-ok?`, die feststellt, ob ein Zeitpunkt-Objekt einem tatsächlichen Zeitpunkt entspricht.

Schreibe eine Prozedur `point->seconds-ad`, welche die Anzahl der Sekunden seit Anfang der Kalenderzeitrechnung berechnet. Lasse dabei Schaltjahre außer acht.

Aufgabe 4.5 Schreibe Daten- und Record-Definitionen für eine *Zutat* in einem Kochrezept. Eine Zutat ist gekennzeichnet durch einen Namen, eine Mengenangabe und eine Maßeinheit für die Mengenangabe. Die Maßeinheit soll eine der Zeichenketten `"liter"`, `"milliliter"`, `"teaspoon"` und `"tablespoon"` sein. Schreibe eine Prozedur namens `ingredient->milliliters`, die für eine Zutat die Menge in Millilitern berechnet. (Nimm z.B. an, daß ein Teelöffel 3ml und ein Eßlöffel 7ml faßt.)

Aufgabe 4.6 Schreibe Daten- und Record-Definitionen für *Volumenmaßeinheiten*. Jede Maßeinheit (z.B. „Liter", „Teelöffel", etc.) ist durch einen Namen und die Anzahl der Milliliter pro Maßeinheit charakterisiert.

Ändere die Daten- und Record-Definition aus Aufgabe 4.5, so daß die Maßeinheit für eine Zutat nicht eine Zeichenkette ist, sondern ein Volumenmaßeinheits-Record. Ändere entsprechend `ingredient->milliliters`.

Aufgabe 4.7 Schreibe Daten- und Record-Definitionen für Massenmaßeinheiten. Jede Einheit (z.B. „Kilogramm", „Pfund", etc.) ist durch einen Namen (dargestellt als eine Zeichenkette) und die Anzahl der Gramm pro Maßeinheit charakterisiert. Ändere die Daten- und Record-Definition aus Aufgabe 4.5, so daß die Maßeinheit für eine Zutat nicht durch eine Zeichenkette, sondern ein Massenmaßeinheits-Record dargestellt wird. Schreibe eine Prozedur `ingredient->grams`, die für eine Zutat die Masse in Gramm berechnet.

Aufgabe 4.8 Betrachte folgende Daten- und Record-Definitionen für Dokumentzusammenfassungen:

```
; Ein Lebenslauf ist ein Wert
;   (make-resume n y s)
; wobei n eine Zeichenkette, y eine Zahl und s
; ein boolescher Wert ist. Dabei ist n der Name
; des Verfassers, y das Jahr, in dem der Lebenslauf
; abgefaßt wurde, und s gibt an, ob der Lebenslauf
; schon versendet wurde.
(define-record-procedures resume
  make-resume resume?
  (resume-name
   resume-year resume-sent?))


; Ein Brief ist ein Wert
;   (make-letter s a p)
; wobei s und a Zeichenketten sind und p eine Zahl ist.
; Dabei ist s der Absender des Briefes, a der Adressat
; und p die Frankatur.
(define-record-procedures letter
  make-letter letter?
  (letter-sender letter-address
   letter-postage))
```

```
; Eine E-Mail ist ein Wert
;   (make-email f t s)
; wobei f, t und s Zeichenketten sind.  Dabei
; ist f der Absender, t der Adressat und s der
; Betreff der E-Mail.
(define-record-procedures email
  make-email email?
  (email-from email-to
   email-subject))
```

Eine Dokumentenzusammenfassung ist dann ein resume-Objekt, ein letter-Objekt oder ein email-Objekt.

Schreibe eine Prozedur from, die eine Dokumentenzusammenfassung konsumiert und eine Zeichenkette zurückgibt, die repräsentiert, von wem das Dokument ist.

Aufgabe 4.9 Schreibe Daten- und Strukturdefinitionen für Zutaten, bei der eine Zutat durch Namen, Mengenangabe, Maßeinheit und eine Dichte gekennzeichnet ist. Die Maßeinheit kann eine Volumen- oder eine Massen-Maßeinheit sein. Die Dichte ist in kg/m^3 angegeben. Schreibe Prozeduren ingredient->milliliters und ingredient->grams wie oben für diese Definition.

Aufgabe 4.10 Entwirf Record- und Datendefinitionen für einen Eintrag bei einer Online-Auktion. Zu einem Eintrag gehören die folgenden Informationen: der Auktionsgegenstand (als Zeichenkette), der höchste Bieter (auch eine Zeichenkette), das aktuelle Gebot und der Status der Auktion als Zeichenkette "open" oder "closed".

Entwickle eine Prozedur, die einen Bieter, ein Gebot und einen Auktionseintrag konsumiert und einen neuen Eintrag zurückgibt. Falls das Gebot geringer ist als das Höchstgebot oder falls die Auktion geschlossen ist, wird der ursprüngliche Eintrag zurückgegeben.

Aufgabe 4.11 Was wäre eine optimale Spielstrategie für Nim? Schreibe eine Prozedur, die für einen gegebenen Spielstand den optimalen Zug ausrechnet.

Aufgabe 4.12 Schreibe Daten- und Record-Definitionen für geometrische Figuren, wobei eine geometrische Figur ein Quadrat, ein Kreis oder ein Rechteck sein kann. Schreibe eine Prozedur, die für eine geometrische Figur (ein Quadrat, einen Kreis oder ein Rechteck) den Flächeninhalt berechnet.

Aufgabe 4.13 Schreibe Daten- und Record-Definitionen für Züge. Ein Zug ist entweder ein Regionalexpress, ein IC oder ein ICE. Ein IC ist durch einen festen IC-Zuschlag, der ICE durch einen Zuschlag pro Kilometer charakterisiert. Schreibe eine Prozedur, die aus einem Zug und einer Kilometeranzahl den Fahrpreis berechnet.

5 Induktive Definitionen

Informatiker stehen immer wieder vor dem Problem, große oder gar unendliche Mengen von Daten knapp, aber präzise zu beschreiben. Eine Aufzählung sämtlicher in Frage kommender Daten ist aus ökonomischen Zwecken nicht ratsam und bei unendlichen Mengen unmöglich. Mathematiker beschreiben Mengen deshalb oft abstrakt durch ihre Eigenschaften. Das ist gar nicht so einfach: manche naive Beschreibungen unendlicher Mengen beschreiben bei genauem Hinsehen gar nichts, entweder weil die Beschreibung inkonsistent ist oder die beschriebene Menge leer statt unendlich groß. Eine sichere Methode, korrekte Beschreibungen unendlicher Mengen zu produzieren, ist die *induktive Definition*.

5.1 Natürliche Zahlen

Die natürlichen Zahlen, also die ganzen Zahlen ab 0, sind allen Menschen scheinbar vertraut. Trotzdem ist es überraschend schwierig die Menge der natürlichen Zahlen präzise und formal zu beschreiben. Da es sich um eine unendliche Menge handelt, ist es nicht möglich, sie durch Aufzählung ihrer Elemente zu beschreiben; im übrigen gibt es allerlei unterschiedliche *Darstellungen*, z.B. die *Dezimaldarstellung*, in der die Zahlen mit 0, 1, 2, 3, 4, 5, 6, 7, 8, 9, 10, 11, ... bezeichnet sind, die *römischen Zahlen* (da gibt es keine 0) mit I, II, III, IV, V, VI, VII, VIII, IX, X, XI, ... und die *Strichdarstellung* (ebenfalls Probleme mit der 0, da steht einfach nichts): , |, ||, |||, ||||, |||||, ||||||, |||||||, ...

Diese Darstellungen eignen sich sämtlich nicht für eine *Definition* der natürlichen Zahlen. Abgesehen davon, daß nicht formal klar ist, wofür die „..." am Ende der Listen jeweils stehen sollen, lenken die unterschiedlichen Darstellungen von der Frage ab, was eine natürliche Zahl denn nun wirklich ist.

In einem mathematischen Einführungsbuch [MESCHKOWSKI 1971, S. 53] findet sich die folgende Definition der natürlichen Zahlen; die hier verwendeten Fachbegriffe werden im Anhang B.6 erklärt:

Definition 5.1 Die Menge der natürlichen Zahlen ist eine total geordnete Menge $(\mathbb{N}; \leq)$ mit den Eigenschaften:

1. $(\mathbb{N}; \leq)$ hat kein größtes Element.

2. $(\mathbb{N}; \leq)$ ist wohlgeordnet. Das kleinste Element von $\mathbb{N}$ wird mit 0 bezeichnet.

3. Jedes Element n von $\mathbb{N}$, außer der 0, hat genau einen *Vorgänger* n_1, d.h.

$$(\forall n \in \mathbb{N} \setminus \{0\})\, (\exists n_1 \in \mathbb{N})\, n_1 \leq n \wedge n_1 \neq n \,\wedge$$
$$(\forall n_2 \in \mathbb{N})(n_2 \leq n \wedge n_2 \neq n \;\Rightarrow\; n_2 \leq n_1)$$

Die erste Zeile besagt, daß n_1 vor n liegt. Die zweite Zeile besagt, daß jede andere Zahl n_2 vor n entweder vor n_1 liegt oder selbst n_1 ist.

Diese Axiome legen die gewünschten Eigenschaften der Menge $\mathbb{N}$ fest, geben aber leider keinen Hinweis darauf, wie diese Menge aussehen könnte. Es ist noch nicht einmal sofort ersichtlich, daß es überhaupt ein *Modell* dazu gibt, d. h. eine nicht-leere Menge $\mathbb{N}$ zusammen mit einer totalen Ordnung $\leq$ darauf, welche die angegebenen Eigenschaften besitzt, geschweige denn, daß durch das Axiomensystem eine Menge in ihrer Struktur eindeutig bestimmt ist. Informatiker sind fast nur an konstruktiven Definitionen wie der folgenden interessiert, die bereits im Jahr 1889 von PEANO vorgeschlagen wurde:

Definition 5.2 (Peano-Axiome) Die Menge $\mathbb{N}$ der natürlichen Zahlen ist durch folgende Eigenschaften, die *Peano-Axiome*, gegeben:

1. Es gibt eine natürliche Zahl $0 \in \mathbb{N}$.

2. Zu jeder Zahl $n \in \mathbb{N}$ gibt es eine Zahl $n' \in \mathbb{N}$, die *Nachfolger von n* heißt.

3. Für alle $n \in \mathbb{N}$ ist $n' \neq 0$.

4. Aus $n' = m'$ folgt $n = m$.

5. Eine Menge M von natürlichen Zahlen, welche die 0 enthält und mit jeder Zahl $m \in M$ auch deren Nachfolger m', ist mit $\mathbb{N}$ identisch.

Das besondere an dieser Art Definition ist, daß sie ein Konstruktionsverfahren nahelegt. Deshalb benötigt sie keinen expliziten Beweis, daß es die solchermaßen definierten mathematischen Objekte wirklich gibt:

• Die 0 ist als Element vorgegeben und stellt damit eine *Verankerung* für die Definition dar.

• Ausgehend von dieser Verankerung beschreibt die zweite Bedingungen ein Erzeugungsverfahren für die Konstruktion weiterer Elemente. Die dritte und vierte Bedingung zusammen besagen, daß die Nachfolgerfunktion injektiv ist, d.h. durch fortgesetzte Anwendung der Nachfolgerfunktion entstehen immer neue Elemente.

• Schließlich beschreibt die fünfte Bedingung einen *induktiven Abschluß*, der festlegt, daß außer den solchermaßen erzeugten Elementen keine weiteren existieren. Axiom 5 wird auch *Induktionsaxiom* genannt.

Jede induktive Definition enthält ein solches Induktionsaxiom; häufig erkennbar ist es an Formulierungen wie „...die *kleinste* Menge mit den Eigenschaften..." oder der folgenden:

5'. Durch 1.– 4. werden alle natürlichen Zahlen erzeugt.

$\mathbb{N}$ läßt sich aus den Peano-Axiomen schrittweise konstruieren. Aus 1. und 2. folgt, daß es natürliche Zahlen

$$0, 0', 0'', 0''', 0'''', \ldots$$

gibt. Ohne die 0 am Anfang entsteht die Darstellung der natürlichen Zahlen durch Striche. Die Axiome 3 und 4 besagen, daß jede Zahl nur eine Strichdarstellung besitzt: jedes Anfügen eines Striches „'" erzeugt eine völlig neue Zahl.

Für „n'" ist die Bezeichnung „$n+1$" gebräuchlich. Die mit Hilfe der Peano-Axiome spezifizierte Menge $\mathbb{N}$ erfüllt die Axiome aus Definition 5.1.

Aus dem Induktionsaxiom folgt das wichtige Beweisprinzip der *vollständigen Induktion*:

Lemma 5.3 (Vollständige Induktion) Zum Beweis der Behauptung, daß ein bestimmtes Prädikat P (s. Anhang B.3) für alle natürlichen Zahlen gilt, genügt es, die folgenden Beweise zu führen:

1. $P(0)$, d.h. das Prädikat gilt für die 0 („Induktionsverankerung").

2. $P(n) \Rightarrow P(n+1)$, d.h. aus der Annahme $P(n)$, daß P für irgendein $n \in \mathbb{N}$ gilt („Induktionsannahme"), läßt sich folgern, daß $P(n+1)$ gilt („Induktionsschluß").

In mathematischer Notation sieht das Prinzip der vollständigen Induktion so aus:

$$(P(0) \wedge ((\forall n \in \mathbb{N}): \quad P(n) \Rightarrow P(n+1)) \quad \Rightarrow \quad (\forall n \in \mathbb{N}) \quad P(n)$$

Die vollständige Induktion folgt der Konstruktion der natürlichen Zahlen mit den Peano-Axiomen: Mit der 0 geht es los, dann wird jeweils aus dem Beweis für eine Zahl n der Beweis für die Zahl $n+1$ konstruiert.

Ein Beispiel für die Anwendung der vollständige Induktion ist der Beweis der Gaußschen Summenformel:

$$(\forall n \in \mathbb{N}) \sum_{i=1}^{n} i = \frac{n \cdot (n+1)}{2}$$

Beweis

Induktionsverankerung $n = 0$: In diesem Fall handelt es sich um eine leere Summe, deren Wert 0 ist. Der Bruch auf der rechten Seite ergibt ebenfalls 0.

Induktionsschluß Gelte die Behauptung bereits für ein bestimmtes n und sei nun $m = n+1$. Dann gilt

$$\sum_{i=1}^{m} i = (\sum_{i=1}^{n} i) + n + 1$$

$$= \frac{n \cdot (n+1)}{2} + n + 1 \text{ (nach Induktionsannahme)}$$

$$= \frac{n \cdot (n+1) + 2 \cdot (n+1)}{2}$$

$$= \frac{(n+1) \cdot (n+2)}{2}$$

$$= \frac{m \cdot (m+1)}{2}$$

$\square$

5.2 Endliche Folgen

Die endlichen Folgen bilden ebenfalls eine induktive unendliche Menge:

Definition 5.4 Sei M eine beliebige Menge. Die Menge M^* der *endlichen Folgen* über M ist die kleinste Menge mit den folgenden Eigenschaften:

1. Es gibt eine *leere Folge* $\varepsilon \in M^*$.
2. Wenn $f \in M^*$ eine Folge ist und $m \in M$, so ist $f' = mf \in M^*$, also auch eine Folge.

Eine Folge entsteht also aus einer bestehenden Folge dadurch, daß vorn noch ein Element angehängt wird. Folgen über $M = \{a, b, c\}$ sind deshalb etwa

$$\varepsilon, a\varepsilon, b\varepsilon, c\varepsilon, aa\varepsilon, ab\varepsilon, ac\varepsilon, \dots, abc\varepsilon, \dots \ cbba\varepsilon, \dots \quad \text{(nicht alphabetisch sortiert)}$$

Da das ε bei nichtleeren Folgen immer dazugehört, wird es oft nicht mitnotiert.

Das Gegenstück zur vollständigen Induktion heißt bei den Folgen *Folgeninduktion*. Der „Schluß von n auf $n+1$" wird bei der Folgeninduktion zu je einem Schluß von f auf mf für alle Folgen f und alle $m \in M$. Oft kommt es auf das Folgenelement m gar nicht an.

Lemma 5.5 (Folgeninduktion) Zum Beweis der Behauptung, daß ein bestimmtes Prädikat P für alle $f \in M^*$ gilt, genügt es, die folgenden Beweise zu führen:

1. $P(\varepsilon)$ („Induktionsverankerung")
2. $P(f) \Rightarrow P(mf)$ für alle $m \in M$ („Induktionsschluß").

In mathematischer Schreibweise:

$$(P(\varepsilon) \wedge ((\forall f \in M^*, m \in M) \quad P(f) \Rightarrow P(mf)) \quad \Rightarrow \quad (\forall f \in M^*)P(f)$$

Ein Beispiel für eine Folgeninduktion befindet sich am Anfang von Abschnitt 6.5.

5.3 Terme

Folgen sind lineare Aneinanderreihungen von Zeichen. Viele Zeichenfolgen haben jedoch eine komplexere innere Struktur, wie die folgenden Beispiele:

$$(3x+1) \cdot (5 \cdot (y+z))^2$$
$$(a \wedge (b \vee c)) \Rightarrow (a \vee b)$$

Solche Zeichenfolgen heißen *Terme*; sie bestehen aus *Teiltermen* und benutzen ggf. Klammern, um diese Teilterme auszuzeichnen. Terme enthalten *Operationssymbole* wie $+$ oder $\Rightarrow$. Klammern sind in den Termen notwendig, weil in dieser Schreibweise die Operationssymbole zwischen ihre Argumente geschrieben werden und ohne sie die Zuordnung zwischen den Operanden und den Operationssymbolen mehrdeutig wäre.

Der erste Teil der formalen Definition von Termen betrifft die Menge der Operationssymbole und ihre Struktur:

Definition 5.6 (Operationsalphabet) Ein *Operationsalphabet* oder *Rangalphabet* $(\Sigma; \sigma)$ ist eine Menge $\Sigma = \{F_1, \ldots, F_m\}$ von sogenannten *Operationssymbolen* zusammen mit einer Abbildung $\sigma: \Sigma \to \mathbb{N}$. $\sigma(F)$ beschreibt die Anzahl der Operanden des Operationssymbols und heißt *Stelligkeit* oder *Rang* von F. Für $n \in \mathbb{N}$ sei

$$\Sigma^{(n)} \stackrel{\text{def}}{=} \{F \in \Sigma \mid \sigma(F) = n\}$$

$\Sigma^{(n)}$ ist die Menge der *n-stelligen Operationssymbole*. Statt $F \in \Sigma^{(n)}$ wird auch die Schreibweise $F^{(n)} \in \Sigma$ verwendet.

Das Operationsalphabet für die ganzen Zahlen mit Nachfolger, Vorgänger und den vier Grundrechenarten läßt sich beschreiben als $(\Omega; \sigma)$ mit

$$
\begin{aligned}
\Omega^{(0)} &= \{0\} \\
\Omega^{(1)} &= \{\text{succ}, \text{pred}\} \\
\Omega^{(2)} &= \{+, -, *, \text{div}, \text{mod}\}
\end{aligned}
$$

Dabei könnten „succ", „pred", „div" und „mod" Operationssymbole für die Nachfolger- und Vorgängerfunktion stehen sowie für die ganzzahlige Division und den Rest („Modulo") bei der Division. Die Konstante 0 wird als nullstelliges Operationssymbol dargestellt.

Das Operationsalphabet für aussagenlogische Ausdrücke (siehe Anhang B.1) läßt sich zum Beispiel beschreiben als

$$
\begin{aligned}
\Gamma^{(0)} &= \{\text{W}, \text{F}\} \\
\Gamma^{(1)} &= \{\neg\} \\
\Gamma^{(2)} &= \{\wedge, \vee, \Rightarrow, \Leftrightarrow\}
\end{aligned}
$$

wobei wiederum die Konstanten für „wahr" und „falsch" als nullstellige Operationssymbole W und F beschrieben wurden.

Damit sind alle Voraussetzungen geschaffen, um den Termbegriff präzise zu definieren. Der polnische Logiker ŁUKASIEWICZ zeigte (1925), daß es eine Schreibweise für Terme gibt, bei der die Klammern überflüssig sind. Diese *polnische Notation* liegt der folgenden Definition zugrunde:

Definition 5.7 (Terme) Sei $X = \{x_0, x_1, \ldots\}$ eine endliche oder eine abzählbare Menge (also eine unendliche Menge, in der alle Elemente durchnumeriert werden können), genannt Menge der *Variablen* oder *Variablenalphabet*. Sei ferner $(\Sigma; \sigma)$ ein Operationsalphabet mit $\Sigma \cap X = \varnothing$. Die Menge $T_\Sigma(X)$ der Σ-*Terme über* X ist die kleinste Teilmenge von $(\Sigma \cup X)^*$ mit den Eigenschaften:

1. $X \subseteq T_\Sigma(X)$

   (Dies ist Kurzschreibweise dafür, daß die einelementigen Folgen über X Terme sind.)

2. Falls $t_1, \ldots, t_n \in T_\Sigma(X)$ und $F \in \Sigma^{(n)}$, so ist $F t_1 \ldots t_n \in T_\Sigma(X)$

Die Terme in $T_\Sigma(\varnothing)$, also die Σ-Terme ohne Variablen, heißen auch *Grundterme*.

Wird in Bedingung 2 $n = 0$ eingesetzt, folgt $\Sigma^{(0)} \subseteq T_\Sigma(X)$.

Die Terme in der polnischen Notation sehen etwas ungewohnt aus. $\vee \wedge ab \neg c$ ist ein Beispiel, das in gängiger Notation als $(a \wedge b) \vee \neg c$ geschrieben wird.

Terme in polnischer Notation besitzen eine eindeutig bestimmte *Länge*, nämlich die Anzahl der in ihnen vorkommenden Operationssymbole und Variablen, also einfach die Anzahl der Zeichen insgesamt. Für $X = \{a, b, c\}$ und das oben erwähnte Operationsalphabet Γ ist etwa W ein Term der Länge 1, $\wedge a \neg b$ ein Term der Länge 4, $\vee \wedge ab \neg c$ ein Term der Länge 6. Eine weitere wichtige Eigenschaft der Termmenge $T_\Gamma(X)$ ist, daß es trotz des Fehlens von Klammern zu jedem Term eine *eindeutige Zerlegung* gibt, d.h. für jeden Term sind sowohl das Operationssymbol an der Termspitze als auch die Folge der Teilterme eindeutig bestimmt. Dies wird im folgenden Satz formalisiert:

Satz 5.8 (Eindeutige Termzerlegung) Jeder Term $t \in T_\Sigma(X)$ ist entweder

atomar,   d.h. $t = x \in X$ oder $t \in \Sigma^{(0)}$ oder

zusammengesetzt,   d.h. $t = F t_1 \ldots t_n$ mit $n \geq 1$.

Bei zusammengesetzten Termen sind F, n und $t_1, \ldots, t_n$ eindeutig bestimmt.

Beweis Ein Term t ist genau dann atomar, wenn er die Länge 1 hat; der Fall $n = 1$ ist also trivial. Es bleibt die Eindeutigkeit der Bestandteile eines zusammengesetzten Terms zu zeigen. Besser läßt sich allerdings eine etwas stärkere Behauptung zeigen:

Sind $t_1, \ldots, t_n, t_1', \ldots, t_n' \in T_\Sigma(X)$, so gilt

$$t_1 \ldots t_n = t_1' \ldots t_n' \;\Rightarrow\; (\forall\, 1 \leq i \leq n)\, t_i = t_i' \,.$$

Der Beweis dafür funktioniert mit vollständiger Induktion über die Länge p von $t_1 \ldots t_n$. Da die kleinstmögliche Länge 1 ist, fängt die Induktion diesmal mit 1 statt mit 0 an.

1. $p = 1$. Es folgt $n = 1$ und t_1 atomar, somit auch $t_1 = t_1'$.

2. Gelte die Behauptung bereits für $p = m$ und sei $t_1 \ldots t_n$ eine Folge der Länge $m + 1$. Die folgenden beiden Fälle sind möglich:

   (a) t_1 atomar: Es folgt, daß t_1' mit einem atomaren Term $a = t_1$ beginnt. Das ist nur möglich für $t_1 = a = t_1'$. Da $t_2 \ldots t_n$ die Länge m hat, greift die Induktionsvoraussetzung.

   (b) $t_1 = Fu_1 \ldots u_r$ mit $r \geq 1$ und $u_i \in T_\Sigma(X)$. Daraus folgt, daß t_1' ebenfalls mit F beginnt und, da die Operationssymbole eine feste Stelligkeit besitzen, $t_1' = Fu_1' \ldots u_r'$. Nach Induktionsannahme folgt für

   $$u_1 \ldots u_r t_2 \ldots t_n = u_1' \ldots u_r' t_2' \ldots t_n'$$

   sofort $u_i = u_i'$ und $t_j = t_j'$ für alle in Frage kommenden i, j. $\square$

5.4 Darstellung von Termen

Die polnische Notation, auch klammerlose Präfixnotation genannt, ist nicht die einzige gebräuchliche Termnotation. Sei Γ das Operationsalphabet für die aussagenlogischen Ausdrücke aus Abschnitt 5.3 und sei $X \stackrel{\text{def}}{=} \{a, b, c\}$ ein Variablenalphabet. $T_\Sigma(X)$ ist also die Menge der aussagenlogischen Terme mit Variablen a, b und c. Für den Term (polnisch geschrieben) $\vee \neg \wedge a \vee bc \vee ab$ gibt es u.a. die folgenden Darstellungen:

1. **Polnische Notation** $\vee \neg \wedge a \vee bc \vee ab$.

2. **Präfixnotation mit Klammern:** Wegen der festen Stelligkeit der Operationssymbole ist eine Klammerung im Prinzip zwar nicht nötig, sie kann jedoch die Verständlichkeit erleichtern. Dann sieht der Beispielterm so aus:

   $$\vee(\neg(\wedge(a, \vee(b,c))), \vee(a,b))$$

3. **Alternative Präfixnotation mit Klammern** Dieses Schema für das Setzen von Klammern kommt ohne Kommata aus:

   $$(\vee \, (\neg \, (\wedge a \, (\vee b \, c))) \, (\vee a \, b))$$

   Diese Notation ist die Grundlage für die Syntax von Scheme.

4. **Infixnotation** Für zweistellige Operationssymbole ist vielfach eine *Infixnotation* gebräuchlich, bei der das Operationssymbol zwischen seine Argumente geschrieben wird. In der Regel sind dabei Klammern für eine eindeutige Zerlegung unerläßlich:

   $$\neg(a \wedge (b \vee c)) \vee (a \vee b)$$

   Die Termschreibweise $\neg a \wedge b \vee c \vee a \vee b$ wäre in dieser Form nicht eindeutig: sie ließe sich u.a. auch als $\neg(a \wedge b) \vee c \vee a \vee b$ klammern. In der Praxis sorgen *Präzedenzregeln* („Punkt- vor Strichrechnung") für eine eindeutige Zerlegung auch solcher klammerloser Infixterme.

5. **Postfixnotation** Hier wird ein Operationssymbol hinter seine Argumente geschrieben:

$$abc \vee \wedge \neg ab \vee \vee$$

Die Argumente der Operationssymbole bleiben in der ursprünglichen Reihenfolge erhalten. Diese Notation heißt auch *umgekehrte polnische Notation* (UPN).

6. **Bäume** Eine übersichtliche Darstellung von Termen benutzt *Bäume*:

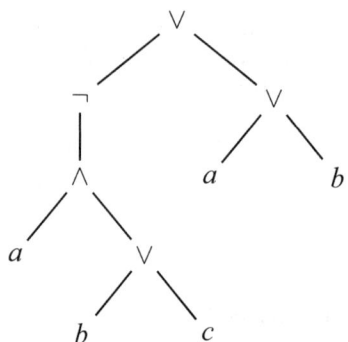

Bäume spielen in der Informatik eine große Rolle und werden in Kapitel 10 noch ausführlicher behandelt.

Am gebräuchlichsten sind die geklammerte Präfixnotation und die Infixnotation, weil sie dem menschlichen Leser entgegenkommen. Die Klammern werden dabei manchmal weggelassen, wenn kein Zweifel über die Zuordnung besteht, z.B. bei $\sin \alpha$ oder $\cos \frac{\pi}{2}$. Für ein rein formales Operieren auf und mit Termen, z.B. für Induktionsbeweise, ist die polnische Notation am besten geeignet. Für eine Auswertung eines Terms nach einem möglichst einfachen Verfahren ist die umgekehrte polnische Notation am besten.

5.5   Strukturelle Induktion

Natürlich verfügen Termmengen wie natürliche Zahlen und endliche Folgen auch über ein eigenes Induktionsprinzip, das *Terminduktion, strukturelle Induktion* oder auch *algebraische Induktion* heißt. Für den in der Praxis wichtigeren Fall von Termen ohne Variablen läßt sich das Prinzip der strukturellen Induktion wie folgt formulieren:

Lemma 5.9 (Strukturelle Induktion) Zum Beweis der Behauptung, daß ein bestimmtes Prädikat P für alle Terme in $T_\Sigma(\varnothing)$ gilt, genügt es, für jedes n-stellige Operationssymbol F zu zeigen:

- Wenn $P(t_1), \ldots, P(t_n)$ bereits gelten, so folgt daraus $P(Ft_1 \ldots t_n)$.

In mathematischer Notation:

$$((\forall F \in \Sigma^{(n)}, t_1, \ldots, t_n \in T_{\Sigma(\varnothing)}, i \in \{1, \ldots, n\}) \quad P(t_i) \Rightarrow P(Ft_1 \ldots t_n))$$

$$\Rightarrow (\forall t \in T_\Sigma(\varnothing))P(t)$$

In diesem Schema ist die gewohnte Induktionsverankerung zunächst nicht direkt erkennbar. Sie steckt allerdings bereits im Schema: für nullstellige Operationssymbole F ist die Induktionsvoraussetzung in der Definition leer. Für diese F bildet die Formulierung gerade die Induktionsverankerung.

Beispiele für die strukturelle Induktion finden sich in den Aufgaben zu Kapitel 6 sowie in Kapitel 10.

5.6 Algebren

Terme sind bis zu dieser Stelle rein syntaktische Objekte, die für sich allein noch keine Bedeutung haben. Zur Erklärung der Bedeutung von Termen eignet sich der Begriff der *Algebra* im Sinne der universellen Algebra:

Definition 5.10 (Algebra) Sei $(\Sigma; \sigma)$ ein Operationsalphabet und A eine Menge. Für jedes n sei jedem Operationssymbol $F \in \Sigma^{(n)}$ eine Funktion

$$F_A : A^n \longrightarrow A$$

zugeordnet. Dann heißt die Kombination $(A; \{F_A \mid F \in \Sigma\})$ eine Σ-*Algebra* mit *Trägermenge A*. Die Funktionen F_A heißen *Operationen* der Algebra. Oft bezeichnet A allein auch die ganze Algebra, d.h. die Kombination aus Trägermenge und Operationen.

Die Operationen F_A sind die semantischen Objekte, die den (syntaktischen) Operationssymbolen zugeordnet sind. Auch die Menge der Σ-Grundterme $T_\Sigma(\varnothing)$ läßt sich zu einer Σ-Algebra machen, und zwar durch die folgende Definition:

Definition 5.11 (Termalgebra) Sei $(\Sigma; \sigma)$ ein Operationsalphabet. Dann ist die Σ-*Termalgebra* diejenige Σ-Algebra mit Trägermenge $T_\Sigma(\varnothing)$ und der folgenden Definition für die Operationen:

$$(\forall F \in \Sigma) \qquad F_T(t_1, \ldots, t_n) = Ft_1 \ldots t_n$$

Das bedeutet, daß die Operationen in der Termalgebra als das Vorschreiben der jeweiligen Operationssymbole definiert sind.

Eine wichtige Eigenschaft von Termen ist, daß jeder Term einen eindeutigen Wert hat, wenn den Variablen Werte zugeordnet sind. Dies hängt mit der eindeutigen Termzerlegung (Satz 5.8) zusammen:

Satz 5.12 Sei X eine Variablenmenge, A eine Σ-Algebra. Sei ferner $f : X \to A$ eine Funktion genannt *Variablenbelegung*; dann wird durch die Vorschriften

$$\hat{f}(x) = f(x) \text{ für } x \in X$$
$$\hat{f}(Ft_1 \ldots t_n) = F_A(\hat{f}(t_1), \ldots, \hat{f}(t_n))$$

eine Abbildung $\hat{f} : T_\Sigma(X) \to A$ eindeutig bestimmt.

Beweis   Gemäß Definition B.10 läßt sich der Graph der Abbildung $\hat{f}$ induktiv definieren:

$$\rho_0 \stackrel{\text{def}}{=} \{(x, f(x)) \mid x \in X\} \cup \{(F, F_A) \mid F \in \Sigma^{(0)}\}$$

$$\rho_{i+1} \stackrel{\text{def}}{=} \rho_i \cup$$
$$\{(Ft_1 \ldots t_n, F_A(a_1, \ldots, a_n)) \mid F \in \Sigma^{(n)}, (t_j, a_j) \in \rho_i, \ 1 \le j \le n\}$$

$$\rho_{\hat{f}} \stackrel{\text{def}}{=} \bigcup_{i=0}^{\infty} \rho_i$$

Zwei Dinge sind zu beweisen: daß $\hat{f}$ mit diesem Graphen eine Abbildung ist und daß diese eindeutig bestimmt ist. Die erste Behauptung folgt aus der eindeutigen Termzerlegung (5.8).

Für den Beweis der zweiten Behauptung seien $\hat{f}, g$ zwei Funktionen mit den obigen Eigenschaften. Es ist zu zeigen, daß für alle $t \in T_\Sigma(X)$ gilt $\hat{f}(t) = g(t)$. Dies geht mit struktureller Induktion:

Für Variablen $x \in X$ gilt

$$\hat{f}(x) = f(x) = g(x) \ ,$$

damit also die Induktionsverankerung.

Gelte die Behauptung nun bereits für Terme $t_1, \ldots, t_n \in T_\Sigma(X)$ und sei $F \in \Sigma^{(n)}$. Dann gilt

$$\begin{aligned}
\hat{f}(Ft_1 \ldots t_m) &= F_A(\hat{f}(t_1), \ldots, \hat{f}(t_m)) \\
&= F_A(g(t_1), \ldots, g(t_m)) \\
&= g(Ft_1 \ldots t_m).
\end{aligned}$$

□

Die in diesem Beweis konstruierte Abbildung $\hat{f}$ hat eine wichtige Eigenschaft: Sie ist mit der in Definition 5.11 definierten algebraischen Struktur verträglich. Solche Abbildungen heißen in der Mathematik *Homomorphismen*. (Der Begriff hier ist eine Verallgemeinerung der Homomorphismen aus der linearen Algebra.)

Definition 5.13 (Homomorphismus)   Seien A und B Σ-Algebren. Ein *Homomorphismus* ist eine Abbildung

$$f : A \to B$$

mit der Eigenschaft

$$(\forall F \in \Sigma^{(n)})(\forall a_1, \ldots, a_n \in A) \qquad F_B(f(a_1), \ldots, f(a_n)) = f(F_A(a_1, \ldots, a_n))$$

Eine andere Formulierung von Satz 5.12 ist deshalb, daß es für jede Σ-Algebra A einen eindeutigen Homomorphismus $i_A : T_\Sigma(\varnothing) \to A$ gibt. Wegen dieser Eigenschaft heißt $T_\Sigma(\varnothing)$

auch die *initiale* Σ-*Algebra*: In einer Anordnung der Σ-Algebren, die durch Homomorphismen verbunden sind, wird sie immer am Anfang stehen.

Der Homomorphismus i_A heißt *Darstellungsfunktion* von A; er bildet jeden Term t auf seine *Semantik* t_A in A ab. Es heißt auch: t_A wird durch t *bezeichnet* oder t_A ist eine *Darstellung* für t.

Aufgaben

Aufgabe 5.1 Was ist falsch an folgendem Induktionsbeweis?

Behauptung Alle Pferde haben die gleiche Farbe.

Beweis

Induktionsanfang Für eine leere Menge von Pferden gilt die Behauptung trivialerweise.

Induktionsschritt Gegeben sei eine Menge von $n+1$ Pferden. Nimm ein Pferd aus der Menge heraus – die restlichen Pferde haben per Induktionsannahme die gleiche Farbe. Nimm ein anderes Pferd aus der Menge heraus – wieder haben die restlichen Pferde per Induktionsannahme die gleiche Farbe. Da die übrigen Pferde die Farbe in der Zwischenzeit nicht plötzlich gewechselt haben können, war es in beiden Fällen die gleiche Farbe, und alle $n+1$ Pferde haben diese Farbe. $\quad\Box$

Aufgabe 5.2 Beweise Lemma 5.5 (Folgeninduktion) mit Hilfe von Lemma 5.3 (vollständige Induktion). Führe dafür die vollständige Induktion über die Länge der Folge durch – benutze als Prädikat P (hier genannt $P_{\text{vollständig}}$) im Sinne von Lemma 5.3 folgende Definition:

$$P_{\text{vollständig}}(n) \overset{\text{def}}{=} P_{\text{Folge}}(f) \text{ für alle } f \in M^*$$

wobei P_{Folge} das Prädikat P in Lemma 5.5 bezeichnet.

Aufgabe 5.3 Sei $\tau : X \to T_\Sigma(X)$ eine Variablenbelegung, dann heißt $\hat{\tau}$ auch *Substitution*.

Ein Term t einer Termalgebra *paßt auf* einen Term s, wenn es eine Substitution σ gibt mit $\sigma(s) = t$.

Beispiel: Für $a,b,c,d \in \Sigma^{(0)}$, $f,g,h \in \Sigma^{(2)}$ und $x,y \in X$ paßt ein Term $f(a,g(x,y))$ auf den Term $f(a,g(h(b,c),h(c,d)))$ mittels der Substitution definiert durch $x \mapsto h(b,c), y \mapsto h(c,d)$.

Beweise, daß „paßt auf" eine *Quasiordnung*, also eine reflexive und transitive Relation ist. Beweise außerdem, daß „paßt auf" nicht antisymmetrisch ist.

Aufgabe 5.4 Eine Halbordnung $\preccurlyeq$ auf einer Menge M heißt *noethersch*, wenn es keine unendlichen Folgen $(x_i)_{i \in \mathbb{N}}$ gibt, so daß für alle $i \in \mathbb{N}$ gilt

$$x_{i+1} \preccurlyeq x_i \text{ und } x_{i+1} \neq x_i$$

auch geschrieben als:

$$x_{i+1} \prec x_i \ .$$

Das Beweisprinzip der *noetherschen Induktion* ist dafür zuständig, die Gültigkeit eines Prädikats P auf M zu beweisen, wenn es eine noethersche Ordnung $\preccurlyeq$ auf auf M gibt. Es besagt, daß es ausreicht, $P(z)$ unter der Voraussetzung nachzuweisen, daß $P(y)$ für alle Vorgänger y von z gilt. Anders gesagt:

$$((\forall z \in M)\,((\forall y \in M)\, y \prec z \Rightarrow P(y)) \Rightarrow P(z)) \Rightarrow (\forall x \in M)\, P(x)$$

1. Beweise die Gültigkeit des Prinzips.

2. Leite die vollständige und die strukturelle Induktion als Spezialfälle der Noetherschen Induktion her.

6 Rekursion

Die bislang vorgestellten Konstruktionsanleitungen haben sich an den Daten orientiert, auf denen sie operieren. Das funktioniert auch bei induktiv definierten Daten. Für die Konstruktion von Prozeduren auf induktiven Daten werden die Konstruktionsmethoden für zusammengesetzte und gemischte Daten kombiniert, wie dieses Kapitel zeigen wird. Diese beiden Techniken allein reichen allerdings noch nicht aus, da induktive Definitionen zusätzlich noch einen *Selbstbezug* ins Spiel bringen. Die Konstruktionstechnik für Funktionen bzw. Scheme-Prozeduren auf selbstbezüglichen Daten heißt *Rekursion*, und um die geht es in diesem Kapitel.

6.1 Funktionen auf endlichen Folgen

Abschnitt 5.2 führte den Begriff der endlichen Folge ein. Bisher ist aber keine einzige sinnvolle Funktion auf Folgen definiert worden. Das wird jetzt nachgeholt: Gefragt ist eine Funktion $s : \mathbb{R}^* \to \mathbb{R}$, die für eine Folge deren Summe ausrechnet. Die Konstruktion der Funktion orientiert sich an der induktiven Definition der Folgen. Hier ist sie noch einmal zur Erinnerung:

> M sei eine beliebige Menge. Die Menge M^* der *endlichen Folgen* über M ist die kleinste Menge mit den folgenden Eigenschaften:
>
> 1. Es gibt eine *leere Folge* $\varepsilon \in M^*$.
> 2. Wenn $f \in M^*$ eine Folge ist und $m \in M$, so ist $f' = mf \in M^*$, also auch eine Folge.

Im Beispiel ist $M = \mathbb{R}$.

Diese Definition enthält eine Fallunterscheidung, nämlich die zwischen der leeren Folge, mit der die Definition anfängt, und den Folgen der Form mf wobei m ein Folgenelement aus M und f selbst eine Folge ist. Damit liegt nahe, daß die entsprechende Funktion eine Verzweigung enthalten wird. Eine Schablone für die Funktion könnte also folgendermaßen aussehen:

$$s(f) \overset{\text{def}}{=} \begin{cases} ? & \text{falls } f = \varepsilon \\ ? & \text{falls } f = mf', m \in M, f' \in M^* \end{cases}$$

Es gilt also, die Fragezeichen durch sinnvolle Ausdrücke zu ersetzen. Die Summe der leeren Folge ist 0: Wenn es sich um eine andere Zahl $m \neq 0$ handeln würde, ließe sich schließlich die Summe einer beliebigen Folge durch das Anhängen der leeren Folge um m verändern. Die erste Lücke ist also schon geschlossen:

$$s(f) \overset{\text{def}}{=} \begin{cases} 0 & \text{falls } f = \varepsilon \\ ? & \text{falls } f = mf', \, m \in M, \, f' \in M^* \end{cases}$$

Im zweiten Fall handelt es sich bei f um ein zusammengesetztes Objekt mit den Bestandteilen m und f'. Deshalb können m und f' für die Konstruktion des Funktionswerts herangezogen werden:

$$s(f) \overset{\text{def}}{=} \begin{cases} 0 & \text{falls } f = \varepsilon \\ \dots m \dots f' \dots & \text{falls } f = mf', \, m \in M, \, f' \in M^* \end{cases}$$

Soweit sind die bekannten Techniken für die Konstruktion von Funktionen auf gemischten und zusammengesetzten Daten zur Anwendung gekommen, lediglich übertragen von Scheme-Prozeduren auf mathematische Funktionen.

Für den nächsten Schritt wird jedoch eine neue Technik benötigt. Die entscheidende Frage ist: *Was läßt sich mit f' anfangen?* f' ist eine endliche Folge. Eine naheliegende Möglichkeit ist s selbst. Das soll schließlich eine Funktion werden, welche die Folgenelemente addiert, also auch die Summe der Elemente von f' berechnen könnte. Das ist etwas verwegen, da s noch gar nicht fertig ist, wird aber funktionieren. Die Schablone verdichtet sich folgendermaßen:

$$s(f) \overset{\text{def}}{=} \begin{cases} 0 & \text{falls } f = \varepsilon \\ \dots m \dots s(f') \dots & \text{falls } f = mf', \, m \in M, \, f' \in M^* \end{cases}$$

In der Schablone ist $s(f')$ die Summe aller Folgenelemente in f'. Gefragt ist die Summe aller Folgenelemente von $f = mf'$. Es fehlt also zur Summe nur noch m selbst:

$$s(f) \overset{\text{def}}{=} \begin{cases} 0 & \text{falls } f = \varepsilon \\ m + s(f') & \text{falls } f = mf', \, m \in M, \, f' \in M^* \end{cases}$$

Mit Papier und Bleistift läßt sich schnell nachvollziehen, daß die Definition korrekt arbeitet:

$$\begin{aligned} s(17 \, 23 \, 42 \, 5 \, \varepsilon) &= 17 + s(23 \, 42 \, 5 \, \varepsilon) \\ &= 17 + 23 + s(42 \, 5 \, \varepsilon) \\ &= 17 + 23 + 42 + s(5 \, \varepsilon) \\ &= 17 + 23 + 42 + 5 + s(\varepsilon) \\ &= 17 + 23 + 42 + 5 + 0 \\ &= 87 \end{aligned}$$

Die Definition von s ruft sich also genau an der Stelle selbst auf, an der die induktive Definition der endlichen Folgen den Selbstbezug „$f' \in M^*$ eine Folge" enthält. Diese Technik des Selbstaufrufs heißt *Rekursion*, und die Definition von s eine *rekursive Definition*. Die rekursive Definition von s folgt damit aber in all ihren Elementen – Fallunterscheidung, zusammengesetzte Daten und Selbstbezug – genau der induktiven Definition der endlichen Folgen. Keine Zauberei also.

Mathematisch geneigte Leser werden die Definition von s mit Skepsis betrachten, taucht doch s sowohl auf der linken als auch auf der rechten Seite auf – es sieht so aus, als sei s „durch sich selbst definiert". Tatsächlich ist dies jedoch kein Problem, da:

- sich $s(f)$ stets selbst auf einer *kürzeren* Folge f' aufruft, und
- schließlich bei der leeren Folge landet, bei der die Verzweigung greift und keinen weiteren rekursiven Aufruf mehr vornimmt.

Solange eine rekursive Funktion dem Schema von s folgt, sind diese beiden Bedingungen automatisch erfüllt.[1] Es handelt sich dabei um sogenannte *strukturelle Rekursion*.

6.2 Listen in Scheme

Die endlichen Folgen aus der Mathematik haben eine direkte Entsprechung in Scheme und heißen dort *Listen*.

Das Pendant zur leeren Folge ε ist in Scheme die *leere Liste*. Diese ist bereits eingebaut unter dem Namen empty. Die REPL druckt sie als #<empty-list> aus:

```
empty
↪ #<empty-list>
```

So wie nichtleere Folgen mf' aus einem Element m und einer schon existierenden Folge f' entstehen, so entstehen nichtleere Listen aus einem Element und einer anderen Liste, sind also zusammengesetzte Daten. In Scheme werden sie auch *Paare* genannt. Hier die Datendefinition für Paare:

```
; Ein Paar ist ein Wert
;    (make-pair x l)
; wobei x ein beliebiger Wert und l eine Liste ist.
```

Formell fehlt noch die Datendefinition für Listen, die in der Definition für Paare bereits verwendet wird. Hier ist sie:

```
; Eine Liste ist eins der folgenden:
; - die leere Liste
; - ein Paar
; Name: list
```

Hier die Record-Definition für Paare:

```
(define-record-procedures pair
  make-pair pair?
  (first rest))
```

---

[1]Tatsächlich ist die Sache doch komplizierter. Um die Rekursion mathematisch rigoros zu definieren, ist die Konstruktion eines *Fixpunkts* notwendig. Für den alltäglichen Gebrauch insbesondere in der praktischen Programmierung ist die oben vorgestellte Technik jedoch ausreichend.

Während in der mathematischen Notation neue Elemente an eine Folge einfach vorn dazu-
geschrieben werden, muß in Scheme der Konstruktor `make-pair` aufgerufen werden, der
folgenden Vertrag erfüllt:

```
; make-pair : value list -> list
```

Die Record-Definition für `pair` definiert außerdem das Prädikat `pair?` sowie den Selektor
`first` für das erste Element und `rest` für den Rest. (Diese Selektoren kommen noch sehr
oft vor, weshalb nicht die längeren Namen `pair-first` und `pair-rest` gewählt wurden.)
Sie wird in allen Programmen dieses Kapitels benötigt, muß also immer am Anfang stehen.
Hier Beispiele dafür, wie sich `make-pair` und `empty` verhalten:

```
(make-pair 1 empty)
↪ #<record:pair 1 #<empty-list>>
(make-pair 1 (make-pair 2 empty))
↪ #<record:pair 1 #<record:pair 2 #<empty-list>>>
(make-pair 1 (make-pair 2 (make-pair 3 empty)))
↪ #<record:pair 1 #<record:pair 2 #<record:pair 3 #<empty-list>>>>
```

Mit anderen Worten: `make-pair` hängt an eine Liste vorn ein neues Element an. Dies wird
auch an folgenden Beispielen deutlich:

```
(define lis-1 empty)
lis-1
↪ #<empty-list>
(define lis-2 (make-pair 1 lis-1))
lis-2
↪ #<record:pair 1 #<empty-list>>
(define lis-3 (make-pair 2 lis-2))
lis-3
↪ #<record:pair 2 #<record:pair 1 #<empty-list>>>
(define lis-4 (make-pair 3 lis-3))
lis-4
↪ #<record:pair 3 #<record:pair 2 #<record:pair 1 #<empty-list>>>>
```

Bei den meisten Listen gehören alle Elemente zur gleichen Sorte. Dieses Buch benutzt als
Schreibweise zum Beispiel `list(N)` für Listen, bei denen alle Elemente natürliche Zahlen
sind, oder `list(string)` für Listen aus Zeichenketten. Damit wäre auch folgender Vertrag
für `make-pair` zulässig:

```
; make-pair : N list(N) -> list(N)
```

... oder auch:

```
; make-pair : string list(string) -> list(string)
```

Auf Listen von Zahlen bzw. von Zeichenketten bezogen, sehen die Verträge der Selektoren
`first` und `rest` folgendermaßen aus:

```
; first : list(number) -> number
; first : list(string) -> string
; rest : list(number) -> list(number)
; rest : list(string) -> list(string)
```

Wenn die Definitionen von lis-1 bis lis-4 von oben aktiv sind, funktionieren first und rest folgendermaßen:

```
(first lis-2)
↪ 1
(rest lis-2)
↪ #<empty-list>
(first lis-3)
↪ 2
(rest lis-3)
↪ #<record:pair 1 #<empty-list>>
(first lis-4)
↪ 3
(rest lis-4)
↪ #<record:pair 2 #<record:pair 1 #<empty-list>>>
```

First extrahiert also aus einer Liste das erste Element, und rest die Liste der restlichen Elemente (nicht etwa das zweite Element). Die eingebaute leere Liste hat ein Prädikat: empty?.[2] Die folgenden Beispiele illustrieren ihre Funktionsweise:

```
(empty? empty)
↪ #t
(empty? (make-pair 1 empty))
↪ #f
(empty? 5)
↪ #f
```

Damit sind alle Zutaten gegeben, um neue Prozeduren zu schreiben, die auf Listen operieren. Das erste Beispiel ist eine Prozedur list-sum, die der Funktion s aus dem vorigen Abschnitt entspricht und alle Elemente einer Liste aufsummiert. Kurzbeschreibung und Vertrag sind wie folgt:

```
; Elemente einer Liste summieren
; list-sum : list(number) -> number
```

Das Gerüst ergibt sich, wie immer, direkt daraus:

```
(define list-sum
  (lambda (lis)
    ...))
```

---

[2]In Standard-Scheme heißt der Konstruktor für die eingebauten Paare cons, die Selektoren car und cdr (gesprochen „kar" und „kudder"; dies waren die Namen von Anweisungen auf einer Maschine, auf der ein Vorläufer von Scheme lief) und das Prädikat für die leere Liste null?.

Da es sich bei Listen um gemischte Daten mit zwei Fällen handelt, besteht der Rumpf der
Prozedur aus einer Verzweigung mit zwei Zweigen:

```
(define list-sum
  (lambda (lis)
    (cond
      (... ...)
      (... ...)))))
```

Die Tests, um die beiden Fälle zu unterscheiden, bestehen aus Anwendungen von empty?
und pair?:

```
(define list-sum
  (lambda (lis)
    (cond
      ((empty? lis) ...)
      ((pair? lis) ...)))))
```

Im zweiten Zweig des cond handelt es sich um ein Paar, also um zusammengesetzte Daten.
Damit greift die dazu passende Konstruktionsanleitung:

```
(define list-sum
  (lambda (lis)
    (cond
      ((empty? lis) ...)
      ((pair? lis)
       ... (first lis) ... (rest lis) ...)))))
```

Der erste Zweig gehört zur leeren Liste, entspricht also der leeren Folge in der Funktion *s*.
Der gewünschte Wert ist damit 0:

```
(define list-sum
  (lambda (lis)
    (cond
      ((empty? lis) 0)
      ((pair? lis)
       ... (first lis) ... (rest lis) ...))))
```

Im zweiten Zweig des cond für Paare gibt die Definition von *s* ebenfalls einen Hinweis – da
(rest lis) wiederum eine Liste von Zahlen ist, kann list-sum selbst darauf angewendet
werden:

```
(define list-sum
  (lambda (lis)
    (cond
      ((empty? lis) 0)
      ((pair? lis)
       ... (first lis) ...
       ... (list-sum (rest lis)) ...))))
```

Damit bleibt nur, aus folgenden Bestandteilen die Summe der Liste zu berechnen:

- `(first lis)`, das erste Element
- `(list-sum (rest lis))`, die Summe der restlichen Elemente

Die Gesamtsumme entsteht, wie schon bei s, durch Addition der beiden:

```
(define list-sum
  (lambda (lis)
    (cond
      ((empty? lis) 0)
      ((pair? lis)
       (+ (first lis)
          (list-sum (rest lis)))))))
```

Die Prozedur `list-sum` folgt einer Konstruktionsanleitung, die auch für andere Prozeduren gilt, die Listen konsumieren. Für eine Prozedur p, die als Parameter l eine Liste erwartet, sieht die Schablone folgendermaßen aus:

```
; p : list(...) -> ...
(define p
  (lambda (l)
    (cond
      ((empty? l) ...)
      ((pair? l)
       ... (first l)
       ... (p (rest l)) ...))))
```

Um die Prozedur p zu vervollständigen, müssen noch die Ellipsen ergänzt werden.

Da das Nachdenken über rekursive Prozeduren erfahrungsgemäß am Anfang oft Kopfschmerzen bereitet, ist die Konstruktionsanleitung besonders wichtig. Damit gilt auch folgendes Mantra:

Mantra 7 (Prozeduren über Listen) Befolge für Prozeduren, die Listen konsumieren, zuerst die Konstruktionsanleitung und schreibe Vertrag und Schablone auf, bevor du tiefer über die Aufgabenstellung nachdenkst.

Mehr Beispiele für die Anwendung dieser Konstruktionsanleitung (die in Anhang D als Konstruktionsanleitung 7 zusammengefaßt ist) befinden sich im nächsten Kapitel.

6.3 Rekursion über Zahlen

Genau wie die endlichen Folgen und Listen haben auch die natürlichen Zahlen eine induktive Definition. Dementsprechend benutzen viele Prozeduren, die natürliche Zahlen konsumieren, ebenfalls Rekursion. Das Muster ist ganz ähnlich wie bei den endlichen Folgen und ergibt sich aus den Peano-Axiomen in Definition 5.2. Dort werden die natürlichen Zahlen in zwei Klassen aufgeteilt:

- 0 und
- alle natürlichen Zahlen, die Nachfolger einer anderen natürlichen Zahl sind.

Außerdem fassen die Peano-Axiome die Zahlen aus dem zweiten Fall – die Nachfolger – als zusammengesetzte Daten auf: ein Nachfolger n' ist zusammengesetzt aus dem Vorgänger n und dem „Strich". Der Vorgänger vom Nachfolger n' ausgehend wird $n' - 1$ ($= n$) geschrieben.

Aus den Peano-Axiomen ergibt sich direkt eine Schablone für die Konstruktion von Prozeduren auf den natürlichen Zahlen. Angenommen, es sei eine Prozedur gefragt, die für eine Zahl n das Produkt aller Zahlen von 1 bis n berechnet. Beschreibung und Vertrag sind wie folgt:

```
; das Produkt aller Zahlen von 1 bis n berechnen
; factorial : N -> N
```

(Dieses Produkt heißt *Fakultät*, auf Englisch *factorial*.) Das Gerüst ergibt sich aus dem Vertrag:

```
(define factorial
  (lambda (n)
    ...))
```

Wie oben festgestellt, handelt es sich bei den natürlichen Zahlen um eine Fallunterscheidung mit zwei Fällen. In der Schablone muß also eine Verzweigung mit zwei Fällen stehen:

```
(define factorial
  (lambda (n)
    (cond
      (... ...)
      (... ...))))
```

Der erste Fall ist die 0, der andere Fall deckt alle anderen Zahlen ab:

```
(define factorial
  (lambda (n)
    (cond
      ((= n 0) ...)
      (else ...))))
```

Diese Fallunterscheidung läßt sich leichter mit `if` schreiben:[3]

---

[3] Es wäre genauso richtig, beide Zweige mit einem Test zu versehen, wie bei den Prozeduren über Listen:

```
(define factorial
  (lambda (n)
    (cond
      ((= n 0) ...)
      ((> n 0) ...))))
```

Umgekehrt ließe sich auch die Fallunterscheidung bei Listen mit `if` schreiben. Welche Variante am besten ist, ist Geschmackssache.

```
(define factorial
  (lambda (n)
    (if (= n 0)
        ...
        ...))))
```

Der Fall 0 ist hier gar nicht so einfach zu beantworten. Was sind schließlich „die Zahlen von 1 bis 0"? Dafür ist der andere Zweig einfacher zu ergänzen: hier ist nämlich die Konstruktionsanleitung für zusammengesetzte Daten anwendbar. Als Selektor wird die Vorgängeroperation angewendet, es steht also (- n 1) in der Alternative. Genau wie bei den endlichen Folgen liegt nahe, daß auf (- n 1) ein rekursiver Aufruf erfolgt:

```
(define factorial
  (lambda (n)
    (if (= n 0)
        ...
        ... (factorial (- n 1)) ...))))
```

Der rekursive Aufruf (factorial (- n 1)) soll nach Vertrag und Beschreibung der Prozedur das Produkt der Zahlen von 1 bis n − 1 berechnen. Gefragt ist aber das Produkt der Zahlen von 1 bis n. Es fehlt noch n selbst, das mit dem Ergebnis multipliziert werden muß:

```
(define factorial
  (lambda (n)
    (if (= n 0)
        ...
        (* n (factorial (- n 1)))))))
```

Es fehlt schließlich noch der erste Zweig der if-Form. In Fällen wie diesem, wo die Antwort nicht offensichtlich ist, lohnt es sich, ein oder zwei einfache Beispiele durchzurechnen, die meist die Antwort zwingend festlegen. Das einfachste Beispiel ist wohl 1 – das Produkt der Zahlen von 1 bis 1 sollte 1 sein. Auswertung mit dem Substitutionsmodell ergibt:

```
(factorial 1)
⟹ (if (= 1 0) ... (* 1 (factorial (- 1 1))))
⟹ (if #f ... (* 1 (factorial (- 1 1))))
⟹ (* 1 (factorial (- 1 1)))
⟹ (* 1 (factorial 0))
⟹ (* 1 (if (= 0 0) ... (* 0 (factorial (- 0 1)))))
⟹ (* 1 (if #t ... (* 0 (factorial (- 0 1)))))
⟹ (* 1 ...)
```

Damit ist klar, daß die unbekannte Zahl, die an Stelle der . . . stehen muß, multipliziert mit 1 wiederum 1 ergeben muß. Die einzige Zahl, die diese Bedingung erfüllt, ist 1 selbst. Die vollständige Definition von factorial ist also:

```
(define factorial
  (lambda (n)
    (if (= n 0)
        1
        (* n (factorial (- n 1)))))))
```

An einem größeren Beispiel läßt sich anhand des Substitutionsmodells oder im Stepper besonders gut sehen, wie die Rekursion verläuft:

```
(factorial 4)
⟹ (if (= 4 0) 1 (* 4 (factorial (- 4 1))))
⟹ (if #f 1 (* 4 (factorial (- 4 1))))
⟹ (* 4 (factorial (- 4 1)))
⟹ (* 4 (factorial 3))
⟹ (* 4 (if (= 3 0) 1 (* 3 (factorial (- 3 1)))))
⟹ (* 4 (if #f 1 (* 3 (factorial (- 3 1)))))
⟹ (* 4 (* 3 (factorial (- 3 1))))
⟹ (* 4 (* 3 (factorial 2)))
...
⟹ (* 4 (* 3 (* 2 (factorial 1))))
⟹ (* 4 (* 3 (* 2 (if (= 1 0) 1 (* 1 (factorial (- 1 1)))))))
⟹ (* 4 (* 3 (* 2 (if #f ... (* 1 (factorial (- 1 1)))))))
⟹ (* 4 (* 3 (* 2 (* 1 (factorial (- 1 1))))))
⟹ (* 4 (* 3 (* 2 (* 1 (factorial 0)))))
⟹ (* 4 (* 3 (* 2 (* 1 (if (= 0 0) 1 (* 0 (factorial (- 0 1))))))))
⟹ (* 4 (* 3 (* 2 (* 1 (if #t 1 (* 0 (factorial (- 0 1))))))))
⟹ (* 4 (* 3 (* 2 (* 1 1))))
⟹ (* 4 (* 3 (* 2 1)))
⟹ (* 4 (* 3 2))
⟹ (* 4 6)
⟹ 24
```

Die typischen Beobachtungen an diesem Beispiel sind:

- Factorial ruft sich nie mit derselben Zahl n auf, mit der es selbst aufgerufen wurde, sondern immer mit $n-1$.

- Die natürlichen Zahlen sind so strukturiert, daß die Kette $n, n-1, n-2 \ldots$ irgendwann bei 0 abbrechen muß.

- Factorial ruft sich bei $n = 0$ *nicht* selbst auf.

Aus diesen Gründen kommt der von (factorial n) erzeugte Berechnungsprozeß immer zum Schluß.

Aus der Definition von factorial ergibt sich eine Konstruktionsanleitung für Prozeduren, die natürliche Zahlen verarbeiten. Die Schablone für solche Prozeduren sieht folgendermaßen aus:

```
; p : N -> ...
(define p
  (lambda (n)
    (if (= n 0)
        ...
        ... (p (- n 1)) ...))))
```

Konstruktionsanleitung 8 in Anhang D faßt dies noch einmal zusammen.

6.4 Rekursion ohne Ende

Bei rekursiven Definitionen – insbesondere von Funktionen auf Zahlen – besteht die Gefahr, daß sie *zirkulär* sind und damit nichts Sinnvolles definieren. So ist es bei dem folgenden System von rekursiv definierten Funktionen:

$$f(n) \stackrel{\text{def}}{=} \begin{cases} 0 & \text{falls } n = 0 \\ g(n-1) & \text{sonst} \end{cases}$$

$$g(n) \stackrel{\text{def}}{=} \begin{cases} f(1) & \text{falls } n = 0 \\ f(n-1) & \text{sonst} \end{cases}$$

Welche Funktion wird hier von f berechnet? Zum Beispiel erfüllt die konstante Nullfunktion

$$f : \mathbb{N} \quad \rightarrow \quad \mathbb{N}$$
$$(\forall n \in \mathbb{N}) f(n) \stackrel{\text{def}}{=} 0$$

die oben aufgeführten Gleichungen. Verwirrenderweise erfüllt aber für alle $m \in \mathbb{N}$ auch

$$f : \mathbb{N} \quad \rightarrow \quad \mathbb{N}$$
$$f(n) \stackrel{\text{def}}{=} \begin{cases} 0 & \text{falls } n = 0 \\ m & \text{sonst} \end{cases}$$

diese Gleichungen. Es ist also durch das Gleichungssystem keine Funktion f eindeutig definiert. Eine Interpretation der Gleichungen als Ersetzungsregeln von links nach rechts liefert immerhin noch $f(0) = 0$, bereits $f(1)$ führt aber zu einem nicht-endenden Ersetzungsprozeß:

$$f(1) = g(0) = f(1) = \ldots$$

Zum Glück läßt sich eine Form für rekursive Funktionsdefinitionen finden, die Zirkularität grundsätzlich vermeidet und immer zu sinnvollen Definitionen führt.

Eine Schablone für „ungefährliche" Rekursion in einer Funktionsdefinition liefert der Homomorphiesatz 5.12, denn Homomorphismen sind rekursiv definierte Funktionen. Diese Schablone ist eine Einschränkung der Schablone der Konstruktionsanleitung aus Abschnitt 6.3. Anhand der natürlichen Zahlen – im Sinne der Peano-Algebren mit einem nullstelligen Operationssymbol z für die 0 und einem einstelligen Operationssymbol s für den Nachfolger betrachtet – läßt sich zeigen, wie das Schema funktioniert.

Definition 6.1 (Peano-Algebra) Sei $\Sigma = \{z^{(0)}, s^{(1)}\}$ ein Operationsalphabet mit einem nullstelligen und einem einstelligen Operationssymbol. Eine Σ-Algebra heißt auch *Peano-Algebra*.

Die übliche Darstellung der natürlichen Zahlen geht davon aus, daß gilt:

$$z_{\mathbb{N}} = 0$$
$$s_{\mathbb{N}}(n) = n+1$$

Es ist leicht einzusehen, daß auf diese Weise die natürlichen Zahlen mit 0 und Nachfolger isomorph zur Algebra der Σ-Terme ohne Variablen sind. Der Satz 5.12 – spezialisiert für eine leere Variablenmenge und für Peano-Algebren – liest sich dann so:

Satz 6.2 Für jede Peano-Algebra A gibt es genau eine Abbildung $h : \mathbb{N} \to A$ mit den Eigenschaften

$$h(n) \stackrel{\text{def}}{=} \begin{cases} z_A & \text{falls } n = 0 \\ s_A(h(n-1)) & \text{sonst} \end{cases}$$

Für eine Peano-Algebra P mit Trägermenge $\mathbb{N}$ und den Operationen

$$z_P = 1$$
$$s_P(n) = 2 \cdot n$$

gibt es nach Satz 6.2 genau einen Homomorphismus h von $\mathbb{N}$ nach P, d.h.

$$h(n) \stackrel{\text{def}}{=} \begin{cases} z_P & \text{falls } n = 0 \\ s_P(h(n-1)) & \text{sonst} \end{cases}$$

oder, mit den oben aufgeführten Definitionen:

$$h(n) \stackrel{\text{def}}{=} \begin{cases} 1 & \text{falls } n = 0 \\ 2 \cdot h(n-1) & \text{sonst} \end{cases}$$

Mit anderen Worten: die Abbildung von n auf die n-te Zweierpotenz wurde als Homomorphismus konstruiert, indem eine alternative Interpretation der Operationssymbole angegeben wurde. Die zweite Gleichung besagt übrigens nichts anderes, als daß für $n > 0$ gilt:

$$2^n = 2 \cdot 2^{n-1}$$

Bei genauer Betrachtung entspricht diese Konstruktionsmethode der Schablone für rekursive Scheme-Prozeduren auf natürlichen Zahlen.

6.5 Induktionsbeweise über rekursive Funktionen

Die Eigenschaften rekursiv definierter Funktionen über einer induktiv definierten Menge lassen sich durch Induktion beweisen. Die durch das folgende Gleichungssystem definierte Funktion cat hängt Folgen aneinander:

$$\text{cat}(f_1, f_2) \stackrel{\text{def}}{=} \begin{cases} f_2 & \text{falls } f_1 = \varepsilon \\ m \, \text{cat}(f_1', f_2) & \text{falls } f_1 = m f_1' \end{cases}$$

Es soll bewiesen werden, daß cat assoziativ ist, d.h. für alle $u, v, w \in \Sigma^*$ gilt

$$\mathrm{cat}(u, \mathrm{cat}(v, w)) = \mathrm{cat}(\mathrm{cat}(u, v), w).$$

Der Beweis funktioniert mit Wortinduktion über u.

Beweis

1. Induktionsverankerung $u = \varepsilon$: Hier gilt

$$
\begin{aligned}
\mathrm{cat}(\varepsilon, \mathrm{cat}(v, w)) &= \mathrm{cat}(v, w) \\
\mathrm{cat}(\mathrm{cat}(\varepsilon, v), w) &= \mathrm{cat}(v, w)
\end{aligned}
$$

   nach der definierenden Gleichung.

2. Induktionsschritt: Gelte die Behauptung bereits für u und sei $m \in M$ beliebig. Dann gilt

   linke Seite:

$$
\begin{aligned}
\mathrm{cat}(m\,u, \mathrm{cat}(v, w)) &= m\,\mathrm{cat}(u, \mathrm{cat}(v, w)) \text{ (laut Definition)} \\
&= m\,\mathrm{cat}(\mathrm{cat}(u, v), w) \text{ (nach Induktionsvoraussetzung)}
\end{aligned}
$$

   rechte Seite:

$$
\begin{aligned}
\mathrm{cat}(\mathrm{cat}(m\,u, v), w) &= \mathrm{cat}(m\,\mathrm{cat}(u, v), w) \\
&= m\,\mathrm{cat}(\mathrm{cat}(u, v), w)
\end{aligned}
$$

$\square$

6.6 Rekursive Scheme-Programme beweisen

Die Definition von `factorial` am Anfang von Abschnitt 6.3 folgt der induktiven Definition der zugrundeliegenden Daten, deshalb ist ihre Korrektheit einleuchtend. Wie ist es mit komplexeren Beispielen? Die folgende Scheme-Prozedur verrät nicht auf den ersten Blick, was sie berechnet:

```
(define f
  (lambda (n)
    (if (= n 0)
        0
        (+ (f (- n 1))
           (/ 1 (* n (+ n 1)))))))
```

Tatsächlich berechnet der Prozeduraufruf (f n) die Zahl

$$f(n) = \frac{n}{n+1}.$$

Das ist jedoch nicht offensichtlich. Ein Beweis schafft Klarheit. Er funktioniert (natürlich) mit Induktion und dreht den Rekursionsprozess um. Für den Induktionsanfang muß (f 0) betrachtet werden:

```
(f 0)
⟹ (if (= 0 0) 0 ...)
⟹ (if #t 0 ...)
⟹ 0 = ────
        0+1
```

Für den Induktionsschritt ist es nötig, von $n \in \mathbb{N}$ auf $n+1$ zu schließen. Es sei also angenommen, daß die Auswertung von (f n) gerade $n/(n+1)$ ergibt. Nun muß bewiesen werden, daß (f m) für $m = n+1$ das Ergebnis $m/(m+1) = (n+1)/(n+2)$ liefert.

```
(f m)
⟹ (if (= m 0) 0 (+ (f (- m 1)) (/ 1 (* m (+ m 1)))))
```

Von m ist bekannt, daß es eine Zahl größer als 0 ist. Die Auswertung der Verzweigung liefert also die Alternative:

```
⟹ (if #f 0 (+ (f (- m 1)) (/ 1 (* m (+ m 1)))))
⟹ (+ (f (- m 1)) (/ 1 (* m (+ m 1))))
```

Für die Auswertung dieses Prozeduraufrufs müssen vorher die Ausdrücke (- m 1) und (/ 1 (* m (+ m 1)) ausgewertet werden. (- m 1) ergibt $m-1 = (n+1) - 1 = n$ und (/ 1 (* m (+ m 1))) ergibt einen Zwischenwert z mit

$$z = \frac{1}{m \cdot (m+1)} = \frac{1}{(n+1) \cdot (n+2)}.$$

Die Auswertung ergibt also:

```
⟹ (+ (f n) z)
```

Per Induktionsvoraussetzung ergibt die Auswertung von (f n) gerade $n/(n+1)$, das Gesamtergebnis ist also

$$
\begin{aligned}
\frac{n}{n+1} + \frac{1}{(n+1) \cdot (n+2)} &= \frac{n \cdot (n+2) + 1}{(n+1) \cdot (n+2)} \\
&= \frac{n^2 + 2n + 1}{(n+1) \cdot (n+2)} \\
&= \frac{(n+1)^2}{(n+1) \cdot (n+2)} \\
&= \frac{n+1}{n+2}.
\end{aligned}
$$

Die Induktionsbeweise zeigen, daß es nicht nötig ist, den gesamten Berechnungsprozeß einer rekursiven Prozedur Schritt für Schritt nachzuvollziehen. Stattdessen reicht es, mit Hilfe der Induktion die Korrektheit zu beweisen.

Für das effektive Training im Umgang mit der Rekursion ist es nur selten hilfreich, rekursiven Prozessen mental hinterherzulaufen: Das menschliche Gehirn ist für diese Aufgabe nicht gebaut. Da es oft trotzdem versucht ist, genau dies zu tun, und sich dabei häufig im

Morast der rekursiven Aufrufe verirrt, empfiehlt sich das Studium eines weiteren Mantras für das Nachdenken über die Rekursion:

Mantra 8 (Flaches Denken) Versuche nicht, rekursiv über einen rekursiven Prozeß nachzudenken.

6.7 Endrekursion und Iteration

Die Fakultätsfunktion ist insbesondere deshalb ein schönes Beispiel für Rekursion, weil sie so einfach ist. Zur Erinnerung – die Scheme-Prozedur für die Fakultätsfunktion hat die folgende Definition:

```
; das Produkt aller Zahlen von 1 bis n berechnen
; factorial : N -> N
(define factorial
  (lambda (n)
    (if (= n 0)
        1
        (* n (factorial (- n 1))))))
```

Die Strategie von `factorial` ist, für die Berechnung der Fakultät einer Zahl n erst ein Teilproblem zu lösen, das etwas kleiner ist als das ursprüngliche: die Berechnung der Fakultät von $n-1$. Die eigentlichen Multiplikationen, die zur Berechnung des Ergebnisses führen, werden dabei bis ganz zum Schluß aufgestaut.

Das ganze ließe sich aber genauso gut von der anderen Seite aufziehen: Alle Multiplikationen werden sofort ausgerechnet und dabei wird ein Zwischenergebnis mitgeführt. Hier ist eine Beispielrechnung für die Fakultät von 4, wobei die Pfeile den Übertrag des Zwischenergebnisses andeuten. Es geht mit 1 los:

$$
\begin{array}{rcl}
1 \ \cdot \ 1 &=& 1 \\
1 \ \cdot \ 4 &=& 4 \\
4 \ \cdot \ 3 &=& 12 \\
12 \ \cdot \ 2 &=& 24
\end{array}
$$

Die Übertragung des Zwischenergebnisses von einem Schritt zum nächsten ist dabei entscheidend. Das läßt sich auch als Programm schreiben:

```
; das Produkt aller Zahlen von 1 bis n berechnen
; factorial : N -> N
(define factorial
  (lambda (n)
    (factorial-helper n 1)))
```

```
; das Produkt aller Zahlen von 1 bis n akkumulieren
; factorial-helper : N N -> N
(define factorial-helper
  (lambda (n result)
    (if (= n 0)
        result
        (factorial-helper (- n 1) (* n result))))))
```

Diese neue Prozedur erzeugt einen anderen Berechnungsprozeß als das `factorial` aus Abschnitt 6.3:

```
(factorial 4)
⟹ (factorial-helper 4 1)
⟹ (if (= 4 0) 1 (factorial-helper (- 4 1) (* 4 1)))
⟹ (if #f 1 (factorial-helper (- 4 1) (* 4 1)))
⟹ (factorial-helper (- 4 1) (* 4 1))
⟹ (factorial-helper 3 4)
⟹ (if (= 3 0) 4 (factorial-helper (- 3 1) (* 3 4)))
⟹ (if #f 4 (factorial-helper (- 3 1) (* 3 4)))
⟹ (factorial-helper (- 3 1) (* 3 4))
⟹ (factorial-helper 2 12)
⟹ (if (= 2 0) 12 (factorial-helper (- 2 1) (* 2 12)))
⟹ (if #f 12 (factorial-helper (- 2 1) (* 2 12)))
⟹ (factorial-helper (- 2 1) (* 2 12))
⟹ (factorial-helper 1 24)
⟹ (if (= 1 0) 24 (factorial-helper (- 1 1) (* 1 24)))
⟹ (if #f 24 (factorial-helper (- 1 1) (* 1 24)))
⟹ (factorial-helper (- 1 1) (* 1 24))
⟹ (factorial-helper 0 24)
⟹ (if (= 0 0) 24 (factorial-helper (- 0 1) (* 0 24)))
⟹ (if #t 24 (factorial-helper (- 0 1) (* 0 24)))
⟹ 24
```

Während die Prozedur `factorial-helper` wie das ursprüngliche `factorial` rekursiv ist, erzeugt sie einen Berechnungsprozeß, der keine Multiplikationen mehr aufstaut, sondern alle notwendigen Berechnungen während der rekursiven Aufrufe durchführt und damit entlang einer geraden Linie marschiert: Der rekursive Aufruf von `factorial` hat keinen neuen *Kontext*. Solche Aufrufe heißen *endrekursiv*. Prozeduren, die nur endrekursive Aufrufe enthalten, heißen ebenfalls endrekursiv.

Die Variable `result` dient als sogenannter *Akkumulator*, die das Ergebnis bei jedem Aufruf schrittweise aufsammelt. Beim letzten Aufruf hat der Akkumulator das Endergebnis als Wert.

Endrekursive Prozeduren generieren einen Spezialfall rekursiver Berechnungsprozesse – sogenannte *iterative* Prozesse.[4]

Das gleiche Spiel läßt sich auch am Beispiel der Prozedur f aus Abschnitt 6.6 demonstrieren. Eine iterative Variante von f ist:

```
(define f
  (lambda (n)
    (f-helper n 0)))

(define f-helper
  (lambda (n result)
    (if (= n 0)
        result
        (f-helper (- n 1)
                  (+ (/ 1 (* n (+ n 1)))
                     result)))))
```

Zur Erinnerung: (f n) liefert $\frac{n}{n+1}$.

Die endrekursiven Definitionen von factorial und f haben ebenfalls ein gemeinsames Muster, genauso wie ihre rekursiven Pendants und folgen einer Schablone:

```
; p : N -> ...
(define p
  (lambda (n)
    (p-helper n z)))

(define p-helper
  (lambda (n result)
    (if (= n 0)
        result
        (p-helper (- n 1)
                  (... result ...)))))
```

Dabei ist z das gewünschte Ergebnis für $n = 0$. Der Ausdruck (... result ...) muß den neuen Wert für den Akkumulator berechnen.

Genau wie bei den gewöhnlichen rekursiven Prozeduren erleichtert es dem Programmierer die Arbeit, wenn er zuerst die Schablone aufschreibt und dann die Lücken füllt. Konstruktionsanleitung 9 in Anhang D faßt die Schablonenbildung für endrekursive Prozeduren auf Zahlen zusammen.

---

[4]In vielen anderen Programmiersprachen müssen aus technischen Gründen spezielle Konstrukte, sogenannte *Schleifen*, verwendet werden, um iterative Prozesse zu erzwingen.

6.8 Invarianten

Eine effektive Möglichkeit, um über die Korrektheit von rekursiven Prozeduren nachzudenken, die iterative Prozesse erzeugen, sind die sogenannten *Invarianten*: Bei allen rekursiven Aufrufen von `factorial-helper` bleibt n! · `result` konstant. Daraus folgt direkt die Korrektheit von `factorial`.

Zum Beweis, daß n! · `result` in der Tat eine Invariante von `factorial-helper` ist, dient folgende Überlegung: Wenn r den jeweiligen Wert von `result` bezeichnet, dann wird beim endrekursiven Aufruf von `factorial-helper` n durch $n-1$ ersetzt und r durch $n \cdot r$. In die angenommene Invariante eingesetzt, ist also zu beweisen:

$$(n-1)! \cdot (n \cdot r) = n! \cdot r$$

Beweis

$$
\begin{aligned}
(n-1)! \cdot (n \cdot r) &= ((n-1)! \cdot n) \cdot r \\
&= (n \cdot (n-1)!) \cdot r \\
&= n! \cdot r
\end{aligned}
$$

$\square$

Invarianten sind eine nützliche Methode, um Beweise über iterative Prozesse zu führen.

Für `f-helper` aus dem vorigen Abschnitt ist die Invariante $n/(n+1)+r$, wobei wiederum r den Wert von `result` bezeichnet. Der Beweis von

$$\frac{n}{n+1} + r = \frac{n-1}{n} + \frac{1}{n \cdot (n+1)} + r$$

ist eine Fingerübung.

Aufgaben

Aufgabe 6.1 Schreibe eine Reihe von aussagekräftigen Testfällen für `list-sum` und überzeuge dich so von der korrekten Funktionsweise. Betrachte den Ablauf der Proceduranwendung im Stepper!

Aufgabe 6.2 Schreibe eine Prozedur `count-zeroes`, die in einer Liste von Zahlen die Nullen zählt. Schreibe eine Prozedur `contains-zero?`, die feststellt, ob eine Liste von Zahlen eine Null enthält.

Aufgabe 6.3 Die *Fibonacci*-Funktion auf den natürlichen Zahlen ist folgendermaßen definiert:

$$
fib(n) \overset{\text{def}}{=}
\begin{cases}
0 & \text{falls } x = 0 \\
1 & \text{falls } x = 1 \\
fib(n-2) + fib(n-1) & \text{sonst}
\end{cases}
$$

Beweise, daß *fib*(*n*) die ganze Zahl ist, die am nächsten zu $\Phi^n/\sqrt{5}$ liegt, wobei $\Phi = (1 + \sqrt{5})/2$.

Anleitung: Zeige, daß $\mathit{fib}(n) = (\Phi^n - \Psi^n)/\sqrt{5}$, wobei $\Psi = (1 - \sqrt{5})/2$.

Aufgabe 6.4 Beweise mittels Induktion, daß über Folgen für $u, v \in \Sigma^*$ gilt:

$$\text{len}(\text{cat}(u, v)) = \text{len}(u) + \text{len}(v)$$

Dabei sei len die Länge von Folgen, definiert als:

$$\text{len}(f) \stackrel{\text{def}}{=} \begin{cases} 0 & \text{falls } f = \varepsilon \\ \text{len}(f') + 1 & \text{falls } f = mf' \end{cases}$$

Aufgabe 6.5 Angenommen, die Prozedur + sei nicht in Scheme eingebaut, sondern statt dessen Prozeduren `increment`, `decrement`, die eine Zahl um 1 erhöhen bzw. erniedrigen.

```
; Zahl um 1 erhöhen
; increment : N -> N
(define increment
  (lambda (n)
    (+ n 1)))

; Zahl um 1 erniedrigen
; decrement : N -> N
(define decrement
  (lambda (n)
    (- n 1)))
```

Definiere mit Hilfe von `increment`, `decrement` eine Version von + namens `my-+` zu definieren, die auf den natürlichen Zahlen funktioniert, ohne dabei das vordefinierte + oder auch -, * oder / zu verwenden.

Aufgabe 6.6 Übertrage Satz 6.2 auf Folgen!

Aufgabe 6.7 Läßt sich die Fakultätsfunktion über eine Peano-Algebra formulieren?

Aufgabe 6.8 Schreibe eine Prozedur `power2`, die eine Zahl konsumiert und ihre Zweierpotenz zurückliefert.

Aufgabe 6.9 Schreibe eine Prozedur `power`, die für eine Basis b und einen Exponenten $e \in \mathbb{N}$ gerade b^e ausrechnet. Also:

```
(power 5 3)
↪ 125
```

Schreibe von dieser Prozedur sowohl eine gewöhnliche rekursive als auch eine endrekursive Variante.

Aufgabe 6.10 Beweise, daß die folgende Prozedur natürliche Zahlen quadriert:

```
(define square
  (lambda (n)
    (if (= n 0)
        0
        (+ (square (- n 1))
           (- (+ n n) 1)))))
```

Beweise, daß auch die folgende Prozedur square natürliche Zahlen quadriert. Gib die Invariante von square-helper an!

```
; Quadrat einer Zahl berechnen
; square : N -> N
(define square
  (lambda (n)
    (square-helper n 0)))


; Quadrat einer Zahl akkumulieren
; square-helper : N -> N
(define square-helper
  (lambda (n result)
    (if (= n 0)
        result
        (square-helper (- n 1)
                       (+ result
                          (- (+ n n) 1))))))
```

Aufgabe 6.11 Das folgende Zahlenmuster heißt das *Pascal'sche Dreieck*:

$$1$$
$$1\ 1$$
$$1\ 2\ 1$$
$$1\ 3\ 3\ 1$$
$$1\ 4\ 6\ 4\ 1$$
$$\cdots$$

Die Zahlen an den Kanten des Dreiecks sind allesamt 1. Eine Zahl im Innern des Dreiecks ist die Summe der beiden Zahlen darüber. Schreibe eine Prozedur pascal, die als Argumente die Nummer einer Zeile und die Nummer einer „Spalte" innerhalb des Dreiecks akzeptiert, und die Zahl im Pascal'schen Dreieck berechnet. (Sowohl Zeilen- als auch Spaltennummer fangen bei 1 an.)

```
(pascal 5 3)
↪ 6
```

7 Praktische Programme mit Listen

Dieses Kapitel enthält weitere Beispiele für das Programmieren mit Listen. Nach einigen weiteren einfachen Prozeduren folgen zwei größere Aufgaben: die Türme von Hanoi sowie ein Programm für das optimale Bespielen von Audio-Kassetten.

Die Türme von Hanoi und das Bespielen von Audio-Kassetten benötigen jeweils mehrere Prozeduren für deren Lösung. Programmierer benutzen häufig die Technik des *Wunschdenkens*, um solche Programme systematisch aufzubauen. Dieses Kapitel erklärt, was es damit auf sich hat.

7.1 Eingebaute Listen

Da Listen in diesem Buch noch oft vorkommen und es umständlich ist, jedesmal die Record-Definition für pair an den Anfang von Programmen zu setzen, ist es an dieser Stelle Zeit, eine neue Sprachebene in DrScheme auszuwählen, nämlich Die Macht der Abstraktion (ohne Anfänger). Diese enthält make-pair, pair?, first und rest als eingebaute Prozeduren.

Außerdem werden nichtleere Listen ab dieser Sprachebene in der REPL anders ausgedruckt, nämlich, der besseren Übersicht halber, als #<list ...>, wobei die Listenelemente zwischen den spitzen Klammern aufgereiht sind. Beispiele:

```
(make-pair 1 empty)
↪ #<list 1>
(make-pair 1 (make-pair 2 empty))
↪ #<list 1 2>
(make-pair 1 (make-pair 2 (make-pair 3 empty)))
↪ #<list 1 2 3>
```

7.2 Mehr Prozeduren auf Listen

Dieser Abschnitt beschreibt weitere Beispiele für Prozeduren, die auf Listen operieren. Auch diese folgen jeweils der Konstruktionsanleitung.

Zunächst ist eine Prozedur gefragt, welche die Länge einer Liste ermittelt. Hier sind Kurzbeschreibung, Vertrag und Gerüst:

Die eingebaute Prozedur `list` erlaubt es, Listen aus ihren Elementen ohne Verwendung von `make-pair` zu erzeugen. Sie akzeptiert eine beliebige Anzahl von Argumenten, macht daraus eine Liste und gibt diese zurück:

```
(list 1 2 3)
↪ #<list 1 2 3>
(list "Axl" "Slash" "Izzy")
↪ #<list "Axl" "Slash" "Izzy">
```

Abbildung 7.1 `list`

```
; Länge einer Liste berechnen
; list-length : list -> N
(define list-length
  (lambda (lis)
    ...))
```

Die Schablone ist wie gehabt:

```
(define list-length
  (lambda (lis)
    (cond
      ((empty? lis) ...)
      ((pair? lis)
       ... (first lis) ...
       ... (list-length (rest lis)) ...))))
```

Es ist `list-length` egal, was der Wert von `(first lis)` ist – die Länge der Liste ist unabhängig davon, was für Werte sich darin befinden: entscheidend ist nur, wieviele es sind. Damit läßt sich die Schablone vervollständigen:

```
(define list-length
  (lambda (lis)
    (cond
      ((empty? lis) 0)
      ((pair? lis)
       (+ 1
          (list-length (rest lis)))))))
```

Nächstes Beispiel – gefragt ist eine Prozedur `concatenate`, die zwei Listen aneinanderhängt:

```
(concatenate (list 1 2 3) (list 4 5 6))
↪ #<list 1 2 3 4 5 6>
```

(Die hier verwendete eingebaute Prozedur `list` ist in Abbildung 7.1 erläutert.)

Kurzbeschreibung, Vertrag und Gerüst sehen folgendermaßen aus:

```
; zwei Listen aneinanderhängen
; concatenate : list list -> list
(define concatenate
  (lambda (lis-1 lis-2)
    ...))
```

Die Konstruktionsanleitung aus Abschnitt 6.2 ist eigentlich nur für Prozeduren gedacht, die eine einzelne Liste konsumieren. Welche von beiden ist das *l* aus der Anleitung? Im Zweifelsfall ist es möglich, beide Alternativen auszuprobieren. Als erster Versuch wird die Schablone auf lis-1 angewendet:

```
(define concatenate
  (lambda (lis-1 lis-2)
    (cond
      ((empty? lis-1) ...)
      ((pair? lis-1)
       ... (first lis-1)
       ... (concatenate (rest lis-1) lis-2) ...)))))
```

Die erste Ellipse ist einfach zu ersetzen: Ist die erste Liste leer, ist das Ergebnis die zweite Liste lis-2. Für den zweiten Fall lohnt es sich, die Induktionsannahme zu betrachten, die zum Wert von (concatenate (rest lis-1) lis-2) gehört: das Ergebnis dieses Aufrufs ist eine Liste, die aus (rest lis-1) und lis-2 zusammengesetzt wurde. Auf das obige Beispiel übertragen, mit lis-1 = #<list 1 2 3> und lis-2 = #<list 4 5 6>, ist (rest lis-1) = #<list 2 3>. Der Wert von (concatenate (rest lis-1) lis-2) wäre also:

```
#<list 2 3 4 5 6>
```

Es fehlt das erste Element von lis-1, (first lis-1), das vorn an das Ergebnis angehängt werden muß. Das geht mit make-pair:

```
(define concatenate
  (lambda (lis-1 lis-2)
    (cond
      ((empty? lis-1) lis-2)
      ((pair? lis-1)
       (make-pair (first lis-1)
                  (concatenate (rest lis-1) lis-2)))))))
```

Dieses Beispiel zeigt ein weiteres Schablonenelement, das noch öfter vorkommen wird: Wie bei anderen zusammengesetzten Daten müssen Prozeduren, die Listen konstruieren sollen, irgendwo ein make-pair enthalten.

Der Vollständigkeit halber sei auch die andere Möglichkeit betrachtet, die Prozedur zu konstruieren, indem die Schablone für Prozeduren, die Listen akzeptieren, auf lis-2 statt auf lis-1 angewendet wird:

```
(define concatenate
  (lambda (lis-1 lis-2)
    (cond
      ((empty? lis-2) ...)
      ((pair? lis-2)
       ... (first lis-2)
       ... (concatenate lis-1 (rest lis-2)) ...)))))
```

Der erste Zweig des cond ist noch einfach: Wenn lis-2 leer ist, muß lis-1 herauskommen. Jedoch wäre für das obige Beispiel der Wert von (concatenate lis-1 (rest lis-2)) die folgende Liste:

```
#<list 1 2 3 5 6>
```

Bei dieser Liste fehlt ein Element in der Mitte, und durch Verwendung von make-pair allein läßt sich dieses Element nicht passend ergänzen. Diese zweite Möglichkeit führt also in eine Sackgasse.

List-length und concatenate sind gute Programmierübungen. Da viele Programme diese Operationen benötigen, sind sie in Scheme bereits unter den Namen length und append eingebaut.

7.3   Die Türme von Hanoi

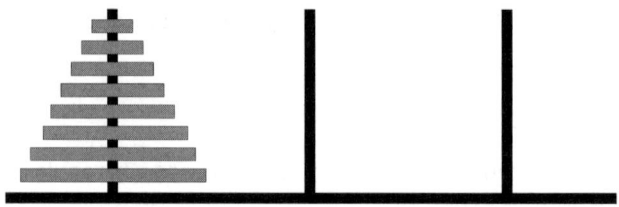

Abbildung 7.2   Anfangsstellung der Türme von Hanoi

Die Türme von Hanoi[1] sind ein klassisches Puzzle, das es in vielen Spielwarengeschäften zu kaufen gibt. Es besteht aus einer Platte mit drei Pfählen. Auf einem der Pfähle sind runde Scheiben mit Loch in Pyramidenform aufgetürmt: stets kleinere auf größeren Scheiben. (Die Anzahl der Scheiben variiert.) Abbildung 7.2 zeigt die Anfangsstellung. Die Aufgabe des Puzzles ist es, den Turm auf einen der anderen Pfähle zu bewegen, allerdings unter folgenden Einschränkungen:

---

[1]Ein populärer Mythos für dieses Puzzle ist die Legende der Türme von Brahma, nach dem im Tempel von Brahma in Benares, am Mittelpunkt der Welt, drei diamantene Nadeln aufgebaut sind, auf denen sich 64 goldene Scheiben stapeln. Die Mönche von Brahma schichten die Scheiben nach den Regeln des Puzzles um. Wenn die letzte Scheibe schließlich bewegt ist, kommt das Ende der Welt und alles wird zu Staub. Tatsächlich ist das Puzzle aber 1883 von dem französischen Mathematiker Edouard Lucas erfunden worden, der es als Spiel vertrieb. Abbildung 7.3 zeigt die usprüngliche Illustration.

Abbildung 7.3 Bild auf dem ursprünglichen Turm-von-Hanoi-Puzzle von Edouard Lucas

- Es wird nur eine Scheibe auf einmal bewegt.
- Es werden immer nur kleinere auf größere Scheiben gelegt.

Abbildung 7.4 zeigt eine mögliche Zwischenstellung des Spiels.

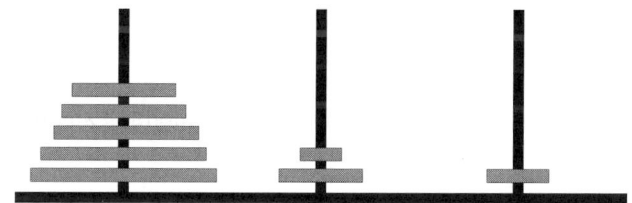

Abbildung 7.4 Zwischenstellung der Türme von Hanoi

Das Puzzle von Hand zu lösen, ist gar nicht so einfach. Die Anzahl der nötigen Züge steigt schnell, wenn die Anzahl der Scheiben größer wird. Zum Glück ist es nicht schwer, ein Scheme-Programm zu schreiben, welches das Puzzle löst. Die Konstruktionsanleitungen helfen dabei.

Am wichtigsten sind, wie immer, die Daten. Die folgenden Größen sind involviert:

1. die Anzahl der zu bewegenden Scheiben
2. die Pfähle, auf denen die Scheiben sitzen
3. die Spielzüge, die eine Lösung für das Puzzle beschreiben

Die Anzahl der zu bewegenden Scheiben ist eine natürliche Zahl. Die Pfähle werden von 1 bis 3 durchnumeriert. Ein einzelner Spielzug muß zwei Pfähle benennen: den Pfahl, von dem die Scheibe genommen wird und den Pfahl, auf den die Scheibe bewegt wird. Damit ist der Spielzug ein klassischer Fall von zusammengesetzten Daten. Hier ist eine passende Datendefinition zusammen mit einer Record-Definition:

```
; Ein Hanoi-Spielzug ist ein Wert
;   (make-hanoi-move f t)
; bei dem f und t Nummern von Pfählen sind.
(define-record-procedures hanoi-move
  make-hanoi-move hanoi-move?
  (hanoi-move-from hanoi-move-to))
```

Für die Lösung des Puzzles ist eine ganze Folge von Spielzügen notwendig. Sie werden durch Listen aus hanoi-move-Records dargestellt.

Zurück zur Aufgabenstellung: Gefragt ist eine Prozedur, die das Hanoi-Puzzle lösen kann. Da es Hanoi-Puzzles mit unterschiedlichen Anzahlen von Scheiben gibt, muß diese Anzahl ein Parameter für die Prozedur sein. Eine Lösung ist eine Folge von geeigneten Spielzügen. Damit hat die Prozedur für die Lösung des Hanoi-Puzzles Kurzbeschreibung und Vertrag wie folgt:

```
; Hanoi-Puzzle lösen
; hanoi : N -> list(hanoi-move)
```

Das Gerüst für hanoi ergibt sich sofort:

```
(define hanoi
  (lambda (n)
    ...))
```

Da n eine natürliche Zahl ist, kommt die Konstruktionsanleitung aus Abschnitt 6.3 mit der passenden Schablone zur Anwendung:

```
(define hanoi
  (lambda (n)
    (if (= n 0)
        ...
        ... (hanoi (- n 1) ...)))))
```

Der erste Zweig der Verzweigung ist einfach: wenn keine Scheiben da sind, sind auch keine Züge erforderlich, um das Puzzle zu lösen.

```
(define hanoi
  (lambda (n)
    (if (= n 0)
        empty
        ... (hanoi (- n 1)) ...)))
```

Der zweiten Fall ist etwas komplizierter. Zu Hilfe kommt, wie immer, die Induktionsannahme, die hinter der Konstruktion steht, nämlich daß (hanoi (- n 1)) eine Lösung für das

Hanoi-Puzzle mit einer Scheibe weniger berechnet. Angenommen, die gleiche Zugfolge, die das Puzzle für eine Scheibe weniger berechnet, wird auf das ganze Puzzle angewendet. Dann sieht das Endergebnis so aus:

Die unterste Scheibe bleibt dabei einfach liegen. Da dies auch die größte Scheibe ist, kann auf diesem Weg nie ein unzulässiger Spielzug passieren. Nun kann die unterste Scheibe auf den zweiten Pfahl bewegt werden:

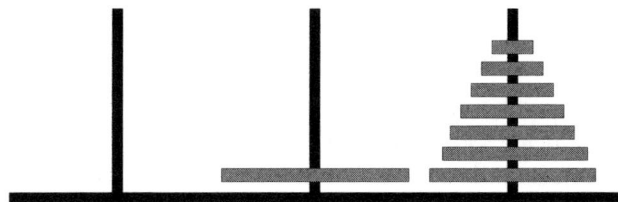

Die gleiche Technik, die den Turm mit einer Scheibe weniger vom ersten auf den dritten Pfahl bewegt hat, kann diesen auch vom dritten auf den zweiten bewegen – es muß in allen Zügen nur „Pfahl 1" mit „Pfahl 3" und „Pfahl 3" mit „Pfahl 2" vertauscht werden. Heraus kommt folgendes Bild:

Der ganze Turm ist bewegt! Lediglich der Zielpfahl stimmt nicht. Das ist aber kein großes Problem. Wenn in der Zugfolge, die den um eins kleineren Turm von Pfahl 1 nach Pfahl 3 bewegt, einfach „Pfahl 3" mit „Pfahl 2" vertauscht würde, die große Scheibe dann von Pfahl 1 nach Pfahl 3 bewegt würde, und schließlich der um eins kleinere Turm von Pfahl 2 nach Pfahl 3 bewegt würde, wäre alles richtig und der Turm säße auf Pfahl 3. Entscheidend ist in jedem Fall das systematische Umnumerieren der Spielzüge durch Vertauschen jeweils zweier Pfähle.

Zurück also zur Schablone für hanoi. Die Strategie benötigt die Spielzüge aus der Auswertung von (hanoi (- n 1)) *zweimal*, der Ausdruck muß also im Rumpf von hanoi zweimal vorkommen:

```
(define hanoi
  (lambda (n)
    (if (= n 0)
        empty
        ... (hanoi (- n 1)) ...
        ... (hanoi (- n 1)) ...)))
```

Des weiteren werden die Spielzüge aus `(hanoi (- n 1))` nicht unverändert in das Ergebnis übernommen, sondern müssen noch umnumeriert werden. Im ersten Fall muß „Pfahl 3" mit „Pfahl 2" vertauscht werden, im zweiten Fall „Pfahl 1" mit „Pfahl 2". Das Umnumerieren ist eine Operation auf Listen von Spielzügen; deswegen ist eine Hilfsprozedur erforderlich. Da zweimal umnumeriert wird, sollte die Hilfsprozedur in beiden Fällen zur Anwendung kommen.

Die Umnumerierungs-Prozedur muß eine Zugfolge konsumieren, sowie zwei Pfahlnummern, die angeben, welcher Pfahl mit welchem anderen vertauscht wird. Beschreibung und Vertrag sind also wie folgt:

```
; in einer Zugfolge einen Pfahl mit einem anderen vertauschen
; renumber-moves : list(hanoi-move) N N -> list(hanoi-move)
```

Damit das neu aufgetauchte Teilproblem den Arbeitsfluß nicht unterbricht, kommt eine wichtige Programmiertechnik ins Spiel: *Wunschdenken* (in vornehmen Kreisen auch *Top-Down-Design* genannt). Der Programmierer tut einfach so, als wäre die Prozedur schon fertig und verschiebt ihre Fertigstellung auf später. Weiter also mit der Definition von `hanoi`. Die Wunsch-Prozedur `renumber-moves` kommt zum Einsatz:

```
(define hanoi
  (lambda (n)
    (if (= n 0)
        empty
        ... (renumber-moves (hanoi (- n 1)) 3 2) ...
        ... (renumber-moves (hanoi (- n 1)) 1 2) ...)))
```

Dabei entstehen die Zugfolgen, die den um einen kleineren Turm zweimal verschieben. Dazwischen kommt noch der Zug mit der unteren Scheibe dazu:

```
(define hanoi
  (lambda (n)
    (if (= n 0)
        empty
        ... (renumber-moves (hanoi (- n 1)) 3 2) ...
        ... (make-hanoi-move 1 3) ...
        ... (renumber-moves (hanoi (- n 1)) 1 2) ...)))
```

Diese Züge müssen jetzt nur noch hintereinander in einer großen Zugfolge angeordnet werden. Hier ist etwas Sorgfalt gefragt, da `renumber-moves` jeweils Zug*folgen* zurückliefert (also Listen), `make-hanoi-move` aber nur einen einzelnen Zug. Der Zug kann mit der Zugfolge danach durch `make-pair` kombiniert werden:

```
(define hanoi
  (lambda (n)
    (if (= n 0)
        empty
        ... (renumber-moves (hanoi (- n 1)) 3 2) ...
        (make-pair (make-hanoi-move 1 3)
                   (renumber-moves (hanoi (- n 1)) 1 2)))))
```

Beide Folgen können schließlich mit append (die eingebaute Version von concatenate aus Abschnitt 7.2) aneinandergehängt werden:

```
(define hanoi
  (lambda (n)
    (if (= n 0)
        empty
        (append
         (renumber-moves (hanoi (- n 1)) 3 2)
         (make-pair
          (make-hanoi-move 1 3)
          (renumber-moves (hanoi (- n 1)) 1 2))))))
```

Soweit zu hanoi. Es fehlt noch renumber-moves. Zur Erinnerung hier noch einmal Kurzbeschreibung und Vertrag:

```
; die Züge in einer Hanoi-Folge umnumerieren
; renumber-moves : list(hanoi-move) N N -> list(hanoi-move)
```

Da die Prozedur auf Listen operieren soll, stehen Rumpf und Schablone schon fest:

```
(define renumber-moves
  (lambda (moves peg-1 peg-2)
    (cond
      ((empty? moves) ...)
      ((pair? moves)
       ... (first moves) ...
       ... (renumber-moves (rest moves) peg-1 peg-2) ...))))
```

(„Peg" ist englisch für „Pfahl".)

Das Ergebnis beim ersten Zweig ist die leere Liste empty. Der zweite Zweig erfordert, aus dem ersten Zug der Zugfolge und ihrem umnumerierten Rest eine neue Zugfolge zusammenzusetzen. Dazu muß zunächst der erste Zug umnumeriert werden. Auch für diese Teilaufgabe kann Wunschdenken eingesetzt werden. Eine Hilfsprozedur für das Umnumerieren eines einzelnen Zugs wird angenommen, die Beschreibung und Vertrag wie folgt hat:

```
; in einem Zug einen Pfahl mit einem anderen vertauschen
; renumber-move : hanoi-move N N -> N
```

Mit Hilfe dieser Prozedur kann `renumber-moves` wie folgt vervollständigt werden:

```
(define renumber-moves
  (lambda (moves peg-1 peg-2)
    (cond
      ((empty? moves) empty)
      ((pair? moves)
        (make-pair (renumber-move (first moves) peg-1 peg-2)
                   (renumber-moves (rest moves) peg-1 peg-2))))))
```

Zurück zu `renumber-move`: Die Prozedur operiert auf einem Spielzug, also einem zusammengesetzten Datum, und liefert auch wieder ein solches zurück. Die Schablone ergibt sich also aus der Kombination der Schablone für Prozeduren, die Records konsumieren, und der Schablone für Prozeduren, die Records zurückgeben:

```
(define renumber-move
  (lambda (move peg-1 peg-2)
    (make-hanoi-move
      ... (hanoi-move-from move) ...
      ... (hanoi-move-to move) ...)))
```

Beide Pfahlnummern, `(hanoi-move-from move)` und `(hanoi-move-to move)` müssen umnummeriert werden. Auch hierfür empfiehlt sich eine separate Hilfsprozedur namens `renumber-peg`:

```
; einen Pfahl mit einem anderen vertauschen
; renumber-peg : N N N -> N
```

Mit Hilfe dieser Prozedur sieht `renumber-move` dann fertig so aus:

```
(define renumber-move
  (lambda (move peg-1 peg-2)
    (make-hanoi-move
      (renumber-peg (hanoi-move-from move) peg-1 peg-2)
      (renumber-peg (hanoi-move-to move) peg-1 peg-2))))
```

Bleibt wieder etwas Wunschdenken, nämlich die Definition von `renumber-peg`. Das Gerüst sieht so aus:

```
(define renumber-peg
  (lambda (peg peg-1 peg-2)
    ...))
```

Hier ist nun eine Fallunterscheidung je nach dem Wert von peg gefragt. Wenn dieser dem Wert von peg-1 entspricht, soll dieser durch den Wert von peg-2 ersetzt werden und umgekehrt, andernfalls bleibt die Pfahlnummer gleich. Es gibt also drei Fälle, und damit auch drei Zweige:

```
(define renumber-peg
  (lambda (peg peg-1 peg-2)
    (cond
      ((= peg peg-1) peg-2)
      ((= peg peg-2) peg-1)
      (else peg)))))
```

Fertig ist das Hanoi-Programm. Hier ein Beispiel:

```
(hanoi 3)
↪ #<list #<record:hanoi-move 1 3> #<record:hanoi-move 1 2>
         #<record:hanoi-move 3 2> #<record:hanoi-move 1 3>
         #<record:hanoi-move 2 1> #<record:hanoi-move 2 3>
         #<record:hanoi-move 1 3>>
```

Aus der Konstruktion des Hanoi-Programms ergibt sich die Bedeutung des Wunschdenkens für die praktische Software-Entwicklung. Diese ist groß genug, um ein Mantra zu rechtfertigen:

Mantra 9 (Wunschdenken, Top-Down-Design) Verschiebe Probleme, die du nicht sofort lösen kannst, in noch zu schreibende Prozeduren. Lege für diese Prozeduren Beschreibung und Vertrag fest und benutze sie bereits, schreibe sie aber später.

7.4 Zwischenergebnisse benennen

Am Programm für die Türme von Hanoi läßt sich noch etwas verbessern: Der Teilausdruck `(hanoi (- n 1))` kommt zweimal vor. Das muß nach der Konstruktion so sein, da der Wert zweimal benötigt wird. Leider wird er auch zweimal berechnet – das ist einmal zuviel. Bei kleinen Werte für n spielt das keine Rolle, bei größeren würde es ins Gewicht fallen und die Berechnung verlangsamen. Außerdem ist es ästhetisch unbefriedigend. Zu diesem Zweck gibt es in Scheme die `let`-Form, die es erlaubt, *Zwischenergebnisse* zu benennen und beliebig oft zu verwenden. Abbildung 7.5 erläutert die Funktionsweise. Auf `hanoi` angewendet, sieht die Verbesserung folgendermaßen aus:

```
(define hanoi
  (lambda (n)
    (if (= n 0)
        empty
        (let ((one-less (hanoi (- n 1))))
          (append
           (renumber-moves one-less 3 2)
           (make-pair
            (make-hanoi-move 1 3)
            (renumber-moves one-less 1 2)))))))
```

Let ist für das Anlegen *lokaler Variablen* zuständig. Ein `let`-Ausdruck hat die folgende allgemeine Form:

```
(let ((v₁ e₁) ... (vₙ eₙ)) b)
```

Dabei müssen die v_i Variablen sein und die e_i und b (der *Rumpf*) beliebige Ausdrücke. Bei der Auswertung eines solchen `let`-Ausdrucks werden zunächst alle e_i ausgewertet. Dann werden deren Werte für die Variablen v_i im Rumpf eingesetzt; dessen Wert wird dann zum Wert des `let`-Ausdrucks.

Ein `let`-Ausdruck hat die gleiche Bedeutung wie folgende Kombination aus Lambda-Ausdruck und Applikation:

```
(let ((v₁ e₁) ... (vₙ eₙ)) b)
↦ ((lambda (v₁ ... vₙ) b) e₁ ... eₙ)
```

Abbildung 7.5 Lokale Variablen mit `let`

Das Ergebnis des Ausdrucks `(hanoi (- n 1))` bekommt also in der `let`-Form den Namen `one-less`, und dieser kann dann beliebig oft im Rumpf des `let` verwendet werden.

Let ist selbst dann nützlich, wenn ein Zwischenergebnis nicht mehrfach verwendet wird. Es kann die Lesbarkeit des Programmtextes erhöhen, besonders wenn ein aussagekräftiger Name verwendet wird. Zum Beispiel berechnet die folgende Prozedur das Materialvolumen eines Rohrs, von dem Außenradius, Dicke und Höhe angegeben sind:

```
; Materialvolumen eines Rohrs berechnen
; pipe-volume : number number number -> number
(define pipe-volume
  (lambda (outer-radius thickness height)
    (let ((inner-radius (- outer-radius thickness)))
      (- (cylinder-volume outer-radius height)
         (cylinder-volume inner-radius height)))))
```

In diesem Beispiel wird eine einzelne lokale Variable namens `inner-radius` eingeführt, die für den Wert von `(- outer-radius thickness)` steht.

Da die Variablen, die durch `let` und `lambda` gebunden werden, nur jeweils im Rumpf des `let` bzw. `lambda` gelten, heißen sie auch *lokale Variablen*. Die durch `define` gebundenen Variablen heißen dementsprechend – da sie überall gelten – *globale Variablen*.

Let kann auch mehrere lokale Variablen gleichzeitig einführen, wie im folgenden Beispiel:

```
(let ((a 1)
      (b 2)
      (c 3))
  (list a b c))
↦ #<list 1 2 3>
```

Bei der Benutzung von `let` ist zu beachten, daß die Ausdrücke, deren Werte an die Variablen gebunden werden, allesamt *außerhalb* des Einzugsbereich des `let` ausgewertet werden. Folgender Ausdruck führt also bei der Auswertung zu einer Fehlermeldung:

```
(let ((a 1)
      (b (+ a 1)))
  b)
↪ reference to an identifier before its definition: a
```

Mantra 10 (lokale Variablen) Benenne Zwischenergebnisse mit lokalen Variablen.

7.5   Audio-Kassetten optimal bespielen

Hier ist ein weiteres, etwas anachronistisches Problem, zu dessen Lösung Listen hervorragend taugen: Die Aufgabe ist, den Inhalt einer Audio-CD auf eine Audio-Kassette zu überspielen. Das Problem ist, daß eine CD in der Regel nicht auf eine einzelne Kassetten-Seite paßt, die Titel der CD also auf beide Seiten verteilt werden müssen. Es ist aber wünschenswert, daß die erste Seite so vollgepackt wird wie möglich, damit beim Umdrehen nicht zu viel gespult werden muß.

Für die Lösung muß erst einmal festgelegt werden, wie Ein- und Ausgabe des Programms aussehen sollen. Die elementare Größe im Problem ist ein CD-*Titel*, der aus einer Track-Nummer und der Länge des Tracks besteht. Folgende Daten- und Record-Definition passen dazu:

```
; Ein Titel ist ein Wert
;   (make-title n s)
; wobei n die Nummer des Titels ist
; und s die Länge des Titels in Sekunden
(define-record-procedures title
  make-title title?
  (title-number title-size))
```

Zum Beispiel wird *Appetite for Destruction* durch die folgende Liste beschrieben:

```
; Liste der Titel auf Appetite for Destruction
; appetite : list(title)
(define appetite
  (list (make-title 1 274)
        (make-title 2 203)
        (make-title 3 268)
        (make-title 4 264)
        (make-title 5 229)
        (make-title 6 406)
        (make-title 7 220)
        (make-title 8 232)
        (make-title 9 356)
        (make-title 10 197)
        (make-title 11 207)
        (make-title 12 373)))
```

Die Lösung des Problems soll eine Prozedur `side-a-titles` sein, welche eine Liste der CD-Titel zurückliefert, die auf Seite A der Kassette landen sollen. Neben der Liste der CD-Titel braucht `side-a-titles` auch noch die Länge einer Kassetten-Seite. Die Prozedur soll Kurzbeschreibung und Vertrag wie folgt haben:

```
; maximale Liste von Titeln berechnen,
; die auf eine Kassettenhälfte passen
; side-a-titles : list(title) number -> list(title)
```

Im Fall von *Appetite for Destruction*, das auf eine 2×30-Minuten-Kassette überspielt wird, soll folgendes passieren, wenn das Programm fertig ist:

```
(side-a-titles appetite 1800)
↪ #<list #<record:title 1 274> #<record:title 2 203>
        #<record:title 3 268> #<record:title 6 406>
        #<record:title 7 220> #<record:title 8 232>
        #<record:title 10 197>>
```

Die Prozedur arbeitet auf Listen, was folgende Schablone nahelegt:

```
(define side-a-titles
  (lambda (titles side-size)
    (cond
      ((empty? titles) ...)
      ((pair? titles)
       ... (first titles) ...
       ... (side-a-titles (rest titles) side-size) ...))))
```

Wenn keine Titel da sind, kommen auch keine auf Seite A der Kassette. Die Liste im ersten Zweig ist also leer. Der zweite Fall ist etwas komplizierter. Das liegt daran, daß es dort eine weitere Fallunterscheidung gibt, je nach dem ersten Titel (`first titles`): die Prozedur muß entscheiden, ob dieser erste Titel schließlich auf Seite A der Kassette kommen soll oder nicht. Ein erstes Ausschlußkriterium ist, wenn der Titel länger ist als die Kassettenseite:

```
(define side-a-titles
  (lambda (titles side-size)
    (cond
      ((empty? titles) empty)
      ((pair? titles)
       (if (> (title-size (first titles)) side-size)
           (side-a-titles (rest titles) side-size)
           ... (side-a-titles (rest titles) side-size) ...)))))
```

Damit ist die Frage, ob der erste Titel auf Seite A landet, aber immer noch nicht abschließend beantwortet. Schließlich muß `side-a-titles` noch entscheiden, ob unter Verwendung dieses Titels die Kassettenseite optimal vollgepackt werden kann. Dazu muß die Prozedur vergleichen, wie eine Kassette *mit* dem ersten Titel und wie eine Kassette *ohne* am besten vollgepackt werden würde. Die Variante „ohne" wird mit folgendem Ausdruck ausgerechnet:

```
(side-a-titles (rest titles) side-size)
```

Die Variante „mit" ist etwas trickreicher – sie entsteht, wenn auf der Kassettenseite der Platz für den ersten Titel reserviert wird und der Rest der Seite mit den restlichen Titeln optimal gefüllt wird. Die optimale Füllung für den Rest wird mit folgendem Ausdruck berechnet, der die Induktionsannahme für side-a-titles benutzt:

```
(side-a-titles (rest titles)
               (- side-size (title-size (first titles))))
```

Die vollständige Titelliste entsteht dann durch nachträgliches Wieder-Anhängen des ersten Titels:

```
(make-pair (first titles)
           (side-a-titles (rest titles)
                          (- side-size (title-size (first titles)))))
```

Diese beiden Listen müssen jetzt nach ihrer Gesamtlänge verglichen werden. Die Liste mit der größeren Länge gewinnt. Als erster Schritt werden die beiden obigen Ausdrücke in die Schablone eingefügt:

```
(define side-a-titles
  (lambda (titles side-size)
    (cond
      ((empty? titles) empty)
      ((pair? titles)
       (if (> (title-size (first titles)) side-size)
           (side-a-titles (rest titles) side-size)
           ... (side-a-titles (rest titles) side-size) ...
           ... (make-pair (first titles)
                          (side-a-titles
                            (rest titles)
                            (- side-size
                               (title-size (first titles)))))
           ...))))))
```

Die Ausdrücke für die beiden Alternativen sind in dieser Form unhandlich groß, was die Prozedur schon unübersichtlich macht, bevor sie überhaupt fertig ist. Es lohnt sich also, ihnen Namen zu geben:

```
(define side-a-titles
  (lambda (titles side-size)
    (cond
      ((empty? titles) empty)
      ((pair? titles)
```

```
(if (> (title-size (first titles)) side-size)
    (side-a-titles (rest titles) side-size)
    (let ((titles-1 (side-a-titles (rest titles) side-size))
          (titles-2
            (make-pair (first titles)
                       (side-a-titles
                        (rest titles)
                        (- side-size
                           (title-size (first titles)))))))
      ...)))))))))
```

Der Ausdruck `(title-size (first titles))` kommt zweimal vor. Die Einführung einer weiteren lokalen Variable macht die Prozedur noch übersichtlicher:

```
(define side-a-titles
  (lambda (titles side-size)
    (cond
      ((empty? titles) empty)
      ((pair? titles)
       (let ((first-size (title-size (first titles))))
         (if (> first-size side-size)
             (side-a-titles (rest titles) side-size)
             (let ((titles-1 (side-a-titles (rest titles) side-size))
                   (titles-2
                     (make-pair (first titles)
                                (side-a-titles
                                 (rest titles)
                                 (- side-size first-size)))))
               ...)))))))))
```

Zurück zur eigentlichen Aufgabe: `titles-1` und `titles-2` sollen hinsichtlich ihrer Länge verglichen werden. Die muß natürlich berechnet werden. Da dafür noch eine Prozedur fehlt, kommt Wunschdenken zur Anwendung:

```
; Gesamtlänge einer Liste von Titeln berechnen
; titles-size : list(title) -> number
```

Damit kann `side-a-titles` vervollständigt werden:

```
(define side-a-titles
  (lambda (titles side-size)
    (cond
      ((empty? titles) empty)
      ((pair? titles)
       (let ((first-size (title-size (first titles))))
         (if (> first-size side-size)
             (side-a-titles (rest titles) side-size)
```

```
        (let ((titles-1 (side-a-titles (rest titles) side-size))
              (titles-2
               (make-pair (first titles)
                          (side-a-titles
                           (rest titles)
                           (- side-size first-size)))))
          (if (> (titles-size titles-1)
                 (titles-size titles-2))
              titles-1
              titles-2)))))))))
```

Es fehlt noch `titles-size`, die wieder streng nach Anleitung geht und für welche die
Schablone folgendermaßen aussieht:

```
(define titles-size
  (lambda (titles)
    (cond
      ((empty? titles) ...)
      ((pair? titles)
       ... (first titles) ...
       ... (titles-size (rest titles)) ...))))
```

Die Gesamtlänge der leeren Liste ist 0 – der erste Fall ist also wieder einmal einfach. Im
zweiten Fall interessiert vom ersten Titel nur die Länge:

```
(define titles-size
  (lambda (titles)
    (cond
      ((empty? titles) 0)
      ((pair? titles)
       ... (title-size (first titles)) ...
       ... (titles-size (rest titles)) ...))))
```

Nach Induktionsannahme liefert `(titles-size (rest titles))` die Länge der restlichen Titel. Die Länge des ersten Titels muß also nur addiert werden:

```
(define titles-size
  (lambda (titles)
    (cond
      ((empty? titles) 0)
      ((pair? titles)
       (+ (title-size (first titles))
          (titles-size (rest titles)))))))
```

Mit `titles-size` läßt sich bestimmen, wie voll die Kassettenseite gepackt ist. Im Falle
von appetite ist das Ergebnis sehr erfreulich; kein Platz wird verschenkt:

```
(titles-size (side-a-titles appetite 1800))
↪ 1800
```

Anmerkungen

Listen sind, was Datenstrukturen betrifft, eine Art Alleskleber: Primär repräsentieren sie Folgen, die in Computerprogrammen oft vorkommen, aber sie taugen auch für die Repräsentation von Tabellen, Mengen und vielen anderen zusammengesetzten Daten. Für Listen gibt es eine riesige Anzahl praktischer Prozeduren, von denen die Prozeduren in diesem Kapitel nur die Spitze des Eisberges sind. Da Listen in Scheme fest eingebaut sind, können sie als universelles Kommunikationsmittel zwischen Programmen dienen, weil sich Prozeduren auf Listen aus einem Programm auch in einem anderen verwenden lassen. Dies unterscheidet Scheme von vielen anderen Programmiersprachen, in denen Listen vom Programmierer selbst definiert werden müssen oder nur eine untergeordnete Rolle spielen.

Viele andere Programmiersprachen bauen auf *Felder* oder *Arrays* als fundamentale Datenstrukturen für die Repräsentation von Folgen. Diese gibt es in Scheme auch (unter dem Namen *Vektor*), finden jedoch nur selten Verwendung: Oft läßt sich eine bessere Lösung mit Listen oder anderen Repräsentationen finden.

Aufgaben

Aufgabe 7.1 Schreibe eine endrekursive Variante von `list-length`.

Aufgabe 7.2 Schreibe eine endrekursive Variante von `concatenate`. Falls du Hilfsprozeduren auf Listen dafür benutzt, gib auch dafür endrekursive Definitionen an.

Aufgabe 7.3 Beweise mit Hilfe des Substitutionsmodells, daß die `concatenate`-Prozedur aus Abschnitt 6.2 assoziativ ist, daß also für Listen l_1, l_2 und l_3 gilt:

```
(concatenate l₁ (concatenate l₂ l₃)) = (concatenate (concatenate l₁ l₂) l₃)
```

Aufgabe 7.4   • Die eingebaute Prozedur even? akzeptiert eine ganze Zahl und liefert #t, falls diese gerade ist und #f sonst. Schreibe mit Hilfe von even? eine Prozedur namens evens, welche für zwei Zahlen *a* und *b* eine Liste der geraden Zahlen zwischen *a* und *b* zurückgibt:

```
(evens 1 10)
↪ #<record:pair 2
    #<record:pair 4
      #<record:pair 6
        #<record:pair 8
          #<record:pair 10 #<empty-list>>>>>>
```

• Die eingebaute Prozedur odd? akzeptiert eine ganze Zahl und liefert #t, falls diese ungerade ist und #f sonst. Schreibe mit Hilfe von odd? eine Prozedur odds, welche für zwei Zahlen *a* und *b* eine Liste die ungeraden Zahlen zwischen *a* und *b* zurückgibt:

```
(odds 1 10)
↪ #<record:pair 1
    #<record:pair 3
      #<record:pair 5
        #<record:pair 7
          #<record:pair 9 #<empty-list>>>>>>
```

Aufgabe 7.5 Schreibe endrekursive Varianten von evens und odds aus Aufgabe 7.4. Falls du Hilfsprozeduren auf Listen dafür benutzt, gib auch dafür endrekursive Definitionen an.

Aufgabe 7.6 Schreibe eine Prozedur coke-machine, die das Finanzmanagement eines Cola-Automaten durchführt.

Coke-machine soll drei Argumente akzeptieren: den Preis eines Getränks (in Euro-Cents), eine Liste der Centbeträge der Wechselgeldmünzen, die noch im Automaten sind, und den Geldbetrag, den der Kunde eingeworfen hat. (Also gibt es ein Listenelement pro Münze. Falls z.B. mehrere Groschen im Automaten sind, finden sich in der Liste mehrmals die Zahl 10.) Herauskommen soll eine Liste der Centbeträge der Münzen, welche die Maschine herausgibt oder #f, falls die Maschine nicht herausgeben kann.

```
(coke-machine 140 (list 50 100 500 10 10) 200)
↪ #<list 50 10>
```

Aufgabe 7.7 Schreibe eine Prozedur side-b-titles, welche die gleichen Eingaben wie side-a-titles akzeptiert, aber die Titel auf der B-Seite der Kassette zurückliefert. Die Prozedur soll side-a-titles als Hilfsprozedur verwenden.

Aufgabe 7.8 Ein Kartenspiel kann auf folgende Art gemischt werden: Der Kartenstapel wird in der Mitte geteilt. Dann werden die beiden Hälften ineinander gemischt. Meisterkartenmischer können diesen Prozeß so perfekt durchführen, daß die Karten aus den beiden Stapeln genau abwechselnd im gemischten Stapel vorkommen.

Beispiel: Der ursprüngliche Stapel enthält Bube, Dame, König, As, Joker und schwarzen Peter. Dann wird der Stapel in zwei Hälften aufgeteilt: Bube, Dame, König auf der einen Seite und As, Joker und schwarzer Peter auf der anderen. Die beiden Stapel werden dann rekombiniert: Bube, As, Dame, Joker, König, schwarzer Peter.

Wenn ein Kartenspiel oft genug auf diese Weise perfekt gemischt wird, kehrt es in seine ursprüngliche Reihenfolge zurück. Schreibe ein Scheme-Programm, das berechnet, wie oft ein Spiel mit *n* Karten, wobei *n* gerade ist, perfekt gemischt werden muß, damit es wieder in der ursprünglichen Reihenfolge liegt! (Es muß mindestens einmal gemischt werden.)

1. Repräsentiere ein Kartenspiel durch eine Liste aus Zahlen; jede Zahl steht für eine Karte. Schreibe eine Prozedur from-to, die für zwei Zahlen *m* und *n* eine Liste der Zahlen dazwischen liefert:

```
(from-to 1 5)
↪ #<list 1 2 3 4 5>
```

2. Als nächstes muß das Spiel in zwei Hälften aufgeteilt werden. Schreibe eine Prozedur take, die für eine Liste *l* und eine Zahl *n* eine Liste mit den ersten *n* Elementen von *l* zurückgibt:

```
(take 4 (list 1 2 3 4 5 6 7 8))
↪ #<list 1 2 3 4>
```

Schreibe eine Prozedur drop, die für eine Liste *l* und eine Zahl *n* eine Liste mit den Elementen nach den ersten *n* Elementen von *l* zurückgibt:

```
(drop 4 (list 1 2 3 4 5 6 7 8))
↪ #<list 5 6 7 8>
```

3. Schreibe eine Prozedur split-halves, die für eine Liste mit einer geraden Zahl von Elementen eine zweielementige Liste aus Listen zurückgibt, wobei das erste Element die erste Hälfte und das zweite Element die zweite Hälfte ist.

```
(split-halves (list 1 2 3 4 5 6 7 8))
↪ #<list #<list 1 2 3 4> #<list 5 6 7 8>>
```

4. Schreibe eine Prozedur interleave, die zwei Listen akzeptiert, und als Rückgabewert eine Liste liefert, in der die Elemente abwechselnd vorkommen, das erste Element der ersten Liste zuerst:

```
(interleave (list 1 2 3 4) (list 5 6 7 8))
↪ #<list 1 5 2 6 3 7 4 8>
```

5. Schreibe eine Prozedur shuffle, die ein Kartenspiel perfekt mischt. Sie akzeptiert eine Liste, die das Kartenspiel repräsentiert.

```
(shuffle (from-to 1 8))
↪ #<list 1 5 2 6 3 7 4 8>
```

6. Schreibe eine Prozedur number-lists-equal?, die zwei gleichlange Listen von Zahlen miteinander vergleicht:

```
(number-lists-equal? (list 1 2 3 4) (list 1 2 3 4))
↪ #t
(number-lists-equal? (list 1 2 3 4) (list 1 2 4 4))
↪ #f
```

Number-lists-equal? soll nicht die eingebaute, aber an dieser Stelle im Buch noch nicht eingeführte Prozedur equal? verwenden.

7. Schreibe eine Prozedur shuffle-number, welche die Größe des Kartenspiels (immer eine gerade Zahl) akzeptiert und zurückgibt, wie oft das Kartenspiel perfekt gemischt werden muß, damit es in seine ursprüngliche Reihenfolge zurückkehrt.

```
(shuffle-number 52)
↪ 8
```

8 Higher-Order-Programmierung

Einige äußerst effektive Programmiertechniken beruhen auf der Verwendung von Proze-
duren, die entweder selbst Prozeduren als Argumente haben oder Prozeduren zurückgeben oder beides. Solche Prozeduren heißen *Prozeduren höherer Ordnung* oder *Higher-
Order-Prozeduren*. Der Programmierstil, der durch die Verwendung von Higher-Order-
Prozeduren entsteht, heißt *Higher-Order-Programmierung*. Um diese und um die dadurch
ermöglichte Technik für die Abstraktion durch Musterbildung geht es in diesem Kapitel.

8.1 Higher-Order-Prozeduren auf Listen

Angenommen, für eine Geburtstagsfeier sollen aus der Liste der Gäste die Vegetarier zu-
sammengestellt werden, damit die Küche die richtigen Gerichte anfertigt. Gäste werden
dargestellt durch die folgende Daten- und Record-Definition:

```
; Ein Gast ist ein Wert
;   (make-guest n m v)
; wobei n der Name des Gastes als Zeichenkette ist,
; m ein boolescher Wert ist, der angibt, ob es sich
; um Mann (#t) oder Frau (#f) handelt,
; und v ein boolescher Wert, der angibt, ob es sich
; beim Gast um einen Vegetarier handelt.
(define-record-procedures guest
  make-guest guest?
  (guest-name guest-male? guest-vegetarian?))
```

Die gefragte Prozedur hat Beschreibung und Vertrag wie folgt:

```
; aus einer Gästeliste eine Liste der Vegetarier bilden
; vegetarian-guests : list(guest) -> list(guest)
```

Die Definition folgt der Konstruktionsanleitung für Prozeduren auf Listen. Hier ist die
Schablone:

```
(define vegetarian-guests
  (lambda (lis)
    (cond
      ((empty? lis) ...)
```

```
((pair? lis)
 ... (first lis) ...
 ... (vegetarian-guests (rest lis)) ...))))
```

Der erste Fall ist klar: wo keine Gäste sind, sind auch keine Vegetarier. Der zweite Fall betrachtet das erste Element (first lis). Dabei ist entscheidend, ob es sich dabei um einen Vegetarier handelt oder nicht – der Name ist unbedeutend:

```
(define vegetarian-guests
  (lambda (lis)
    (cond
      ((empty? lis) empty)
      ((pair? lis)
       ... (guest-vegetarian? (first lis)) ...
       ... (vegetarian-guests (rest lis)) ...))))
```

Je nachdem, ob es sich um einen Vegetarier handelt, gibt es eine Fallunterscheidung: Der Gast landet in der Ergebnisliste oder nicht.

```
(define vegetarian-guests
  (lambda (lis)
    (cond
      ((empty? lis) empty)
      ((pair? lis)
       (if (guest-vegetarian? (first lis))
           (make-pair (first lis)
                      (vegetarian-guests (rest lis)))
           (vegetarian-guests (rest lis)))))))
```

Fertig!

Eine ganz ähnliche Prozedur sortiert aus der Liste die Männer aus – zum Beispiel, um spezielle Untersetzer oder Lätzchen für sie bereitzustellen:

```
; aus einer Gästeliste eine Liste der Männer bilden
; male-guests : list(guest) -> list(guest)
(define male-guests
  (lambda (lis)
    (cond
      ((empty? lis) empty)
      ((pair? lis)
       (if (guest-male? (first lis))
           (make-pair (first lis)
                      (male-guests (rest lis)))
           (male-guests (rest lis)))))))
```

Beide Prozeduren unterscheiden sich, abgesehen vom Namen, nur an einer Stelle: vegetarian-guests verwendet guest-vegetarian?, während male-guests an derselben

Stelle guest-male? verwendet. Eine einzelne Prozedur könnte die Aufgaben sowohl von vegetarian-guests als auch von male-guests lösen, indem sie an der Stelle, an der guest-vegetarian? bzw. guest-male? steht, verallgemeinert. Das geht mit Abstraktion: für das konkrete Prädikat wird ein Parameter eingeführt. Das Ergebnis, das sich ansonsten direkt aus den Definitionen von vegetarian-guests und male-guests ergibt, sieht so aus (erst einmal ohne Vertrag, der nachgeliefert wird):

```
(define filter-guests
  (lambda (p? lis)
    (cond
      ((empty? lis) empty)
      ((pair? lis)
       (if (p? (first lis))
           (make-pair (first lis)
                      (filter-guests p? (rest lis)))
           (filter-guests p? (rest lis)))))))
```

Das funktioniert tatsächlich:

```
(filter-guests guest-male?
               (list
                 (make-guest "Axl" #t #f)
                 (make-guest "Stephanie" #f #t)
                 (make-guest "Slash" #t #f)
                 (make-guest "Erin" #f #f)))
↪ #<list #<record:guest "Axl" #t #f> #<record:guest "Slash" #t #f>>
```

Das Abstrahieren über Prozeduren funktioniert also genauso wie die Abstraktion über andere Werte. Der Vertrag für die Prozedur muß natürlich berücksichtigen, daß p? eine Prozedur ist. Die Prozedur guest-male?, die für p? verwendet wird, hat den Vertrag

```
; guest-male? : guest -> boolean
```

und deshalb hat filter-guests folgenden Vertrag:

```
; filter-guests : (guest -> boolean) list(guest) -> list(guest)
```

Tatsächlich steht in filter-guests jetzt nichts mehr, das überhaupt Bezug darauf nimmt, daß es sich bei den Listenelementen um guest-Records handelt. Tatsächlich funktioniert die Prozedur auch auf Listen von Zahlen:

```
(filter-guests even? (list 1 2 3 4))
↪ #<list 2 4>
(filter-guests odd? (list 1 2 3 4))
↪ #<list 1 3>
```

Damit kann das Wort guests ganz aus der Prozedurdefinition verschwinden, und es entsteht eine vielseitig verwendbare Prozedur namens filter:

```
; aus einer Liste eine Liste der Elemente bilden,
; die eine bestimmte Eigenschaft haben
; filter : (x -> boolean) list(x) -> list(x)
;   wobei x beliebig
(define filter
  (lambda (p? lis)
    (cond
      ((empty? lis) empty)
      ((pair? lis)
       (if (p? (first lis))
           (make-pair (first lis)
                      (filter p? (rest lis)))
           (filter p? (rest lis)))))))
```

Die `filter`-Prozedur akzeptiert eine Prozedur als Argument und ist damit eine *Prozedur höherer Ordnung* oder *Higher-Order-Prozedur*. Auch Prozeduren, die Prozeduren zurückgeben, sind Prozeduren höherer Ordnung.

Die Entstehung von `filter` aus `male-guests` und `vegetarian-guests` ist ein Paradebeispiel für die Abstraktion mit Hilfe von Mustern. Die Anwendung dieser Technik bringt eine Reihe von Vorteilen:

• Das Programm wird kürzer.

• Das Programm wird leicher zu lesen.

• Wenn die Prozedur korrekt ist, sind auch alle ihre Anwendungen korrekt.

Damit diese Vorteile zur Geltung kommen, müssen die „alten" Abstraktionsvorlagen gelöscht und durch Anwendungen der Abstraktion ersetzt werden:

```
; aus einer Gästeliste eine Liste der Vegetarier bilden
; vegetarian-guests : list(guest) -> list(guest)
(define vegetarian-guests
  (lambda (lis)
    (filter guest-vegetarian? lis)))
```

```
; aus einer Gästeliste eine Liste der Männer bilden
; male-guests : list(guest) -> list(guest)
(define male-guests
  (lambda (lis)
    (filter guest-male? lis)))
```

Musterbildung ist eine der wichtigsten Abstraktionstechniken, und deshalb gibt es ein eigenes Mantra:

Mantra 11 (Abstraktion aus Mustern) Wenn mehrere Prozeduren im Programm bis auf wenige Stellen gleich aussehen, schreibe eine allgemeinere Prozedur, die darüber abstrahiert, was an diesen Stellen steht. Ersetze dann die ursprünglichen Prozeduren durch Anwendungen der neuen, allgemeinen Prozedur.

8.2   Listen zusammenfalten

Aus Abschnitt 6.2 ist die Prozedur `list-sum` bekannt, welche die Summe einer Liste von Zahlen bildet:

```
; Liste aufsummieren
; list-sum : list(number) -> number
(define list-sum
  (lambda (lis)
    (cond
      ((empty? lis) 0)
      ((pair? lis)
       (+ (first lis)
          (list-sum (rest lis)))))))
```

Eine eng verwandte Prozedur würde die Elemente einer Liste nicht aufsummieren, sondern aufmultiplizieren. Vertrag und Schablone sind identisch zu `list-sum`:

```
; Liste aufmultiplizieren
; list-product : list(number) -> number
(define list-product
  (lambda (lis)
    (cond
      ((empty? lis) ...)
      ((pair? lis)
       ... (first lis) ...
       ... (list-product (rest lis)) ...))))
```

Die erste Ellipse muß das Produkt der leeren Liste sein, also das neutrale Element 1 der Multiplikation.[1] Aus dem ersten Element und dem Produkt der Restliste wird das Produkt der Gesamtliste durch Multiplikation gebildet.

```
(define list-product
  (lambda (lis)
    (cond
      ((empty? lis) 1)
      ((pair? lis)
       (* (first lis)
          (list-product (rest lis)))))))
```

Die Definitionen von `list-sum` und `list-product` unterscheiden sich, bis auf den Namen, nur an zwei Stellen: beim ersten Zweig, wo das jeweilige neutrale Element steht, und bei der Prozedur, die benutzt wird, um das erste Element mit dem Ergebnis des rekursiven Aufrufs zu kombinieren. Die abstrahierte Prozedur heißt `list-fold` und sieht folgendermaßen aus (der Vertrag muß noch einen Moment warten):

---

[1]0 funktioniert hier nicht – es wäre mathematisch falsch und würde dafür sorgen, daß *jede* Liste 0 als Produkt hat.

```
; die Elemente einer Liste kombinieren
(define list-fold
  (lambda (unit combine lis)
    (cond
      ((empty? lis) unit)
      ((pair? lis)
       (combine (first lis)
                (list-fold unit combine (rest lis)))))))
```

Listen lassen sich damit folgendermaßen summieren:

```
(list-fold 0 + (list 1 2 3 4))
↪ 10
```

und so aufmultiplizieren:

```
(list-fold 1 * (list 1 2 3 4))
↪ 24
```

Der Vertrag für list-fold ist nicht auf den ersten Blick ersichtlich. Hier ein erster Anlauf:

```
; list-fold : x (x x -> x) list(x) -> x
;   wobei x beliebig
```

Wie sich weiter unten herausstellen wird, kann dieser Vertrag aber noch verallgemeinert werden. Erst kommen allerdings noch einige Erläuterungen zur Funktionsweise.

List-fold funktioniert wie folgt: Die Prozedur hat als Parameter eine Prozedur mit zwei Parametern, einen Wert und eine Liste von Werten. Es gilt folgende Gleichung:

$$(\text{list-fold } o \; u \; (a_1 \ldots a_n)) = (o \; a_1 \; (o \; a_2 \; (\ldots \; (o \; a_n \; u) \ldots)))$$

Die Funktionsweise von list-fold läßt sich daran veranschaulichen, daß sich die ursprüngliche Liste auch als

$$(\text{make-pair } a_1 \; (\text{make-pair } a_2 \; (\ldots \; (\text{make-pair } a_n \; \text{empty}) \ldots)))$$

schreiben läßt. Das heißt, an die Stelle von make-pair tritt o und an die Stelle von empty tritt u.

Eine andere, praktische Darstellung von list-fold ist, die Gleichung mit dem Operator *zwischen* den Operanden zu schreiben (und nicht davor), in Infix-Schreibweise also:

$$(\text{list-fold } \odot \; u \; (a_1 \ldots a_n)) = a_1 \odot (a_2 \odot (\ldots (a_n \odot u) \ldots))$$

Nach dieser Sichtweise wird $\odot$ zwischen die Elemente der Liste eingefügt.

In jedem Fall wird die Liste „eingefaltet" – daher der Name.

Die Definition von concatenate aus Abschnitt 7.2 paßt ebenfalls auf das abstrahierte Muster von list-fold:

```
(list-fold (list 4 5 6) make-pair (list 1 2 3))
↪ #<list 1 2 3 4 5 6>
```

Diese Applikation paßt aber nicht mehr auf den obigen Vertragsversuch von `list-fold`, da `make-pair` nicht den Vertrag

```
x x -> x
```

sondern

```
a list(a) -> list(a)
```

für beliebige a und deshalb

```
a b -> b
```

erfüllt. `List-fold` erfüllt also folgenden Vertrag:

```
; list-fold : a (a b -> b) list(a) -> b
;    wobei a und b beliebig
```

8.3 Anonyme Prozeduren

`List-fold` kann auch benutzt werden, um die Länge einer Liste auszurechnen. Ganz so einfach wie bei den vorigen Beispielen ist das nicht, da `list-length` aus Abschnitt 7.2 nicht direkt dem Muster entspricht:

```
(define list-length
  (lambda (lis)
    (cond
      ((empty? lis) 0)
      ((pair? lis)
       (+ 1
          (list-length (rest lis)))))))
```

Für das `combine`-Argument von `list-fold` würde hier eine Prozedur benötigt, die ihr erstes Argument (`first lis`) ignoriert (es spielt ja für die Listenlänge keine Rolle) und auf das zweite Argument eins addiert. Diese Hilfsprozedur sieht so aus:

```
; add-1-for-length : a N -> N
(define add-1-for-length
  (lambda (ignore n)
    (+ n 1)))
```

Damit funktioniert es:

```
(list-fold 0 add-1-for-length (list 1 2 3 4 5))
↪ 5
```

Für solche Mini-Prozeduren lohnt es sich oft kaum, eine eigene Definition anzugeben und einen sinnstiftenden Namen zu finden. Das ist auch nicht notwendig: die rechte Seite der Definition, also der Lambda-Ausdruck, kann auch direkt eingesetzt werden:

```
(list-fold 0 (lambda (ignore n) (+ n 1)) (list 1 2 3 4 5))
↪ 5
```

Meist tauchen Lambda-Ausdrücke zwar als Teil von Prozedurdefinition auf, aber es ist
natürlich möglich, Prozeduren außerhalb einer Definition zu verwenden, ohne ihnen einen
Namen zu geben. (Dafür gab es schon in Kapitel 2 Beispiele.) Mit Hilfe solcher „anonymer
Prozeduren" läßt sich auch filter durch list-fold definieren:

```
(define filter
  (lambda (p? lis)
    (list-fold empty
              (lambda (first result)
                (if (p? first)
                    (make-pair first result)
                    result))
              lis)))
```

Ein weiteres Beispiel – die Prozedur every? findet heraus, ob ein übergebenes Prädikat
auf alle Elemente einer Liste zutrifft:

```
; prüfen, ob Prädikat auf alle Elemente einer Liste zutrifft
; every? : (x -> boolean) list(x) -> boolean
(define every?
  (lambda (p? lis)
    (list-fold #t
              (lambda (first result)
                (and result
                    (p? first)))
              lis)))
```

Anders als list-length lassen sich diese Definitionen nicht mit separaten Hilfsprozeduren schreiben. Für filter würde ein Versuch zwar so aussehen:

```
(define filter-helper
  (lambda (first result)
    (if (p? first)
        (make-pair first result)
        result)))
```

In DrScheme erscheint bei dieser Definition eine Fehlermeldung „unbound variable"
und p? wird rosa markiert. Das liegt daran, daß p? weiter außen im lambda von filter
gebunden ist. Dieses p? ist aber nach den Regeln der lexikalischen Bindung (siehe Abschnitt 2.7) nur im Rumpf des äußeren lambda in der Definition von filter sichtbar.
Darum muß der Lambda-Ausdruck der Hilfsprozedur ebenfalls in diesem Rumpf stehen.

8.4 Prozedurfabriken

Ein nützlicheres Beispiel für eine Higher-Order-Funktion in der Mathematik ist die Komposition ∘. Seien $f : B \to C$ und $g : A \to B$ Funktionen. Dann ist $f \circ g$ folgendermaßen definiert:

$$(f \circ g)(x) \stackrel{\text{def}}{=} f(g(x))$$

∘ läßt sich direkt in Scheme übertragen:

```
; zwei Prozeduren komponieren
; (b -> c) (a -> b) -> (a -> c)
(define compose
  (lambda (f g)
    (lambda (x)
      (f (g x)))))
```

Die beiden Argumente müssen jeweils für Prozeduren mit einem Parameter stehen:

```
(define add-5
  (lambda (x)
    (+ x 5)))
(define add-23
  (lambda (x)
    (+ 23 x)))
(define add-28 (compose add-5 add-23))
(add-28 3)
↪ 31
((compose (lambda (x) (* x 2)) add-1) 5)
↪ 12
```

Compose ist eine *Prozedurfabrik* – sie liefert selbst eine Prozedur zurück, die abhängig von f und g konstruiert wird.

Compose läßt sich benutzen, um eine weitere praktische Higher-Order-Prozedur namens repeat zu definieren:

```
; Prozedur wiederholt anwenden
; repeat : N (a -> a) -> (a -> a)
(define repeat
  (lambda (n proc)
    (if (= n 0)
        (lambda (x) x)
        (compose proc (repeat (- n 1) proc)))))
```

Repeat ist das Pendant zur Potenzierung von Funktionen in der Mathematik, siehe Definition B.16:

```
((repeat 5 (lambda (n) (* n 2))) 1)
↪ 32
```

8.5   Der Schönfinkel-Isomorphismus

Hier ist eine Prozedurfabrik, die Prozeduren erzeugt, die auf eine Zahl eine Konstante addieren:

```
; Prozedur erzeugen, die eine Konstante addiert
; make-add : number -> (number -> number)
(define make-add
  (lambda (a)
    (lambda (b)
      (+ a b))))
```

Angewendet werden kann sie folgendermaßen:

```
(define add-1 (make-add 1))
(add-1 15)
↪ 16
(define add-7 (make-add 7))
(add-7 15)
↪ 22
```

Das geht auch ohne Zwischendefinitionen:

```
((make-add 7) 15)
↪ 22
((make-add 13) 42)
↪ 55
```

Make-add ist eine andere Version von +, nämlich eine, die zwei Argumente nicht „auf einmal" akzeptiert, sondern „nacheinander". Summen von zwei Zahlen, normalerweise geschrieben als (+ *a b*) lassen sich auch als ((make-add *a*) *b*) schreiben. Diese Transformation von einer Prozedur mit zwei Parametern in eine Prozedur mit nur einem Parameter, die eine Prozedur mit einem weiteren Parameter zurückgibt, die dann schließlich den „Wert" liefert, läßt sich auch auf andere Prozeduren anwenden:

```
; Prozedur erzeugen, die mit einer Konstante multipliziert
; make-mult : number -> (number -> number)
(define make-mult
  (lambda (a)
    (lambda (b)
      (* a b))))
```

```
; Prozedur erzeugen, die an eine Liste ein Element vorn anhängt
; make-prepend : a -> (list(a) -> list(a))
(define make-prepend
  (lambda (a)
    (lambda (b)
      (make-pair a b))))
```

Erneut folgt eine ganze Familie von Prozeduren einem gemeinsamen Muster, und erneut läßt sich dieses Muster als Prozedur höherer Ordnung formulieren. Die Prozedur curry akzeptiert eine Prozedur mit zwei Parametern und liefert eine entsprechend transformierte Prozedur zurück:

```
; Prozedur mit zwei Parametern staffeln
; curry : (a b -> c) -> (a -> (b -> c))
(define curry
  (lambda (proc)
    (lambda (a)
      (lambda (b)
        (proc a b)))))
```

Nun lassen sich die make-*x*-Prozeduren von oben mit Hilfe von curry definieren:

```
(define make-add (curry +))
(define make-mult (curry *))
(define make-prepend (curry make-pair))
```

Die curry-Transformation wurde unabhängig voneinander von den Mathematikern MO-SES SCHÖNFINKEL und HASKELL CURRY entdeckt. Im englischsprachigen Raum heißt das Verb dazu darum *currify*, im deutschsprachigen Raum *schönfinkeln* oder *curryfizieren*.

Die Schönfinkel-Transformation läßt sich auch umdrehen:

```
; Prozedur zu einer Prozedur mit zwei Parametern entstaffeln
; uncurry : (a -> (b -> c)) -> (a b -> c)
(define uncurry
  (lambda (proc)
    (lambda (a b)
      ((proc a) b))))
```

Damit ist die Transformation ein *Isomorphismus*; es gilt folgende Gleichung für Prozeduren p mit zwei Parametern:

$$\text{(uncurry (curry } p)) \equiv p$$

Anmerkungen

Nicht alle Programmiersprachen besitzen die Fähigkeit, Prozeduren bzw. Funktionen höherer Ordnung auszudrücken. Dies ist den sogenannten *funktionalen Programmiersprachen* vorbehalten, also denjenigen Sprachen, in denen Prozeduren bzw. Funktionen ganz normale Werte sind, die auch Werte *erster Klasse* genannt werden. Scheme gehört zu diesen Sprachen, viele andere Programmiersprachen allerdings nicht. Bei ihnen sind Prozeduren oder ihre örtlichen Pendants nur eingeschränkt verwendungsfähig: es handelt sich dort um Werte (allerhöchstens) zweiter Klasse.

Prozeduren höherer Ordnung erhöhen die Ausdrucksfähigkeit einer Programmiersprache. Die Programme werden kürzer, weil sich viele Muster der Programmierung mit Hilfe von Mantra 11 in solche Prozeduren gießen lassen. `Filter`, `every?` und `list-fold` sind dafür exzellente Beispiele. Umgekehrt heißt dies, daß bei Programmiersprachen, in denen sich Prozeduren höherer Ordnung nicht definieren lassen, in Programmen viele Schleifen oder Rekursionsmuster stehen, die „irgendwie gleich" aussehen.

Aufgaben

Aufgabe 8.1 Schreibe eine Prozedur `first-with` mit folgendem Vertrag:

```
; first-with : (a -> boolean) list(a) -> a or #f
```

Die Prozedur akzeptiert, wie `filter`, ein Prädikat und eine Liste – das Prädikat ist auf die Elemente der Liste anwendbar. `First-with` soll das erste Element liefern, für welches das Prädikat `#t` liefert. Wenn es kein solches Element gibt, soll die Prozedur `#f` zurückgeben.

Schreibe eine Version von `first-with`, die `filter` als Hilfsprozedur benutzt, und eine, die ohne `filter` auskommt.

Aufgabe 8.2 Eine klassische Higher-Order-Prozedur ist `list-map`, eine Prozedur, die eine Prozedur und eine Liste akzeptiert. `List-map` wendet diese Prozedur auf alle Elemente der Liste an und produziert eine Liste der Rückgabewerte.

`List-map` läßt sich beispielsweise folgendermaßen anwenden:

```
(list-map even? (list 1 2 3 4 5))
↪ #<list #f #t #f #t #f>
```

Schreibe Vertrag und Definition von `list-map`!

`List-map` ist in Scheme unter dem Namen `map` eingebaut.

Aufgabe 8.3 Schreibe eine Prozedur `any?` analog zu `every?`, die dann `#t` zurückgibt, wenn mindestens ein Element der Liste das Prädikat erfüllt, sonst `#f`. Schreibe zunächst eine Fassung nach dem Muster von `every?`. Schreibe eine zweite Fassung, die einfach `every?` aufruft und selbst keine Rekursion benutzt.

Aufgabe 8.4 `List-fold` sammelt die Elemente von hinten nach vorn bzw. von rechts nach links auf, entsprechend der „natürlichen" Rekursionsstruktur über Listen. Das gleiche Spiel läßt sich auch in der anderen Richtung durchführen. Heraus kommt eine Prozedur `list-fold-left`, die folgende Gleichung (in Infix-Schreibweise) erfüllt:

$$(\text{list-fold-left} \odot u\ (a_1\ \ldots\ a_n)) = (\ldots((u \odot a_1) \odot a_2) \ldots \odot a_n)$$

Schreibe Vertrag und Definition von `list-fold-left`. Hinweis: Schreibe eine endrekursive Prozedur. Schreibe einige Beispielanwendungen für `list-fold-left`.

Aufgabe 8.5 Schreibe die Prozeduren evens aus Aufgabe 7.4 sowie count-zeroes und multiples aus Aufgabe 7.8 neu unter Verwendung von filter.

Aufgabe 8.6 Folgen mit potentiell unendlicher Länge lassen sich in Scheme als zusammengesetzte Daten mit zwei Komponenten repräsentieren: Dabei ist die erste Komponente das erste Element der Folge und die zweite eine Prozedur ohne Parameter, die, wenn sie angewendet wird, eine Folge mit den restlichen Elementen ohne das erste liefert. Solche unendlichen Folgen heißen *Streams*. Schreibe Daten- und Record-Definition für Streams!

Hier ist eine Prozedur, die einen Stream aus natürlichen Zahlen, angefangen bei einer Zahl *n*, liefert:

```
; Stream mit Zahlen ab n erzeugen
; from : N -> stream
(define from
  (lambda (n)
    (make-stream n
                 (lambda () (from (+ n 1))))))
```

(Dabei ist angenommen, daß der Konstruktor der Record-Definition make-stream heißt.) Zur Betrachtung von Streams ist folgende Prozedur nützlich, welche die ersten *n* Elemente eines Streams als Liste extrahiert:

```
; erste Elemente eines Streams in eine Liste extrahieren
; stream-take : N stream -> list
(define stream-take
  (lambda (n stream)
    (if (= n 0)
        empty
        (make-pair (stream-first stream)
                   (stream-take (- n 1)
                                ((stream-rest-proc stream)))))))
```

(Dabei ist angenommen, daß die Selektoren für Streams stream-first und stream-rest-proc heißen.) Stream-take läßt sich z.B. auf das Ergebnis von from anwenden:

```
(stream-take 17 (from 4))
↪ #<list 4 5 6 7 8 9 10 11 12 13 14 15 16 17 18 19 20>
```

Programmiere einige intellektuelle Herausforderungen mit Streams!

1. Programmiere stream-drop analog zu drop von Aufgabe 7.8:

   ```
   (stream-take 17 (stream-drop 3 (from 4)))
   ↪ #<list 7 8 9 10 11 12 13 14 15 16 17 18 19 20 21 22 23>
   ```

2. Programmiere eine Prozedur stream-filter analog zu filter:

   ```
   (stream-take 10 (stream-filter odd? (from 1)))
   ↪ #<list 1 3 5 7 9 11 13 15 17 19>
   ```

3. Programmiere eine Prozedur `drop-multiples`, die eine Zahl *n* und einen Stream von Zahlen *s* akzeptiert. `Drop-multiples` soll einen Stream liefern, in dem gegenüber *s* alle Vielfachen von *n* entfernt wurden:

```
(stream-take 10 (drop-multiples 3 (from 1)))
↪ #<list 1 2 4 5 7 8 10 11 13 14>
```

4. Schreibe eine Prozedur `sieve`, die aus einem Stream von Zahlen all diejenigen Zahlen entfernt, die Vielfache von Vorgängern im Stream sind:

```
(stream-take 10 (sieve (from 2)))
↪ #<list 2 3 5 7 11 13 17 19 23 29>
```

Um was für Zahlen handelt es sich in dem Beispielaufruf und warum?

5. Schreibe eine Prozedur `powers`, die für eine Zahl *n* einen Stream ihrer Potenzen liefert:

```
(stream-take 10 (powers 2))
↪ #<list 2 4 8 16 32 64 128 256 512 1024>
```

6. Schreibe eine Prozedur `stream-map` analog zu `list-map` aus Aufgabe 8.2:

```
(stream-take 10 (stream-map (lambda (x) (+ x 1)) (from 1)))
↪ #<list 2 3 4 5 6 7 8 9 10 11>
```

7. Schreibe eine Prozedur `merge`, die zwei aufsteigende Streams von Zahlen zu einem aufsteigenden Stream der Elemente beider Streams vereinigt:

```
(stream-take 10 (merge (powers 2) (powers 3)))
↪ #<list 2 3 4 8 9 16 27 32 64 81>
```

8. Schreibe eine Definition für einen Stream aufsteigend sortierter Potenzen von Primzahlen:

```
(stream-take 10 prime-powers)
↪ #<list 2 3 4 5 7 8 9 11 13 16>
```

Definiere dazu zunächst einen Stream aus Streams von Potenzen

```
(define prime-powers-stream (stream-map powers (sieve (from 2))))
```

Definiere eine Prozedur `merge-streams`, welche diesen Stream akzeptiert und die Elemente der Streams aus `prime-powers-stream` mit Hilfe von `merge` aufsteigend sortiert.

Aufgabe 8.7 Beweise, daß für Prozeduren p_1 mit einem Parameter, die einparametrige Prozeduren zurückgeben, und Prozeduren p_2 mit zwei Parametern gilt:

$$(\text{curry } (\text{uncurry } p_1)) \equiv p_1$$
$$(\text{uncurry } (\text{curry } p_2)) \equiv p_2$$

9 Zeitabhängige Modelle

Programme haben es häufig mit Dingen zu tun, die sich über die Zeit ändern: tickende Uhren, der Stand der Sonne oder des eigenen Bankkontos oder die Zusammensetzung der Bundesregierung. Der Schlüssel zu Konstruktion und Verständnis solcher Programme ist der Aufbau geeigneter Repräsentationen für zeitabhängige Größen in Form eines *Zustands*, und die Transformation dieses Zustands über die Zeit. Der Begriff des Zustands ist besonders bei der Realisierung interaktiver Programme wichtig, in denen der Benutzer eine Abbildung des Zustands betrachtet, und durch Bedienung des Programms diesen Zustand verändert. Um Zustände und Darstellungen geht es in diesem Kapitel. Als Beispiel dient ein grafisches Programm, das den Lauf der Sonne über den Himmel simuliert.

9.1 Das Teachpack `image.ss`

Für die Grafikprogrammierung mit DrScheme ist es notwendig, ein sogenanntes *Teachpack* zu laden – ein kleiner Sprachzusatz, in diesem Fall mit einer Reihe von Prozeduren zur Erzeugung von Bildern. Dazu muß im Menü `Sprache` (oder `Language` in der englischen Ausgabe) der Punkt `Teachpack hinzufügen` (`Add teachpack`) angewählt werden, und im dann erscheinenden Auswahl-Dialog im Verzeichnis `deinprogramm` die Datei `image.ss`.

Im Teachpack `image.ss` erzeugen verschiedene Prozeduren einfache Bilder. So hat z.B. die Prozedur `rectangle` folgenden Vertrag:

```
; rectangle : N N mode color -> image
```

Dabei sind die ersten beiden Argumente Breite und Höhe eines Rechtecks in Pixeln. Das Argument von der Sorte `mode` ist eine Zeichenkette, die entweder `"solid"` oder `"outline"` sein muß. Sie bestimmt, ob das Rechteck als durchgängiger Klotz oder nur als Umriß gezeichnet wird. Das Argument von der Sorte `color` ist eine Zeichenkette, die eine Farbe (auf Englisch) bezeichnet, zum Beispiel `"red"`, `"blue"`, `"yellow"`, `"black"`, `"white"` oder `"gray"`. Als Ergebnis liefert `rectangle` ein Bild, das von der DrScheme-REPL entsprechend angezeigt wird wie andere Werte auch.

Es gibt es noch weitere Prozeduren, die geometrische Figuren zeichnen:

```
; circle : N mode color -> image
```

Die `circle`-Prozedur liefert einen Kreis, wobei das erste Argument den Radius angibt. Die `mode`- und `color`-Argumente sind wie bei `rectangle`.

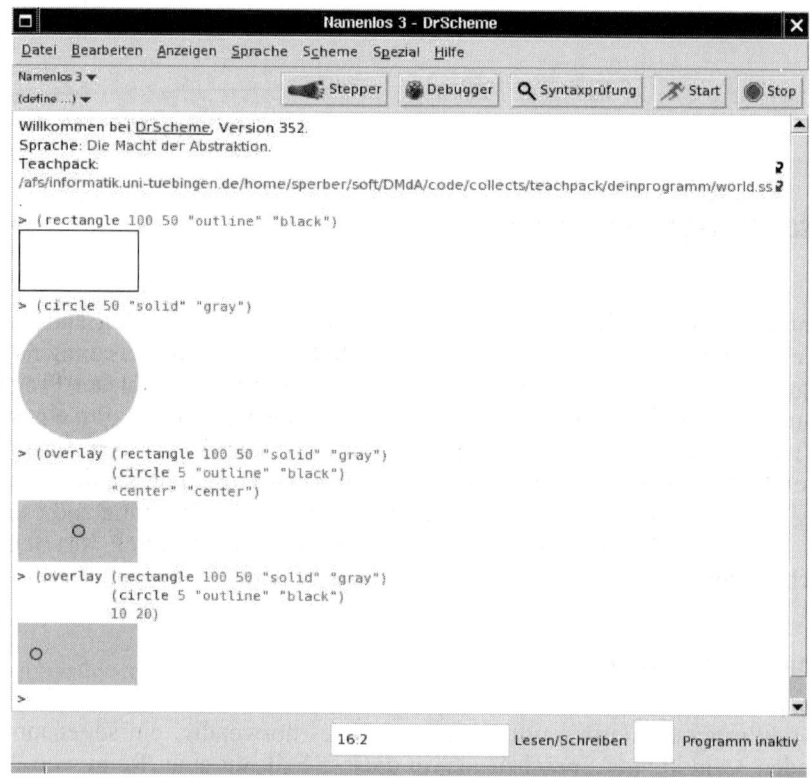

Abbildung 9.1 Teachpack `image.ss`

```
; ellipse : N N mode color -> image
```

Diese Prozedur liefert eine Ellipse, wobei das erste Argument die Breite und das zweite die Höhe angibt.

```
; triangle : N mode color -> image
```

Diese Prozedur liefert ein nach oben zeigendes gleichseitiges Dreieck, wobei das erste Argument die Seitenlänge angibt.

```
; line : N N R R R R color -> image
```

zeichnet eine Linie. Der Aufruf (`line` w h x_1 y_1 x_2 y_2 c) liefert ein Bild mit Breite w und Höhe h, in dem eine Linie von (x_1, y_1) nach (x_2, y_2) läuft. Der Ursprung $(0,0)$ ist links *oben*, also nicht wie in der Mathematik üblich links unten.

Da diese geometrischen Formen für sich genommen langweilig sind, können mehrere Bilder miteinander kombiniert werden.

Zum Aufeinanderlegen gibt es die Prozedur `overlay`:

```
; overlay : image image h-place v-place -> image
```

Dabei sind die ersten beiden Argumente die Bilder, die aufeinandergelegt werden – das zweite auf das erste. Die beiden anderen Argumente geben an, wie die beiden Bilder zueinander positioniert werden. Die Datendefinition von h-place, das die horizontale Positionierung festlegt, ist:

```
; Eine horizontale Positionsangabe ist eins der folgenden:
; - eine Zahl
; - "left", "right" oder "center"
; Name: h-place
```

Im ersten Fall, wenn es sich um eine Zahl x handelt, wird das zweite Bild x Pixel vom linken Rand auf das erste gelegt. Die drei Fälle mit Zeichenketten sagen, daß die Bilder am linken Rand bzw. am rechten Rand bündig plaziert werden, bzw. das zweite Bild horizontal in die Mitte des ersten gesetzt wird. Die Datendefinition von v-place, das die vertikale Positionierung festlegt, ist wie folgt:

```
; Eine vertikale Positionsangabe ist eins der folgenden:
; - eine Zahl
; - "top", "bottom" oder "center"
; Name: v-place
```

Im ersten Fall, wenn es sich um eine Zahl y handelt, wird das zweite Bild y Pixel vom oberen Rand auf das erste gelegt. Die drei Fälle mit Zeichenketten sagen, daß die Bilder am oberen Rand bzw. am unteren Rand bündig plaziert werden, bzw. das zweite Bild vertikal in die Mitte des ersten gesetzt wird.

Das Bild, das bei overlay herauskommt, ist groß genug, daß beide Eingabebilder genau hineinpassen.

Die folgenden Hilfsprozeduren sind Spezialfälle von overlay:

```
; above : image image h-mode -> image
; beside : image image v-mode -> image
```

Die Prozedur above ordnet zwei Bilder übereinander an, beside nebeneinenander. Dabei ist h-mode eine der Zeichenketten "left", "right" und "center", die angibt, ob die Bilder bei above an der linken oder rechten Kante oder der Mitte ausgerichtet werden. Entsprechend ist v-mode eine der Zeichenketten "top", "bottom" und "center", die angibt, ob die Bilder bei beside oben, unten oder an der Mitte ausgerichtet werden.

Die Prozeduren clip und pad beschneiden bzw. erweitern ein Bild:

```
; clip : image N N N N -> image
; pad : image N N N N -> image
```

Ein Aufruf (clip i x y w h) liefert das Teilrechteck des Bildes i mit Ecke bei (x,y), Breite w und Höhe h. Der Aufruf (pad i l r t b) fügt an den Seiten von i noch transparenten Leerraum an: l Pixel links, r Pixel rechts, t Pixel oben und b Pixel unten.

Abbildung 9.1 zeigt, wie sich die einige der image.ss-Prozeduren in der DrScheme-REPL verhalten.

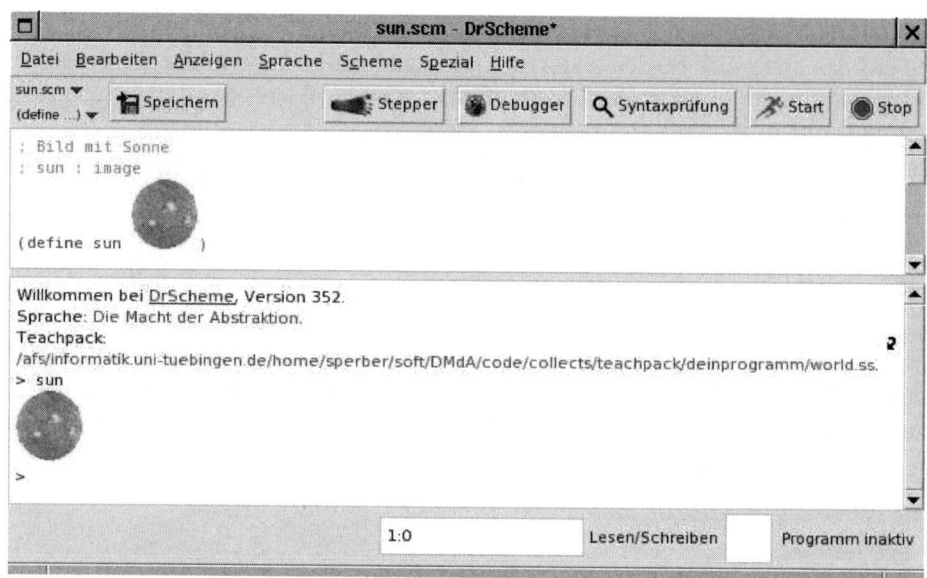

Abbildung 9.2   Eingefügte Bilder in der DrScheme-REPL

Es ist auch möglich, externe Bilder-Dateien in `image.ss`-Bilder zu verwandeln. Dazu dient der Menüpunkt `Bild einfügen` im `Spezial`-Menü: DrScheme fragt nach dem Namen einer Bilddatei, die dann in den Programmtext da eingefügt wird, wo der Cursor steht. Die eingefügten Bilder dienen dann als Literale für Bild-Objekte. Abbildung 9.2 zeigt ein Beispiel.

Die folgenden Prozeduren ermitteln Breite und Höhe eines Bildes:

```
; image-width : image -> N
; image-height : image -> N
```

9.2   Modelle und Ansichten

Eine Uhr ist eine sichtbare Darstellung einer „inneren Größe", der Zeit. Eine sichtbare Darstellungen heißt auch *Ansicht*, die innere Größe auch *Modell*. Ein Modell, das sich über die Zeit ändert, heißt auch *Zustandsmodell*, die zeitveränderliche Größe entsprechend *Zustand*.

Eine einfache zeitabhängige Größe ist die Uhrzeit. Der Zustand eines Kontos ist seine Transaktionsgeschichte. Entsprechend ist ein Kontoauszug eine Ansicht des Kontos, aber auch der Kontostand allein ist eine Ansicht. Ebenso ist ein Bild der Sonne am Himmel eine Ansicht der Tageszeit.

Der Einfachheit soll sich die Sonne in einem Halbkreis über einem rechteckigen Himmel bewegen; außerdem soll der Vorgang von Osten nach Westen immer zwölf Stunden dauern. Als Modell dient in diesem Beispiel also eine Zeitangabe zwischen 0 und 12.

Für die Ansicht wird zunächst einmal die Sonne benötigt. Das geht mit einem beliebigen Bild aus dem Internet oder selbstgemalt, zum Beispiel so:

```
; Bild mit Sonne
; sun : image



(define sun            )
```

Ein Himmel wird ebenfalls benötigt. Dafür reicht ein hellblaues Rechteck:

```
; Breite des Himmels
; sky-width : number
(define sky-width 500)
; Höhe des Himmels
; sky-height : number
(define sky-height (/ sky-width 2))

; Bild des Himmels
; sky : image
(define sky
  (rectangle sky-width sky-height "solid" "light blue"))
```

Der Drehradius der Sonne am Himmel ist wie folgt:

```
; Drehradius der Sonne
; sky-radius : number
(define sky-radius 200)
```

Schließlich soll entsprechend einer Zeitangabe die Sonne vor den Himmel plaziert werden. Dies erledigt die Prozedur sky-with-sun:

```
; Bild mit der Sonne vor Himmel liefern
; sky-with-sun : number -> image
(define sky-with-sun
  (lambda (t)
    (let ((angle (* (/ t 12) pi)))
      (overlay
       sky
       sun
       (+ (* sky-radius (cos angle))
          (/ sky-width 2))
       (+ (- (* sky-radius (sin angle)))
          (- sky-height (/ (image-height sun) 2)))))))

(define pi 3.14159265)
```

Dabei bedient sich `sky-with-sun` der trigonometrischen Prozeduren `sin` und `cos`, die ihren Winkel allerdings nicht in Grad, sondern in Radian akzeptieren ($360° = 2\pi$). Der Winkel muß darum noch umgerechnet werden: (/ `t 12`) normalisiert die Zeit auf einen Wert zwischen 0 und 1. Dann wird mit `pi` multipliziert, das entspricht 180°, also das Ende des Halbkreises. Zur Erinnerung: die Y-Koordinaten gehen von oben nach unten, weshalb das Vorzeichen gegenüber der in der Mathematik üblichen Konvention umgedreht werden muß.

Und tatsächlich:

```
(sky-with-sun 4)
```

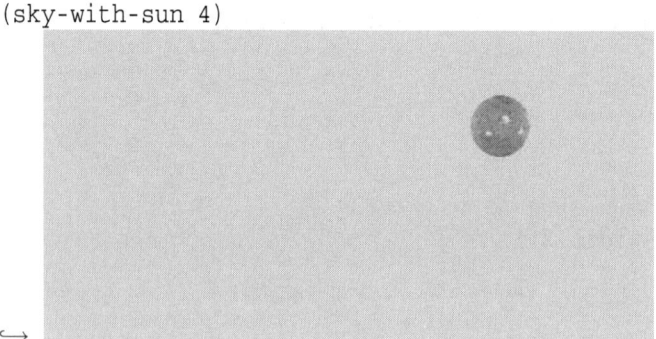

↪

Es gibt in diesem Programm eine klare Trennung zwischen dem unspektakulären Modell – einer Zahl – und der Ansicht, einem mehrteiligen Bild. Diese Trennung (im Englischen bekannt als *Model-View-Controller*) ist sehr hilfreich, um Programme mit interaktiver Benutzerschnittstelle zu organisieren.

9.3 Bewegung und Zustand

So ein Bild von der Sonne am Himmel ist eher langweilig. Schön wäre, wenn ein Programm die Bewegung der Sonne am Himmel als Animation anzeigen könnte. Dafür ist ein weiteres Teachpack namens `world.ss` zuständig. Es kann in DrScheme genauso wie bei `image.ss` geladen werden. Vorher muß allerdings `image.ss` wieder entfernt werden durch Anwählen des Menüpunkts `Alle Teachpacks entfernen` im Menü `Sprache`. Alle Definitionen von `image.ss` sind auch in `world.ss` verfügbar.

In der Terminologie von `world.ss` ist ein Modell eine *world*, auf deutsch eine *Welt*: Die Idee dahinter ist, daß ein Bild eine Ansicht einer kleinen Welt ist. Damit das funktioniert, muß bei `world.ss` eine erste Welt angemeldet werden, zusammen mit Angaben, wie groß die Ansicht wird. Dazu gibt es die Prozedur `big-bang`:

```
; big-bang : N N number world -> #t
```

(„Big Bang" heißt zu deutsch „Urknall".) Die ersten beiden Argumente geben Breite und Höhe der Ansicht an. Das dritte Argument gibt die Dauer (in Sekunden) zwischen Ticks der Uhr an, die für die Animation benötigt wird. Das vierte Argument gibt schließlich die

erste Welt an. (Der Rückgabewert, immer #t, ist ohne Bedeutung.) Für den Himmel mit
Sonne sieht der Aufruf von `big-bang` folgendermaßen aus:

```
(big-bang sky-width sky-height 0.1 0)
```

Dieser Aufruf erzeugt ein Fenster mit Breite und Höhe des Himmels, startet die Uhr, die
jede Sekunde zehnmal tickt, und legt als erste Welt „0", also den Anfang der Zeit fest.
(Eine zehntel Sekunde reicht etwa aus, damit die Animation dem menschlichen Auge als
„Bewegung" erscheint.)

Damit das Teachpack die Welt in eine Ansicht umwandeln kann, muß eine entsprechende
Ansicht angemeldet werden. Dafür ist die Prozedur `on-redraw` zuständig:

```
; on-redraw : (world -> image) -> #t
```

Als Argument akzeptiert `on-redraw` also eine Prozedur, die aus einer Welt ein Bild macht.
Da im Fall der Sonne am Himmel die Welt durch eine Zahl dargestellt wird, muß dies eine
Prozedur mit dem Vertrag `number -> image` sein. Diese Prozedur gibt es jedoch schon:
`sky-with-sun` hat diesen Vertrag, und erfüllt auch die Aufgabe:

```
(on-redraw sky-with-sun)
```

Schließlich soll noch Bewegung in die Sache kommen: die Welt soll sich sich über die Zeit
ändern. Da ein Modell eine Repräsentation einer solchen Welt ist, wird für eine veränderte
Welt auch eine neue Repräsentation fällig. Damit aus dem statischen Himmel mit Sonne
eine Animation wird, muß eine Prozedur angegeben werden, die aus der Welt „jetzt" eine
Welt einen Uhrtick später macht. Die könnte so aussehen:

```
; Zeitpunkt zum nächsten Tick berechnen
; number -> number
(define next-time
  (lambda (t)
    (+ t 0.1)))
```

(Die `0.1` ist willkürlich gewählt.)

Auch diese Prozedur muß noch beim Teachpack angemeldet werden. Dafür die Teachpack-
Prozedur `on-tick-event` zuständig:

```
; on-tick-event : (world -> world) -> #t
```

Die `on-tick-event`-Prozedur akzeptiert eine Prozedur, die bei jedem Uhren-Tick aufgerufen wird, um aus der „alten" Welt eine neue zu machen. Auf diese Beschreibung und
auch auf den Vertrag paßt aber `next-time`. Der Aufruf kann also so aussehen:

```
(on-tick-event next-time)
```

Wenn dieses Programm ausgeführt wird, erscheint ein Fenster mit Himmel auf dem Schirm,
auf dem die Sonne in einem Halbkreis von Osten nach Westen wandert. Die Sache hat nur
einen Schönheitsfehler: Wenn die Sonne im Westen angekommen ist, rotiert sie munter unterhalb des Himmels weiter. Wenn die Sonne dort stehenbleiben und das Programm beenden

werden soll, muß on-tick-event die Prozedur end-of-time des Teachpacks aufrufen, die folgenden Vertrag erfüllt:

```
; end-of-time : string -> world
```

Damit sie zur Anwendung kommt, muß die Prozedur, mit der on-tick-event aufgerufen wurde, end-of-time nach Ablauf von zwölf Stunden aufrufen:

```
(on-tick-event
  (lambda (t)
    (if (> t 12)
        (end-of-time "the end")
        (next-time t))))
```

9.4 Andere Welten

In diesem Abschnitt wird das Programm für die Sonnenanimation erweitert. Während die Sonne auf blauem Himmel für den Tag zuständig ist, soll sie sich mit dem Mond auf schwarzem Himmel für die Nacht abwechseln.

Für die Aufgabe wird erst einmal ein Mond benötigt:

```
; Mond
; moon : image
```

```
(define moon               )
```

... und natürlich ein Nachthimmel:

```
; Nachthimmel
; night-sky : image
(define night-sky
  (rectangle sky-width sky-height "solid" "black"))
```

Analog zu sky-with-sun plaziert night-sky-with-moon den Mond auf den Nachthimmel, abhängig von einer Zeitangabe zwischen 0 und 12:

```
; Bild mit der Mond vor Nachthimmel liefern
; night-sky-with-moon : number -> image
(define night-sky-with-moon
  (lambda (t)
    (let ((angle (* (/ t 12) pi)))
      (overlay
       night-sky
       moon
```

```
          (+ (* sky-radius (cos angle))
             (/ sky-width 2))
          (+ (- (* sky-radius (sin angle)))
             (- sky-height (/ (image-height sun) 2)))))))))
```

Für das Modell spielt es zusätzlich zur Zeit innerhalb der Tag- oder Nacht-Phase ebenfalls eine Rolle, ob Tag oder Nacht ist. Das Modell für die Welt ist deshalb zusammengesetzt. Hier sind Daten- und Struktur-Definitionen:

```
; Ein sky-world ist ein Wert
;   (make-sky-world d t)
; wobei d ein boolescher Wert ist, der anzeigt,
; ob gerade Tag ist, und
; t eine Zahl zwischen 0 und 12 ist, welche die
; Zeit innherhalb der Phase angibt.
(define-record-procedures sky-world
  make-sky-world sky-world?
  (sky-world-day? sky-world-phase-time))
```

Die sky-world-Werte treten also als world an die Stelle der einfachen Zeitangaben im vorigen Programm.

An die Stelle der Prozedur next-time von oben muß nun eine Prozedur treten, die aus einem sky-world-Wert den nächsten berechnet. Neu ist dabei der Wechsel zwischen Tag und Nacht – und zwar, wenn die Uhr die Zwölf überschreitet. Es findet also eine Fallunterscheidung statt, je nachdem, ob die Zeit kleiner als zwölf oder darüber ist:

```
; nächstes Himmelsmodell berechnen
; next-sky-world : sky-world -> sky-world
(define next-sky-world
  (lambda (w)
    (if (>= (sky-world-phase-time w) 12)
        ...
        ...)))
```

Im ersten Fall muß die Phasen-Zeit um zwölf Stunden zurückgedreht werden und der boolesche Wert umgedreht werden, der angibt, ob gerade Tag oder Nacht ist. In jedem Fall muß die Zeit weiterlaufen:

```
(define next-sky-world
  (lambda (w)
    (if (>= (sky-world-phase-time w) 12)
        (make-sky-world (not (sky-world-day? w))
                        (+ (- (sky-world-phase-time w) 12)
                           0.1))
        (make-sky-world (sky-world-day? w)
                        (+ (sky-world-phase-time w)
                           0.1)))))
```

Schließlich fehlt noch eine Ansicht für das Modell. Wie oben muß dies eine Prozedur sein, die eine Welt (also einen `sky-world`-Wert) auf ein Bild abbildet. Je nachdem, ob Tag oder Nacht ist, muß dies ein Tag- oder ein Nachthimmel sein:

```
; Ansicht des Himmelsmodells berechnen
; sky-world-image : sky-world -> image
(define sky-world-image
  (lambda (w)
    (if (sky-world-day? w)
        (sky-with-sun (sky-world-phase-time w))
        (night-sky-with-moon (sky-world-phase-time w))))))
```

Das ganze wird mit folgenden Anmeldungen beim `world.ss`-Teachpack angemeldet:

```
(big-bang sky-width sky-height 0.1 (make-sky-world #t 0))

(on-redraw sky-world-image)

(on-tick-event next-sky-world)
```

Eine kleine (wenn auch nicht besonders sinnvolle) Erweiterung zeigt, wie die Animation auf Benutzereingaben reagieren kann. Dazu muß sie noch eine weitere Prozedur anmelden, und zwar mittels `on-key-event`, das ähnlich funktioniert wie `on-tick-event`:

```
; on-key-event : (world string -> world) -> #t
```

Die Prozedur, die mit `on-key-event` angemeldet wird, wird immer aufgerufen, wenn der Benutzer eine Taste drückt. Welche Taste gedrückt wurde, gibt das zweite Argument an. Wenn der Benutzer eine reguläre Zeichen-Taste drückt (also keine Cursor-Taste o.ä.), ist dieses Argument eine Zeichenkette bestehend aus diesem einen Zeichen.

Folgender Aufruf von `on-key-event` schaltet „auf Tag" um, wenn der Benutzer die D-Taste drückt, und auf „Nacht", wenn der Benutzer auf die N-Taste drückt:

```
(on-key-event
  (lambda (w e)
    (cond
      ((string=? e "d")
       (make-sky-world #t
                       (sky-world-phase-time w)))
      ((string=? e "n")
       (make-sky-world #f
                       (sky-world-phase-time w)))
      (else
       w))))
```

Anmerkungen

Anders als in der „Welt da draußen" ändern sich die Welten in den Programmen dieses Kapitels nicht; es werden einfach neue erzeugt. Dies trägt dem Gedanken Rechnung, daß die Werte im Programm nur Repräsentationen der Welt sind: veränderte Welt, neue Repräsentation. Tatsächlich ist es auch möglich, die Werte direkt zu ändern unter Verwendung von *Zuweisungen* und *Mutationen*; Kapitel 12 wird zeigen, wie das geht. Im Gegensatz dazu heißt der Ansatz dieses Kapitels *rein funktional*, weil das Verhalten der Welt und ihrer Darstellung allein über Funktionen im mathematischen Sinn definiert wird. Diese Eigenschaft geht in Kapitel 12 verloren, und die entstehenden Programme sind häufig schwer in ihrer Funktionsweise nachzuvollziehen. Der rein funktionale Ansatz ist darum vorzuziehen, wenn immer möglich.

Aufgaben

Aufgabe 9.1 Die Definitionen von sky und night-sky, sowie die Definitionen von sky-with-sun und night-sky-with-moon ähneln sich sehr. Schreibe zwei Hilfsprozeduren, die gerade diese Gemeinsamkeiten enthalten und über den Unterschieden abstrahieren.

Aufgabe 9.2 Schreibe ein Programm, das eine Verkehrsampel simuliert. Beginne dazu mit einer Datenanalyse: welche Zustände kann eine Verkehrsampel haben? Überlege dir Namen für die Zustände und schreibe dazu eine Datendefinition, die etwa so beginnen sollte:

```
; Ein traffic-light-state ist eine Zeichenkette, die eine
; der folgenden Werte hat:
;  "stop"
;  "drive"
;  ...
```

Schreibe als nächstes eine Prozedur, die aus einem Ampelzustand ein Bild der Ampel macht, gemäß dem folgenden Vertrag:

```
; traffic-light-image : traffic-light-state -> image
```

Schreibe schließlich eine Prozedur, die den jeweils nächsten Zustand einer Ampel berechnet:

```
; traffic-light-next-state : traffic-light-state -> traffic-light-state
```

Melde diese Prozeduren beim world.ss-Teachpack an, so daß sich die Ampel am Bildschirm beobachten läßt.

Erweitere das Programm schließlich, so daß die Ampel nur dann grün wird, wenn „ein Auto anfährt", in dem es auf die „A"-Taste drückt.

Aufgabe 9.3 Schreibe ein Programm, welches das Nim-Spiel aus Abschnitt 4.5 grafisch darstellt. Entwickle dazu zunächst eine Prozedur, die aus einem Nim-Spielstand ein Bild berechnet. Überlege dir, wie ein Spieler eingeben könnte, welchen Spielzug er machen möchte. Schreibe eine Datendefinition für einen *Spielzustand*, der neben dem Spielstand auch noch besagt, welcher Spieler an der Reihe ist, an welcher Stelle der Eingabe des Spielzugs er sich befindet und was er bereits eingegeben hat. Schreibe eine Prozedur, die aus einem Spielzustand und einem Tastendruck (repräsentiert durch eine Zeichenkette) einen neuen Spielzustand macht. Vervollständige das Programm zu einer interaktiven Animation. Ergänze es ggf. um die automatische Spielstrategie aus Aufgabe 4.11.

Aufgabe 9.4 Schreibe ein Programm, das die Lösung des Puzzles der Türme von Hanoi aus Abschnitt 7.3 grafisch darstellt. Entwickle dazu zunächst eine Datendefinition für den „Spielstand" des Puzzles und eine Prozedur, die aus einem solchen Spielstand eine Ansicht berechnet. Schreibe dann eine Prozedur, die einen Spielzug im Puzzle auf einen Spielstand anwendet. Vervollständige das Programm, so daß es den Lösungsvorgang animiert darstellt.

Aufgabe 9.5 Schreibe ein Programm, das einen Ball simuliert, der auf den Boden fällt und von dort wieder hochspringt. Nimm der Einfachheit halber an, daß der Ball keine Energie beim Hochspringen oder durch Luftwiderstand verliert, also einfach immer wieder gleichhoch springt. Mache aus der Simulation eine Animation.

Erweitere das Programm derart, daß zwei Bälle mit unterschiedlichen Gewichten simuliert und anzeigt.

Aufgabe 9.6 Schreibe ein kleines Telespiel deiner Wahl.

10   Abstrakte Datentypen

Datensorten wie Listen haben Eigenschaften, die bisher nur informell festgehalten wurden. Diese Eigenschaften sind unabhängig von einer konkreten Repräsentation auf dem Computer. Deshalb ist es wünschenswert, diese Eigenschaften mathematisch zu formalisieren, damit Programmierer genau wissen, worauf sie sich verlassen können, auch wenn die Repräsentation ändern.

In diesem Kapitel geht es um *abstrakte Datentypen*, kurz *ADTs* genannt. ADTs sind ein Mechanismus für die formale Formulierung von Bedingungen an eine Datenrepräsentation, ohne die Repräsentation selbst festzulegen. ADTs sind ausdrucksstärker als Computerprogramme, bieten dafür aber immer nur eine *Spezifikation* der Eigenschaften einer Repräsentation. Um die konkrete Programmierung muß sich der Programmierer nach wie vor selbst kümmern.

10.1   ADTs, Signaturen und Datentypen

Hier ist ein ADT für boolesche Werte:

```
datatype Boolean;
sorts Boolean;
operations
          true  :  → Boolean;
          false :  → Boolean;
          not : Boolean → Boolean;
          and : Boolean × Boolean → Boolean;
          or  : Boolean × Boolean → Boolean;
end
```

Der ADT beschreibt einen Typ namens Boolean. Zu diesem Typ gehört eine sogenannte *Sorte*, die ebenfalls Boolean heißt. (Der Name des Typs aus der **datatype**-Zeile muß immer auch in der **sorts**-Zeile auftauchen. An vielen ADTs sind allerdings mehr als eine Sorte beteiligt, wie sich später zeigen wird.) Jede Sorte steht für eine Menge von Werten. Außerdem gibt es noch eine Reihe von Operationen in der **operations**-Sektion. Die Operation true liefert zum Beispiel direkt einen Wert der Sorte Boolean, not hat einen Boolean als Argument und liefert wiederum einen Boolean zurück.

Der Boolean-ADT ist eine glorifizierte Schreibweise für ein Operationsalphabet, bekannt aus Abschnitt 5.3 in Kapitel 5, im Zusammenhang mit ADTs auch *Signatur* genannt. Die

Signatur übernimmt dabei eine ähnliche Rolle wie die Verträge bei Scheme-Prozeduren. Wenn es ein Operationsalphabet gibt, so gibt es auch Algebren dazu. Eine Algebra zu einem ADT heißt in diesem Zusammenhang *Datentyp* oder *Typ*.

Ein Datentyp ist, im mathematischen Sinne, eine mögliche Repräsentation für einen ADT. So wie zu einem Operationsalphabet mehrere Algebren passen können, gibt es für eine Signatur mehrere mögliche Datentypen. Das ist auch bei `Boolean` der Fall:

- $A = \{W, F\}$ mit den Operationen

$$
\begin{aligned}
\text{true}_A &= W \\
\text{false}_A &= F \\
\text{not}_A(x) &= \begin{cases} F & \text{falls } x = W \\ W & \text{sonst} \end{cases} \\
\text{and}_A(x,y) &= \begin{cases} y & \text{falls } x = W \\ F & \text{sonst} \end{cases} \\
\text{or}_A(x,y) &= \begin{cases} W & \text{falls } x = W \\ y & \text{sonst} \end{cases}
\end{aligned}
$$

Dieser Typ entspricht der booleschen Standard-Algebra (siehe Anhang B.1).

- $B = \{W, F\}$ mit den Operationen

$$
\begin{aligned}
\text{true}_A &= W \\
\text{false}_A &= F \\
\text{not}_A(x) &= \begin{cases} F & \text{falls } x = W \\ W & \text{sonst} \end{cases} \\
\text{and}_A(x,y) &= \begin{cases} W & \text{falls } x = W \\ y & \text{sonst} \end{cases} \\
\text{or}_A(x,y) &= \begin{cases} y & \text{falls } x = W \\ F & \text{sonst} \end{cases}
\end{aligned}
$$

B ist zwar nicht die boolesche Algebra, aber immer noch eine legitime Algebra zum ADT.

- $C = \{\text{maybe}\}$ mit den Operationen

$$
\begin{aligned}
\text{true}_C &= \text{maybe} \\
\text{false}_C &= \text{maybe} \\
\text{not}_C(x) &= \text{maybe} \\
\text{and}_C(x,y) &= \text{maybe} \\
\text{or}_C(x,y) &= \text{maybe}
\end{aligned}
$$

Der Typ C ist ebenfalls legitim, aber zu klein, um etwas sinnvolles damit anstellen zu können; in der Mathematik heißt C „einpunktige Algebra". Es gibt auch Typen, die „zu groß" sind:

- $D = \mathbb{Z}$ mit den Operationen

$$
\begin{aligned}
\text{true}_D &= -1 \\
\text{false}_D &= 0 \\
\text{not}_D(x) &= \begin{cases} 0 & \text{falls } x \neq 0 \\ -1 & \text{sonst} \end{cases} \\
\text{and}_D(x,y) &= x \cdot y \\
\text{or}_D(x,y) &= \begin{cases} y & \text{falls } x = 0 \\ x & \text{sonst} \end{cases}
\end{aligned}
$$

Außer den Wahrheitswerten enthält D noch andere Werte. Es läßt sich trotzdem mit den hier angegebenen Operationen sinnvoll rechnen, wie die folgenden Beispiele zeigen:

$$
\begin{aligned}
\text{not}_D(\text{true}_D) &= \text{not}_D(-1) = 0 = \text{false}_D \\
\text{not}_D(\text{false}_D) &= \text{not}_D(0) = -1 = \text{true}_D \\
\text{not}_D(4711) &= 0 = \text{false}_D
\end{aligned}
$$

In diesem Modell spielt also 0 die Rolle des Wahrheitswerts F, während jede andere Zahl als W interpretiert wird.

Einige weitere Beispiele aus dieser Algebra sind:

$$
\begin{aligned}
\text{and}_D(\text{true}_D, \text{false}_D) &= (-1) \cdot 0 = 0 = \text{false}_D \\
\text{and}_D(\text{true}_D, 4711) &= (-1) \cdot 4711 = -4711 \\
\text{and}_D(\text{false}_D, 4711) &= 0 \cdot 4711 = 0 = \text{false}_D \\
\text{or}_D(\text{true}_D, 4711) &= \text{true}_D \\
\text{or}_D(4711, \text{true}_D) &= 4711 \\
\text{or}_D(5110, 4711) &= 5110 \\
\text{or}_D(4711, 5110) &= 4711
\end{aligned}
$$

Die letzten Zeilen zeigen, daß die Operation or in dieser Algebra nicht kommutativ ist.

Diese vier Beispiele zeigen, daß der Boolean-ADT eine Reihe von Typen zuläßt. Daß dabei auch „sinnlose" Typen wie B herauskommen, zeigt, daß der ADT in dieser Form noch nicht alle wünschenswerten Eigenschaften seiner Typen festlegt. Zwar suggeriert der Name Boolean eigentlich, daß es sich bei den Typen um boolesche Algebren handelt, aber der ADT ist eben nur eine Signatur, spezifiziert also neben den Namen der Operationen nur noch, wieviele Argumente diese akzeptieren. Wie sich auch noch algebraische Eigenschaften festlegen lassen, die tatsächlich etwas über das Verhalten der Operationen aussagen, wird im übernächsten Abschnitt anhand eines ADTs für Zähler vorgeführt. (Für Boolean ist die Formulierung der Eigenschaften Übungsaufgabe 10.1.)

10.2 Zähler

Der folgende abstrakte Datentyp soll einen Zähler darstellen, der sich auf einen definierten Wert zurücksetzen und im übrigen herauf- und herunterzählen läßt:

```
datatype Counter;
sorts Counter;
operations
          reset  : Counter;
          inc    : Counter → Counter;
          dec    : Counter → Counter;
end
```

Auch dazu gibt es verschiedene Modelle:

- $A = \mathbb{N}$ mit den folgenden Operationen:

$$
\begin{aligned}
\text{reset}_A &= 0 \\
\text{inc}_A(n) &= n+1 \\
\text{dec}_A(n) &= \begin{cases} 0 & \text{falls } n = 0 \\ n-1 & \text{sonst} \end{cases}
\end{aligned}
$$

Dieses Modell läßt sich dazu verwenden, um z.B. über die Anzahl von Menschen in einem Raum Buch zu führen. Die augenblickliche Anzahl („der Wert des Zählers") läßt sich direkt ermitteln, und in diesem Modell gilt für alle $x \in \mathbb{N}$

$$
\text{dec}_A(\text{inc}_A(x)) = x
$$

Die „umgekehrte" Gleichung

$$
\text{inc}_A(\text{dec}_A(x)) = x
$$

gilt nur für $x \neq 0$, denn das Herunterzählen hört in diesem Modell bei 0 auf.

- $B = \mathbb{N}$ mit den Operationen

$$
\begin{aligned}
\text{reset}_B &= 4711 \\
\text{inc}_B(n) &= 2n+1 \\
\text{dec}_B(n) &= 2n
\end{aligned}
$$

In diesem Modell ist der Wert des Zählers nicht direkt ablesbar. Ist in der Algebra A etwa der Wert des Terms

$$
\text{dec}(\text{dec}(\text{inc}(\text{inc}(\text{reset}))))
$$

gleich 0, so ist er in der Algebra B gleich 75388. Dort gibt es also mehrere „Nullen". Dafür hat die Algebra B eine interessante Eigenschaft: Aus der Zahl läßt sich die komplette Geschichte des Zählers rekonstruieren. Durch inc entstehen nur ungerade Zahlen, durch dec nur gerade. Bei einer geraden Zahl muß die letzte ausgeführte Operation des Zählers eine dec-Operation gewesen sein, bei einer ungeraden Zahl, die verschieden von 4711 ist, eine inc-Operation. Aus der Zahl 75388 läßt sich also rekonstruieren:

$$
\begin{aligned}
75388 &= \mathrm{dec}_B(37694) \\
&= \mathrm{dec}_B(\mathrm{dec}_B(18847)) \\
&= \mathrm{dec}_B(\mathrm{dec}_B(\mathrm{inc}_B(9423))) \\
&= \mathrm{dec}_B(\mathrm{dec}_B(\mathrm{inc}_B(\mathrm{inc}_B(4711)))) \\
&= \mathrm{dec}_B(\mathrm{dec}_B(\mathrm{inc}_B(\mathrm{inc}_B(\mathrm{reset}_B))))
\end{aligned}
$$

Dieses Modell liefert also eine Methode, wie Terme in Zahlen codiert werden können. (Der Zählerstand läßt sich natürlich auch ablesen, in diesem Fall 0.)

- $C = \{0, \ldots, p\}$ mit den Operationen

$$
\mathrm{reset}_B = 0
$$

$$
\mathrm{inc}_B(n) = \begin{cases} 0 & \text{falls } n = p \\ n+1 & \text{sonst} \end{cases}
$$

$$
\mathrm{dec}_B(n) = \begin{cases} p & \text{falls } n = 0 \\ n-1 & \text{sonst} \end{cases}
$$

Dies ist ein sogenannter *Ringzähler*, der „modulo $p+1$" zählt.

10.3   Gleichungsdefinierte Datentypen

Der Counter-ADT selbst spezifiziert nicht genug Eigenschaften für die Operationen reset, inc und dec, als daß jedes beliebige Modell bedenkenlos für das Zählen verwendet werden könnte. Die zulässigen Modelle müssen stärker eingeschränkt werden, indem die gewünschten Eigenschaften für Zähler formuliert werden. In ADTs geht das mit *Gleichungen*:

equations
```
        dec(inc(c)) = c;
        inc(dec(inc(c))) = inc(c);
```

Das c in diesen Gleichungen ist eine Variable. Die Variablen in ADT-Gleichungen sind implizit allquantifiziert: Bei den Gleichungen oben ist also „für alle c" gemeint. Nur solche Algebren gelten als Modelle für den ADT, in denen diese beiden Gleichungen gelten.

Definition 10.1 (Gültigkeit von Gleichungen) Sei Σ ein Operationsalphabet, A eine Σ-Algebra, X eine Variablenmenge, $t_1, t_2 \in T_\Sigma(X)$. Die Gleichung

$$
t_1 = t_2
$$

ist *gültig in A* genau dann, wenn für alle Variablenbelegungen $f : X \to A$ gilt

$$
\hat{f}(t_1) = \hat{f}(t_2)
$$

wobei $\hat{f}$ der eindeutig bestimmte Homomorphismus von $T_\Sigma(X)$ nach A aus Satz 5.12 ist. Eine Menge E von Gleichungen ist gültig in A genau dann, wenn jede einzelne Gleichung $e \in E$ in A gültig ist.

Mit dieser Definition scheidet die oben vorgestellte Algebra B aus, da in ihr die erste Gleichungen nicht gilt:

$$
\begin{aligned}
\text{dec}_B(\text{inc}_B(\text{reset}_B)) &= \text{dec}_B(\text{inc}_B(4711) \\
&= \text{dec}_B(9423) \\
&= 18846 \\
&\neq \text{reset}_B
\end{aligned}
$$

(Die zweite Gleichung gilt ebenfalls nicht für B.)

Die Algebren A (unbeschränkter Zähler) und C (Ringzähler) sind jedoch gültige Modelle für die Spezifikation mit den beiden Gleichungen.

Der Gültigkeitsbegriff von Gleichungen in Algebren führt zu einem Begriff der Äquivalenz von Termen:

Definition 10.2 (Äquivalenz von Termen) Für eine Σ-Algebra A und eine Gleichungsmenge E ist zunächst eine Relation $\sim_E$ definiert durch

$$
\begin{aligned}
a \sim_E b \quad &\overset{\text{def}}{\Longleftrightarrow} \quad (\exists t_1, t_2 \in T_\Sigma(X), f : X \to A) \\
&\quad t_1 = t_2 \in E \quad \wedge \quad \hat{f}(t_1) = a \wedge \hat{f}(t_2) = b
\end{aligned}
$$

Dann heißen $a, b \in A$ *äquivalent* bezüglich E, in Zeichen

$$
a \cong_E b
$$

genau dann, wenn mindestens eine der folgenden Bedingungen gilt:

1. $a = b$

2. $a \sim_E b$ oder $b \sim_E a$

3. Es gibt ein $c \in A$ mit $a \cong_E c$ und $c \cong_E b$.

$\cong_E$ heißt die von E *induzierte* Äquivalenzrelation auf A.

Äquivalenzrelationen (siehe Definition B.8) sind reflexive, symmetrische und transitive Relationen. Durch Abschluß unter den Operationen der Algebra entsteht aus der Äquivalenzrelation eine sogenannte *Kongruenzrelation*:

Definition 10.3 (Kongruenzrelation) Sei A eine Σ-Algebra, E eine Gleichungsmenge und $\cong_E$ die von E induzierte Äquivalenzrelation auf A. Dann ist die von E induzierte Kongruenzrelation $\equiv_E$ definiert durch

$$a \equiv_E b \overset{\text{def}}{\Longleftrightarrow} a \cong_E b$$
$$\vee (\exists F \in \Sigma, a_1, \ldots, a_n, b_1, \ldots, b_n \in A)$$
$$(\forall i \in \{1, \ldots, n\})$$
$$a_i \equiv_E b_i$$
$$\wedge \quad a = F_A(a_1, \ldots, a_n)$$
$$\wedge \quad b = F_A(b_1, \ldots, b_n)$$

Die Menge der Kongruenzklassen wird selbst zu einer Algebra des gleichen Typs durch die Definition:

Definition 10.4 (Quotientenalgebra) Sei A eine Σ-Algebra und $\equiv$ eine Kongruenzrelation auf A. Es bezeichne $A/\equiv$ die Menge der Kongruenzklassen von $\equiv$, d.h.

$$A/\equiv \quad = \quad \{[a] \mid a \in A\}, \text{ wobei } [a] = \{b \in A \mid b \equiv a\}$$

$A/\equiv$ wird zu einer Σ-Algebra, genannt *Quotientenalgebra*, durch die folgende Definition der Operationen:

$$F_{A/\equiv}([a_1], \ldots, [a_n]) \overset{\text{def}}{=} [F_A(a_1, \ldots, a_n)]$$

Hier steht, daß die Wirkung einer Operation auf eine Anzahl von Kongruenzklassen dadurch bestimmt ist, daß aus jeder Kongruenzklasse ein beliebiger *Repräsentant* ausgewählt wird, auf diese Repräsentanten die Operation der Ausgangsalgebra angewendet und dann wieder zur Kongruenzklasse des Ergebnisses übergegangen wird. Das Ergebnis hängt nicht von der Auswahl der Repräsentanten ab, denn die Kongruenzeigenschaft garantiert, daß die Anwendung von Operationen auf Argumente aus den gleichen Kongruenzklassen auch Ergebnisse in der gleichen Kongruenzklasse liefert.

Satz 10.5 (Quotientenhomomorphismus) Für jede Algebra A und jede Kongruenzrelation $\equiv$ darauf ist die Abbildung $[\,] : A \to A/\equiv$, die jedes Element $a \in A$ auf seine Kongruenzklasse $[a]$ abbildet, ein Homomorphismus, genannt *Quotientenhomomorphismus*.

Quotientenalgebren sind eine Verallgemeinerung der Quotientenräume aus der linearen Algebra.

Satz 10.6 (Homomorphiesatz) Zu jedem Homomorphismus $h : A \,\rangle\, B$ zwischen Σ-Algebren gibt es genau eine Kongruenzrelation $\equiv_h$ auf A und genau einen Homomorphismus $i_h : A/\equiv_h \to B$ mit der Eigenschaft

$$h = i_h \circ q_h,$$

wobei q_h der Quotientenmorphismus ist (siehe Abbildung 10.1). i_h ist überdies injektiv.

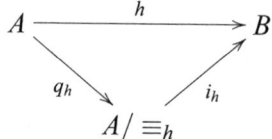

Abbildung 10.1 Quotientenhomomorphismus

Es läßt sich also jeder Homomorphismus aufspalten in einen Quotientenmorphismus, gefolgt von einem injektiven Homomorphismus. Für den Beweis dieses Satzes definiert man

$$a \equiv_h b \text{ gdw. } h(a) = h(b).$$

Zu der Grundtermalgebra $T_\Sigma(\varnothing)$ und einer Gleichungsmenge E gehört eine entsprechende Quotientenalgebra $T_\Sigma(\varnothing)/\equiv$, die *Quotiententermalgebra*. Diese ist von besonderer Bedeutung für abstrakte Datentypen, denn es gilt:

Satz 10.7 (Quotiententermalgebra) Sei Σ ein beliebiges Operationsalphabet, E eine Menge von Gleichungen zwischen Σ-Termen über einem Variablenalphabet und $\equiv$ die von E induzierte Kongruenzrelation auf $T_\Sigma(\varnothing)$. Dann ist die Quotiententermalgebra $T_\Sigma(\varnothing)/\equiv$ die initiale Algebra in der Klasse aller Σ-Algebren, welche die Gleichungen E erfüllen.

Dies ist höchst erfreulich, denn nun haben auch ADTs mit Gleichungen eine eindeutige Semantik in Form der initialen Algebra.

10.4 Konstruktoren und wohlgeformte ADTs

Die Operationen eines ADT lassen sich je nach Aufgabe noch weiter differenzieren. Am Counter-ADT läßt sich das gut sehen. Der Term

```
dec(inc(inc(dec(inc(reset))))) 
```

läßt sich mit Hilfe der Gleichungen

```
dec(inc(c)) = c;
inc(dec(inc(c))) = inc(c);
```

reduzieren zu

```
inc(reset)
```

Das ist die Intention hinter den Gleichungen: Der Counter-ADT soll Zähler spezifizieren, bei denen sich aufeinanderfolgendes Hoch- und Herunterzählen aufhebt. Am Ende soll nach dieser Intention ein Term der Form

```
inc(inc(...inc(reset)...))
```

herauskommen – die Anzahl der incs ist der Wert des Zählers. Mit anderen Worten: reset und inc sind *Konstruktoren*. Die Konstruktoren sollen ausreichen, um alle Elemente des Typs zu konstruieren. Alle anderen Operationen sollen ausschließlich auf den Elementen des Typs rechnen, niemals aber Elemente erzeugen, die sich nicht mit den Konstruktoren erzeugen lassen. Damit sind die Konstruktoren bei Record-Definitionen ein Spezialfall der Konstruktoren bei ADTs.

Die Konstruktoren stehen in einem ADT in der **constructors**-Sektion:

```
datatype Counter;
sorts Counter;
constructors
        reset  :  Counter;
        inc    :  Counter → Counter;
operations
        dec : Counter → Counter;
equations
        dec(inc(c)) = c;
        inc(dec(inc(c))) = inc(c);
end
```

Das durch eine solche Definition bestimmte Operationsalphabet läßt sich dann als $\Sigma \stackrel{\text{def}}{=} C \cup O$ verstehen, wobei C die Konstruktoren sind und O die sonstigen Operationen.

Oft gibt es mehrere Möglichkeiten, die Operationen zwischen der **constructors**-Sektion und der **operations**-Sektion aufzuteilen. Wichtig ist nur, daß die Gleichungen des ADT sich genau auf die Konstruktoreigenschaft der Operationen in der **constructors**-Sektion festlegt: Sie müssen ausreichen, um alle alle Elemente der Quotiententermalgebra zu erzeugen. Diese Eigenschaft läßt sich formalisieren: Um die Elemente der Quotiententermalgebra zu bezeichnen, die somit prototypisch für alle Algebren ist, welche eine bestimmte Gleichungsmenge erfüllen, ist es notwendig, aus jeder Kongruenzklasse einen Repräsentanten auszuwählen. Wenn es möglich ist, überall Repräsentanten zu finden, die nur Konstruktorsymbole enthalten, dann ist der ADT korrekt formuliert:

Definition 10.8 (Konstruktor) Die Spezifikation eines abstrakten Datentyps D mit Konstruktorsymbolen C, Operationssymbolen O und Gleichungen E heißt *wohlgeformt*, wenn es möglich ist, zu jeder Kongruenzklasse in $T_{C \cup O}(\varnothing)/ \equiv$ einen Repräsentanten zu finden, der nur Konstruktorsymbole aus C enthält.

Tatsächlich ist der Counter-ADT noch nicht wohlgeformt. Es gibt immerhin Terme wie

```
dec(reset)
```

die sich nicht als Konstruktorenterm schreiben lassen. Eine weitere Gleichung wäre notwendig, zum Beispiel

```
dec(reset) = reset;
```

Diese Gleichung macht den ADT zwar wohlgeformt, sorgt aber auch dafür, daß der Zähler keine negativen Werte annehmen kann. Je nach Anwendung ist das möglicherweise unerwünscht.

10.5 Listen

Die in Definition 5.10 vorgestellten Algebren sind sogenannte *homogene* oder *einsortige* Algebren: In der **sorts**-Klausel steht nur eine Sorte, und alle Elemente der Trägermenge sind von gleicher Art. Für die Beschreibung von Datentypen wird ein allgemeinerer Begriff von Algebra gebraucht, bei dem die Trägermenge in Teilmengen unterschiedlicher Bauart zerfällt. Dies ist beispielsweise bei den hier schon im Zusammenhang mit Scheme-Programmen eingeführten Listen (Abschnitt 6.2) der Fall. Die dafür benötigten Algebren heißen *heterogene* oder *mehrsortige* Algebren.

Für die Darstellung der Listen als ADT werden unterschiedliche Sorten gebraucht: Element für die Listenelemente und List für die Listen selbst:

```
datatype List;
uses Boolean, ℕ;
sorts Element, List;
constructors
        emptylist : List;
        construct : Element × List → List;
operations
        head : List → Element;
        tail : List → List;
        emptylist? : List → Boolean;
        cat : List × List → List;
        len : List → ℕ;
equations
        head(construct(a, l)) = a;

        tail(construct(a, l)) = l;

        emptylist?(emptylist)       = true;
        emptylist?(construct(a, l)) = false;

        cat(emptylist, v)        = v;
        cat(construct(a, l), l') = construct(a, cat(l, l'));

        len(emptylist)       = 0;
        len(construct(a, l)) = len(l) + 1;
end
```

Der List-ADT weist eine Reihe von Unterschieden zu den bisherigen ADTs auf. Zunächst einmal ist eine neue Klausel namens uses hinzugekommen – im List-ADT kommen auch boolesche Werte und natürliche Zahlen vor. Die uses-Klausel tut einfach so, als ob die Sorten, Operationen und Gleichungen des Boolean-ADTs und des (stillschweigend als definiert angenommenen) ADT $\mathbb{N}$ auch in List stehen würden.

Die Sorte Element kann als *Parameter* dieses ADT betrachtet werden; es wird in dieser Spezifikation gar nicht davon gesprochen, was die atomaren Einträge in einer Liste eigentlich sind und wie sie zustandekommen.

Wie Scheme-Listen auch (siehe Abschnitt 6.2) werden ADT-Listen aus der leeren Liste emptylist durch sukzessives Anfügen je eines Elementes mit der Operation construct konstruiert. Die Operation head liefert das erste Element einer Liste, tail die Restliste ohne das erste Element.[1] Die emptylist?-Operation entscheidet, ob eine Liste leer ist oder nicht, und len bestimmt ihre Länge. Die cat-Operation schließlich verkettet zwei Listen.

Der List-ADT verwendet außerdem einen erweiterten Begriff der Stelligkeit von Operationssymbolen. Vorher ging es nur um die Anzahl der Argumente jeder Operation; die Sorte der Argumente war klar, da es nur eine einzige gab. Jetzt sind mehrere Sorten im Spiel, und deshalb wird die Stelligkeit von Operationssymbolen auf der Basis einer Menge S von Sorten nun definiert als ein Paar (w, s) mit $w \in S^*$ und $s \in S$. Somit ist construct ein (Element List, List)-stelliges Operationssymbol und cat ein (List List, List)-stelliges.

Die definierenden Gleichungen für cat und len funktionieren ähnlich wie die Definitionen der Scheme-Prozeduren concatenate und list-length aus Abschnitt 7.2. Die Gleichungen für head und tail spezifizieren nur partielle Operationen.

Aufgrund dieser Gleichungen läßt sich jeder beliebige List-Term auf einen Term reduzieren, der nur die Konstruktoren emptylist und construct enthält. Der List-ADT demonstriert eine weitere Unterteilung der Operationen der **operations**-Sektion:

Selektoren zerlegen eine Datenstruktur in ihre Bestandteile und sind somit invers zu den Konstruktoren. (Im List-ADT sind das head und tail.) Die Selektoren bei Records sind also ein Spezialfall des Selektorbegriffs bei ADTs.

Observatoren liefern Informationen über Elemente des abstrakten Datentyps. Sie liefern diese Informationen in der Regel als Werte, die in anderen abstrakten Datentypen liegen. (Im List-ADT sind das emptylist?, head und len.)

Transformatoren formen Elemente eines abstrakten Datentyps um. Diese Klasse enthält die Operationen mit Ergebnis im abstrakten Datentyp, die weder Konstruktoren noch Selektoren sind. (Im List-ADT ist das cat.)

10.6 ADTs und Implementierung

Ein ADT ist kein lauffähiges Programm. ADTs sind dennoch nützlich beim Entwurf von Programmen, da sie eine abstraktere Notation bieten als konkrete Programmiersprachen.

---

[1]Die abweichend gewählte Notation für die Operationen auf Listen soll helfen, den ADT List von seinem Pendant in Scheme zu unterscheiden.

Ein ADT konzentriert sich ausschließlich auf das *was* eines Satzes von Operationen, während ein Programm auch die Frage des *wie* beantworten muß. Ein Programm, das zu einem ADT paßt, übernimmt damit die Rolle einer Algebra des ADT. Anders gesagt: Der ADT ist eine *Spezifikation*, das Programm dazu seine *Implementierung*. Zum Beispiel läßt sich zum Counter-ADT einfach ein Satz von Scheme-Prozeduren angeben, welche die Operationen implementieren. Die folgenden Prozeduren entsprechen der Ringzähler-Algebra C:

```
; Ringzähler-Modulus, - 1
; p : N
(define p 2)


; initialer Zähler
; reset : Counter
(define reset 0)


; heraufzählen
; inc : Counter -> Counter
(define inc
  (lambda (n)
    (if (= n p)
        0
        (+ n 1))))


; herunterzählen
; dec : Counter -> Counter
(define dec
  (lambda (n)
    (if (= n 0)
        p
        (- n 1))))
```

Die Funktionen, die das Scheme-System bei der Auswertung von Aufrufen der Prozeduren reset, inc und dec berechnet, sind gerade die Funktionen von C. Mit Hilfe des Substitutionsmodells läßt sich ebenso wie bei C beweisen, daß die Funktionen die Gleichungen von Counter aus Abschnitt 10.3 erfüllen.

Die Operationen aus dem List-ADT lassen sich auf einen Record-Typ in Scheme abbilden. Zunächst die Konstruktoren und Selektoren:

```
; nichtleere Liste konstruieren
; construct : Element List -> List
(define construct make-pair)


; erstes Element einer Liste selektieren
; head : List -> Element
(define head first)
```

```
; Rest einer Liste selektieren
; tail : List -> List
(define tail rest)

; leere Liste
; emptylist : List
(define emptylist empty)

; feststellen, ob Liste leer ist
; emptylist? : List -> Boolean
(define emptylist? empty?)
```

In der Scheme-Version stehen #t und #f für true und false im ADT.

Nach den Beschreibungen in Abschnitt 6.2 erfüllen diese Prozeduren gerade die entsprechenden Gleichungen im List-ADT:

$$head(construct(a, l)) = a;$$

$$tail(construct(a, l)) = l;$$

$$emptylist?(emptylist)\qquad = true;$$
$$emptylist?(construct(a, l)) = false;$$

Hier ist eine Version der list-length-Prozedur aus Abschnitt 7.2, die auf emptylist? und tail statt auf empty? und rest aufbaut; ansonsten ist sie identisch:

```
; Länge einer Liste berechnen
; len : List -> N
(define len
  (lambda (lis)
    (if (emptylist? lis)
        0
        (+ (len (tail lis)) 1)))))
```

Die erste Gleichung des List-ADT besagt:

$$len(emptylist) = 0;$$

Für die Scheme-Version gilt nach dem Substitutionsmodell und nach den ADT-Gleichungen für emptylist, construct und tail:

```
(len emptylist)
```
$\Longrightarrow \ldots \Longrightarrow$ (if (emptylist? e) 0 ...) ,

wobei e emptylist ist. Nach der ersten Gleichung für emptylist? im ADT gilt

$$emptylist?(emptylist) = true;$$

Damit geht also – da die Korrektheit von `emptylist?` bezüglich des ADT bereits feststeht –
die Auswertung von (`len emptylist`) folgendermaßen weiter:

```
⟹  (if #t 0 ...)
⟹  0
```

Die Scheme-Prozedur `len` erfüllt also die erste Gleichung für `len` im List-ADT. Ähnlich
läßt sich folgendes schließen, wobei *c* für den Wert von (`construct a l`) steht:

```
(len (construct a l))
⟹  (if (emptylist? c) 0 (+ (len (tail c)) 1))
⟹  (if #f 0 (+ (len (tail c)) 1))
⟹  (+ (len (tail c)) 1)
=  (+ (len l) 1)
```

Der letzte Schritt folgt aus der `List`-Gleichung

$$tail(construct(a, l)) = l;$$

Damit erfüllt `len` ebenfalls die Spezifikation in `List`. Die Gleichungen für `len` gelten also,
genauso wie alle Gleichungen, die sich daraus herleiten lassen.

Der wahre Nutzen von ADTs kommt zum Tragen, wenn einmal eine Implementierung die
Spezifikation nicht erfüllt. Dies ist zum Beispiel der Fall, wenn die obige Definition von
`tail` durch diese hier ersetzt wird:

```
(define tail
  (lambda (lis)
    (if (emptylist? (rest lis))
        (rest lis)
        (rest (rest lis))))))
```

Diese Version erscheint auf den ersten Blick weit hergeholt, aber bei komplizierten Programmen tritt diese Art Fehler durchaus auf. Am Beispiel von `len` getestet, erscheint `tail`
zunächst korrekt; erst auf den dritten Blick wird klar, daß etwas nicht stimmt:

```
(len emptylist)
↪  0
(len (construct 23 emptylist))
↪  1
(len (construct 23 (construct 42 emptylist)))
↪  1
```

Len erfüllt also die zweite Gleichung aus dem ADT nicht mehr, obwohl in der Definition
der `len`-Prozedur kein Fehler steckt. Dies liegt daran, daß die ADT-Gleichung

$$tail(construct(a, l)) = l;$$

für l = `construct(23, construct(42, emptylist))` nicht erfüllt ist.

Fazit: Wenn sichergestellt ist, daß ein Satz von Prozeduren einen ADT implementiert, gelten alle Gleichungen, die sich aus den ADT-Gleichungen herleiten lassen – wenn nicht, dann nicht. Diese Entsprechung von Spezifikation und Implementierung ist beim List-Beispiel noch recht einfach zu sehen. In Kapitel 11 geht es um einige etwas kompliziertere Beispiele.

10.7 Suchen in endlichen Mengen

Viele Programme benötigen irgendeine Form von Suchfunktion in einer Menge von Daten: Es könnte sich um die Suche nach einer Telefonnummer, einer Primzahl oder einer schon geleisteten Aufgabe handeln. Im einfachsten Fall gehören drei Operationen zu einer Datenstruktur, die eine Suchfunktion unterstützt:

- Ein Konstruktor emptyset, der eine leere Datenmenge liefert.

- Ein weiterer Konstruktor insert, der aus einer Datenmenge und einem neuen Element eine neue Datenmenge macht, die das neue Element enthält.

- Ein Observator member?, der überprüft, ob ein Element in einer Datenmenge vorhanden ist oder nicht.

Der Anfang des ADT namens Searchable für Datenmengen bestehend aus Elementen von Element dazu sieht folgendermaßen aus:

datatype Searchable;

uses Boolean;

sorts Element, Searchable;

constructors
  emptyset : Searchable;
  insert : Element × Searchable → Searchable;

operations
  member? : Element × Searchable → Boolean;

Es gibt keine Selektoren, dafür aber einen Observator member?. Zwei Gleichungen sind für member? zuständig. Für die leere Datenmenge ist die Sache trivial:

  member?(s, emptyset) = False;

In einer nichtleeren Datenmenge ist es notwendig, das gesuchte Element mit den Elementen der Datenmenge zu vergleichen. Dazu fehlt aber noch eine Vergleichsoperation, die in die operations-Sektion gehört:

  equal? : Element × Element → Boolean;

Wichtig ist erst einmal die reine Existenz von `equal?`. (Die Formulierung von sinnvollen Gleichungen für `equal?` ist eine gute Fingerübung, festgehalten in Aufgabe 10.3.)

Mit Hilfe von `equal?` läßt sich die zweite Gleichung von `member?` formulieren:

```
member?(s1, insert(s2, t))  = or(equal?(s1, s2), member?(s1, t))
```

Damit sind die wichtigsten Aspekte endlicher Mengen im ADT festgehalten: Eine endliche Menge $\{e_1, e_2, \ldots, e_n\}$ mit Elementen aus `Element` kann durch den Term

$$t_1 \stackrel{\text{def}}{=} \texttt{insert}(e_1, \texttt{insert}(e_2, \ldots \texttt{insert}(e_n, \texttt{emptyset}) \ldots))$$

repräsentiert werden. Allerdings ist dies nicht die einzige Möglichkeit: Der Term

$$t_2 \stackrel{\text{def}}{=} \texttt{insert}(e_n, \texttt{insert}(e_{n-1}, \ldots \texttt{insert}(e_1, \texttt{emptyset}) \ldots))$$

repräsentiert ebenfalls $\{e_1, e_2, \ldots, e_n\}$.

An dieser Stelle wird eine Unzulänglichkeit der bisherigen Gleichungen für `Searchable` sichtbar: Zwei verschiedene Terme repräsentieren die gleiche Menge; die Werte von t_1 und t_2 lassen sich „von außen" (also ohne die innere Struktur der Terme zu betrachten) nur durch den `member?`-Observator untersuchen. Dem ist aber die Reihenfolge egal (siehe dazu auch Aufgabe 10.5). Trotzdem reichen die Gleichungen von `Searchable` nicht aus, um zu beweisen, daß t_1 und t_2 das gleiche Ergebnis produzieren – es gibt nicht eine einzige Gleichung zwischen zwei Werten vom Typ `Searchable`! Selbst die Quotiententermalgebra von `Searchable` ist somit noch „zu groß"; sie besteht gerade aus den Folgen über `Element`, obwohl doch `Searchable` eigentlich Mengen charakterisieren soll.

Für eine vollständige Charakterisierung von endlichen Mengen sind also noch Gleichungen notwendig, die festhalten, daß die Reihenfolge der `insert`-Aufrufe keine Rolle spielt und ebensowenig die Existenz von Dubletten:

equations
```
      insert(s1, insert(s2, t)) = insert(s2, insert(s1, t));
      insert(s, insert(s, t))   = insert(s, t);
```

Mit diesen Gleichungen ist die Quotiententermalgebra tatsächlich die der endlichen Mengen über `Element`.

Eine besonders einfache Implementierung von `Searchable`, wobei `Element` durch Zeichenketten repräsentiert wird, baut auf Listen auf:

```
; leere Menge
; emptyset : Searchable
(define emptyset empty)


; feststellen, ob Menge leer
; emptyset? : Searchable -> Boolean
(define emptyset? empty?)
```

```
; Element in Menge einfügen
; insert : Element Searchable -> Searchable
(define insert make-pair)

; feststellen, ob Wert Element der Menge ist
; member? : Element Searchable -> Boolean
(define member?
  (lambda (e lis)
    (cond
     ((emptyset? lis) #f)
     ((pair? lis)
      (if (string=? e (first lis))
          #t
          (member? e (rest lis)))))))
```

Leider ist mit der Benutzung von Listen wieder die Reihenfolge im Spiel:

```
(insert "Axl"
  (insert "Slash"
    (insert "Izzy"
      (insert "Duff" emptyset))))
```

produziert ein anderes Resultat als

```
(insert "Slash"
  (insert "Axl"
    (insert "Izzy"
      (insert "Duff" emptyset))))
```

Allerdings kann wiederum member? nicht zwischen beiden unterscheiden. Dies ist eine Eigenschaft der meisten (wenn auch nicht aller) praktischen Implementierungen von Searchable. Dies ist auf den ersten Blick unangenehm. Die Gleichungen

$$insert(s1, insert(s2, t)) = insert(s2, insert(s1, t));$$
$$insert(s, insert(s, t)) \quad = insert(s, t);$$

sind in der Implementierung mit Listen schließlich nicht erfüllt. Strenggenommen ist der obige Code also keine Implementierung von Searchable, obwohl er sonst alle „wünschenswerten" Eigenschaften von Searchable besitzt.

Das Problem macht sich an der Interpretation des Gleichheitszeichens in den beiden Gleichungen fest – es gibt zwei Methoden, die Elemente der Listen-Implementierung zu vergleichen:

Der sogenannte *intensionale* Vergleich der beiden Listen ist offenbar zu scharf. Gefragt ist hier stattdessen ein sogenannter *extensionaler* Vergleich, der nur den Aspekt der Repräsentation von Mengen betrachtet, der sich von außen – also mit Hilfe von member? – sehen läßt. (Aufgabe 10.4 beschäftigt sich genau damit.) Der Unterschied zwischen intensionaler und extensionaler Gleichheit taucht bei vielen praktischen Implementierungen von ADTs auf und ebenso im Zusammenhang mit Zuweisungen und Sharing in Kapitel 12.

10.8 Parametrisierte Implementierung

Die Searchable-Implementation aus dem vorigen Abschnitt ist fest auf Zeichenketten als Elementsorte abonniert. Es wäre schön, wenn die Implementierung auch mit anderen Sorten funktionierte. Eine solidere Implementierung von Searchable benutzt einen Record-Typ. Ein solches Record kann neben der Liste der Elemente auch die zu verwendende Gleichheitsoperation auf Elementen aufnehmen:

```
; Eine Suchliste list-set(e) ist ein Wert
;   (make-list-set l p)
; wobei e die Sorte der Elemente der Suchliste ist,
; l eine Liste der Elemente der Suchmenge
; und p eine Prozedur mit dem Vertrag
;   p : e e -> boolean,
; ist, die Elemente auf Gleichheit überprüft
(define-record-procedures list-set
  make-list-set list-set?
  (list-set-list list-set-element-equal-proc))
```

Die leere Menge wird durch die leere Liste repräsentiert:

```
; leere Menge herstellen
; list-set-empty : (e e -> boolean) -> list-set(e)
(define list-set-empty
  (lambda (equal-proc)
    (make-list-set empty equal-proc)))
```

Die Prozedur list-set-insert ist eine Implementierung von insert; sie macht aus dem alten Gleichheitsprädikat einer Menge, der Liste der Elemente der alten Menge und einem neuen Element eine neue Menge:

```
; Element einfügen
; list-set-insert : e list-set(e) -> list-set(e)
(define list-set-insert
  (lambda (element list-set)
    (make-list-set
      (make-pair element
                 (list-set-list list-set))
      (list-set-element-equal-proc list-set)))))
```

Schließlich ist die Implementierung von member? — hier genannt list-set-member? — an der Reihe:

```
; feststellen, ob Element in Menge ist
; list-set-member? : e list-set(e) -> boolean
(define list-set-member?
  (lambda (element list-set)
```

```
(let ((equal-proc (list-set-element-equal-proc list-set)))
  (any? (lambda (an-element)
          (equal-proc an-element element))
        (list-set-list list-set)))))
```

List-set-member? benutzt die Prozedur any? aus Aufgabe 8.3, die testet, ob mindestens ein Element einer Liste ein gegebenes Prädikat erfüllt – in diesem Fall also, ob unter dem Elementen der Liste eines gleich dem gesuchten ist.

Damit ist die neue Implementierung von Searchable mit Listen etwas umfangreicher als die naive Implementierung in Abschnitt 10.7. Dafür ist sie flexibler, weil sie mit verschiedenen Gleichheiten für die Elemente arbeiten kann.

Aufgaben

Aufgabe 10.1 Ergänze den Boolean-ADT um sinnvolle Gleichungen, so daß alle Typen dazu boolesche Algebren sind.

Aufgabe 10.2 Formuliere einen ADT für Telefonnummernverzeichnisse! Dabei sollte es, neben einem Konstruktor für ein leeres Verzeichnis, Operationen für das Hinzufügen, Ändern und Löschen sowie für das Nachschauen von Telefonnummern geben!

Gib möglichst viele sinnvolle, aber nicht überflüssige Gesetze an, die das Verhalten des Telefonbuchs charakterisieren! Versuche insbesondere folgende Eigenschaften festzuhalten:

- Eine eingetragene Telefonnummer läßt sich immer auch nachschauen.
- Es ist gleichgültig, in welcher Reihenfolge die Einträge gemacht werden.
- Löschung und Änderung können können auf Hinzufügung zurückgeführt werden.

Aufgabe 10.3 Der equal?-Operator in Searchable ist noch nicht spezifiziert. Stelle sinnvolle Gleichungen für equal? auf!

Aufgabe 10.4 Schreibe eine Prozedur searchable-equal?, die extensionale Vergleiche in der Listen-Implementierung von Searchable in Abschnitt 10.7 durchführt. Die Prozedur soll #t zurückgeben, wenn zwei Listen die gleiche Menge repräsentieren, sonst #f.

Aufgabe 10.5 Beweise im Searchable-ADT, allerdings ohne Verwendung der Gleichungen für insert, daß der member?-Observator tatsächlich nicht zwischen verschiedenen Mengen mit den gleichen Elementen unterscheiden kann. Benutze strukturelle Induktion über Konstruktortermen mit emptyset und insert. Betrachte dazu zunächst zwei Terme,

$$v \stackrel{\text{def}}{=} \text{insert}(e_1, \text{insert}(e_2, \dots \text{insert}(e_n, \text{emptyset}) \dots))$$

und

$$w \stackrel{\text{def}}{=} \text{insert}(e_2, \text{insert}(e_1, \\ \text{insert}(e_3, \text{insert}(e_4 \dots \text{insert}(e_n, \text{emptyset}) \dots))))$$

die sich nur in der Reihenfolge der ersten beiden Elemente unterscheiden und beweise, daß

    member? $(e,\ v)\ =$ member? $(e,\ w)$

für alle e in Element gilt.

Beweise außerdem, daß auch Dubletten keinen Einfluß auf das Verhalten von member? haben.

11 Binäre Bäume

Bäume sind bereits kurz in Kapitel 5 als Darstellung für Terme aufgetaucht. Bäume sind induktive Datenstrukturen, die viele Anwendungen in der praktischen Programmierung haben. Sie sind beispielsweise die Grundlage für schnelle Suchverfahren in Datenbanken und einige Datenkompressionsverfahren. Viele dieser Anwendungen bauen auf einem Spezialfall von Bäumen auf, den *binären Bäumen* oder *Binärbäumen*. Dieses Kapitel demonstriert die Programmierung mit Binärbäumen anhand von Suchbäumen und Huffman-Bäumen. Die Anwendungen in diesem Kapitel diesen außerdem als Beispiele für abstrakte Datentypen und ihre Implementierung.

11.1 Binärbäume

Die Binärbaume bilden eine induktiv definierte Menge:

- Der *leere Binärbaum* ist ein Binärbaum.

- Ein *Knoten*, bestehend seinerseits aus zwei Binärbäumen, genannt *linker* und *rechter* *Teilbaum* des Knotens (auch genannt *Zweige*), und einer beliebigen *Markierung* ist ebenfalls ein Binärbaum.

- Nichts sonst ist ein Binärbaum.

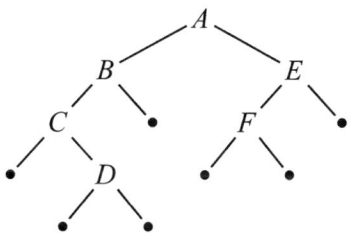

Abbildung 11.1   Binärbaum

Die Markierung an den Knoten kann beliebige Daten aufnehmen, je nach Verwendungszweck des Baums.

Binärbäume haben eine einleuchtende grafische Darstellung, die in Abbildung 11.1 vorgestellt wird. Die Punkte unten am Baum stehen für leere Binärbäume. Ein Bild der Form:

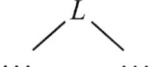

steht für einen Knoten mit Markierung *L*, unter dem sich ein linker und ein rechter Teilbaum befinden. Knoten, die als linken und rechten Teilbaum jeweils den leeren Baum haben, heißen auch *Blätter*.

Binärbäume lassen sich durch einen ADT beschreiben. Neben den beiden Konstruktoren emptytree für den leeren Binärbaum und makenode für Knoten gibt es die Selektoren left und right für die Teilbäume eines Knotens, sowie den Selektor label für die Markierung.

Um den Umgang mit dem Binärbaum-ADT zu demonstrieren, gibt es außerdem noch zwei Observatoren depth und nodecount. Der depth-Observator mißt die *Tiefe* eines Binärbaums, also die maximale Anzahl von „Ebenen" im Bild des Binärbaums. Der Observator nodecount liefert die Anzahl der Knoten in einem Binärbaum.

```
datatype Tree;

uses ℕ;

sorts Tree, S;

constructors
      emptytree : Tree;
      makenode  : S × Tree × Tree → Tree;

operations
      left  : Tree → Tree;
      right : Tree → Tree;
      label : Tree → S;
      depth : Tree → ℕ;
      nodecount : Tree → ℕ;

equations
      left(makenode(s, L, R))  = L;
      right(makenode(s, L, R)) = R;
      label(makenode(s, L, R)) = s

      depth(emptytree)         = 0;
      depth(makenode(s, L, R)) = 1 + max(depth(L), depth(R));

      nodecount(emptytree)         = 0;
      nodecount(makenode(s, L, R)) = 1 + nodecount(L)
                                        + nodecount(R);
end
```

Damit kann der Baum von Abbildung 11.1 mit folgendem ADT-Ausdruck erzeugt werden:

```
makenode(
 A,
 makenode(
  B,
  makenode(
   C,
   emptytree,
   makenode(D, emptytree, emptytree))
  emptytree)
 makenode(
  E,
  makenode(F, emptytree, emptytree),
  emptytree))
```

Da es zwei verschiedene Arten von Bäumen gibt, handelt es sich zuerst einmal um gemischte Daten. Für die leeren Bäume kommt ein eigener Record-Typ zum Einsatz:

```
; Ein leerer Baum ist ein Wert
;   (make-empty-tree)
(define-record-procedures empty-tree
  make-empty-tree empty-tree?
  ())
```

Auf den ersten Blick scheint hier ein Mißbrauch vorzuliegen – immerhin handelt es sich bei leeren Bäumen eindeutig nicht um zusammengesetzte Daten: Der Record-Typ hat kein einziges Feld. Record-Typen haben aber noch die Funktion, neue Datensorten einzuführen, und sind darum auch dann das Mittel der Wahl für die Realisierung gemischter Daten, wenn es sich nicht um zusammengesetzte Daten handelt. In diesem Fall reicht es, nur einen leeren Baum zu haben, genauso wie es nur eine leere Liste gibt:

```
(define the-empty-tree (make-empty-tree))
```

Knoten hingegen sind eindeutig zusammengesetzte Daten: ein Knoten besteht aus seiner Markierung sowie linkem und rechtem Teilbaum:

```
; Ein Knoten ist ein Wert
;   (make-node b l r)
; wobei b eine Markierung
; und l und r Bäume sind.
(define-record-procedures node
  make-node node?
  (node-label
   node-left-branch node-right-branch))
```

Hier ist die Datendefinition für Bäume im allgemeinen:

```
; Ein Binärbaum ist eins der folgenden:
; - ein leerer Baum
; - ein Knoten
; Name: tree
```

Damit kann ein Baum wie der in Abbildung 11.1 durch folgenden Scheme-Ausdruck konstruiert werden:

```
(make-node
 "A"
 (make-node
  "B"
  (make-node
   "C"
   the-empty-tree
   (make-node "D" the-empty-tree the-empty-tree))
  empty-tree)
 (make-node
  "E"
  (make-node "F" the-empty-tree the-empty-tree)
  the-empty-tree))
```

Dieser Ausdruck ist zu dem ADT-Ausdruck auf der vorangegangenen Seite sehr ähnlich;
so sollte es sein. Die depth-Prozedur entspricht dem depth-Observator aus dem ADT und
hält sich an die dortige Spezifikation. Hier sind Kurzbeschreibung, Vertrag und Gerüst:

```
; Tiefe eines Baums berechnen
; depth : tree -> N
(define depth
  (lambda (tree)
    ...))
```

Es geht weiter strikt nach Anleitung: Es handelt sich um gemischte Daten, also kommt eine
Verzweigung zum Einsatz. Da es zwei verschiedene Sorten Bäume gibt, hat die Verzweigung zwei Zweige:

```
(define depth
  (lambda (t)
    (cond
      ((empty-tree? t)
       ...)
      ((node? t)
       ...))))
```

Der erste Fall ist einfach: der leere Baum hat die Tiefe 0. Im zweiten Fall geht es um
Knoten, die wiederum Bäume enthalten. Genau wie bei Listen gibt es also Selbstreferenzen
und damit Rekursion:

```
(define depth
  (lambda (t)
    (cond
      ((empty-tree? t)
       0)
      ((node? t)
       ... (node-label t) ...
       ... (depth (node-left-branch t)) ...
       ... (depth (node-right-branch t)) ...)))) 
```

Die Markierung spielt keine Rolle für die Tiefe, kann also wegfallen. Bei den Teilbäumen spielt für die Tiefe des Knotens nur der tiefere der beiden eine Rolle. Der Knoten ist um eins tiefer als das Maximum der Tiefen der Teilbäume:

```
(define depth
  (lambda (t)
    (cond
      ((empty-tree? t)
       0)
      ((node? t)
       (+ 1
          (max (depth (node-left-branch t))
               (depth (node-right-branch t)))))))) 
```

(Max ist eine eingebaute Prozedur in Scheme, die das Maximum ihrer Argumente ermittelt.)

Auch depth folgt einer Schablone, die für viele Prozeduren auf Bäumen gilt; Aufgabe 11.1 beschäftigt sich damit.

Die Prozedur node-count ist eine Implementierung von nodecount im ADT:

```
; Knoten in Baum zählen
; node-count : tree -> N
(define node-count
  (lambda (t)
    (cond
      ((empty-tree? t)
       0)
      ((node? t)
       (+ 1
          (node-count (node-left-branch t))
          (node-count (node-right-branch t))))))) 
```

Der Beweis, daß die Implementierung zum Binärbaum-ADT paßt, verläuft exakt wie beim Listen-ADT in Kapitel 10.

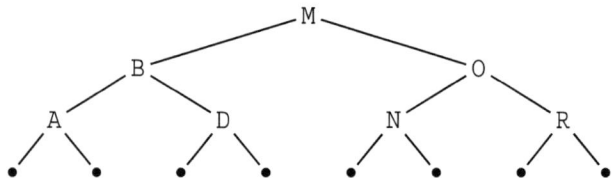

Abbildung 11.2   Ein Suchbaum über Buchstaben

11.2 Suchbäume

Eine alternative Implementierung des `Searchable`-ADT aus Abschnitt 10.7 baut auf Bäumen statt auf Listen auf, den sogenannten *Suchbäumen*. Diese Implementierung setzt nicht nur eine Gleichheitsoperation voraus, sondern auch eine totale Ordnung auf den potentiellen Elementen (siehe Definition B.18).

Sei also S eine total geordnete Menge. Dann ist ein *Suchbaum* über S ein Binärbaum, so daß bei jedem Knoten die Markierungen in seinem linken Teilbaum kleiner und die in seinem rechten Teilbaum größer sind als die Markierung des Knotens selbst. Diese Eigenschaft des Baums heißt auch *Suchbaumeigenschaft* (bezüglich der gewählten totalen Ordnung). Abbildung 11.2 zeigt einen Suchbaum über Buchstaben, die alphabetisch geordnet sind.

Die Markierung eines Knotens bestimmt, in welchem Teilbaum des Knotens eine gesuchte Markierung stecken muß, wenn diese nicht sowieso schon die gesuchte ist: Ist die gesuchte Markierung kleiner als die des Knotens, so muß sie (wenn überhaupt) im linken Teilbaum stecken; wenn sie größer ist, im rechten. Insbesondere ist es nicht nötig, im jeweils anderen Teilbaum nach der Markierung zu suchen.

Für Suchbäume wird ein neuer Record-Typ definiert. Zu einem Suchbaum gehören neben dem Baum selbst auch noch Operationen für Gleichheit und die „Kleiner-als"-Relation auf den Markierungen, beide repräsentiert durch Prädikate (die zum Binärbaum und zueinander passen müssen):

```
; Ein Suchbaum ist ein Wert
;   (make-search-tree e l t)
; wobei
; e : label label -> boolean
; eine Prozedur ist, die zwei Markierungen auf Gleichheit testet,
; l : label label -> boolean
; eine Prozedur, die vergleicht, ob die erste Markierung kleiner
; als die zweite ist,
; und t ein Binärbaum ist.
(define-record-procedures search-tree
  make-search-tree search-tree?
  (search-tree-label-equal-proc
  search-tree-label-less-than-proc
  search-tree-tree))
```

Alle Suchbäume fangen beim leeren Suchbaum an:

Die `letrec`-Form bindet lokale Variablen, ähnlich wie `let`. Ihre Syntax ist mit der von `let` identisch. Während bei `let` die Variablen, die an die Werte der Ausdrücke gebunden werden, in den Ausdrücken selbst nicht sichtbar sind, sind bei `letrec` die Bindungen sichtbar. Mit `letrec` lassen sich beispielsweise rekursive Hilfsprozeduren lokal definieren:

```
(define factorial
  (lambda (n)
    (letrec
        ((factorial-helper
          (lambda (n result)
            (if (= n 0)
                result
                (factorial-helper (- n 1) (* n result))))))
      (factorial-helper n 1))))
```

Abbildung 11.3 `letrec`

```
; leeren Suchbaum konstruieren
; make-empty-search-tree :
;    (label label -> boolean) (label label -> boolean) -> search-tree
(define make-empty-search-tree
  (lambda (label-equal-proc label-less-than-proc)
    (make-search-tree label-equal-proc label-less-than-proc
                      the-empty-tree)))
```

Die Prozedur `search-tree-member?` stellt fest, ob ein Knoten mit Markierung l in einem Suchbaum s vorhanden ist. Die eigentliche Arbeit macht die lokale Hilfsprozedur `member?`, die auf dem zugrundeliegenden Binärbaum operiert. Da `member?` rekursiv ist, wird sie mit `letrec` (siehe Abbildung 11.3) gebunden.

```
; festellen, ob Element in Suchbaum vorhanden ist
; search-tree-member? : label search-tree -> boolean
(define search-tree-member?
  (lambda (l s)
    (let ((label-equal? (search-tree-label-equal-proc s))
          (label-less-than? (search-tree-label-less-than-proc s)))
      (lctrec
         ;; member? : tree -> bool
         ((member?
           (lambda (t)
             (cond
               ((empty-tree? t) #f)
               ((node? t)
                (cond
                  ((label-equal? (node-label t) l)
                   #t)
```

```
                ((label-less-than? l (node-label t))
                 (member? (node-left-branch t)))
                (else
                 (member? (node-right-branch t)))))))))
          (member? (search-tree-tree s))))))
```

Search-tree-member? packt zunächst die beiden Vergleichsoperationen label-equal?
und label-less-than? aus dem Suchbaum aus. Dann wird die Hilfsprozedur member?
aufgerufen.

Da es zwei Arten Binärbaum gibt, folgt member? zunächst der Konstruktionsanleitung für
gemischte Daten. Im Zweig für den leeren Baum ist die Antwort klar. Im Zweig für einen
Knoten vergleicht member? die gesuchte Markierung mit der des Knotens. Dabei gibt es
drei Möglichkeiten, also auch drei Zweige: Bei Gleichheit ist die Markierung gefunden.
Ansonsten wird member? entweder auf den linken oder den rechten Teilbaum angewendet,
je nachdem, in welchem Teilbaum die Markierung stehen muß.

Search-tree-member? kann nur richtig funktionieren, wenn das Argument s tatsächlich
die Suchbaumeigenschaft erfüllt. Rein prinzipiell ist es möglich, durch Mißbrauch von
make-search-tree einen Wert vom Typ search-tree zu erzeugen, der nicht die Suchbaumeigenschaft erfüllt, wie etwa s hier:

```
(define s
  (make-search-tree
    = <
    (make-node 5
                (make-node 17 the-empty-tree the-empty-tree)
                (make-node 3 the-empty-tree the-empty-tree)))))
```

Zu s paßt das folgende Bild:

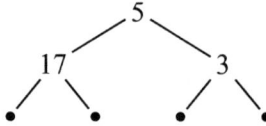

In diesem „Suchbaum" findet search-tree-member? gerade mal die 5, nicht aber die
anderen beiden Elemente:

```
(search-tree-member? 5 s)
↪ #t
(search-tree-member? 17 s)
↪ #f
(search-tree-member? 3 s)
↪ #f
```

Aus diesem Grund sollte make-search-tree nur „intern" verwendet werden. Ansonsten
sollten nur die Prozeduren make-empty-search-tree und eine neue Prozedur search-
tree-insert verwendet werden, die ein neues Element in den Suchbaum einfügt und
dabei die Suchbaumeigenschaft erhält:

```
; neues Element in Suchbaum einfügen
; search-tree-insert : label search-tree -> search-tree
(define search-tree-insert
  (lambda (l s)
    (let ((label-equal? (search-tree-label-equal-proc s))
          (label-less-than? (search-tree-label-less-than-proc s)))
      (letrec
          ;; insert : tree -> tree
          ((insert
            (lambda (t)
              (cond
                ((empty-tree? t)
                 (make-node l the-empty-tree the-empty-tree))
                ((node? t)
                 (cond
                   ((label-equal? l (node-label t))
                    t)
                   ((label-less-than? l (node-label t))
                    (make-node (node-label t)
                               (insert (node-left-branch t))
                               (node-right-branch t)))
                   (else
                    (make-node (node-label t)
                               (node-left-branch t)
                               (insert (node-right-branch t)))))))))))
        (make-search-tree
         label-equal? label-less-than?
         (insert (search-tree-tree s)))))))
```

Im Herzen von `search-tree-insert` erledigt die rekursive Hilfsprozedur `insert` die eigentliche Arbeit: Soll l in den leeren Baum eingefügt werden, so gibt `insert` einen trivialen Baum der Form

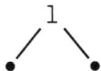

zurück. Wenn t ein Knoten ist, gibt es wieder drei Fälle: Wenn l mit der Knotenmarkierung übereinstimmt, so ist es bereits im alten Baum vorhanden – `insert` kann t unverändert zurückgeben. Ansonsten muß l im linken oder rechten Teilbaum eingefügt werden, und `insert` bastelt aus dem neuen Teilbaum und dem anderen, alten Teilbaum einen neuen Baum zusammen.

Das Resultat des Aufrufs von `insert` am Ende der Prozedur wird schließlich wieder in einen `search-tree`-Wert eingepackt, mit denselben `label-equal?`- und `label-less-than?`-Operationen wie vorher.

`Search-tree-insert` ist eine der komplizierteren Prozeduren in diesem Buch; es ist alles andere als offensichtlich, daß sie korrekt ist. Es lohnt sich also, etwas formaler über die

Korrektheit von `search-tree-insert` nachzudenken. Zunächst einmal ist es wichtig, zu formulieren, was der Begriff „Korrektheit" im Zusammenhang mit `search-tree-insert` überhaupt bedeutet:

Satz 11.1 `Search-tree-insert` *erhält die Suchbaumeigenschaft*. Oder mit anderen Worten: Wenn das `search-tree`-Argument von `search-tree-insert` die Suchbaumeigenschaft erfüllt, so erfüllt auch der zurückgegebene Baum die Suchbaumeigenschaft.

Beweis Die Korrektheit ist an der Hilfsprozedur `insert` festgemacht: Wenn das Argument von `insert` die Suchbaumeigenschaft erfüllt, so muß auch der Rückgabewert sie erfüllen. Der Beweis funktioniert über strukturelle Induktion über t. Im Beweis gibt es vier Fälle, die den Zweigen der `cond`-Formen entsprechen:

- T ist der leere Baum. Der dann zurückgegebene Baum der Form

  erfüllt offensichtlich die Suchbaumeigenschaft.

- T ist ein Knoten, dessen Markierung mit 1 übereinstimmt. Dann gibt `insert` einfach t zurück. Da t nach Voraussetzung die Suchbaumeigenschaft erfüllt, ist auch hier die Suchbaumeigenschaft erhalten.

- T ist ein Knoten, dessen Markierung *größer* ist als 1, sieht also so aus:

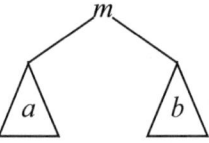

  wobei sowohl *a* als auch *b* selbst die Suchbaumeigenschaft erfüllen. In diesem Fall sieht der entstehende Baum folgendermaßen aus:

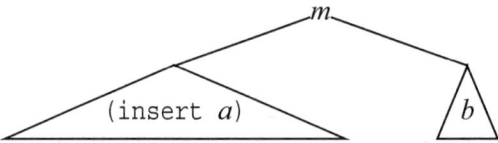

  Per Induktionsannahme erfüllt (`insert` *a*) die Suchbaumeigenschaft. Da *b* auch die Suchbaumeigenschaft erfüllt, muß nur noch gezeigt werden, daß alle Markierungen in (`insert` *a*) kleiner sind als *m*. Es gibt in `insert` drei Aufrufe von `make-node`, die neue Knoten erzeugen können. Alle fügen höchstens 1 zu der Menge der Markierungen des Baumes hinzu. Alle anderen Markierungen sind nach Voraussetzung kleiner als *m*, ebenso wie 1. Das Resultat erfüllt also ebenfalls die Suchbaumeigenschaft.

- Im vierten Fall ist t ein Knoten, dessen Markierung *kleiner* ist als 1. Dieser Fall geht analog zum dritten Fall.

□

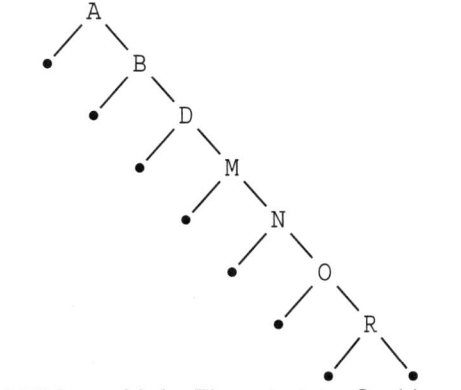

Abbildung 11.4 Ein entarteter Suchbaum

Damit sind Suchbäume eine korrekte Implementierung des `Searchable`-ADTs. Es ist einleuchtend, daß die `member?`-Operation in Suchbäumen häufig schneller funktioniert als in Listen: Die Suchbaum-Implementierung muß für den Suchbaum in Abbilding 11.2 nicht alle Elemente nach dem gesuchten durchforsten; `search-tree-member` sucht auf direktem Weg von der Wurzel des Suchbaums nach unten zum gesuchten Element. Da pro weiterer „Ebene" eines Binärbaums jeweils doppelt soviele Elemente Platz finden als in der vorhergehenden, wächst die Anzahl der Ebenen des Baums – die Tiefe also – nur mit dem Zweierlogarithmus der Anzahl der Elemente, viel langsamer also als zum Beispiel die Länge einer Liste, die alle Elemente aufnehmen müßte.

Leider ist nicht jeder Suchbaum so angenehm organisiert wie der in Abbildung 11.2. Abbildung 11.4 zeigt einen Binärbaum, der zwar die Suchbaumeigenschaft erfüllt, aber *entartet* ist: In diesem Suchbaum dauert die Suche genauso lang wie in einer Liste. Welche Form der Suchbaum hat und ob er entartet wird, hängt von der Reihenfolge der Aufrufe von `search-tree-insert` ab, mit denen er konstruiert wird. Es gibt allerdings Implementierungsvarianten von Suchbäumen, die bei `search-tree-insert` die Entartung vermeiden und den Suchbaum *balancieren*.

11.3 Huffman-Bäume

Eine andere der vielen Anwendungen von Binärbäumen kommt aus der Codierungstheorie: *Huffman-Bäume* dienen dazu, Daten als Folge von Bits (also von Nullen und Einsen) zu repräsentieren. Für Textdaten gibt es z.B. eine ganze Reihe von Standards, in denen jeweils ein Buchstabe durch eine feste Folge von Bits dargestellt wird. Beispiele hierfür sind ASCII (7 Bits, für den angelsächsischen Sprachraum) und ISO Latin 1 (8 Bits, für den westeuropäischen Sprachraum). Diese Codierungen werden auch *Codierungen mit fester Länge* genannt.

Die Codierungen fester Länge haben den Nachteil, daß Zeichen, die so gut wie gar nicht in realen Texten vorkommen, trotzdem den gleichen Platz in der Codierung einnehmen wie solche, die ständig vorkommen. Deswegen ist es gelegentlich vorteilhaft, Codierungen mit *variabler Länge* zu verwenden, in denen häufig verwendete Zeichen weniger Bits beanspruchen als selten verwendete Zeichen. (Im Morse-Alphabet ist „E", ein häufig vorkommender Buchstabe, ein einzelner kurzer Ton, symbolisch notiert als Punkt.)

Codierungen variabler Länge sind schwieriger zu konstruieren als solche mit fester Länge: Angenommen, „E" ist codiert als 0, und „S" ist codiert als 00. Steht nun die Bitfolge 000 für „EEE", „SE" oder „ES"?

Eine Lösung für das Problem ist, einen speziellen Code zu verwenden, um die Grenzen zwischen Zeichen zu markieren. (Im Morse-Alphabet dient eine Pause als solcher *Separator-Code*.) Eine andere Möglichkeit ist es, die Zeichen so zu codieren, daß niemals der Code für ein Zeichen der Anfang (oder *Präfix*) des Codes eines anderen Zeichens ist. Solche Codierungen heißen *Präfix-Codierungen*. Der Code für „E" und „S" oben erfüllt diese Eigenschaft nicht, da 0 ein Präfix von 00 ist.

Effiziente Präfix-Codierungen benutzen kurze Codes für häufig und lange Codes für selten vorkommende Zeichen. Eine Methode für die Konstruktion solcher Codierungen ist die *Huffman-Methode*. Eine Huffman-Codierung wird als ein binärer Baum – ein sogenannter *Huffman-Baum* – repräsentiert. Die Blätter eines Huffman-Baums sind mit den Namen der Zeichen markiert, die codiert werden sollen. Jeder Knoten ist mit der Menge der Namen der Blätter markiert, die unter ihm liegen. Zusätzlich wird jedes Blatt und jeder Knoten mit einem *Gewicht* markiert: Bei Blättern steht das Gewicht für die relative Häufigkeit des Namens, bei einem Knoten für die Summe der Gewichte unter ihm. Die Gewichte werden zwar nicht für für die Codierung oder die Decodierung benötigt, wohl aber bei der Konstruktion des Baums.

Da leere Teilbäume bei der Konstruktion von Huffman-Bäumen nicht ausdrücklich vorkommen, sind sie auch in den Abbildungen nicht eingezeichnet. Stattdessen sind die Blätter direkt eingezeichnet. Abbildung 11.5 zeigt einen Huffman-Baum mit den Namen Buckethead, Paul, Brain, Tommy, Dizzy, Robin und Axl. (Die Namen der Zeichen müssen also nicht einzelne Buchstaben sein – es können auch ganze Zeichenketten auf einmal codiert werden, wenn nur die Menge der vorkommenden Namen bekannt und endlich ist.) In Texten, die aus diesen Namen zusammengesetzt sind, soll Axl besonders häufig vorkommen und Tommy besonders selten. Die Codierung eines Namens ergibt sich aus dem Pfad von der Wurzel des Baums bis zu dem Blatt, welches den Namen als Codierung hat: Bei jeder Abzweigung nach links wird eine 0 an die Codierung gehängt, bei jeder Abzweigung nach rechts eine 1. Für Paul zum Beispiel ist die Codierung 0100.

Die Decodierung funktioniert entsprechend: Die Bitfolge kennzeichnet einen Pfad innerhalb des Baums, dabei steht eine 0 für eine Abzweigung nach links, eine 1 für eine Abzweigung nach rechts. Ist ein Blatt erreicht, so ist der entsprechende Name erkannt und ein neues beginnt.

Die Verwendung eines Baumes sorgt automatisch dafür, daß die Huffman-Codierung eine Präfix-Codierung ist: Von einem Knoten aus gesehen haben die beiden Teilbäume jeweils immer unterschiedliche Präfixe, und die Namen selbst befinden sich erst an den Blättern.

Da in den Huffman-Bäumen leere Teilbäume nicht vorkommen, dafür aber ausdrücklich Blätter, ist es sinnvoll, bei der Programmierung der Repräsentation von vorn anzufangen,

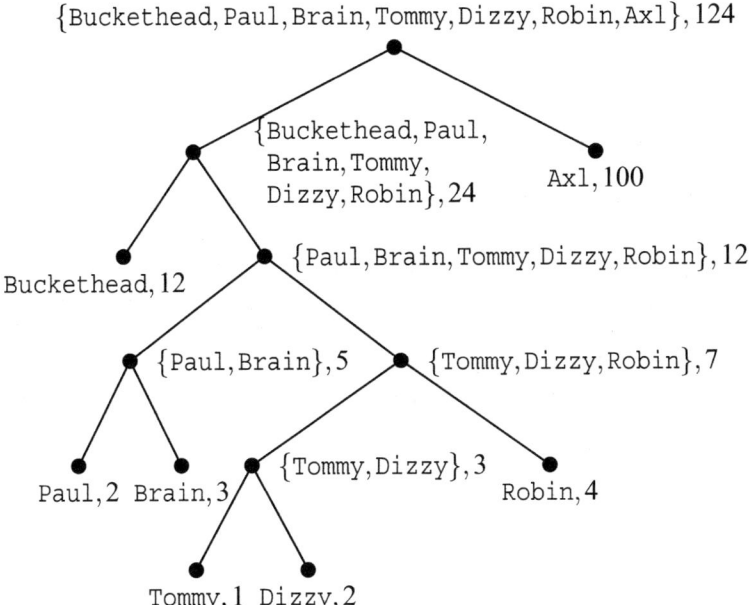

Abbildung 11.5 Ein Huffman-Baum

anstatt die Binärbaum-Repräsentation von weiter oben zu benutzen. Wie in Abbildung 11.5 zu sehen ist, sind die Blätter jeweils mit einem Namen und einem Gewicht markiert. Daraus ergeben sich Daten- und Record-Definition wie folgt:

```
; Ein Huffman-Blatt ist ein Wert
;   (make-huffman-leaf n w)
; wobei n eine Zeichenkette und
; w eine natürliche Zahl ist.
(define-record-procedures huffman-leaf
  make-huffman-leaf huffman-leaf?
  (huffman-leaf-name
   huffman-leaf-weight))
```

Ein Knoten soll mit der Menge der Namen der Blätter unter ihm markiert werden. Für die Repräsentation der Menge reicht eine einfache Liste. Diese soll später bei der Knotenkonstruktion gleich mit berechnet werden. Zunächst aber hier Daten- und Record-Definition für Huffman-Knoten:

```
; Ein Huffman-Knoten ist ein Wert
;   (make-huffman-node n w l r)
; wobei n eine Liste von Zeichenketten,
; w eine natürliche Zahl,
; und l und r Huffman-Bäume sind.
```

```
(define-record-procedures huffman-node
  make-huffman-node huffman-node?
  (huffman-node-names
   huffman-node-weight
   huffman-node-left huffman-node-right))
```

Wie Abbildung 11.5 zeigt, sind die Namen und das Gewicht, die an einem Huffman-Knoten stehen, nicht beliebig. Vielmehr werden sie jeweils aus den Namen und Gewichten der beiden Teilbäume berechnet. Tatsächlich sollte also der Konstruktor für Huffman-Knoten nur zwei Argumente akzeptieren, nämlich die beiden Teilbäume. Die beiden anderen Feldinhalte sollten automatisch berechnet werden. Damit der neue Konstruktor seinerseits den naheliegenden Namen make-huffman-node bekommen kann, wird die Record-Definition leicht abgewandelt, indem der Konstruktor umbenannt wird:

```
(define-record-procedures huffman-node
  really-make-huffman-node huffman-node?
  (huffman-node-names
   huffman-node-weight
   huffman-node-left huffman-node-right))
```

Mit den beiden Record-Typen huffman-leaf und huffman-node können nun Huffman-Bäume als gemischte Daten definiert werden:

```
; Ein Huffman-Baum ist eins der folgenden:
; - ein Huffman-Blatt
; - ein Huffman-Knoten
; Name: huffman-tree
```

Die Prozedur make-huffman-node soll die beiden Feldinhalte entsprechend der Struktur der Huffman-Bäume ergänzen:

```
; Huffman-Knoten aus zwei Teilbäumen konstruieren
; make-huffman-node : huffman-tree huffman-tree -> huffman-node
(define make-huffman-node
  (lambda (l r)
    (really-make-huffman-node
      ...
      ...
      l r)))
```

Für die Liste der Namen des Knotens müssen die Namen der beiden Teilbäume aneinandergehängt werden. Da es sich bei den Teilbäumen um Blätter oder Knoten handeln kann, ist eine Hilfsprozedur namens huffman-tree-names sinnvoll, die der Konstruktionsanleitung für gemischte Daten folgt:

```
; Liste der Namen eines Huffman-Baums berechnen
; huffman-tree-names : huffman-tree -> list(string)
```

```
(define huffman-tree-names
  (lambda (t)
    (cond
      ((huffman-leaf? t)
       (list (huffman-leaf-name t)))
      ((huffman-node? t)
       (huffman-node-names t)))))
```

Genauso ist es auch mit dem Gewicht eines Huffman-Knotens, das durch Addition der Gewichte der beiden Teilbäume entsteht. Die dazugehörige Hilfsprozedur folgt ebenfalls der Anleitung für gemischte Daten:

```
; Gewicht eines Huffman-Baums berechnen
; huffman-tree-weight : huffman-tree -> N
(define huffman-tree-weight
  (lambda (t)
    (cond
      ((huffman-leaf? t)
       (huffman-leaf-weight t))
      ((huffman-node? t)
       (huffman-node-weight t)))))
```

Mit Hilfe dieser beiden Prozeduren ist es nun möglich, make-huffman-node zu vervollständigen:

```
(define make-huffman-node
  (lambda (l r)
    (really-make-huffman-node
     (append (huffman-tree-names l)
             (huffman-tree-names r))
     (+ (huffman-tree-weight l)
        (huffman-tree-weight r))
     l r)))
```

Die Decodierung ist die einfachste Aufgabe beim Umgang mit Huffman-Bäumen. Deshalb kommt sie zuerst: Die Decodier-Prozedur huffman-decode akzeptiert eine Liste von Bits und einen Huffman-Baum. Ein Bit ist dabei entweder die Zahl 0 oder die Zahl 1 – hier ist die Datendefinition:

```
; Ein Bit (Name: bit) ist entweder 1 oder 0.
```

Die Prozedur huffman-decode hat Gerüst und Vertrag wie folgt:

```
; Huffman-codierte Bitfolge decodieren
; huffman-decode : list(bit) huffman-tree -> list(string)
(define huffman-decode
  (lambda (bits t)
    ...))
```

Beide Parameter, bits und t, gehören zu Sorten, für die es eigene Konstruktionsanleitungen gibt: die Anleitung für Listen, und die für gemischte Daten. Die Decodierung wird primär durch die Bits gesteuert; jedes einzelne Bit bestimmt, wie der Huffman-Baum abgearbeitet wird. Die Konstruktionsanleitung für Listen ist also zuerst an der Reihe:

```
(define huffman-decode
  (lambda (bits t)
    (cond
      ((empty? bits) ...)
      ((pair? bits)
       ... (first bits)
       ... (huffman-decode (rest bits) ...)))))
```

Beim rekursiven Aufruf von huffman-decode bleibt das zweite Argument erst einmal offen; schließlich wird es notwendig sein, in den Baum „abzutauchen", so wie die Bits verarbeitet werden. Im ersten Fall ist nichts zu decodieren. Im anderen Fall bestimmt das erste Bit, welcher Teilbaum ausgewählt wird. (Bei korrekten Codierungen muß es sich bei t um einen Knoten handeln.) Dieses Wissen wird schon einmal vermerkt:

```
(define huffman-decode
  (lambda (bits t)
    (cond
      ((empty? bits) empty)
      ((pair? bits)
       ... (cond
             ((= (first bits) 0) (huffman-left-node t))
             ((= (first bits) 1) (huffman-right-node t))) ...
       ... (huffman-decode (rest bits) ...)))))
```

Bei dem ausgewählten Teilbaum ist nun entscheidend, ob es sich hierbei um ein Blatt oder einen Knoten handelt. Im ersten Fall steht ein Wort der Decodierung fest, im anderen geht es noch weiter. Damit es möglich ist, diese Fallunterscheidung zu formulieren, bekommt der ausgewählte Teilbaum einen Namen:

```
(define huffman-decode
  (lambda (bits t)
    (cond
      ((empty? bits) empty)
      ((pair? bits)
       (let ((next (cond
                     ((= (first bits) 0) (huffman-left-node t))
                     ((= (first bits) 1) (huffman-right-node t)))))
         (cond
           ((huffman-leaf? next)
            ... (huffman-decode (rest bits) ...))
           ((huffman-node? next)
            ... (huffman-decode (rest bits) ...))))))))
```

Im ersten Zweig steht der erste decodierte Name fest: (huffman-leaf-name next); es muß dann mit der Decodierung des nächsten Namens weitergehen. Der Zweig muß also etwa so aussehen:

```
(make-pair (huffman-leaf-name next)
           (huffman-decode (rest bits) ...))
```

Jetzt gibt es ein kleines Problem: Es muß wieder oben im Baum weitergehen. Das Programm hat an dieser Stelle aber nur t zur Hand – und das ist ganz *unten* im Baum. Es wird also das t „von oben" benötigt. Eine lokale Variable top kann sich den Wert merken, und der bisherige Rumpf muß zu einer lokalen Hilfsprozedur umgeschrieben werden:

```
(define huffman-decode
  (lambda (bits t)
    (let ((top t))
      (letrec
          ;; Bitfolge decodieren
          ;; decode : list(bit) huffman-tree -> list(string)
          ((decode
            (lambda (bits t)
              (cond
                ((empty? bits) empty)
                ((pair? bits)
                 (let ((next
                        (cond
                          ((= (first bits) 0) (huffman-node-left t))
                          ((= (first bits) 1) (huffman-node-right t)))))
                   (cond
                     ((huffman-leaf? next)
                      (make-pair (huffman-leaf-name next)
                                 (decode (rest bits) top)))
                     ((huffman-node? next)
                      (decode (rest bits) next)))))))))
        (decode bits top)))))
```

Die Codierung findet Name für Name statt; die entstehenden Bitfolgen werden aneinandergehängt. Die Prozedur huffman-encode folgt wieder einmal strikt der Konstruktionsanleitung für Listen; sie nimmt (per Wunschdenken) die Existenz einer Hilfsprozedur huffman-encode-name an, die einen einzelnen Namen codiert:

```
; Namen Huffman-codieren
; huffman-encode-name : string huffman-tree -> list(bit)
```

Die Definition von huffman-encode ist wie folgt:

```
; Listen von Namen Huffman-codieren
; huffman-encode : list(string) huffman-tree -> list(bit)
```

```
(define huffman-encode
  (lambda (message t)
    (cond
      ((empty? message) empty)
      ((pair? message)
       (append (huffman-encode-name (first message) t)
               (huffman-encode (rest message) t))))))
```

Die Codierung muß für einen Namen dasjenige Blatt finden, das mit ihm markiert ist. Da sich der Weg zum passenden Blatt nicht von der Wurzel aus sehen läßt, muß der Baum durchsucht werden. Damit muß `huffman-encode-name` erst einmal der Konstruktionsanleitung für Huffman-Bäume, also für gemischte Daten folgen:

```
(define huffman-encode-name
  (lambda (n t)
    (cond
      ((huffman-leaf? t) ...)
      ((huffman-node? t) ...))))
```

Im ersten Fall müßte die Codierung schon fertig sein – es bleibt nur die leere Liste. Im zweiten Fall muß die Prozedur entscheiden, ob die korrekte Codierung entlang des linken oder entlang des rechten Teilbaums des Knotens liegt:

```
(define huffman-encode-name
  (lambda (n t)
    (cond
      ((huffman-leaf? t) empty)
      ((huffman-node? t)
       ... (huffman-encode-name n (huffman-node-left t)) ...
       ... (huffman-encode-name n (huffman-node-right t)) ...))))
```

Für eine Codierung entlang des linken Teilbaums wird eine 0 vorangehängt, entlang des rechten Teilbaums eine 1:

```
(define huffman-encode-name
  (lambda (n t)
    (cond
      ((huffman-leaf? t) empty)
      ((huffman-node? t)
       ... (make-pair
            0
            (huffman-encode-name n (huffman-node-left t))) ...
       ... (make-pair
            1
            (huffman-encode-name n (huffman-node-right t))) ...))))
```

Jetzt aber hat `huffman-encode-name` ein Problem: Wie kann es entscheiden, welche der beiden Codierungen die richtige ist? Der rekursive Aufruf von `huffman-encode-name` liefert immer eine Liste, egal ob sie letztlich am richtigen Blatt des Baums ankommt. Das ist nicht genug Information; `huffman-encode-name` muß noch durch eine Fallunterscheidung verraten, ob es am Blatt des Baums tatsächlich den Namen vorgefunden hat, der codiert werden soll:

```
(define huffman-encode-name
  (lambda (n t)
    (cond
      ((huffman-leaf? t)
       (if (string=? (huffman-leaf-name t) n)
           empty
           ...))
      ((huffman-node? t)
       ... (make-pair
            0
            (huffman-encode-name n (huffman-node-left t))) ...
       ... (make-pair
            1
            (huffman-encode-name n (huffman-node-right t))) ...))))
```

Jetzt muß noch ein geeigneter Wert für die erste Ellipse gewählt werden, also für den Fall, daß t nicht der richtige Teilbaum für die Codierung von n ist. Es kommt ein eigener Record-Typ zum Einsatz, der eine Fallunterscheidung ermöglicht:

```
(define-record-procedures not-found
  make-not-found not-found?
  ())
```

Ein Wert des `not-found`-Typs wird da benutzt, wo die Suche fehlgeschlagen ist:

```
(define huffman-encode-name
  (lambda (n t)
    (cond
      ((huffman-leaf? t)
       (if (string=? (huffman-leaf-name t) n)
           empty
           (make-not-found)))
      ((huffman-node? t)
       ... (make-pair
            0
            (huffman-encode-name n (huffman-node-left t))) ...
       ... (make-pair
            1
            (huffman-encode-name n (huffman-node-right t))) ...))))
```

Damit muß auch der Vertrag leicht erweitert werden:

```
; Namen Huffman-codieren
; huffman-encode-name : string huffman-tree -> list(bit) or not-found
```

Dabei soll der not-found-Wert aber nur „intern" verwendet werden, um den korrekten Teilbaum auszuwählen. Nun muß huffman-encode-name zuerst versuchen, entlang des linken Teilbaums zu codieren, und dann, wenn das fehlschlägt, entlang des rechten Teilbaums. Wenn auch das fehlschlägt, wird ein not-found-Wert zurückgegeben:

```
(define huffman-encode-name
  (lambda (n t)
    (cond
      ((huffman-leaf? t)
       (if (string=? (huffman-leaf-name t) n)
           empty
           (make-not-found)))
      ((huffman-node? t)
       (let ((maybe-encoding
               (huffman-encode-name n (huffman-node-left t))))
         (if (not-found? maybe-encoding)
             (let ((maybe-encoding
                     (huffman-encode-name n (huffman-node-right t))))
               (if (not-found? maybe-encoding)
                   (make-not-found)
                   (make-pair 1 maybe-encoding)))
             (make-pair 0 maybe-encoding)))))))
```

Es verbleibt das Problem, zu einer gegebenen Aufstellung der relativen Häufigkeiten der Namen einer Sprache den entsprechenden Huffman-Baum zu konstruieren. Dabei sollten die Namen mit der geringsten relativen Häufigkeit möglichst weit unten im Baum landen: „Weit unten" heißt ja gerade „lange Codierung".

Begonnen wird mit einer Menge der Blätter des Baums, konstruiert aus der Tabelle der Namen und ihre relativen Häufigkeiten. Nun werden zwei Elemente mit geringstmöglichen Häufigkeiten aus der Menge entfernt, zu einem Binärbaum mit gerade diesen Elementen als linkem und rechtem Teilbaum verschmolzen, und der neu gewonnen Baum der Menge wieder hinzugefügt.

Hier ist zum Beispiel ein Teilproblem der Konstruktion des Huffman-Baums aus Abbildung 11.5. Am Anfang gibt es nur Blätter:

(Paul, 2), (Brain, 3), (Tommy, 1), (Dizzy, 2), (Robin, 4)

Im ersten Schritt der Konstruktion des Huffman-Bäumes haben Tommy und Dizzy die niedrigsten Häufigkeiten. Sie werden also in einem Knoten zusammengefaßt:

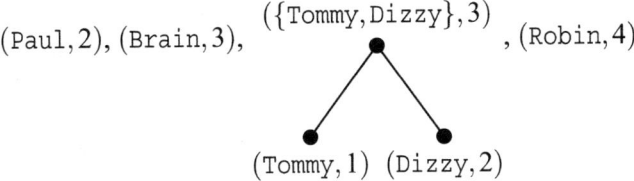

$(\texttt{Paul}, 2), (\texttt{Brain}, 3),$ $(\{\texttt{Tommy}, \texttt{Dizzy}\}, 3)$ $, (\texttt{Robin}, 4)$

$(\texttt{Tommy}, 1)$ $(\texttt{Dizzy}, 2)$

Die nächstniedrigen Häufungen sind die von `Paul` und `Brain`. Die dazugehörigen Blätter werden als nächstes zu einem Knoten zusammengefaßt:

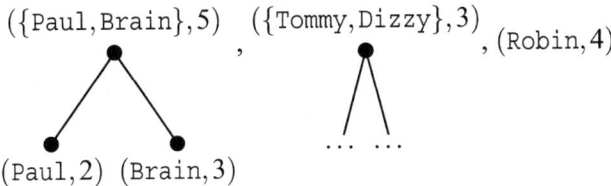

$(\{\texttt{Paul}, \texttt{Brain}\}, 5)$, $(\{\texttt{Tommy}, \texttt{Dizzy}\}, 3)$, $(\texttt{Robin}, 4)$

$(\texttt{Paul}, 2)$ $(\texttt{Brain}, 3)$ ... ...

Schließlich sind `Robin` und der Baum mit `Tommy` und `Dizzy` an der Reihe. Ein weiterer Knoten ersetzt die beiden:

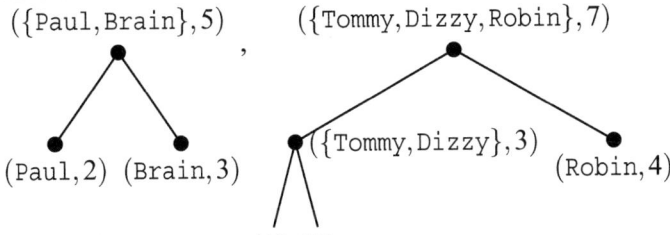

$(\{\texttt{Paul}, \texttt{Brain}\}, 5)$, $(\{\texttt{Tommy}, \texttt{Dizzy}, \texttt{Robin}\}, 7)$

$(\texttt{Paul}, 2)$ $(\texttt{Brain}, 3)$ $(\{\texttt{Tommy}, \texttt{Dizzy}\}, 3)$ $(\texttt{Robin}, 4)$

... ...

Als letztes werden die beiden verbleibenden Bäume zusammengefaßt. Sie ergeben damit einen Teilbaum des Huffman-Baums in Abbildung 11.5.

$(\{\texttt{Paul}, \texttt{Brain}, \texttt{Tommy}, \texttt{Dizzy}, \texttt{Robin}\}, 12)$

$(\{\texttt{Paul}, \texttt{Brain}\}, 5)$ $(\{\texttt{Tommy}, \texttt{Dizzy}, \texttt{Robin}\}, 7)$

... ...

Die eigentliche Programmierung der korrekten Erzeugung von Huffman-Bäumen ist eine lohnende Fingerübung: sie findet sich in Aufgabe 11.4.

Aufgaben

Aufgabe 11.1 Formuliere eine spezielle Schablone für Prozeduren, die Binärbäume konsumieren!

Aufgabe 11.2 Schreibe eine Prozedur, die einen Binärbaum akzeptiert und eine Liste aller Markierungen in dem Baum zurückgibt.

Aufgabe 11.3 Wie muß `search-tree-insert` aufgerufen werden, um den Suchbaum in Abbildung 11.2 zu erzeugen? Wie muß `search-tree-insert` aufgerufen werden, um den Suchbaum in Abbildung 11.4 zu erzeugen?

Aufgabe 11.4 Schreibe eine Prozedur `generate-huffman-tree`, die eine Liste von Namenseinträgen akzeptiert, wobei jeder Eintrag den Namen seine Häufigkeit enthält. Die Prozedur `generate-huffman-tree` soll den entsprechenden Huffman-Baum nach dem Huffman-Algorithmus berechnen und zurückliefern.

Hinweis: Verarbeite die Liste von Einträgen zu einer sortierten Liste von Blättern, und operiere dann in `generate-huffman-tree` auf dieser Liste. Die Prozedur ist nicht wirklich kompliziert: Die Musterlösung für `generate-huffman-tree` besteht aus zwei Prozeduren und ist weniger als 20 Zeilen lang. Dazu kommen noch Hilfsprozeduren für die sortierte Liste von Blättern.

Aufgabe 11.5 Das folgende Alphabet mit den dazugehörigen relativen Häufigkeiten ist hervorragend dazu geeignet, die Texte von Pop-Songs der 90er Jahre zu codieren:

me	6	you	10
crazy	4	tear	1
drive	8	apart	4
yeah	12	oh	4

(Groß- und Kleinschreibung ist bei dieser Aufgabe egal.) Benutze `generate-huffman-tree`, um den entsprechenden Huffman-Baum zu generieren, schreibe einen Pop-Song mit Hilfe des Alphabets und benutze `encode-huffman`, um den Pop-Song zu codieren.

12 Zuweisungen und Zustand

Die vergangenen Kapitel haben sich damit beschäftigt, die Größen eines zu lösenden Problems durch Werte darzustellen, und diese Werte durch Prozeduren in Beziehung zu setzen. Werte wandern durch das laufende Programm und werden in der Berechnung und Konstruktion neuer Werte verwendet.

In der realen Welt verhalten sich viele Dinge jedoch anders: sie verändern sich über die Zeit, haben also Zustand. Dieses Thema wurde schon in Kapitel 9 behandelt: dort wurde bei jeder Änderung des Zustands eine neue Repräsentation erzeugt. Es ist jedoch auch möglich, daß Programme, die Zustand modellieren, Repräsentationen benutzen, die sich über die Ausführungszeit des Programms ändern. Die programmiersprachlichen Mittel dafür sind die *Zuweisung*, die es erlaubt, den Wert einer Variable zu verändern, und die *Mutation*, die es erlaubt, eine Komponente eines Record-Werts zu verändern.

Die Einführung von Zuweisung und Mutation, so einfach sie aussehen mag, hat tiefgreifende Auswirkungen auf den Begriff des Programms an sich: das bisherige Substitutionsmodell für die Programmausführung funktioniert nicht mehr, und Beweise über die Korrektheit von Programmen werden deutlich schwieriger.

Die Programme dieses Kapitels benötigen eine höhere Sprachebene als die der vorigen. Sie laufen nur in der Sprache Die Macht der Abstraktion mit Zuweisungen, die sich im Menü Sprache → Sprache auswählen einstellen läßt.

12.1 Zustandsvariablen

Ein klassisches Beispiel für ein Ding der realen Welt mit Zustand ist ein Bankkonto. Der Kontostand wird an eine Variable gebunden:

```
; aktueller Kontostand
; balance : number
(define balance 90)
```

Eine Prozedur withdraw soll einen vorgegebenen Betrag (der immer in Talern ausgegeben wird) vom Konto abheben. Das Konto hat keinen Dispositionskredit, kann also nicht überzogen werden, soll aber dem „Kunden" sagen, wenn eine Abhebung mangels Deckung nicht möglich ist. Die Prozedur hat Kurzbeschreibung und Vertrag wie folgt:

```
; vom Konto einen bestimmten Betrag abheben
; withdraw : number -> boolean
```

Zuweisungen haben die allgemeine Form

(set! *v e*)

wobei *v* eine Variable und *e* ein Ausdruck ist.
Bei der Auswertung von (set! *v e*) wird der Ausdruck *e* ausgewertet, und sein Wert
wird zum neuen Wert von *v*. Dieser Vorgang heißt – genau wie die set!-Form selbst –
Zuweisung.
Eine Zuweisung ist ein Ausdruck und muß darum einen Wert haben wie andere Ausdrücke
auch. Da die Zuweisung keinen „natürlichen", informativen Wert hat, gibt sie einen spezi-
ellen Wert zurück, der nicht abgedruckt und in der REPL in der Regel nicht angezeigt wird.
In Verträgen heißt die Sorte des Rückgabewerts unspecified.

Abbildung 12.1 Zuweisung mit set!

Der boolesche Rückgabewert gibt an, ob die Abhebung erfolgreich war (#t) oder nicht
(#f). Die Prozedur soll sich folgendermaßen verhalten:

```
(withdraw 1000)
↪ #f
(withdraw 40)
↪ #t
(withdraw 40)
↪ #t
(withdraw 40)
↪ #f
```

Der Kontostand kann jeweils an der Variable balance abgefragt werden. Nach der obigen
Folge von Aufrufen von withdraw verbleiben noch 10 Taler auf dem Konto, also:

```
balance
↪ 10
```

Entscheidend ist, daß withdraw in identischem Kontext, mit identischen Werten für den
Parameter, *unterschiedliche* Werte zurückgeben kann: (withdraw 40) liefert das erste Mal
#t (weil 40 Taler oder mehr auf dem Konto sind), auch noch ein weiteres Mal, aber beim
dritten Mal reicht das Geld auf dem Konto nicht mehr aus, und die Prozedur gibt #f zurück.
Das ist neu: bisher verhielten sich Prozeduren wie mathematische Funktionen, was heißt:
gleiche Eingabe, gleiche Ausgabe. Dieses Prinzip wird von withdraw verletzt.

Der Wert von balance läßt sich mit einer neuen Spezialform namens set! – einer sogenannten *Zuweisung* – verändern. Hier werden zum Beispiel 65 Taler an balance zugewie-
sen:

```
(set! balance 65)
balance
↪ 65
```

Abbildung 12.1 erklärt set! etwas systematischer. Das Ausrufezeichen (ausgesprochen
„bang!", set! wird also „set-bang!" ausgesprochen) soll deutlich machen, daß set! eine

Ein *Block* hat folgende Form:

(begin e_1 e_2 ... e_n)

wobei die e_i allesamt Ausdrücke sind. Begin wertet seine Operanden nacheinander aus und verwirft ihre Werte *bis auf den letzten*. Dieser letzte Wert wird zum Wert der begin-Form. Also:

```
(begin 1 2 3 4 5)
↪ 5
(define x 1)
(begin
    (set! x 2)
    3)
↪ 3
x
↪ 2
```

Abbildung 12.2   Sequentielle Auswertung

Variable verändert. Wie das ? bei den Namen von Prädikaten ist das ! eine reine Konvention.

Set! läßt sich verwenden, um withdraw zu realisieren. Zuerst das Gerüst:

```
(define withdraw
  (lambda (amount)
    ...))
```

Bei amount soll withdraw eine Fallunterscheidung vornehmen – je nachdem, ob dieser Betrag den Kontostand überschreitet oder nicht:

```
(define withdraw
  (lambda (amount)
    (if (>= balance amount)
        ...
        ...)))
```

Es ist schon klar, was jeweils herauskommen soll:

```
(define withdraw
  (lambda (amount)
    (if (>= balance amount)
        #t
        #f)))
```

Damit sieht die Prozedur rein optisch schon fertig aus: die Ellipsen sind allesamt verschwunden. Aber es fehlt noch die set!-Form, die den Kontostand verändert. Diese muß ausgewertet werden, *bevor* #t zurückgegeben wird. Im obigen Code ist allerdings dafür gar kein Platz vorgesehen. Eine neue Form wird benötigt, die zwei Ausdrücke nacheinander auswertet und zusammen wie einen aussehen läßt. Diese heißt `begin` und ist in Abbildung 12.2 erläutert.

Mit `begin` wird `withdraw` nun vervollständigt:

```
(define withdraw
  (lambda (amount)
    (if (>= balance amount)
        (begin
          (set! balance (- balance amount))
          #t)
        #f)))
```

Die `withdraw`-Prozedur verarbeitet nicht nur ihre Argumente und berechnet daraus einen Rückgabewert, sondern verändert auch den Zustand in der globalen Variable `balance`, hat also auch einen *Effekt*. Effekte laufen „versteckt" ab, da sie nicht im Vertrag beschrieben sind. Damit zukünfige Benutzer von `withdraw` wissen, was für Effekte die Prozedur hat, sollten diese in der Beschreibung der Prozedur notiert werden, am besten gleich unter dem Vertrag:

```
; vom Konto einen bestimmten Betrag abheben;
; withdraw : number -> boolean
; Effekt: verändert die globale Variable balance
```

Mantra 12 Wenn eine Prozedur einen Effekt hat, beschreibe diesen unter dem Vertrag durch einen Kommentar.

12.2   Zustand kapseln

Das Programm des vorigen Abschnitts ist in einer Hinsicht noch unbefriedigend: Es gibt nur ein einziges Konto. Ein Programm, das mehrere Konten verwaltet, müßte für jedes Konto eine eigene `balance`-Variable führen (`balance-2`, `balance-3`, oder so ähnlich) und auch eine eigene `withdraw`-Prozedur, die sich auf die zugehörige Variable bezieht. Das ist nicht praktikabel.

Eine Methode, das Problem zu lösen, ist, ein Konto durch einen separaten Wert (und nicht eine Variable, wie vorher) darzustellen, der den Kontostand enthält. Hierfür eignet sich eine erweiterte Version der Records, die es erlauben, die Komponentenwerte nachträglich zu verändern. Hier Daten- und Record-Definition für Bankkonten:

```
; Ein Konto ist ein Record
;   (make-account b)
; wobei b eine Zahl ist, die den Kontostand darstellt.
(define-record-procedures-2 account
  make-account account?
  ((account-balance set-account-balance!)))
```

Define-record-procedures-2 ist eine erweiterte Version von define-record-procedures. Die allgemeine Form sieht so aus:

```
(define-record-procedures-2 t
  c p
  (f₁ ... fₙ))
```

Dabei sind t, c und p wie bisher Namen für den Record-Typ, den Konstruktor und das
Prädikat. f_i kann, wie bisher, der Name eines Selektors sein, oder die Form

$$(s_i \ m_i)$$

haben, wobei s_i der Name des Selektor und m_i der Name des sogenannten *Mutators* ist. Ein
Mutator ändert oder *mutiert* eine Komponente eines Records. Ein Mutator m_i hat folgenden
Vertrag:

```
; mᵢ : t tᵢ -> unspecified
```

Dabei ist t_i die Sorte des i-ten Feldes. Damit hat der Mutator von account Kurzbeschreibung, Vertrag und Effekt wie folgt:

```
; Stand eines Kontos setzen
; set-account-balance!: account number -> unspecified
; Effekt:
; (set-account-balance! a n) verändert den Kontostand von a
```

Das Ausrufezeichen soll, wie bei set!, deutlich machen, daß set-account-balance!
eine Komponente verändert. Dies ist allerdings reine Konvention.

Das funktioniert folgendermaßen:

```
(define a1 (make-account 90))
(account-balance a1)
↪ 90
(set-account-balance! a1 1000)
(account-balance a1)
↪ 1000
```

Mit Hilfe des Mutators läßt sich withdraw zu einer Prozedur account-withdraw verallgemeinern, die neben dem abzuhebenden Betrag auch das Konto akzeptiert, von dem
abgehoben werden soll. Hier sind Kurzbeschreibung, Vertrag und Gerüst:

```
; Geld von Konto abheben
; account-withdraw : account number -> boolean
; Effekt:
; (account-withdraw a m) verändert den Kontostand von a
(define account-withdraw
  (lambda (acc amount)
    ...))
```

Der Rumpf folgt der gleichen Konstruktion wie bei withdraw, nur daß account-withdraw statt der Variablen balance mit der balance-Komponente des account-Records hantiert:

```
(define account-withdraw
  (lambda (acc amount)
    (if (>= (account-balance acc) amount)
        (begin
          (set-account-balance! acc (- (account-balance acc) amount))
          #t)
        #f)))
```

Fertig! Das funktioniert folgendermaßen:

```
(define a2 (make-account 90))
(account-withdraw a2 40)
↪ #t
(account-balance a2)
↪ 50
(account-withdraw a2 40)
↪ #t
(account-balance a2)
↪ 10
(account-withdraw a2 40)
↪ #f
(account-balance a2)
↪ 10
```

Da, anders als im letzten Abschnitt, der Zustand nicht „für alle sichtbar" in einer globalen Variable als *globaler Zustand*, sondern als Komponente in einem Record steckt, heißt dieser Zustand *gekapselt*. Gekapselter Zustand ist besser als globaler Zustand, wie das Konto-Beispiel zeigt: Bei der Verwendung einer globalen Variable gibt es nur ein Konto; bei gekapseltem Zustand gibt es beliebig viele. Außerdem ist es möglich, den Zugriff auf gekapselten Zustand besser zu kontrollieren (siehe Aufgabe 12.5), während bei globalem Zustand jeder auf das Konto zugreifen kann, der Zugriff auf die globale Variable hat.

Mantra 13 (Gekapselter Zustand) Gekapselter Zustand ist besser als globaler Zustand.

Für Programme, die den gekapselten Zustand in Records verändern, kommen folgende Bestandteile zu den schon bekannten Konstruktionsanleitungen hinzu:

- Lege bei der Record-Definition für den gekapselten Zustand fest, welche Bestandteile veränderbar sein sollen. Benutze define-record-procedures-2 für die Record-Definition und gib Mutatoren für die betroffenen Felder an. Wenn der Selektor für das Feld *s* heißt, sollte der Mutator meist set-*s*! heißen.

- Um die Komponente eines Record-Arguments *r* zu ändern, benutze den dazugehörigen Mutator *m*. Wenn *a* der Ausdruck für den neuen Wert der Komponente ist, sieht der Aufruf folgendermaßen aus: (*m r a*).

- Um mehrere Komponenten in einer Prozedur zu verändern, oder um einen sinnvollen Rückgabewert nach einer Mutation zu liefern, benutze `begin`.

Konstruktionsanleitung 10 in Anhang D faßt dies noch einmal zusammen.

12.3 Erweitertes Beispiel

Rock-Bands sind ein hervorragendes Beispiel für veränderlichen Zustand. Bands bestehen aus Mitgliedern, von denen jeder ein bestimmtes Instrument spielt. (Feinheiten wie multi-talentierte Musiker werden dabei ignoriert.) Hier sind Daten- und Record-Definition:

```
; Ein Band-Mitglied ist ein Wert
;   (make-band-member n i)
; wobei n eine Zeichenkette ist, die den Namen
; des Band-Mitglieds repräsentiert, und i eine
; Zeichenkette, die das Instrument des Band-Mitglieds
; repräsentiert.
(define-record-procedures band-member
  make-band-member band-member?
  (band-member-name
   band-member-instrument))
```

Die Band selbst besteht aus ihrem Namen und den Mitgliedern der Band. Die Mitglieder können jederzeit wechseln, das entsprechende Record-Feld muß also einen Mutator haben. Hier sind Daten- und Record-Definition:

```
; Eine Band ist ein Wert
;   (make-band n m)
; wobei n eine Zeichenkette ist, die den Namen
; der Band repräsentiert, und m eine Liste
; aus band-member-Records ist, welche die Mitglieder
; der Band darstellen.
(define-record-procedures-2 band
  make-band band?
  (band-name (band-members set-band-members!)))
```

Mit diesen beiden Definitionen läßt sich schon eine kleine Band zusammenstellen:

```
(define axl (make-band-member "Axl" "vocals"))
(define slash (make-band-member "Slash" "guitar"))
(define steven (make-band-member "Steve Adler" "drums"))
(define izzy (make-band-member "Izzy" "guitar"))
(define duff (make-band-member "Duff" "bass"))

(define guns
  (make-band "Guns N' Roses"
             (list axl slash izzy duff steven)))
```

Als nächstes soll ein neues Band-Mitglied hinzukommen. Gefragt ist eine Prozedur mit folgender Beschreibung:

```
; einer Band ein Mitglied hinzufügen
; add-band-member! : band band-member -> unspecified
; Effekt:
; (add-band-member! b m) fügt m zur Mitglieder-Komponente von b hinzu
```

Hier sind Gerüst und Schablone:

```
(define add-band-member!
  (lambda (b m)
    (set-band-members! b ...)))
```

Die neuen Band-Mitglieder sollen die alten Mitglieder enthalten, sie müssen also im Aufruf des Mutators vorkommen:

```
(define add-band-member!
  (lambda (b m)
    (set-band-members! b ... (band-members b) ...)))
```

Das neue Mitglied soll dann noch hinzukommen:

```
(define add-band-member!
  (lambda (b m)
    (set-band-members! b
                       (make-pair m (band-members b)))))
```

Damit ist add-band-member! fertig und funktioniert folgendermaßen:

```
guns
↪ #<record:band "Guns N' Roses"
          #<list #<record:band-member "Axl" "vocals">
                 #<record:band-member "Slash" "guitar">
                 #<record:band-member "Izzy" "guitar">
                 #<record:band-member "Duff" "bass">
                 #<record:band-member "Steve Adler" "drums">>>
(define dizzy (make-band-member "Dizzy" "keyboard"))
(add-band-member! guns dizzy)
guns
↪ #<record:band "Guns N' Roses"
          #<list #<record:band-member "Dizzy" "keyboard">
                 #<record:band-member "Axl" "vocals">
                 #<record:band-member "Slash" "guitar">
                 #<record:band-member "Izzy" "guitar">
                 #<record:band-member "Duff" "bass">
                 #<record:band-member "Steve Adler" "drums">>>
```

Das Spiel geht natürlich auch umgekehrt – Band-Mitglieder verabschieden sich gelegentlich. Gefragt ist also eine Prozedur mit folgender Beschreibung:

```
; Mitglied aus Band entfernen
; remove-band-member! : band band-member -> unspecified
; Effekt:
; (remove-band-member! b m) entfernt m aus der Mitglieder-Komponente
; von b
```

Die Definition entsteht genauso wie bei add-band-member!. Allerdings gibt es kein direk-
tes Pendant zu make-pair, das ein Element aus einer Liste entfernt. Es sei per Wunschdenken angenommen, daß eine Prozedur without schon existiert:

```
; Element aus einer Liste entfernen
; without : a list(a) -> list(a)
```

Die Prozedur liefert eine neue Liste mit allen Elementen der ursprünglichen Liste, bis auf
die Vorkommen des zu entfernenden Elements. Die Realisierung der Prozedur ist Aufgabe 12.2.

Die Definition der remove-band-member!-Prozedur sieht dann so aus:

```
(define remove-band-member!
  (lambda (b m)
    (set-band-members! b
                        (without m (band-members b)))))))
```

Tatsächlich ergibt sich, wenn without richtig programmiert wurde:

```
(remove-band-member! guns izzy)
guns
↪ #<record:band "Guns N' Roses"
              #<list #<record:band-member "Dizzy" "keyboard">
                     #<record:band-member "Axl" "vocals">
                     #<record:band-member "Slash" "guitar">
                     #<record:band-member "Duff" "bass">
                     #<record:band-member "Steve Adler" "drums">>>
```

Manchmal werden Band-Mitglieder direkt ausgetauscht, damit ein bestimmtes Instrument
besetzt bleibt. Herauskommen soll eine Prozedur mit folgendem Vertrag:

```
; Band-Mitglied ersetzen
; replace-band-member! : band string string -> boolean
; Effekt:
; (replace-band-member! b i n) verändert die Mitglieder-Komponente
; von b
```

Wenn die Prozedur mit einer Band, dem Namen eines Instruments *i* und dem Namen eines
neuen Musikers *n* aufgerufen wird, soll das erste Band-Mitglied herausfliegen, das *i* spielt.

Die Prozedur equal? vergleicht beliebige Scheme-Werte: Equal? vergleicht Booleans, Zeichen und Zeichenketten. Bei Listen werden die Elemente verglichen und bei Records die Komponenten.

```
(equal? 23 23)
↪ #t
(equal? #t #f)
↪ #f
(equal? "Axl" "Slash")
↪ #f
(equal? "Axl" "Axl")
↪ #t
(equal? (list "Axl" "Slash") (list "Axl "Slash"))
↪ #t
(equal? (make-chocolate-cookie 1 2) (make-chocolate-cookie 1 2))
↪ #t
```

Abbildung 12.3 equal?

Dann soll ein neues Band-Mitglied hinzukommen, das *n* heißt und *i* spielt. Falls das geklappt hat, soll die Prozedur #t zurückgeben. Wenn allerdings die Band keinen Musiker aufweist, der das Instrument spielt, soll #f zurückgegeben werden. Zu diesem Zweck muß das zu ersetzende Band-Mitglied erst einmal gefunden werden. Per Wunschdenken wird angenommen, daß eine Prozedur mit folgendem Vertrag existiert:

```
; first-band-member-with-instrument : band string -> band-member or #f
```

Sie soll aus einer Band das erste Mitglied liefern, das ein gegebenes Instrument spielt. Wenn kein Mitglied mit dem gesuchten Instrument existiert, soll die Prozedur #f zurückgeben. (Die Fertigstellung ist Aufgabe 12.3.)

Das Gerüst der Prozedur sieht, zusammen mit dem Aufruf von first-band-member-with-instrument, also folgendermaßen aus:

```
(define replace-band-member!
  (lambda (b i n)
    ... (first-band-member-with-instrument b i) ...))
```

Dabei tritt beim Rückgabwert von first-band-member-with-instrument eine Fallunterscheidung auf. Anders in Abschnitt 11.3 wird also kein spezieller not-found-Record-Typ eingeführt. Für die Fallunterscheidung wird statt eines speziellen Prädikats die Prozedur equal? benutzt, die in Abbildung 12.3 erklärt wird.

```
(define replace-band-member!
  (lambda (b i n)
    (let ((m (first-band-member-with-instrument b i)))
      (if (equal? m #f)
          ...
          ...))))
```

Im ersten Fall kann die Ersetzung nicht vorgenommen werden, also wird #f zurückgegeben. Im anderen Fall wird das alte Band-Mitglied enfernt, ein neues hergestellt und hinzugefügt, und schließlich #t zurückgegeben:

```
(define replace-band-member!
  (lambda (b i n)
    (let ((m (first-band-member-with-instrument b i)))
      (if (equal? m #f)
          #f
          (begin
            (remove-band-member! b m)
            (add-band-member! b (make-band-member n i))
            #t)))))
```

Das funktioniert in der Praxis folgendermaßen:

```
(replace-band-member! guns "drums" "Matt")
↪ #t
guns
↪ #<record:band "Guns N' Roses"
              #<list #<record:band-member "Matt" "drums">
                     #<record:band-member "Dizzy" "keyboard">
                     #<record:band-member "Axl" "vocals">
                     #<record:band-member "Slash" "guitar">
                     #<record:band-member "Duff" "bass"> >>
```

Dies ist nicht die einzige Möglichkeit, ein Band-Mitglied zu ersetzen. Alternativ dazu, erst ein Mitglied zu entfernen und ein neues hinzuzufügen, könnte die Position des gegebenen Instruments einfach den Namen wechseln – das ist eine Frage der Sichtweise. Um diese Sichtweise umzusetzen, muß das Namensfeld eines Band-Mitglieds veränderbar sein. Die Record-Definition muß also folgendermaßen geändert werden:

```
(define-record-procedures-2 band-member
  make-band-member band-member?
  ((band-member-name set-band-member-name!)
   band-member-instrument))
```

Hier ist die Definition für die alternative Sichtweise:

```
; Mitglied einer Band ersetzen, das ein bestimmtes Instrument spielt
; replace-band-member-2! : band string string -> boolean
; Effekt:
; (replace-band-member-2! b i n) verändert die Namens-Komponente
; des gefundenen Mitglieds
(define replace-band-member-2!
  (lambda (b i n)
    (let ((m (first-band-member-with-instrument b i)))
```

```
(if (equal? m #f)
    #f
    (begin
      (set-band-member-name! m n)
      #t)))))
```

In der Praxis funktioniert das ganze ebenfalls:

```
(replace-band-member-2! guns "drums" "Matt")
guns
↪ #<record:band "Guns N' Roses"
          #<list #<record:band-member "Dizzy" "keyboard">
                 #<record:band-member "Axl" "vocals">
                 #<record:band-member "Slash" "guitar">
                 #<record:band-member "Duff" "bass">
                 #<record:band-member "Matt" "drums">>>
```

Allerdings ist der Effekt der Prozedur möglicherweise unerwartet:

```
steven
↪ #<record:band-member "Matt" "drums">
```

Das ist unter Umständen nicht im Sinne des Programmierers, der `steven` im Glauben angelegt hat, daß es an einen Wert gebunden ist, der „Steve" repräsentiert und nicht „Matt". Diese Annahme wird durch die Mutation zunichte gemacht.

Solche Feinheiten machen Programme mit Zustand häufig schwer zu durchschauen. Es folgt ein Mantra:

Mantra 14 Vermeide die Verwendung von Zustand, wenn möglich.

12.4   Zuweisungen und das Substitutionsmodell

Die voneinander unabhängigen Konten `a1` und `a2` am Ende von Abschnitt 12.2 sind ein Indiz dafür, daß das Substitutionsmodell nicht mehr ausreicht, um das Verhalten von `make-account` zu erklären: Im Substitutionsmodell läßt sich stets gleiches durch gleiches ersetzen. A1 und a2 sind Werte des gleichen Ausdrucks, verhalten sich aber unterschiedlich, zum Beispiel (bei einem Anfangskontostand von 90) nach der Auswertung des Ausdrucks `(account-withdraw a1 20)`:

```
(account-withdraw a1 30)
↪ #t
(account-balance a1)
↪ 40
(account-withdraw a2 30)
↪ #t
(account-balance a2)
↪ 60
```

Das Dilemma wird an einem anderen Beispiel noch offensichtlicher:

```
(define a1 (make-account 90))
(define a2 a1)
(accout-withdraw a1 25)
↪ #t
(accout-balance a1)
↪ 65
(accout-withdraw a2 25)
↪ #t
(account-balance a2)
↪ 40
```

Das heißt, daß Änderungen an a1 auch a2 betreffen: a1 und a2 stehen für denselben Ort im Speicher. Das ist umgangssprachlich die Definition von „dasselbe": Wenn zwei Dinge dasselbe sind, betreffen Änderungen an einem auch das andere. Diese Komplikationen entstehen durch eine Eigenheit unseres Modells. Ist ein Bankkonto, nachdem 20 Taler abgehoben wurden, dasselbe wie vorher? Ist es das gleiche? Umgangssprachlich ist es möglich, daß zwei Dinge „gleich" sind, wenn sie gleich aussehen oder sich anderweitig gleich verhalten. Es kann sich trotzdem um verschiedene Dinge handeln, bei denen Änderungen an einem nicht unbedingt Änderungen am anderen bedeuten.

In der Tat ist das Substitutionsmodell aus Kapitel 2 ungeeignet, um das Verhalten von Programmen mit Zuweisung oder Mutation zu erklären. Dies läßt sich bereits bei der Auswertung des folgenden einfachen Ausdrucks erkennen, wenn a1 ein Konto mit Stand 90 ist:

```
(begin
  (account-withdraw a1 25)
  (account-balance a1))
```

Im ersten Auswertungsschritt wird der Rumpf von account-withdraw für den Namen eingesetzt:

```
(begin (account-withdraw a1 25) (account-balance a1)
⟹ (begin
    ((lambda (acc amount)
       (if (>= (account-balance acc) amount)
           (begin
             (set-account-balance! acc
                                    (- (account-balance acc) amount))
             #t)
           #f))
     #<record:account 90> 25)
    (account-balance #<record:account 90>))
```

Als nächstes wird die Applikation ausgewertet und der Record-Wert für a1 eingesetzt:

```
⟹ (begin
     (if (>= (account-balance #<record:account 90>) 25)
         (begin
           (set-account-balance!
             #<record:account 90>
             (- (account-balance #<record:account 90>) 25))
           #t)
         #f)
     (account-balance #<record:account 90>))
```

Hier ist das Problem zu sehen: in dem Ausdruck tauchen vier Account-Records auf, weil der Bezeichner a1, der viermal vorkam, durch den Wert #<record:account 90> ersetzt wurde. Der Test im if-Ausdruck liefert #t, es geht also folgendermaßen weiter:

```
⟹ (begin
     (begin
       (set-account-balance!
         #<record:account 90>
         (- (account-balance #<record:account 90>) 25))
       #t)
     (account-balance #<record:account 90>))
⟹ (begin
     (begin
       unspecified
       #t)
     (account-balance #<record:account 90>))
⟹ (begin
     #t
     (account-balance #<record:account 90>))
⟹ (account-balance #<record:account 90>))
⟹ 90
```

Das ist sicher nicht richtig: Der Konto-Wert im set-account-balance!-Ausdruck ist ein anderer, als der, dessen Stand am Ende das Ergebnis des Gesamtausdrucks herauskommt.

Das Problem beim Substitutionsmodell, was die Erklärung von Programmen mit Zuweisungen betrifft, ist die Regel für die Prozeduranwendung. Hier ist noch einmal der entscheidende Satz, zur Erinnerung:

> [...] Zur Auswertung werden im Rumpf der Form die Parameter durch Argumente (also die Werte der Operanden) ersetzt oder *substituiert*, und der entstehende Ausdruck wird ausgewertet.

Die Substitution entspricht der Vorstellung, daß ein Name für einen Wert steht. Nach der Einführung von Zuweisungen steht aber ein Name für einen *Ort*, der sich irgendwo befinden muß. An diesem Ort erst steht der Wert. Der Ort selbst wird nicht repliziert, anders als die Werte im Umgebungsmodell, wenn Variablen substituiert werden.

12.5 Das Umgebungsmodell für die Programmauswertung

Da das Substitutionsmodell nicht mehr ausreicht, um das Verhalten von Programmen mit Zuweisungen zu erklären, muß ein neues Modell her: das *Umgebungsmodell*. Wie das Substitutionsmodell läßt es sich von Hand mit Papier und Bleistift nachvollziehen. Dafür sind jetzt zweidimensionale Darstellungen notwendig. Das Umgebungsmodell basiert auf gezeichneten *Umgebungsdiagrammen*.

In Umgebungsdiagrammen ist ein Ort, an dem ein Wert stehen und verändert werden kann, eine sogenannte *Zelle*, die durch einen Kreis dargestellt wird:

Eine Zelle enthält stets einen Pfeil, der zu einem Wert führt, zum Beispiel zu einer Zahl:

Die offizielle Ausdrucksweise für die Beschreibung dieses Bilds ist: die Zelle *zeigt auf* die Zahl 23. Mit den Pfeilen ist es möglich, im Umgebungsdiagramm den Unterschied zwischen „dasselbe" (nur eine Zelle) und „das gleiche" (zwei Zellen mit Pfeilen auf den gleichen Wert im Diagramm) deutlich zu machen.[1]

Da Variablen für Orte stehen, sind sie im Umgebungsdiagramm Zellen zugeordnet. Diese Zuordnungen stehen in einer Tabelle mit Variablennamen und Zellen, die *Frame* heißt:

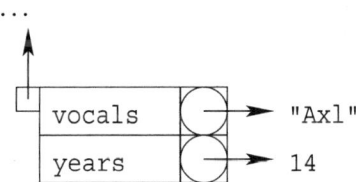

Dieses Frame enthält zwei sogenannte *Bindungen* für die Namen years und vocals: Years steht für eine Zelle, die auf die Zahl 14 zeigt und vocals für eine Zelle, die auf die Zeichenkette "Axl" zeigt.

Eine Zahl oder Zeichenkette darf mehrfach in einem Umgebungsdiagramm vorkommen. Es ist aber genauso zulässig, jede Zahl und Zeichenkette nur einmal aufzuführen und mehrere Pfeile auf sie zu richten. Dies macht keinen Unterschied für das Verhalten des Programms. (Dieses Thema wird in Abschnitt 12.7 noch einmal aufgegriffen.)

Mehrere Frames werden im Umgebungsmodell zu Ketten, sogenannten *Umgebungen*, zusammengesetzt. Dafür ist das kleine Kästchen oben links am Frame zuständig: von ihm führt gegebenenfalls ein Pfeil zu einem weiteren Frame. Die einfachsten Umgebungen bestehen jeweils aus einem einzigen Frame; in diesem Fall ist das Kästchen durchgestrichen. Hier ist ein Umgebungsdiagramm, in dem gleich drei Umgebungen zu sehen sind:

---

[1]In echten Computern gibt es natürlich keine Pfeile. Stattdessen sind die Orte Speicherzellen, in denen Werte stehen, mit sogenannten *Adressen* numeriert, und die Pfeile sind dort durch Adressen repräsentiert. Auch Umgebungen und die noch einzuführenden Closures werden im Speicher repräsentiert.

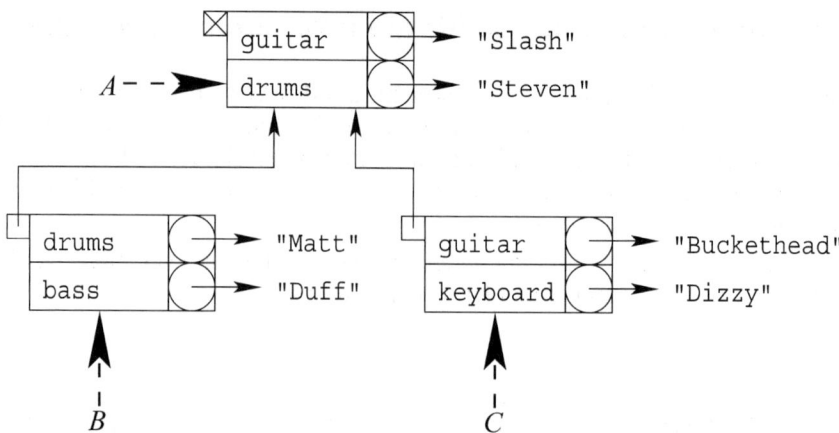

In diesem Bild ist das obere Frame für sich eine Umgebung A, die mit einem dicken gestrichelten Pfeil gekennzeichnet ist. Dann gibt es eine Umgebung B, die aus dem linken und dem oberen Frame besteht. C schließlich besteht aus dem rechten und dem oberen Frame.

Die Umgebung, die von dem Kästchen eines Frames ausgeht, heißt die *umschließende Umgebung*: Die umschließende Umgebung des linken und des rechten Frames ist A.

In einem Umgebungsdiagramm gibt es immer nur ein Frame wie das von A, das keine umschließende Umgebung hat: Dieses Frame bildet die sogenannte *globale Umgebung*.

Umgebungsdiagramme dienen dazu, Werte von Variablen ausfindig zu machen. Wie das obige Umgebungsdiagramm zeigt, kann es mehrere Frames mit dem gleichen Variablennamen geben; welches davon wirklich maßgeblich ist, hängt davon ab, *in bezug auf welche Umgebung* der Wert der Variablen festgestellt werden soll. Der Wert einer Variablen v in bezug auf eine Umgebung U ist der Pfeil in der ersten Bindung entlang der Kette von Frames, aus denen die Umgebung besteht. Gibt es keine solche Bindung, ist die Variable *ungebunden*. Diese Kette wird von Frames sind so konstruiert, daß das Umgebungsmodell der lexikalischen Bindung (Abschnitt 2.7) entspricht.

Im Diagramm oben ist der Wert von drums in bezug auf A gerade "Steven", ebenso in bezug auf C, in bezug auf B allerdings "Matt". Andererseits ist der Wert von guitar in bezug auf A und B gerade "Slash", in bezug auf C allerdings "Buckethead". Bass hat, in bezug auf B den Wert "Duff", ist aber in bezug auf A und C ungebunden. Keyboard hat in bezug auf C den Wert "Dizzy", ist aber in bezug auf A und B ungebunden.

Während Zahlen, Zeichenketten oder boolesche Werte einfach in die Umgebungsdiagramme direkt eingetragen werden, ist es bei Prozeduren komplizierter. Zur Auswertung einer Prozedurapplikation sind folgende Zutaten notwendig:

- die Parameter,

- der Rumpf der Abstraktion, aus dem die Prozedur kommt und

- eine Umgebung, in bezug auf welche die Variablen des Rumpfes ausgewertet werden können.

Dementsprechend besteht das Bild für eine Prozedur im Umgebungsdiagramm auch aus drei Teilen. Es sieht etwa so aus:

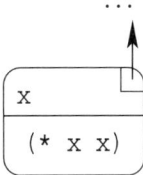

Die obere Hälfte des Kastens enthält die Parameter (in diesem Fall nur x), die untere den Rumpf (* x x). Das Kästchen in der oberen rechten Ecke enthält einen Pfeil auf die Umgebung, in bezug auf die der Rumpf ausgewertet werden soll. Ein solcher Kasten, der eine Prozedur repräsentiert, heißt *Closure*.

Damit sind alle Voraussetzungen gegeben, um die Auswertung im Umgebungsmodell zu beschreiben. Wie im Substitutionsmodell wird stets bei der Auswertung eines Ausdrucks ein Ergebnis berechnet, aber immer in bezug auf eine Umgebung U in einem Umgebungsdiagramm:

Literale Ergebnis ist ein Pfeil auf ein Bild des Literals im Umgebungsdiagramm.

Variablen Ergebnis ist der Inhalt der Zelle der ersten Bindung für v entlang der Kette von Frames, aus denen U besteht.

binäre Verzweigungen Das Ergebnis hängt vom Ergebnis des Tests der Verzweigung in bezug auf U ab: ist dies ein Pfeil auf #t, so wird die Konsequente in bezug auf U ausgewertet, ansonsten die Alternative. Das so ermittelte Ergebnis wird zum Ergebnis der Verzweigung.

Abstraktionen Ergebnis einer Abstraktion in bezug auf eine Umgebung U ist ein Pfeil auf eine Closure aus den Parametern, dem Rumpf der Abstraktion und einem Pfeil auf U.

Applikationen Bei der Auswertung eines Proaduraufrufs in bezug auf eine Umgebung U werden zunächst Operator und Operanden in bezug auf U ausgewertet.

Ergebnis des Operators muß eine Prozedur sein – entweder eine eingebaute Prozedur oder ein Pfeil auf eine Closure. Falls es sich um eine eingebaute Prozedur handelt, so ist das Ergebnis ein Pfeil auf das Ergebnis der entsprechenden Operation.

Ist das Ergebnis des Operators ein Pfeil auf eine Closure, so muß diese ebensoviele Parameter besitzen, wie der Proaduraufruf Operanden hat. Dann wird ein neues Frame eingezeichnet, dessen umschließende Umgebung die Umgebung in der Closure ist, und in dem die Parameter an die Werte der Operanden (die Argumente) gebunden werden. Ergebnis der Applikation ist das Ergebnis der Auswertung des Prozedurrumpfes in bezug auf die Umgebung, die von dem neuen Frame ausgeht.

Zuweisungen Bei der Auswertung einer Zuweisung (set! v e) in bezug auf eine Umgebung U wird zunächst e ausgewertet. Dann wird die Bindung von v lokalisiert: der Pfeil der Bindung wird entfernt und durch das Ergebnis von e ersetzt. Das Ergebnis der Auswertung der Zuweisung ist ein Pfeil auf ein Bild mit der Aufschrift unspecified.

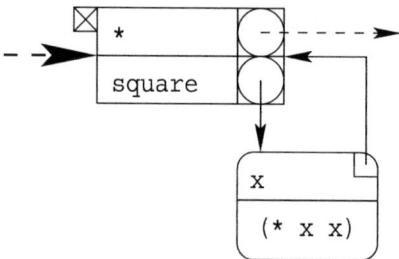

Abbildung 12.4   Umgebungsdiagramm für `square`

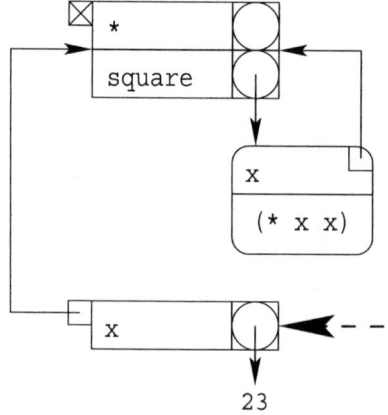

Abbildung 12.5   Umgebungsdiagramm bei der Auswertung von `(square 23)`

Am Anfang der Auswertung eines Programms gibt es nur die globale Umgebung und die Definitionen und Ausdrücke werden in bezug auf diese globale Umgebung ausgewertet. Die Auswertung jeder Definition `(define v e)` trägt eine Bindung an den Wert von e in die globale Umgebung ein. Neue Frames und damit auch neue Umgebungen entstehen durch die Auswertung von Applikationen. (Neue Frames entstehen auch durch die Auswertung von `let`-Ausdrücken, die ja syntaktischer Zucker für Applikationen sind, siehe Abschnitt 7.4.)

Ein einfaches Beispiel für die Anwendung des Umgebungsmodells ist die folgende Prozedur:

```
(define square
  (lambda (x)
    (* x x)))
```

Das Umgebungsdiagramm, das durch Auswertung dieser Definition entsteht, ist in Abbildung 12.4 zu sehen. Dort ist der Vollständigkeit halber auch die globale Bindung für die eingebaute Prozedur * angedeutet.

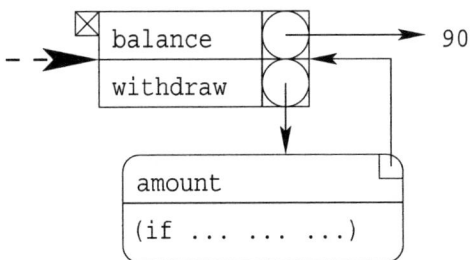

Abbildung 12.6   Umgebungsdiagramm für `withdraw`

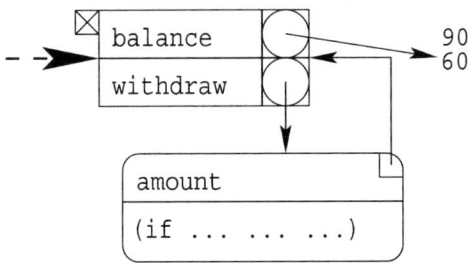

Abbildung 12.7   Umgebungsdiagramm nach Auswertung von `(withdraw 30)`

Es gibt zunächst nur die eine globale Umgebung, in bezug auf die der Lambda-Ausdruck von `square` ausgewertet wird. Demnach ist die Umgebung der entstehenden Prozedur auch die globale Umgebung; diese Prozedur wird durch `define` in der globalen Umgebung an `square` gebunden.

Durch die nachfolgende Anwendung von `square` wird das Umgebungsdiagramm erweitert: Abbildung 12.5 zeigt das Diagramm, das bei der Auswertung von `(square 23)` entsteht. Der dicke gestrichelte Pfeil zeigt auf die Umgebung, in bezug auf die der Rumpf von `square`, `(* x x)`, ausgewertet wird.

Abbildung 12.6 zeigt das Umgebungsdiagramm für die `withdraw`-Prozedur vom Anfang des Kapitels. Die globale Umgebung enthält Bindungen für den Kontostand `balance` und `withdraw` selbst. Eingebaute Bindungen wurden der Übersichtlichkeit halber weggelassen. Abbildung 12.7 zeigt das Umgebungsdiagramm nach der Anwendung von `(withdraw 30)`: die Zuweisung entfernt den Pfeil von der Bindung von `balance` auf die `90` und ersetzt ihn durch einen Pfeil auf die `60`.

Abbildung 12.8 zeigt ein Umgebungsdiagramm für ein `account-withdraw`-Beispiel: die Bindung für `a1` ist durch `(define a1 (make-account 90))` entstanden. Das `account`-Record ist als Kasten mit der Überschrift `account` eingezeichnet; es folgt eine Tabelle mit Namen für die Felder und Zellen für die (veränderbaren) Komponenten.

Ein Aufruf von `account-withdraw` ersetzt den Pfeil aus der Zelle der `balance`-Komponente des Kontos. Abbildung 12.9 zeigt das resultierende Umgebungsdiagramm.

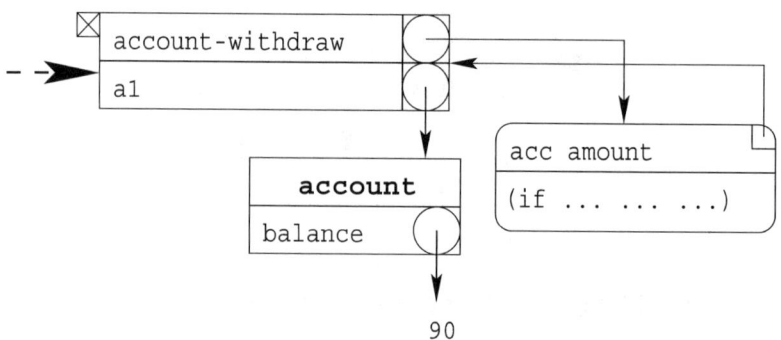

Abbildung 12.8   Umgebungsdiagramm für `account-withdraw`

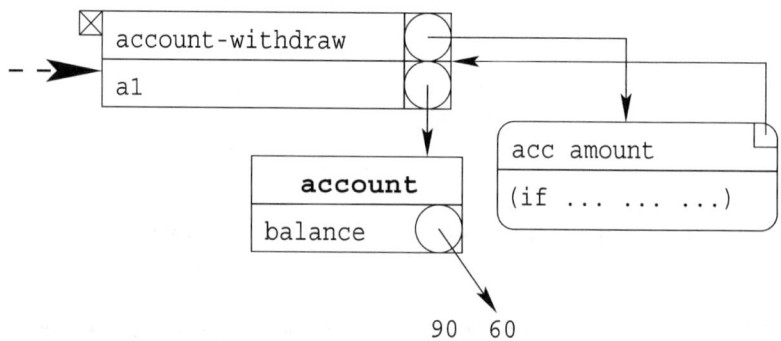

Abbildung 12.9   Umgebungsdiagramm nach (`account-withdraw a1 30`)

12.6   Gekapselter Zustand mit Closures

Nicht nur Records können Zustand kapseln. Das geht auch mit Prozeduren und `set!`. Die
folgende alternative Lösung des Kontoproblems zeigt, wie es geht:

```
; Prozedur zum Abheben von einem Konto konstruieren
; make-withdraw : number -> (number -> number or #f)
(define make-withdraw
  (lambda (balance)
    (lambda (amount)
      (if (>= balance amount)
          (begin
            (set! balance (- balance amount))
            balance)
          #f)))))
```

Mit dieser Prozedur wird ein Konto mit Anfangsstand 90 folgendermaßen erzeugt:

```
(define w1 (make-withdraw 90))
```

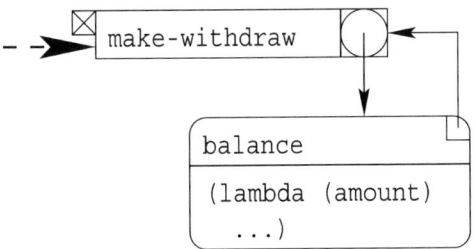

Abbildung 12.10   Umgebungsdiagramm nach Auswertung der `make-withdraw`-Definition

W1 ist selbst eine Prozedur, die eine Zahl akzeptiert, nämlich einen abzuhebenden Betrag. Zurückgegeben wird eine Zahl, der verbleibende Kontostand. Wenn das Konto nicht gedeckt ist, wird `#f` zurückgegeben. Der aktuelle Kontostand läßt sich jederzeit abfragen, indem 0 „abgehoben" wird.

```
(w1 50)
↪ 40
(w1 20)
↪ 20
(w1 1000)
↪ #f
(w1 0)
↪ 20
```

Damit ist `make-withdraw` eine Fabrik für Prozeduren, die wie `withdraw` vom Anfang des Kapitels funktionieren. Anders als bei `withdraw` kann `make-withdraw` jedoch mehrere unabhängige Konten verwalten:

```
(define w2 (make-withdraw 90))
(w2 40)
↪ 50
(w1 0)
↪ 20
```

Wie das Beispiel funktioniert, läßt sich anhand des Umgebungsmodells zeigen. Abbildung 12.10 zeigt die Ausgangssituation mit der Definition von `make-withdraw`.

Die Auswertung der Definition von `w1` erzeugt eine neue Prozedur und damit ein weiteres Frame für die Bindung von `balance`, das Teil der Closure wird. Abbildung 12.11 zeigt das Resultat. Entscheidend ist dabei das neue Frame, das durch die Applikation von `make-withdraw` erzeugt wird: Die umschließende Umgebung ist dieselbe Umgebung wie die Umgebung in der Closure zu `make-withdraw`. Dementsprechend zeigt auch der Pfeil von dort wieder auf die globale Umgebung. Der gepunktete Pfeil zeigt, von wo der Pfeil im neuen Frame kommt.

Die Auswertung von `(w1 50)` erzeugt zunächst ein weiteres Frame mit der Bindung für den Parameter `amount`. Abbildung 12.12 zeigt das erweiterte Umgebungsdiagramm. Auch

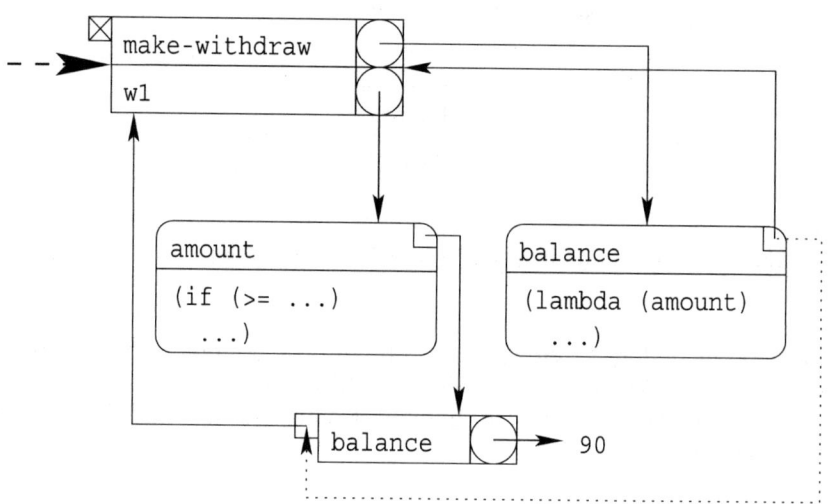

Abbildung 12.11   Umgebungsdiagramm nach Auswertung der Definition von `w1`

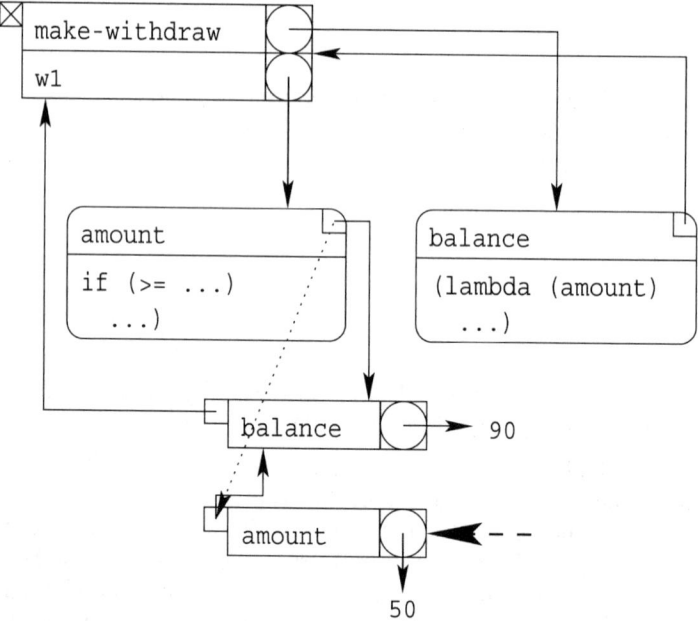

Abbildung 12.12   Umgebungsdiagramm nach der Auswertung von `w1` auf 50

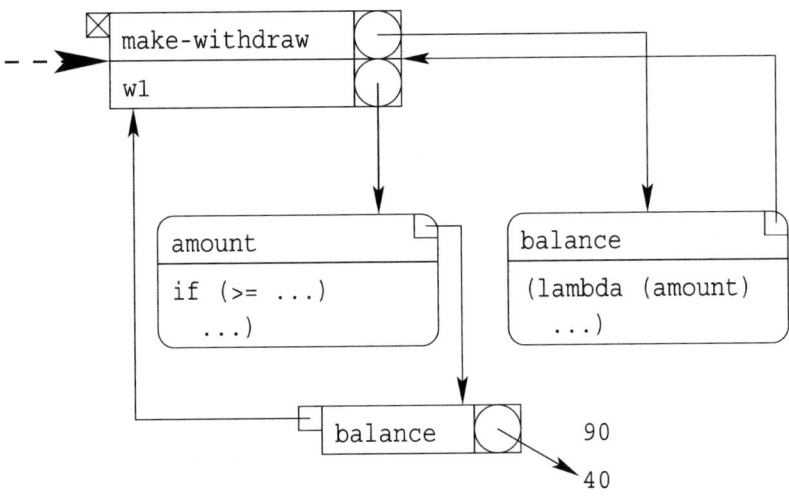

Abbildung 12.13 Umgebungsdiagramm nach der Auswertung von `(w1 50)`

hier bezieht das neue Frame die umschließende Umgebung aus der Closure; wieder zeigt der gepunktete Pfeil, wo sie herkommt.

Die Auswertung des Rumpfes von `w1` benutzt dann `set!`, verändert also die Bindung von `balance` im entsprechenden Frame. Nach der Auswertung verschwindet das Frame für `amount` wieder, und das Ergebnis sieht aus wie in Abbildung 12.13 gezeigt.

12.7 Sharing und Identität

In Abschnitt 12.4 wurde bereits das Problem der Identität angesprochen und die Frage, wann zwei Ausdrucke den gleichen oder den selben Wert haben. Festgemacht ist das Problem am Unterschied zwischen den Definitionen

```
(define a1 (make-account 90))
(define a2 (make-account 90))
```

und stattdessen

```
(define a1 (make-account 90))
(define a2 a1)
```

Abbildung 12.14 zeigt das Umgebungsdiagramm zum ersten Satz Definitionen: Die beiden Aufrufe von `make-account` erzeugen zwei unabhängige Records. Dementsprechend haben Aufrufe von `account-withdraw` auf `a1` mit den Aufrufen auf `a2` auch nichts zu tun.

Abbildung 12.15 zeigt das Umgebungsdiagramm zum zweiten Satz Definitionen: Dort wird `make-account` nur ein einziges Mal aufgerufen. Bei der Definition von `a2` wird lediglich der Pfeil von `a1` kopiert – es gibt nur ein Konto-Record, auf das zwei Pfeile zeigen. Diesen

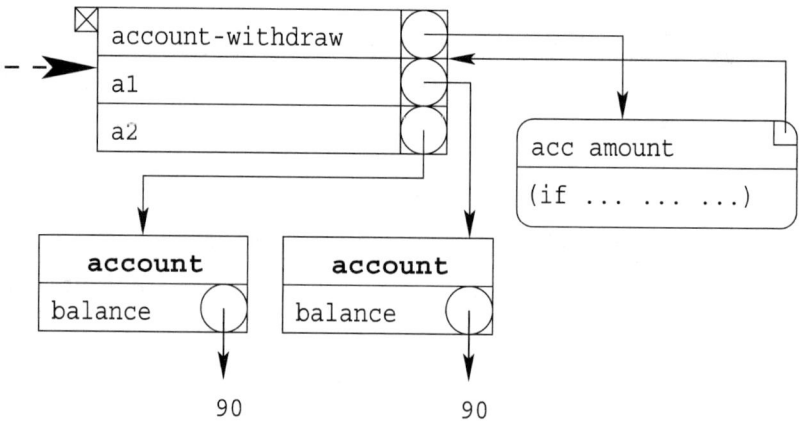

Abbildung 12.14   Zwei separate Konten

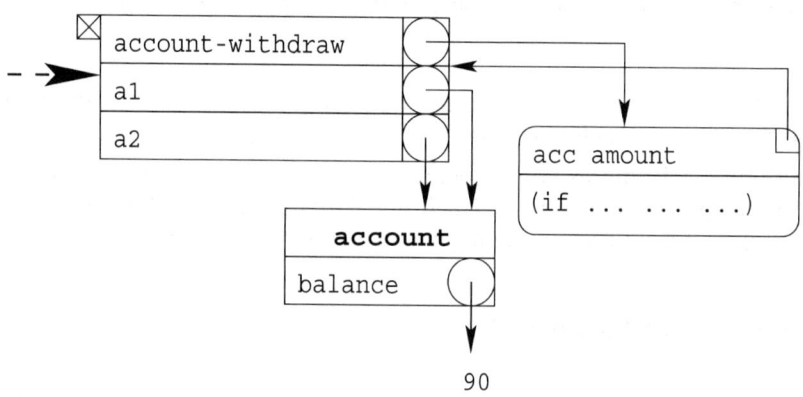

Abbildung 12.15   Ein Konto, von w1 und w2 gemeinsam benutzt

Record haben a1 und a2 also gemeinsam – der Fachbegriff dafür ist *Sharing*. (Leider gibt es keine griffige Übersetzung im Deutschen für das zugehörige Verb.)

Gelegentlich ist es notwendig, Sharing nachträglich festzustellen. Die Frage ist, ob zwei Werte im Umgebungsmodell Pfeile mit demselben Ziel sind. Die equal?-Prozedur ist dafür ungeeignet, da sie stets den Pfeilen folgt. Das läßt sich an folgendem Beispiel erkennen:

```
(define a1 (make-account 90))
(define a2 (make-account 90))
(equal? a1 a2)
↪ #t
(account-withdraw a1 50)
a1
↪ #<record:account 40>
```

a2
↪ #<record:account 90>

Obwohl a1 und a2 Pfeile auf unterschiedliche Records sind, hält equal? sie für gleich.
Das liegt an der strukturellen Vorgehensweise von equal?: Wenn equal? zwei Records
vergleicht, folgt es den Pfeilen in den Komponenten und vergleicht diese, wiederum rekursiv mit equal?.

Aus diesem Grund gibt es in Scheme noch ein weiteres Gleichheitsprädikat namens eq?.
Es testet, ob zwei Pfeile auf dasselbe Bild zeigen:

```
(define a3 (make-account 90))
(define a4 (make-account 90))
(equal? a3 a4)
↪ #t
(eq? a3 a4)
↪ #f
(define a5 a4)
(eq? a4 a5)
↪ #t
```

Eq? testet also, ob zwei Werte auf denselben Ort im Umgebungsdiagramm zeigen, ob sie
also dieselbe *Identität* haben. Eq? taucht also nicht in Listen oder Records ab und macht
sich damit deutlich weniger Arbeit als equal?. Insbesondere liefert (eq? a1 a2) für den
ersten Satz Konto-Definitionen #f und #t für den Satz Definitionen mit Sharing.

Mit Hilfe von eq? lassen sich noch einige Fragen beantworten, welche die Beschreibung
des Umgebungsmodells in Abschnitt 12.5 noch offen gelassen hat. Die erste Frage ist, ob
es mehrere Zahlen des gleichen Werts in ein und demselben Umgebungsdiagramm geben
kann. Mit anderen Worten: teilen sich years und fourteen in

```
(define years 14)
(define fourteen 14)
```

dieselbe 14? Der Scheme-Standard überläßt es jedem Scheme-System, die Sharing-Frage
für Zahlen selbst zu entscheiden. Sie ist nicht so wesentlich, da es für Zahlen, anders als
für Records, in Scheme keine Mutatoren gibt. Tatsächlich gibt es in DrScheme Sharing
zwar zwischen kleinen Zahlen, aber nicht zwischen großen: Es ist also davon abzuraten, in
Scheme-Programmen eq? für den Vergleich von Zahlen zu benutzen.[2]

12.8 Zeiger

Manchmal ist es sinnvoll, einen Wert zu haben, dessen gesamter Lebenszweck darin besteht, einen Pfeil auf einen anderen Wert zu enthalten, der sich nach Belieben mutieren

---

[2] *Tatsächlich* ist die Wahrheit bei vielen Scheme-Systemen noch etwas komplizierter: Sie repräsentieren
zumindest kleine Zahlen überhaupt nicht als Pfeile, sondern schreiben sie direkt in die Zellen. Spezielle Markierungen verhindern, daß Zahlen mit Pfeilen bzw. Adressen verwechselt werden können. Die direkte Repräsentation von Zahlen steigert die Effizienz.

läßt. Ein solcher Wert heißt *Zeiger* oder *Pointer*. Zeiger lassen sich in einen neuen Record-Typ fassen:

```
; Ein Zeiger ist ein Wert
;   (make-pointer v)
; wobei v ein Scheme-Wert der Sorte a ist,
; auf den der Zeiger zeigt.
; Name: pointer(a)
(define-record-procedures-2 pointer
  make-pointer pointer?
  ((pointer-ref pointer-set!)))
```

Zeiger lassen sich zum Beispiel dazu benutzen, Prozeduren zu schreiben, die mehrere Ergebnisse gleichzeitig produzieren. Hier eine Prozedur, die sowohl den Quotienten und den Rest einer Division ausrechnet und zwei übergebene Zeiger auf die Ergebnisse setzt:[3]

```
; Quotienten und Rest berechnen
; quotient-remainder : N N pointer(N) pointer(N)
(define quotient-remainder
  (lambda (a b quotient-pointer remainder-pointer)
    (begin
      (pointer-set! quotient-pointer (quotient a b))
      (pointer-set! remainder-pointer (remainder a b)))))
```

Quotient-remainder läßt sich zum Beispiel so benutzen:

```
(define qp (make-pointer -1))
(define rp (make-pointer -1))

(quotient-remainder 15 7 qp rp)
(pointer-ref qp)
↪ 2
(pointer-ref rp)
↪ 1
```

Anmerkungen

Programmierung mit Zuweisungen und Mutation wird als *imperative Programmierung* bezeichnet. Dementsprechend gibt es *imperative Programmiersprachen*, die einen solchen Programmierstil fördern oder sogar erzwingen.

Zuweisungen und Mutationen können sich tief in der Auswertung von Prozeduren verbergen und damit bei Veränderung der Auswertungsreihenfolge subtile Fehler hervorrufen. Noch schlimmer wird es bei der Einführung von Nebenläufigkeit bzw. Parallelität, wobei

---

[3]Natürlich wäre es eigentlich einfacher, eine Liste mit den beiden Ergebnissen zurückzugeben. In Kapitel 16 findet sich noch ein „richtiges" Beispiel.

sich die Auswertungsreihenfolge von Programmdurchlauf zu Programmdurchlauf verändern kann.

Ein weiteres Problem ist, daß sich bei Verwendung von Zuweisung oder Mutation das Verhalten einer Prozedur nicht mehr dadurch dokumentieren läßt, daß das Verhältnis von Ein- und Ausgaben beschrieben wird: Der Effekt muß ebenfalls spezifiziert werden. ADTs reichen als Beschreibungsmechanismus nicht mehr aus.

Durch die Einführung von Zuweisungen hat eine wesentliche Paradigmenverschiebung stattgefunden, was die Konzepte des Programmierens und die Möglichkeiten der Modellierung von Problemen betrifft:

Funktionale Modelle sind die Modelle, die in diesem Buch vor der Einführung der Zuweisungen ausschließlich benutzt wurden. Sie sind durch folgende Eigenschaften charakterisiert:

- Variablen stehen für Werte.

- Datenstrukturen sind durch ihren Aufbau definiert: Zwei Strukturen sind gleich, wenn sie die gleiche Form haben (zwei Zahlen, zwei Paare) und aus den gleichen Bestandteilen bestehen. Gleichheit läßt sich durch `equal?` testen.

Objektmodelle sind Modelle, die einen Zustand als Mittel der Modellierung benutzen:

- Variablen sind an Zellen gebunden, deren Inhalt sich über die Zeit ändern kann.

- Datenstrukturen haben zusätzlich zur ihrer Zusammensetzung auch eine Identität. „Selbheit" läßt sich durch `eq?` testen.

Aufgaben

Aufgabe 12.1 Warum ist es bei `withdraw` aus Abschnitt 12.1 nicht möglich, den Kontostand an `withdraw` als Argument zu übergeben und so mehrere Konten zu verwalten?

Aufgabe 12.2 Schreibe die `without`-Prozedur, die in Abschnitt 12.3 benutzt wird. Benutze dafür `equal?` aus Abbildung 12.3.

Aufgabe 12.3 Schreibe die `first-band-member-with-instrument`-Prozedur, die in Abschnitt 12.3 benutzt wird.

Schreibe analog eine Prozedur mit folgendem Vertrag:

```
; first-band-member-with-name : band string -> band-member or #f
```

Sie soll aus einer Band das erste Mitglied liefern, das einen gegebenen Namen hat. Wenn kein Mitglied mit dem gesuchten Namen existiert, soll sie #f zurückgeben.

Aufgabe 12.4 Schreibe Daten- und Record-Definition für den Zustand einer Ampel, mit separaten Feldern für rot, grün und gelb. Die Felder sollen, anders als in Aufgabe 9.2, mutierbar sein. Schreibe eine Prozedur `traffic-light-next!`, die einen Ampel-Wert akzeptiert und dahingehend verändert, daß er die jeweils nächste Phase repräsentiert.

Aufgabe 12.5 Erweitere den Record-Typ für Konten um ein Feld für ein Paßwort. Ändere `account-withdraw` dahingehend, daß es neben dem abzuhebenden Betrag auch das Paßwort akzeptiert, und nur dann Geld abhebt, wenn dieses richtig ist. Schreibe eine Prozedur `deposit-account`, die erlaubt, Geld auf ein Konto einzuzahlen.

Erweitere danach den Record-Typ für Konten dahingehend um ein Feld für die Anzahl der Versuche, Geld abzuheben, bei denen das Paßwort nicht stimmte, sowie um ein Feld, das anzeigt, daß das Konto gesperrt wurde. Ändere `account-withdraw` dahingehend, daß es, wenn dreimal nacheinander versucht wird, vom Konto mit dem falschen Paßwort abzuheben, das Konto sperrt.

Aufgabe 12.6 Ein *Akkumulator* ist (in diesem Zusammenhang) eine Prozedur, welche sich wiederholt mit einer Zahl als Parameter aufrufen läßt, die Parameter der Aufrufe aufsummiert und jeweils die aktuelle Summe zurückgibt. Schreibe eine Prozedur `make-accumulator`, die voneinander unabhängige Akkumulatoren erzeugt. Der Parameter von `make-accumulator` sollte die Anfangssumme spezifizieren:

```
(define a1 (make-accumulator 5))
(a1 10)          .
↪ 15
(a1 10)
↪ 25
```

Aufgabe 12.7 Eine Variante von `make-withdraw` benutzt gegenüber der Version aus Abschnitt 12.1 noch ein zusätzliches `let`:

```
(define make-withdraw
  (lambda (initial-amount)
    (let ((balance initial-amount))
      (lambda (amount)
        (if (>= balance amount)
            (begin
              (set! balance (- balance amount))
              balance)
            #f)))))
```

Benutze das Umgebungsmodell, um diese Version von `make-withdraw` zu analysieren. (Denke daran, daß `let` nur eine andere Schreibweise für `lambda` + Applikation ist.) Zeichne die entsprechenden Diagramme, insbesondere um das Verhalten folgender Interaktionen zu erklären:

```
(define w1 (make-withdraw 100))
(w1 50)
↪ 50
(define w2 (make-withdraw 100))
```

Zeige, daß sich diese Variante von `make-withdraw` äquivalent zu der aus Abschnitt 12.1 verhält.

13 Objektorientiertes Programmieren

Die objektorientierte Programmierung (kurz *OOP* genannt), ist ein populärer Programmierstil für Programme, die mit Zustand hantieren. Entscheidend ist beim OOP, daß Werte nicht nur Zustand kapseln, sondern auch die Operationen darauf. Dies erlaubt insbesondere, die Werte (hier *Objekte* genannt) in *Klassen* zu organisieren und diese durch *Vererbung* zueinander in Beziehung zu setzen. Objektorientiertes Programmieren ist eine weitgehend willkürliche Kombination grundlegender Programmiertechniken, im wesentlichen von Zuweisungen mit dem sogenannten *Message-Passing-Style*. Dieses Kapitel gibt eine Kurzeinführung in die objektorientierten Programmierung, ist aber kein vollständiger Kurs in ihrer Anwendung.

13.1 Message-Passing-Style

Angenommen, die Lösung für das Konto-Problem aus Abschnitt 12.6 soll um weitere Operationen auf Konten erweitert werden. Hier ist noch einmal der Code, zur Erinnerung:

```
; Konto konstruieren
; make-withdraw : number -> (number -> number or #f)
(define make-withdraw
  (lambda (balance)
    (lambda (amount)
      (if (>= balance amount)
          (begin
            (set! balance (- balance amount))
            balance)
          #f))))
```

Konten aus dieser Lösung erlauben nur eine einzige Operation, nämlich das Abheben. Angenommen, es soll noch eine weitere Operation für das Abfragen des Kontostands hinzugefügt werden. (Der Kontostand kann über das Abheben von „0" abgefragt werden, aber das ist unschön und funktioniert mehr aus Zufall.) Nachträglich geht dies leider nicht, da der Zustand in der `balance`-Variable gekapselt ist: er ist nur innerhalb von `make-withdraw` überhaupt zugänglich. Alle weiteren Operationen müssen in den Sichtbarkeitsbereich von `balance`, also in den Rumpf des äußeren Lambda-Ausdrucks hinein. Eine verallgemeinerte Version von `make-withdraw` namens `make-account` nimmt also folgendermaßen ihren Anfang:

```
; Konto konstruieren
; make-account : number -> ...
(define make-account
  (lambda (balance)
    ...
    ;; Kontostand zurückgeben
    ;; -> number
    (lambda ()
      balance)
    ...
    ;; Betrag von Konto abheben
    ;; number -> number or #f
    (lambda (amount)
      (if (>= balance amount)
          (begin
            (set! balance (- balance amount))
            balance)
          #f))
    ...
    ))
```

Es ist einfach, eine neue Operation in den Lambda-Ausdruck hereinzuschleusen. Aber wie wird sie von außen zugänglich, und zwar wahlweise mit der Prozedur, die abhebt? Es muß eine Fallunterscheidung zwischen den beiden Operationen geben. Dazu wird ein künstlicher Wert benutzt, der die gewünschte Operation identifiziert. Dazu wird eine Zeichenkette verwendet, die entweder "get-balance" oder "withdraw" sein muß. Im Sprachgebrauch der objektorientierten Programmierung heißt diese Zeichenkette auch *Nachricht* oder *Message*. Ein Konto wird jetzt zu einer Prozedur, die eine Nachricht akzeptiert, und abhängig von der Nachricht die passende Operation zurückliefert. Die Operation heißt in OOP-Terminologie *Methode*:

```
; Konto konstruieren
; make-account : number -> (message -> method)
; message = "get-balance" or "withdraw"
; method = ... -> ...
(define make-account
  (lambda (balance)
    (lambda (message)
      (cond
        ((equal? message "get-balance")
         ;; Kontostand zurückgeben
         ;; -> number
         (lambda ()
           balance))
        ((equal? message "withdraw")
         ;; Betrag von Konto abheben
```

```
;; number -> number or #f
(lambda (amount)
  (if (>= balance amount)
      (begin
        (set! balance (- balance amount))
        balance)
      #f)))))))))
```

Die zwei verschachtelten lambdas sehen auf den ersten Blick etwas verwirrend aus, aber eigentlich ist die Sache nicht kompliziert: Das erste lambda akzeptiert eine Zahl und liefert ein Konto-Objekt. Das Konto-Objekt resultiert aus dem zweiten lambda und ist damit eine Prozedur. Diese Prozedur – das Konto – akzeptiert eine Nachricht und liefert als Antwort auf diese Nachricht die gewünschte Operation in Form einer Methode. Die Methode selbst ist auch eine Prozedur, allerdings erfüllen die verschiedenen Methoden unterschiedliche Verträge. Die Herstellung eines solchen Kontos sieht folgendermaßen aus:

```
(define acc (make-account 5000))
```

Das Konto-Objekt ist nun eine Prozedur, die eine Nachricht akzeptiert:

```
(acc "withdraw")
↪ #<procedure:...>
```

Dies ist die Methode, die noch aufgerufen werden muß:

```
((acc "withdraw") 10)
↪ 4990
```

Die Kontostand-Abfrage funktioniert analog:

```
((acc "get-balance"))
↪ 4990
```

Die durch make-account repräsentierte Organisationsform für Programme heißt *nachrichtenorientierte Programmierung* oder, gebräuchlicher *Message-Passing-Style* oder *MPS*.

13.2   OOP = MPS + Zustand + self + Vererbung

In der objektorientierte Programmierung sind zusätzlich zu Zustand und Message-Passing-Style noch ein weiteres Element wichtig, nämlich die *Vererbung*. Diese läßt sich anhand von Objekten zeigen, die *Personen* repräsentieren (oder genauer gesagt: eine etwas vereinfachte Vorstellung davon). Eine Person soll folgende drei Operationen unterstützen:

1. Sie soll ihren Namen angeben können.
2. Sie soll Dinge „sagen" können, und zwar durch das Ausdrucken von Texten in der REPL.

3. Sie soll Ohrfeigen akzeptieren können, auf diese jeweils überrascht durch „sagen" des Textes `huh?` reagieren, mit Ausnahme jeder dritten Ohrfeige, die durch ein `ouch!` quittiert wird.

Hier ist eine Prozedur, die Personen erzeugt, die zumindest schon die ersten beiden Operationen unterstützen. Sie ist nach dem gleichen Schema wie die Konten im vorigen Abschnitt programmiert:

```
; Person konstruieren
; make-person : string -> (message -> method)
(define make-person
  (lambda (name)
    (lambda (message)
      (cond ((equal? message "get-name")
             ;; Namen zurückgeben
             ;; -> string
             (lambda ()
               name))
            ((equal? message "say")
             ;; Text aufsagen
             ;; list(string) -> unspecified
             (lambda (stuff)
               (write-list-newline stuff)))))))
```

Die `make-person`-Prozedur benutzt die Hilfsprozedur `write-list-newline`:

```
; Liste von Zeichenketten in der REPL ausdrucken
; write-list-newline : list(string) -> unspecified
(define write-list-newline
  (lambda (lis)
    (begin
      (for-each (lambda (s)
                  (write-string s))
                lis)
      (write-newline))))
```

Die hier benutzten eingebauten Prozeduren `write-string` und `write-newline` werden in Abbildung 13.1 erläutert, und die ebenfalls eingebaute Prozedur `for-each` in Abbildung 13.2.

Das reicht schon aus, um die ersten beiden Operationen auszuprobieren:

```
(define george (make-person "George"))
((george "get-name"))
↪ "George"
((george "say") (list "I" " " "want"))
⇢ I want
```

Die eingebaute Prozedur write-string druckt eine Zeichenkette in der REPL aus. Der ausgedruckte Text wird folgendermaßen notiert:

```
(write-string "Take me down to the Paradise City")
--→ Take me down to the Paradise City
```

Die Prozedur write-newline (ohne Parameter) gibt einen Zeilenvorschub aus.

```
(write-newline)
--→
```

Abbildung 13.1   Ausgabe

Die Prozedur for-each akzeptiert eine Liste und eine Prozedur und wendet die Prozedur nacheinander auf alle Elemente der Liste an. Sie erfüllt folgenden Vertrag:

```
; for-each : (a -> unspecified) list(a) -> unspecified
```

Damit funktioniert for-each ähnlich wie map aus Aufgabe 8.2, mit dem Unterschied, daß for-each die Rückgabewerte der Prozedur ignoriert und keine Ergebnisliste konstruiert.

Abbildung 13.2   for-each

An make-person fehlt noch die dritte Operation, die slap heißen soll. Dazu muß zunächst einmal eine Variable für den Zustand (die Anzahl der bisher erfolgten Ohrfeigen) eingeführt werden, ähnlich wie der Kontostand bei Konten. Die Ohrfeige soll außerdem dazu führen, daß die Person etwas sagt. Dies könnte sie direkt durch Benutzung von write-list-newline tun. Aus Gründen, die später noch klar werden, soll allerdings die Methode für slap die schon vorhandene Methode für say benutzen:

```
(define make-person
  (lambda (name)
    (let ((slaps 0))
      (lambda (message)
        (cond ((equal? message "get-name")
               ;; Namen zurückgeben
               ;; -> string
               (lambda ()
                 name))
              ((equal? message "say")
               ;; Text aufsagen
               ;; list(string) -> unspecified
               (lambda (stuff)
                 (write-list-newline stuff)))
              ((equal? message "slap")
               ;; Person ohrfeigen
               ;; -> unspecified
```

```
(lambda ()
  (begin
    (set! slaps (+ 1 slaps))
    (if (< slaps 3)
        ((... "say") (list "huh?"))
        (begin
          ((... "say") (list "ouch!"))
          (set! slaps 0)))))))))))))
```

Das Problem sind noch die Ellipsen, die sich „auf das Objekt selbst" beziehen sollen, das
aber noch keinen Namen hat. Hierfür ist eine rekursive Bindung mit `letrec` notwendig:

```
(define make-person
  (lambda (name)
    (let ((slaps 0))
      (letrec
          ((self
            (lambda (message)
              (cond ((equal? message "get-name")
                     ;; -> string
                     (lambda ()
                       name))
                    ((equal? message "say")
                     ;; list(string) -> unspecified
                     (lambda (stuff)
                       (write-list-newline stuff)))
                    ((equal? message "slap")
                     ;; -> unspecified
                     (lambda ()
                       (begin
                         (set! slaps (+ 1 slaps))
                         (if (< slaps 3)
                             ((self "say") (list "huh?"))
                             (begin
                               ((self "say") (list "ouch!"))
                               (set! slaps 0)))))))))
        self))))
```

So sieht mit dieser Definition von `make-person` „George" in Aktion aus, wenn er Ohrfeigen bekommt:

```
(define george (make-person "George"))
((george "slap"))
--> huh?
((george "slap"))
--> huh?
```

```
((george "slap"))
--→ ouch!
```

Die wiederholten doppelten Klammern stören etwas. Schöner wäre es, wenn die obige Abfolge von Aufrufen folgendermaßen aussehen könnte:

```
(send george "get-name")
↪ "George"
(send george "say" (list "I" " " "want"))
--→ I want
(send george "slap")
--→ huh?
(send george "slap")
--→ huh?
(send george "slap")
--→ ouch!
```

Neben der Klammerreduktion würde der Gebrauch des Wörtchens send außerdem deutlich machen, daß es sich bei den Aufrufen um das Versenden von Nachrichten handelt. Die Definition von send benötigt allerdings noch Sprachmittel, die bisher im Buch nicht vorgekommen sind, da send je nach Methode unterschiedliche Anzahlen von Argumenten akzeptieren muß: Für get-name und slap sind es zwei Argumente, für say sind es drei. Bisher war die Anzahl der Argumente immer durch die Anzahl der Parameter im Lambda-Ausdruck festgelegt. Abbildung 13.3 zeigt, wie Prozeduren mit variabler Argumentanzahl geschrieben werden können.

Die gewünschte Prozedur send hat also folgendes Gerüst:

```
; Nachricht an Objekt senden und entsprechende Methode aufrufen
; send : object string ... -> ...
(define send
  (lambda (object message . args)
    ...))
```

Als erster Schritt muß die Methode zur Nachricht extrahiert werden:

```
(define send
  (lambda (object message . args)
    ... (object message) ...))
```

Die Methode muß nun ihrerseits aufgerufen werden, und zwar mit den restlichen Argumenten, die in der Liste args stehen. Damit kommt apply ins Spiel:

```
(define send
  (lambda (object message . args)
    (apply (object message) args)))
```

Ein *Sänger* oder eine *Sängerin* könnte auch eine Art Person sein, die eine zusätzliche Methode sing zum Singen hat. Das Gerüst ist analog zu dem für make-person:

Alle bisherigen Prozeduren, die mit `lambda` erzeugt wurden, haben eine feste Anzahl von Parametern. Es ist jedoch auch möglich, Prozeduren zu erzeugen, deren Argumentanzahl von Aufruf zu Aufruf verschieden sein kann. Die Parameterfolge nach dem `lambda` kann vor dem letzten Parameter einen Punkt aufweisen:

(lambda $(p_1 \ldots p_{n-1} . p_n)$ b)

Wenn eine solche Prozedur aufgerufen wird, werden die ersten $n-1$ Argumente an $p_1, \ldots, p_{n-1}$ gebunden. Alle übrigen Argumente werden in eine Liste verpackt, die an p_n gebunden wird. Hier ein Beispiel:

```
(define f (lambda (x . y) y))
(f 1 2 3 4)
↪ #<list 2 3 4>
```

Diese Form von Lambda-Ausdrücken bedingt, daß es zumindest einen Parameter vor dem Punkt gibt. Falls *alle* Argumente in einer Liste verpackt werden sollen, so wird `lambda` ganz ohne Klammern um die Parameter eingesetzt:

```
(define g (lambda x x))
(g 1 2 3 4)
↪ #<list 1 2 3 4>
```

Diese Form von `lambda` macht also aus einer Folge von Argumenten eine Liste. Dieser Prozeß läßt sich auch umkehren, d.h. aus einer Liste läßt sich eine Argumentfolge machen. Die eingebaute Prozedur `apply` akzeptiert eine Prozedur und eine Liste. Apply wendet die Prozedur auf die Elemente der Liste an:

```
(apply + (list 1 2 3 4))
↪ 10
```

Abbildung 13.3   Prozeduren mit variabler Argumentanzahl

```
; Sänger(in) konstruieren
; make-singer : string -> (message -> method)
(define make-singer
  (lambda (name)
    ...))
```

Da der Sänger alle Funktionalität einer Person anbieten soll, wird eine Person zur späteren Verwendung hergestellt und an eine lokale Variable gebunden:

```
(define make-singer
  (lambda (name)
    (let ((person (make-person name)))
      ...)))
```

Dann geht es analog zu Personen weiter – ein Sänger ist eine Prozedur, die eine Nachricht akzeptiert. Für die Nachricht `sing` muß eine entsprechende Methode bereitgestellt werden, deren Definition noch einen Moment offen bleiben muß:

```
(define make-singer
  (lambda (name)
    (let ((person (make-person name)))
      (letrec
          ((self
            (lambda (message)
              (cond
                ((equal? message "sing")
                 ;; Text singen
                 ;; list(string) -> unspecified
                 ...)
                ...))))
        self))))
```

Was aber passiert mit den Nachrichten get-name, say und slap, die ein Sänger auch akzeptieren soll? Diese werden einfach an die „eingebaute" Person weitergeleitet, die bei der
Konstruktion des Sänger-Objekts erzeugt wurde:

```
(define make-singer
  (lambda (name)
    (let ((person (make-person name)))
      (letrec
          ((self
            (lambda (message)
              (cond
                ((equal? message "sing")
                 ;; Text singen
                 ;; list(string) -> unspecified
                 ...)
                (else (person message)))))))
        self))))
```

Die Aufgaben für get-name, say und slap werden also vom Sänger an die Person *delegiert.* Es fehlt nur noch die Methode für sing, die nun ihrerseits self und die Methode für
say benutzen kann:

```
(define make-singer
  (lambda (name)
    (let ((person (make-person name)))
      (letrec
          ((self
            (lambda (message)
              (cond
                ((equal? message "sing")
                 ;; Text singen
                 ;; list(string) -> unspecified
```

```
        (lambda (stuff)
          (send self "say" (make-pair "tra-la-la " stuff)))))
      (else (person message))))))))
  self)))))
```

In der Praxis funktioniert das ganze jetzt so:

```
(define claudia (make-singer "Claudia"))
(send claudia "say" (list "hello"))
--→ hello
(send claudia "sing" (list "hello"))
--→ tra-la-la hello
```

Das Prinzip, das bei `make-singer` verwendet wird – die Erzeugung eines Objekts, das die Eigenschaften eines anderen *und noch zusätzliche* hat – heißt *Vererbung*. Ein Konstruktor für Objekte heißt im Zusammenhang der objektorientierten Programmierung *Klasse*.[1] Die person-Klasse ist eine *Oberklasse* von `singer`; `singer` ist die *Unterklasse* von person. Ein Objekt, das von einer Klasse erzeugt wurde, heißt auch *Instanz* dieser Klasse. Lokale Variablen einer Instanz, wie zum Beispiel `slaps` in `make-person`, heißen *Instanzvariablen*.

Mantra 15 (Oberklassen) Fasse Gemeinsamkeiten von Klassen in Oberklassen zusammen.

13.3 Vererbung und `self`

Das Prinzip der Vererbung läßt sich weitertreiben. Ein Rock-Star könnte ein Sänger sein, der allem, was er sagt, „, dude" hinterherschickt. Außerdem reagiert ein Rock-Star auf Schläge anders als ein normaler Mensch. Für diese Änderungen müssen neue say- und slap-Methoden geschrieben werden. Da die Oberklasse `singer` ebenfalls say- und slap-Methoden besitzt, werden diese in der neuen rock-star-Klasse effektiv ersetzt oder *überschrieben*:

```
; Rock-Star konstruieren
; make-rock-star : string -> (message -> method)
(define make-rock-star
  (lambda (name)
    (let ((singer (make-singer name)))
      (letrec
          ((self
```

---

[1]In vielen objektorientierten Sprachen ist der Begriff „Konstruktor" mißverständlich anderweitig vergeben, nämlich für spezielle Methoden, die direkt nach der Konstruktion aufgerufen werden. In diesen Sprachen werden die eigentlichen Konstruktoren – also der Code, der Speicher für ein Objekt reserviert und die Instanzvariablen anfänglich belegt – automatisch erzeugt. Die Klassen fungieren dort als Muster für die Generierung der Konstruktoren.

```
(lambda (message)
  (cond ((equal? message "say")
         ;; Text aufsagen
         ;; list(string) -> unspecified
         (lambda (stuff)
           (send singer "say"
                 (append stuff (list ", dude")))))
        ;; ohrfeigen
        ;; -> unspecified
        ((equal? message "slap")
         (lambda ()
           (send self "say"
                 (list "pain just makes me stronger"))))
        (else (singer message))))))
self)))
```

Die `rock-star`-Klasse greift nach wie vor auf die `say`-Methode von `singer` zurück. Hier ist das Ergebnis:

```
(define slash (make-rock-star "Slash"))
(send slash "say" (list "hello"))
--> hello, dude
(send slash "slap")
--> pain just makes me stronger, dude
```

Die Rock-Star-Coolness verschwindet aber auf merkwürdige Art und Weise, wenn `slash` singt:

```
(send slash "sing" (list "oh yeah"))
--> tra-la-la oh yeah
```

Das ist möglicherweise nicht im Sinne des Erfinders: Immerhin sollte der Rock-Star bei *allem*, was er sagt, „, dude" anhängen, insbesondere also bei allem gesungenen. Das ist jedoch offensichtlich nicht der Fall. Der Grund liegt darin, daß die `sing`-Methode aus dem `singer`-Objekt geerbt wird. Diese wiederum beauftragt `self` mit der Aussprache. `Self` bezeichnet aber `singer`, nicht den Rock-Star `slash`, und damit gibt es auch keinen „, dude" hintendran beim Singen.

Abbildung 13.4 zeigt die Situation: So wie die Objekte programmiert sind, enthält jedes davon seine eigene `self`-Variable, die durch `letrec` gerade auf sich selbst zeigt. Die `sing`-Nachricht wird von `rock-star` an `singer` weitergereicht. Die `sing`-Methode schickt eine `say`-Nachricht an `self` – also wiedrum an das `singer`-Objekt, von wo sie an `person` weitergereicht wird.

Das grundlegende Problem ist also, daß die Methoden von `singer` mit dem falschen Wert für `self` hantieren: Wenn eine Nachricht an ein `rock-star`-Objekt geschickt wird, und die dazugehörige Methode wiederum eine Nachricht an `self` sendet, sollte sich `self` in der Methode auf das `rock-star`-Objekt beziehen. Das sollte insbesondere so sein, wenn

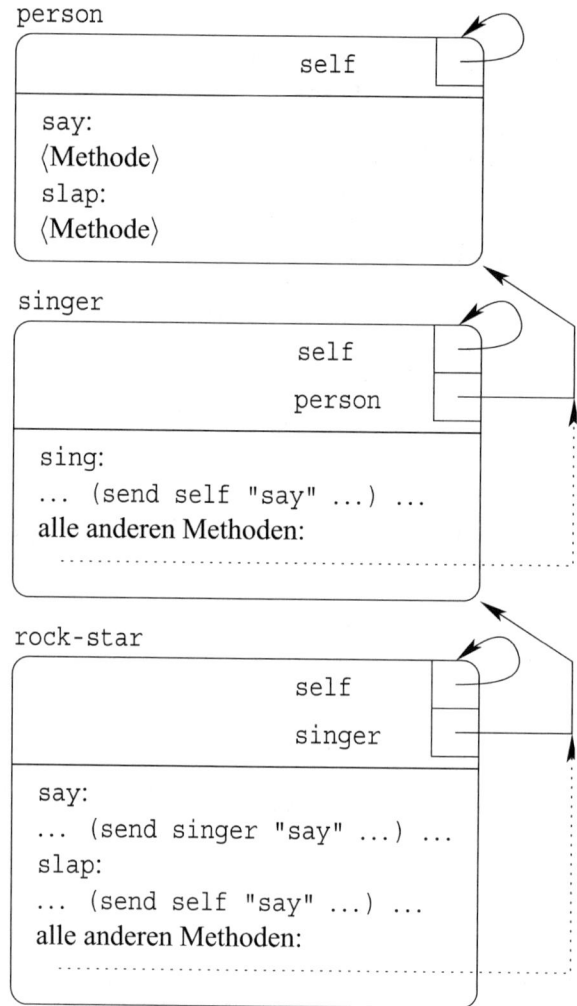

Abbildung 13.4 `self` und Vererbung

die Methode gar nicht in der `rock-star`-Klasse selbst steht, sondern von einer der Oberklassen geerbt wurde. Mit anderen Worten: die feste Verdrahtung von `self` mit `letrec`
muß aufgelöst werden. Dafür kann `self` jeweils auch als Parameter an die Methode übergeben werden, was mehr Flexibilität bei der Wahl von `self` gewährt. Bei `make-person`
sieht das Ergebnis so aus:

```
(define make-person
  (lambda (name)
    (let ((slaps 0))
      (lambda (message)
```

```
(cond ((equal? message "get-name")
       ;; person -> string
       (lambda (self)
         name))
      ((equal? message "say")
       ;; person list(string) -> unspecified
       (lambda (self stuff)
         (write-list-newline stuff)))
      ((equal? message "slap")
       ;; person -> unspecified
       (lambda (self)
         (begin
           (set! slaps (+ 1 slaps))
           (if (< slaps 3)
               (send self "say" (list "huh?"))
               (begin
                 (send self "say" (list "ouch!"))
                 (set! slaps 0)))))))))))))))
```

Die Erweiterung um den Parameter `self` geschieht auch bei den Methoden, die `self` gar nicht benötigen, damit alle einheitlich aufgerufen werden können. Das ist wichtig bei der Definition von `send`, die geändert werden muß:

```
(define send
  (lambda (object message . args)
    (apply (object message) (make-pair object args))))
```

Es wird also grundsätzlich `object` vorn an die Liste der Argumente angehängt, dort, wo bei den Methoden jeweils `self` steht.

Die entsprechenden Änderungen an `make-singer` und `make-rock-star` kurieren das Problem:

```
; Sänger(in) konstruieren
; make-singer : string -> (message -> method)
(define make-singer
  (lambda (name)
    (let ((person (make-person name)))
      (lambda (message)
        (cond
          ((equal? message "sing")
           ;; Text singen
           ;; singer list(string) -> unspecified
           (lambda (self stuff)
             (send self "say" (make-pair "tra-la-la " stuff))))
          (else
           (person message)))))))
```

```
; Rock-Star konstruieren
; make-rock-star : string -> (message -> method)
(define make-rock-star
  (lambda (name)
    (let ((singer (make-singer name)))
      (lambda (message)
        (cond ((equal? message "say")
               ;; Text aufsagen
               ;; rock-star list(string) -> unspecified
               (lambda (self stuff)
                 (send singer "say"
                       (append stuff (list ", dude")))))
              ;; ohrfeigen
              ;; rock-star -> unspecified
              ((equal? message "slap")
               (lambda (self)
                 (send self "say"
                       (list "pain just makes me stronger"))))
              (else (singer message)))))))
```

Nun funktioniert das ganze richtig. Hinter jeder Äußerung steht , dude:

```
(define slash (make-rock-star "Slash"))
(send slash "sing" (list "oh yeah"))
--→ tra-la-la oh yeah, dude
```

In diesem Beispiel übergibt send gerade slash als Wert von self an die sing-Methode. Wenn diese also an self die say-Nachricht schickt, bekommt sie in der geänderten Fassung die say-Methode aus der rock-star-Klasse, nicht die aus singer.

All diese Komplikationen bei der Behandlung von self – nur, damit Methoden überschrieben werden können – sind ein Indiz auf ein tiefergehendes Problem. In der Tat ist das Überschreiben von Methoden ein problematisches Kapitel in der objektorientierten Programmierung, da es fundamentale Annahmen verletzt, welche durch die Klassenhierarchie suggeriert werden: Die naheliegende Intuition ist, daß die Instanzen einer Unterklasse eine Art Untermenge der Instanzen der Oberklasse sind. Diese Intuition funktioniert nur, solange in der Unterklasse ausschließlich Funktionalität hinzukommt. Das Überschreiben von Methoden erlaubt jedoch auch, Funktionalität zu entfernen. Mit anderen Worten:

Mantra 16 (Überschreiben von Methoden) Vermeide es, Methoden zu überschreiben.

13.4   Mehrfachvererbung

Für ein Objekt kann auch von mehreren anderen Objekten erben. Um diese Technik zu demonstrieren, wird noch eine weitere Klasse benötigt, und zwar für einen *Poet* bzw. eine *Poetin*. Poeten können sprechen und außerdem einen festen Text rezitieren:

```
; Dichter konstruieren
; make-poet : string -> (message -> method)
(define make-poet
  (lambda (name)
    (lambda (message)
      (cond
        ((equal? message "say")
         ;; poet list(string) -> unspecified
         (lambda (self stuff)
           (write-list-newline
             (append stuff (list " and the sky is blue")))))
        ((equal? message "recite")
         ;; poet -> unspecified
         (lambda (self)
           (write-list-newline (list "the sky is blue")))))))))
```

Hier einige Methodenaufrufe:

```
(define johann (make-poet "Johann"))
(send johann "say" (list "hello"))
--→ hello and the sky is blue
(send johann "recite")
--→ the sky is blue
```

Axl ist im wesentlichen Rock-Star, schreibt aber auch Song-Texte, die als Gedichte durchgehen können:

```
; Axl
; axl : message -> method
(define axl
  (let ((rock-star (make-rock-star "Axl"))
        (poet (make-poet "Axl")))
    (lambda (message)
      ...)))
```

Nun soll axl je nach dem Wert von message eine Methode auswählen – entweder die entsprechende Methode von rock-star, oder, wenn dort keine zu finden ist, die entsprechende Methode von poet. Es muß also eine Fallunterscheidung geben, die zwischen dem Rock-Star und dem Poeten unterscheidet:

```
(define axl
  (let ((rock-star (make-rock-star "Axl"))
        (poet (make-poet "Axl")))
    (lambda (message)
      (if ...
          ...
          ...))))
```

Wie kann nun `axl` entscheiden, ob eine Methode bei `rock-star` vorhanden ist? Er kann die Nachricht an `rock-star` schicken, und dieser gibt die Methode gegebenenfalls zurück. Wenn sie vorhanden ist, bricht das Programm allerdings ab: die Nachricht wird von `rock-star` an `singer` und von da an `person` delegiert. Dort aber hat die cond-Fallunterscheidung keinen `else`-Zweig. Dieser muß noch hinzugefügt werden:

```
(define make-person
  (lambda (name)
    (let ((slaps 0))
      (lambda (message)
        (cond ((equal? message "get-name")
               ...)
              ((equal? message "say")
               ...)
              ((equal? message "slap")
               ...)
              (else #f))))))
```

Das gleiche muß auch noch in `make-poet` passieren:

```
(define make-poet
  (lambda (name)
    (lambda (message)
      (cond
        ((equal? message "say")
         ...)
        ((equal? message "recite")
         ...)
        (else #f)))))
```

Jetzt kann die Definition von `axl` vervollständigt werden:

```
(define axl
  (let ((rock-star (make-rock-star "Axl"))
        (poet (make-poet "Axl")))
    (lambda (message)
      (let ((rock-star-method (rock-star message)))
        (if (equal? rock-star-method #f)
            (poet message)
            rock-star-method)))))
```

```
(send axl "say" (list "hello"))
--→ hello, dude
(send axl "recite")
--→ the sky is blue
```

Damit erbt `axl` gleich von zwei anderen Objekten, je nach Bedarf. Diese Technik heißt *Mehrfachvererbung*. Sie erlaubt mächtige Programmiertricks, erfordert aber Sorgfalt bei

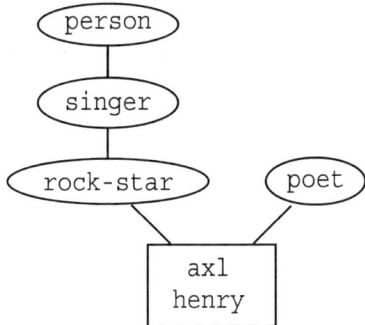

Abbildung 13.5 Klassendiagramm für Personen, Sänger, Poeten und Rock-Stars

der Strategie der Methodenauswahl. Wenn mehrere Oberklassen die gleiche Nachricht verstehen, muß eine Vorrang bekommen, wie in diesem Fall grundsätzlich die der rock-star-Klasse.

Es gibt aber auch Menschen, die primär Poet und erst danach Rock-Stars sind:

```
(define henry
  (let ((poet (make-poet "Henry"))
        (rock-star (make-rock-star "Henry")))
    (lambda (message)
      (let ((poet-method (poet message)))
        (if (equal? poet-method #f)
            (rock-star message)
            poet-method)))))
```

Henry behält aber, anders Axl, in allen Lagen seine poetische Ader:

```
(send henry "say" (list "hello"))
--→ hello and the sky is blue
(send henry "slap")
--→ pain just makes me stronger and the sky is blue
```

13.5 Abstraktion über Klassen

Abbildung 13.5 zeigt ein sogenanntes *Klassendiagramm* für die Klassen person, singer, rock-star, poet sowie die Objekte axl und henry, die beide sowohl von rock-star als auch von poet erben. Die Klasse poet steht etwas einsam in der Ecke; das Diagramm suggeriert, daß nur Rock-Stars auch cool sein können, reine Poeten aber nicht.

Es ist jedoch denkbar, daß auch Poeten cool sind: Die Coolness bezieht sich schließlich auf eine Veränderung im Verhalten der say-Methode von singer. Poeten haben aber ebenfalls eine say-Methode, die sich auf die gleiche Art und Weise verändern ließe. Es wäre schade,

wenn es notwendig wäre, die Coolness für die Anwendung auf die poet-Klasse noch einmal von vorn zu programmieren. Die bisherige Version von Coolness ist leider noch fest
auf singer abonniert:

```
(define make-rock-star
  (lambda (name)
    (let ((singer (make-singer name)))
      (lambda (message)
        (cond ((equal? message "say")
               ;; Text aufsagen
               ;; rock-star list(string) -> unspecified
               (lambda (self stuff)
                 (send singer "say"
                       (append stuff (list ", dude")))))
              ...))))))
```

Zum Glück ist es ein leichtes, über singer zu abstrahieren. Außerdem ist es dann sinnvoll, die singer-Variable zum Beispiel in someone umzubenennen, da sie sich nicht mehr
unbedingt auf ein singer-Objekt bezieht:

```
; zu einer Klasse Coolness hinzufügen
; make-make-cool-someone :
;   (string-> (message -> method)) -> (string -> (message -> method))
(define make-make-cool-someone
  (lambda (make-someone)
    (lambda (name)
      (let ((someone (make-someone name)))
        (lambda (message)
          (cond ((equal? message "say")
                 ;; Text aufsagen
                 ;; cool-someone list(string) -> unspecified
                 (lambda (self stuff)
                   (send someone "say"
                         (append stuff (list ", dude")))))
                ((equal? message "slap")
                 ;; ohrfeigen
                 ;; cool-someone -> unspecified
                 (lambda (self)
                   (send self "say"
                         (list "pain just makes me stronger"))))
                (else (someone message)))))))))
```

Die Prozedur make-make-cool-someone nimmt an, daß ihr Argument ein Konstruktor
für Objekte mit einer say-Methode ist. Das doppelte make im Namen kommt daher, daß
die Prozedur eine Fabrik für make-....-artige Prozeduren ist. Damit läßt sich die komplette Definition von make-rock-star durch einen einfachen Aufruf von make-make-cool-
someone ersetzen:

```
; make-rock-star : string -> (message -> method)
(define make-rock-star
  (make-make-cool-someone make-singer))
```

Rock-Stars funktionieren wie bisher:

```
(define slash (make-rock-star "Slash"))
(send slash "sing" (list "oh yeah"))
--> tra-la-la oh yeah, dude
```

Zusätzlich zu (coolen) Rock-Stars läßt sich nun auch auch eine Klasse für coole Poeten definieren:

```
; make-cool-poet : string -> (message -> method)
(define make-cool-poet
  (make-make-cool-someone make-poet))
```

Coole Poeten verhalten sich jetzt analog zu Rock-Stars:

```
(define charles (make-cool-poet "Charles"))
(send charles "say" (list "hello"))
--> hello, dude and the sky is blue
```

Die make-make-cool-someone-Prozedur verkörpert damit gewissermaßen die Coolness als eine unabhängige Eigenschaft, die auf alle Klassen mit say-Methode anwendbar ist. Eine solche Prozedur, die eine Klasse (bzw. den Konstruktor) akzeptiert und wieder eine Klasse zurückliefert, die um bestimmte Eigenschaften erweitert ist, heißt *Mixin*.

Mantra 17 (Mixins) Kapsele isolierte Eigenschaften von Klassen in Mixins.

Anmerkungen

Leider ist „objektorientierte Programmierung" kein feststehender Begriff. Dementsprechend gibt es auch eine ganze Reihe von Möglichkeiten, konkret in Scheme objektorientiert zu programmieren. Die Methode dieses Kapitels folgt der Arbeit von Adams und Rees [ADAMS and REES 1988] und entspricht der populärsten Lesart der objektorientierten Programmierung.

Der wesentliche Unterschied zwischen den Klassen, die in diesem Kapitel vorgestellt wurden, und den Klassen in vielen „objektorientierten Programmiersprachen", ist, daß die Klassen einfach Prozeduren und damit ganz normale Werte sind, während sie in objektorientierten Sprachen meist eine Sonderstellung einnehmen, insbesondere keine Werte sind. Das heißt in der Regel, daß Abstraktion über Klassen nicht zulässig ist und damit auch keine Mixins.

Aufgaben

Aufgabe 13.1 Schreibe alternative Repräsentation für Paare im Message-Passing-Style!
Der Konstruktor soll make-pair heißen und Nachrichten first, rest, set-first! und
set-rest! akzeptieren!

```
(define p (make-pair "Axl" (make-pair "Slash" empty)))
((p "first"))
↪ "Axl"
((((p "rest")) "first"))
↪ "Slash"
((p "set-rest!") (make-pair "Buckethead" empty))
((((p "rest")) "first"))
↪ "Buckethead"
```

Aufgabe 13.2   1. Ändere make-account aus Abschnitt 13.1 dergestalt, daß jede Trans-
aktion auf dem Konto die Angabe eines Paßworts erfordert, das in Form einer Zeichenkette bei der Erzeugung eines Kontos an make-account übergeben wird:

```
(define acc2 (make-account 100 "tz4dadr"))
((acc2 "tz4dadr" "withdraw") 25)
↪ 75
((acc2 "mike-sperber" "withdraw") 75)
↪ "wrong password"
((acc2 "tz4dadr" "deposit") 25)
↪ 100
```

2. Ändere die paßwortgeschützte Version von make-account dahingehend, daß sie nach
einer gewissen Anzahl von Transaktionsversuchen mit falschen Passwörtern hintereinander keinerlei Transaktionen mehr erlaubt, sondern nur noch call-the-cops zurückgibt:

```
(define acc3 (make-account 100 "sdbn3a" 4))
((acc3 "Mike Sperber" "withdraw") 75)
↪ "wrong password"
((acc3 "Herb Klaeren" "withdraw") 75)
↪ "wrong password"
((acc3 "Wolfi Schaeuble" "withdraw") 75)
↪ "wrong password"
((acc3 "The Pope" "withdraw") 75)
↪ "wrong password"
((acc3 "sdbn3a" "deposit") 25)
↪ "call the cops"
((acc3 "the-pope" "withdraw") 75)
↪ "call the cops"
```

Hinweis: Verwende eine zusätzliche lokale Variable, welche die Fehlversuche zählt. Achte darauf, diese zurückzusetzen, wenn ein korrekter Zugriff stattfindet.

3. Manchmal brauchen mehrere Personen Zugriff auf ein Konto, jede mit eigenem Paßwort. Programmiere eine Prozedur `make-joint-account`, welche drei Argumente akzeptiert: der erste ist ein paßwortgeschütztes Konto, der zweite ist das Paßwort dieses Kontos, und der dritte ist ein neues Paßwort, mit dem Transaktionen auf dem neuen Konto vorgenommen werden:

```
(define acc4 (make-joint-account acc2 "tz4dadr" "yx4dskf"))
((acc4 "yx4dskf" "withdraw") 25)
↪ 75
((acc2 "tz4dadr" "withdraw") 25)
↪ 50
((acc4 "yx4dskf" "withdraw") 10)
↪ 40
((acc4 "tz4dadr" "withdraw") 23)
↪ "wrong password"
```

Aufgabe 13.3 Schreibe eine Prozedur `flatten`, die als Argument eine Liste von Listen akzeptiert und diese aneinandergehängt in einer einzelnen Liste zurückgibt:

```
(flatten (list (list 1 2 3) (list 4 5 6) (list 7 8 9)))
↪ #<list 1 2 3 4 5 6 7 8 9>
```

Die Definition von `flatten` sollte nur ein einziger Prozeduraufruf sein. Verwende `apply` und beachte, daß die in Scheme eingebaute Prozedur `append` beliebig viele Argumente akzeptiert.

Aufgabe 13.4 Programmiere eine Repräsentation von Brüchen im Message-Passing-Style! Der Konstruktor für Brüche soll `make-fraction` heißen, und Brüche sollen die Nachrichten `numerator`, `denominator`, `+`, `-`, `*` und `/` akzeptieren. Bei der Konstruktion sollen Brüche auf den kleinsten gemeinsamen Nenner gebracht werden; dafür sind die Scheme-Prozeduren `quotient` (für ganzzahlige Division) und `gcd` (für den größten gemeinsamen Teiler) hilfreich.

```
(define f1 (make-fraction 4 12))
((f1 "numerator"))
↪ 1
((f1 "denominator"))
↪ 3
(define f2 (make-fraction 5 12))
(define f3 ((f1 "+") f2))
((f3 "numerator"))
↪ 3
((f3 "denominator"))
↪ 4
```

Aufgabe 13.5 Löse Aufgabe 13.2 erneut mit Hilfe von objektorientierter Programmierung und Vererbung. Schreibe dazu für jede zusätzliche Funktionalität – also Paßwortschutz, Sperrung nach Fehlversuchen – eine neue Unterklasse. Läßt sich `make-joint-account` mit Hilfe von Vererbung programmieren?

Aufgabe 13.6 Die drei klassischen Beispiele aus der realen Welt für Vererbung sind die folgenden:

Autos Es gibt Autos im allgemeinen, davon als Unterklassen LKWs, PKWs, als Unterklassen davon wiederum Serien und einzelne Modelle.

Tiere Es gibt Tiere im allgemeinen, davon als Unterklassen verschiedene Arten, Gattungen, Familien und schließlich konkrete Tiere.

Pflanzen Es gibt Pflanzen im allgemeinen, davon als Unterklassen verschiedene Arten, Gattungen, Familien und schließlich konkrete Pflanzen.

Finde drei weiterer solcher Beispiele!

Aufgabe 13.7 Die Definition von `make-rock-star` in Abschnitt 13.5 ist äquivalent zu der ursprünglichen, „direkten" Definition, benutzt aber einen Mixin, was die Flexibilität erhöht, da sich mit Hilfe des Mixins mehrere Klassen mit unterschiedlichen Oberklassen definieren lassen. Tatsächlich lassen sich die Eigenschaften *aller* Klassen dieses Kapitels durch Mixins ausdrücken; nur eine einzige „primitive" Klasse wird benötigt:

```
(define make-object
  (lambda ()
    (lambda (message)
      #f)))
```

Schreibe Mixins für alle anderen Klassen dieses Kapitels und erzeuge die entsprechenden `make-...`-Konstruktoren durch Anwendung dieser Mixins!

14 Logische Kalküle

Nachdem die bisherigen Kapitel den Bogen von der praktischen Konstruktion einfacher Programme bis zur objektorientierten Programmierung geschlagen haben, beleuchtet dieses Kapitel einige weitere theoretische Grundlagen der Programmierung.

Für die Informatik ist der Begriff des *logischen Kalküls* von zentraler Bedeutung. Ein Kalkül dient dazu, auf formale Art und Weise wahre Aussagen abzuleiten, ohne daß es dabei nötig wird, den Sinn der Aussagen zu begreifen. Logische Kalküle bilden außerdem eine mathematische Grundlage, um die Bedeutung von Programmen präzise zu erklären. Der λ-Kalkül, um den es im nächsten Kapitel geht, ist ein Beispiel.

14.1 Wahrheit und Beweisbarkeit

Im Zentrum dieses Kapitels steht die vertraute *Aussagenlogik*, in Anhang B.1 kurz zusammengefaßt. Die „elementaren Bestandteile" von Aussagen sehen zum Beispiel so aus:

1. Das Gras ist grün.
2. Der Himmel ist grün.
3. Axl ist grün im Gesicht.

Die erste dieser Aussagen ist wahr, die zweite falsch, und die Wahrheit der dritten Aussage hängt von den Umständen ab. Tatsächlich hängen auch die beiden anderen Aussagen von Umständen ab: Sie gelten zwar in unserer Welt (von Spitzfindigkeiten einmal abgesehen), aber es sind Welten (auch *Modelle* genannt, weil sie den Modellen bei Algebren entsprechen, vgl. Abschnitt 5.6) vorstellbar, in denen das Gras blau und der Himmel grün ist.

Neben den elementaren Aussagen gibt es auch zusammengesetzte Aussagen:

1. Das Gras ist grün und der Himmel ist grün.
2. Das Gras ist grün und das Gras ist nicht grün.
3. Das Gras ist grün oder das Gras ist nicht grün.
4. Wenn Axl grün im Gesicht ist, so ist er nicht blau im Gesicht.

Die Wahrheit der ersten Aussage hängt von der Wahrheit ihrer Teilaussagen ab. Die Wahrheit der zweiten und dritten Aussage ist allerdings völlig unabhängig von der Wahrheit der Teilaussagen: die zweite ist immer falsch, die dritte immer wahr. Die vierte Aussage ist in manchen Welten nicht wahr: Axls Gesicht könnte grün mit blauen Punkten sein. Sie wird höchstens dadurch wahr, daß zusätzlich postuliert wird, daß beide Teilaussagen nicht gleichzeitig wahr sein können, also daß, wenn Axl blau im Gesicht ist, er nicht grün im Gesicht ist, und wenn er grün im Gesicht ist, er dann nicht blau im Gesicht ist.

Es gibt also mindestens zwei Varianten der Wahrheit:

- Eine Aussage ist wahr in einer bestimmten Welt.
- Eine Aussage ist wahr in allen Welten.

Feststellen läßt sich die Wahrheit durch Einsetzen von Wahrheitswerten – wahr oder falsch – für die elementaren Aussagen wie in Anhang B.1. In der Aussagenlogik wird also eine Welt durch die Menge der in ihr wahren elementaren Aussagen bestimmt. Diese legen damit auch die Bedeutung jeder zusammengesetzten Aussage fest.

Um die zweite Art Wahrheit festzustellen, ist es notwendig, alle möglichen Belegungen von Wahrheitswerten durchzuprobieren. Das Durchprobier-Verfahren ist häufig mühsam oder gar völlig unmöglich. Allerdings ist es möglich, die zweite Sorte Wahrheit völlig unabhängig von irgendwelchen Wahrheitsbelegungen festzustellen; dazu sind die logischen Kalküle da. Ein logischer Kalkül dient der Formulierung eines *Beweises* für eine Formel. Ist ein Beweis gefunden, so ist die Wahrheit in allen Welten garantiert, sofern der Kalkül selbst korrekt ist. Damit gibt es in der Logik neben der Wahrheit auch noch den Begriff der *Beweisbarkeit*. Entsprechend gibt es zwei Zweige der Logik: die *Modelltheorie* und die *Beweistheorie*.

14.2   Ein Kalkül für die Aussagenlogik

In diesem Abschnitt geht es um einen einfachen Kalkül für die Aussagenlogik. Generell besteht ein logischer Kalkül aus

1. einer Menge von *Axiomen*, d. h. grundlegenden Aussagen, deren Wahrheit unbestreitbar ist, und

2. einer Menge von *Regeln*, mit denen neue wahre Aussagen aus anderen Aussagen abgeleitet werden können, wenn deren Wahrheit bereits feststeht.

Ein *Beweis* einer Aussage in einem bestimmten Kalkül besteht in der Angabe einer endlichen Folge von Regelanwendungen, welche diese Aussage auf die Axiome des Kalküls zurückführen. Zunächst gehört zu einem Kalkül eine Sprache, in der sich die zu beweisenden Aussagen formulieren lassen.

Für die Definition der Sprache $\mathcal{L}_1$ der Aussagenlogik wird der Begriff der Termmenge aus Kapitel 5 herangezogen:

Definition 14.1 Sei $\mathcal{V} = \{P_1, P_2, \ldots, P_N\}$ eine endliche Menge der *aussagenlogischen Variablen*, mit $N > 0$, $\mathcal{C} = \{\top, \bot\}$ die Menge der *aussagenlogischen Konstanten*. Die Elemente von $\mathcal{C} \cup \mathcal{V}$ werden auch *Literale* genannt. Sei außerdem $\mathcal{J} = \left\{\neg^{(1)}, \wedge^{(2)}, \vee^{(2)}\right\}$ ein

Operationsalphabet der *logischen Junktoren*. Für $\Sigma \overset{\text{def}}{=} \mathcal{I} \cup \mathcal{C}$, wobei die Konstanten null-stellige Operationssymbole sind, sei dann $T_\Sigma(\mathcal{V})$ die Termmenge lt. Def. 5.7. Die Sprache $\mathcal{L}_1$ der *aussagenlogischen Formeln* ist diejenige Teilmenge von $T_\Sigma(\mathcal{V})$, bei der Negations-symbole nur direkt vor Literalen vorkommen.

Logiker schreiben aussagenlogische Formeln in der üblichen Infixnotation und lassen dabei Klammern weg, sofern Mißverständnisse ausgeschlossen sind. Als Konvention bezeichnen die Buchstaben L, M, N Literale und A, B, C, D, F, G Formeln.

Die möglichen Formeln der Sprache $\mathcal{L}_1$ sind gegenüber der in Anhang B.1 beschriebenen Aussagenlogik eingeschränkt: Negationen dürfen nur direkt vor Literalen stehen, d.h. Aus-drücke wie $\neg(L \vee M)$ sind in $\mathcal{L}_1$ nicht enthalten. Das bedeutet keine ernsthafte Einschrän-kung, denn alle Ausdrücke lassen sich unter Erhaltung ihres Wahrheitswerts mit Hilfe der DeMorgan'schen Gesetze (siehe Anhang B.1) so umformulieren, daß sie in $\mathcal{L}_1$ enthalten sind (im Beispiel: $\neg L \wedge \neg M$; siehe auch Aufgabe 14.4).

In *Sequenzenkalküle*, lassen sich Beweise besonders einfach finden. Sequenzenkalküle be-schäftigen sich statt mit einzelnen Formeln allgemeiner mit Sequenzen daraus. Eine *Se-quenz* ist eine endliche Multimenge (siehe Anhang B.4) von Formeln in $\mathcal{L}_1$, die durch Kommata getrennt hintereinandergeschrieben werden, also z. B.

$$P_1 \wedge \neg P_2, \; P_2, \; P_2 \vee \neg P_1$$

Eine einzelne Formel wird mit der entsprechenden einelementigen Sequenz identifiziert. Sequenzen werden mit Γ, Π, Δ etc. bezeichnet.

Definition 14.2 (Kalkül SC$_1$) Der Kalkül SC$_1$ ist gegeben durch die Sprache $\mathcal{L}_1$ und die Axiome

$$\top, \Gamma \tag{14.1}$$

$$\neg P_i, P_i, \Gamma \tag{14.2}$$

für alle Sequenzen Γ und alle $i \in \{1, \dots, N\}$, außerdem für alle Sequenzen Γ die Regeln

$$\frac{A, B, \Gamma}{A \vee B, \Gamma} \tag{14.3}$$

$$\frac{A, \Gamma \quad B, \Gamma}{A \wedge B, \Gamma} \tag{14.4}$$

Mit Kalkülen wird rein syntaktisch, d. h. also ohne Bezug auf irgendeine Semantik operiert. Trotzdem sollen mit Hilfe eines Kalküls semantisch korrekte Resultate entstehen. Deshalb steht auch hinter SC$_1$ eine semantische Vorstellung: $\top$ (sprich: „top") und $\bot$ (sprich: „bot-tom") sind Symbole, die für die Wahrheitswerte „wahr" bzw. „falsch" stehen. Eine Sequenz wird als Disjunktion ihrer Formeln betrachtet, d.h. die Sequenz A, B, C steht für „A oder B oder C". Die Axiome formalisieren folgende Einsichten: (14.1) „wahr oder Γ" ist für alle Γ wahr, ebenso (14.2) für jede Aussage P die Aussage „P oder nicht P".

Die Regeln sind folgendermaßen zu lesen: Über dem „Bruchstrich", der in diesem Zusammenhang *Inferenzstrich* genannt wird, befinden sich *Voraussetzungen* oder *Prämissen*. In einem Beweis sind dies entweder Axiome oder „schon bewiesene" Sequenzen. Unter dem Inferenzstrich befindet sich die *Schlußfolgerung* oder *Konsequenz* der Regel, die Sequenz, die bewiesen wird. Für A und B können beliebige Formeln eingesetzt werden.

Auch die Regeln formalisieren fundamentale Einsichten: Ist „A oder B oder Γ" bewiesen (14.3), so auch „$A \vee B$ oder Γ". Für einen Beweis von $A \wedge B$ muß es separate Beweise sowohl für A als auch für B geben (14.4).

Definition 14.3 (Beweis in SC$_1$) Ein *Beweis* für eine Sequenz Γ in SC$_1$ ist ein Baum, an dessen Wurzel Γ und an dessen Blättern Axiome stehen und an dessen inneren Knoten Regeln angewendet werden. Eine Sequenz Γ heißt *beweisbar* in SC$_1$ genau dann, wenn es einen Beweis für Γ gibt. Dafür wird auch das folgende Zeichen verwendet:

$$\vdash \Gamma$$

Hier ist ein Beweis für die Formel $(P_1 \wedge P_2) \vee (\neg P_1 \vee \neg P_2)$:

$$\cfrac{\cfrac{\cfrac{\dfrac{P_1, \neg P_1, \neg P_2, \Gamma \;(14.2) \qquad P_2, \neg P_1, \neg P_2, \Gamma \;(14.2)}{P_1 \wedge P_2, \neg P_1, \neg P_2, \Gamma}(14.4)}{P_1 \wedge P_2, \neg P_1 \vee \neg P_2, \Gamma}(14.3)}{(P_1 \wedge P_2) \vee (\neg P_1 \vee \neg P_2), \Gamma}(14.3)}$$

Die verwendeten Axiome sowie Schlüsse sind durch ihre Nummern gekennzeichnet. Bei der Anwendung von (14.2) in der rechten Hälfte wird deutlich, daß bei Sequenzen die Reihenfolge keine Rolle spielt.

Die Konstruktion eines Beweises geht von der zu beweisenden Formel bzw. Sequenz aus und versucht, diese durch Anwendung von Regeln auf die Axiome zurückzuführen. Aus einem „Beweisziel" entsteht somit nach und nach eine ganze Folge von „Unterzielen", die zu erfüllen sind. Es werden also bei der Konstruktion eines Beweises die Inferenzregeln von unten nach oben angewendet.

14.3 Modelle für die Aussagenlogik

Die im vorangegangenen Abschnitt eingeführte Beweisbarkeit ist ein syntaktisches Konzept: Hier wird mit Formeln gearbeitet, ohne daß deren Bedeutung dabei eine Rolle spielt. Der in Abschnitt 14.1 bereits angesprochene Ansatz der Modelltheorie setzt dagegen voraus, daß jeder Formel in der Sprache $\mathcal{L}_1$ eine Bedeutung gegeben wird:

Definition 14.4 (Modell der Aussagenlogik) Sei $\Gamma = A_1, \ldots, A_n$ eine Sequenz von aussagenlogischen Formeln $A_i \in \mathcal{L}_1$ über einem Variablenalphabet $\mathcal{V}$, B die boolesche Algebra mit $\top_B = \mathrm{W}$ und $\bot_B = \mathrm{F}$, $f : \mathcal{V} \to B$ eine Variablenbelegung. Dann heißt f ein *Modell* der

Aussagenlogik und gemäß Satz 5.12 kann f fortgesetzt werden zu einem Homomorphismus $\hat{f}$. Die Semantik einer einzelnen Formel A_i ist dann gegeben durch $\hat{f}(A_i)$. $\hat{f}$ wird auf Γ fortgesetzt durch

$$\widehat{f^*}(A_1,\ldots,A_n) = \hat{f}(A_1) \vee \cdots \vee \hat{f}(A_n)$$

Mit diesen Grundlagen läßt sich nun folgendes definieren:

Definition 14.5 Eine Sequenz Γ heißt *wahr im Modell* f, geschrieben als $\models_f \Gamma$, genau dann, wenn gilt $\widehat{f^*}(\Gamma) = W$. Γ heißt *allgemeingültig* oder eine *Tautologie*, in Zeichen $\models \Gamma$, genau dann, wenn Γ in allen Modellen wahr ist.

14.4 Korrektheit, Konsistenz und Vollständigkeit

Interessant ist nun die Frage, wie die intuitive, semantische Vorstellung von Wahrheit in der Modelltheorie und der syntaktische Begriff der Beweisbarkeit zusammenhängen. Idealerweise sollen diese natürlich zusammenfallen, und im SC_1 ist dies der Fall. Die folgende Definition charakterisiert diese Beziehungen:

Definition 14.6 Ein logischer Kalkül, der eine Negationsoperation $\neg$ hat, heißt

- *konsistent*, wenn es keine Formel A gibt mit $\vdash A$ und $\vdash \neg A$,
- *korrekt*, wenn gilt: falls $\vdash A$, so $\models A$,
- *vollständig*, wenn gilt: falls $\models A$, so $\vdash A$.

Logische Kalküle, die nicht konsistent sind, können auch nicht korrekt sein, denn die Formel $A \wedge \neg A$ wäre in einem inkonsistenten Kalkül beweisbar, aber sie kann in keinem Modell außer dem trivialen („einpunktigen") Modell wahr sein, welches überhaupt nur einen einzigen Wert beinhaltet, der $\top$ ebenso wie $\bot$ darstellt.

Satz 14.7 SC_1 ist konsistent, korrekt und vollständig.

Beweis

Korrektheit Sei $f: V \to \{W, F\}$ eine Variablenbelegung.

Für Axiom 14.1 gilt $\widehat{f^*}(\top, \Gamma) = W \vee \widehat{f^*}(\Gamma) = W$ und für Axiom 14.2 gilt $\widehat{f^*}(P_i, \neg P_i, \Gamma) = f(P_i) \vee \neg f(P_i) \vee \widehat{f^*}(\Gamma) = W$.

Gelte nun $\widehat{f^*}(A, B, \Gamma) = W$. Dann muß $\hat{f}(A) = W$, $\hat{f}(B) = W$ oder $\widehat{f^*}(\Gamma) = W$ gelten. Es gilt in jedem Fall $\hat{f}(A \vee B) = W$ oder $\widehat{f^*}(\Gamma) = W$. Regel (14.3) erhält also die Wahrheit.

Gelte nun $\widehat{f^*}(A, \Gamma) = W$ und $\widehat{f^*}(B, \Gamma) = W$. Wenn nun $\widehat{f^*}(\Gamma) = W$ nicht gilt, so muß $\hat{f}(A) = W$ und $\hat{f}(B) = W$ gelten. Dann gilt aber auch $\hat{f}(A \wedge B) = W$. Auch die Regel (14.4) erhält also die Wahrheit.

In einem Beweisbaum haben deshalb zunächst alle Axiome – also alle Blätter – den Wahrheitswert W. Wahrheit vererbt sich in den Regeln von oben nach unten; durch strukturelle Induktion folgt also, daß auch die Sequenz ganz unten im Beweisbaum den Wahrheitswert W haben muß.

Vollständigkeit Sei Γ eine Sequenz mit $\widehat{f^*}(\Gamma) = W$ für alle Variablenbelegungen f. Dann läßt sich mit Γ als Wurzel ein Beweisbaum konstruieren, indem systematisch alle Formeln durch Anwendung der Regeln (14.4) und (14.3) zerlegt werden, bis nur noch Literale übrig sind. Analog zum Beweis für die Korrektheit wird Wahrheit auch von unten nach oben vererbt, wie sich anhand der Regeln sehen läßt.

Die Blätter des Baums haben also unter allen Variablenbelegungen den Wahrheitswert W. Angenommen, ein solches Blatt Δ hätte weder die Form (14.1) noch die Form (14.2). Dann besteht es nur aus $\bot$ und Literalen der Form P_i und Literalen der Form $\neg P_j$, wobei für ein i die Literale P_i und $\neg P_i$ nicht gleichzeitig auftreten. ($\bot$ allein ist offensichtlich nicht möglich.) Dann läßt sich aber eine Belegung f' konstruieren mit $f'(P_i) = F$ für $P_i \in \Delta$ und $f'(P_j) = W$ für $\neg P_j \in \Delta$. Für deren Fortsetzung $\widehat{f'^*}$ gilt dann $\widehat{f'^*}(\Delta) = F$ im Widerspruch zur Voraussetzung.

Konsistenz Sei A eine Formel mit $\vdash A$ und $\vdash \neg A$. Aus der Korrektheit folgt dann, daß für jede Belegung f gilt $\hat{f}(A) = W = \hat{f}(\neg A)$. Das ist aber unmöglich, da

$$\hat{f}(\neg A) = \begin{cases} F & \text{falls } \hat{f}(A) = W \\ W & \text{sonst} \end{cases}$$

$\square$

14.5 Der Reduktionskalkül RC$_1$

SC$_1$ ist ein sogenannter *Inferenzkalkül*: Beweise sind Bäume, in denen Anwendungen von Regeln durch Inferenzstriche getrennt sind. Es gibt jedoch noch andere Methoden, logische Kalküle aufzubauen. Die sogenannten *Reduktionskalküle* benutzen das Prinzip der algebraischen Vereinfachung: Eine logische Formel wird schrittweise durch die Anwendung von Gleichungen vereinfacht, wobei gelegentlich Teilterme durch andere, *äquivalente* Terme ersetzt werden. (Das Substitutionsmodell aus Abschnitt 2.6 ist damit auch eine spezielle Art Reduktionskalkül.)

Der Kalkül RC$_1$ ist, wie SC$_1$, eine Formalisierung der Aussagenlogik und benutzt die gleiche Sprache, $\mathcal{L}_1$. Kommt am Ende $\top$ heraus, ist die Formel eine Tautologie. Hier sind die Regeln von RC$_1$:

Definition 14.8 (Regeln von RC$_1$)

$$\top \vee A \rhd \top \qquad\qquad A \vee \top \rhd \top \qquad\qquad (14.5)$$
$$\top \wedge A \rhd A \qquad\qquad A \wedge \top \rhd A \qquad\qquad (14.6)$$

$$L \vee A_1 \vee \ldots \vee A_n \vee \neg L \vee B \rhd \top \qquad\qquad (14.7)$$

$$(A \vee B) \vee C \triangleright A \vee (B \vee C) \tag{14.8}$$

$$(A \wedge B) \vee C \quad \triangleright \quad (A \vee C) \wedge (B \vee C) \tag{14.9}$$

$$C \vee (A \wedge B) \quad \triangleright \quad (C \vee A) \wedge (C \vee B) \tag{14.10}$$

Eine logische Formel läßt sich mit Hilfe einer Reduktionsregel dann vereinfachen, wenn sie der Form der linken Seite der Regel entspricht. (Formal gesagt muß die Formel auf die linke Seite einer Regel *passen* – siehe dazu auch Aufgabe 5.3 in Kapitel 5.) Sie heißt dann ein *Redex* (aus *reducible expression* abgekürzt) und wird durch die Entsprechung der rechten Regelseite ersetzt. Hier ein Beispiel:

$$E_1 \stackrel{\text{def}}{=} (P_1 \wedge P_2) \vee (\neg P_1 \vee \neg P_2)$$

Diese Formel hat die Form der linken Seite von Regel (14.9) und läßt sich folgendermaßen mit $A = P_1$, $B = P_2$ und $C = (\neg P_1 \vee \neg P_2)$ reduzieren:

$$E_2 \stackrel{\text{def}}{=} (P_1 \vee (\neg P_1 \vee \neg P_2)) \wedge (P_2 \vee (\neg P_1 \vee \neg P_2))$$

Auf diese Art und Weise bildet $\triangleright$ eine Relation auf $\mathcal{L}_1$. Es ist leicht zu beweisen – z.B. in SC_1 – daß bei den Reduktionsregeln jeweils linke und rechte Seite äquivalent sind.

Leider läßt sich E_2 nicht weiter reduzieren – sie paßt auf keine linke Regelseite. Das ist insbesondere deswegen bedauerlich, weil es sich um eine Tautologie handelt. Jedoch läßt sich E_2 als $E_2 = E_2^{(1)} \wedge E_2^{(2)}$ schreiben und beide *Teilformeln* $E_2^{(1)}$ und $E_2^{(2)}$ passen auf die Regel (14.7). Nach Anwendung von Regel (14.7) auf die beiden Teilformeln kommt folgende Formel heraus:

$$E_3 \stackrel{\text{def}}{=} \top \wedge \top$$

Diese läßt sich wiederum mit Regel (14.6) zu $\top$ reduzieren, und fertig ist der Beweis.

Zu $\triangleright$ gehört eine abgeleitete Relation $\blacktriangleright$, die auch auf Subtermen von Formeln arbeiten kann, also auch Redexe im Inneren einer Formel finden kann:

Definition 14.9 (Erweiterung von $\triangleright$ auf Subterme) $\blacktriangleright$ ist die *Erweiterung von $\triangleright$ auf Subterme*: Sei A eine Formel aus $\mathcal{L}_1$, in der eine andere Formel B an einer bestimmten Stelle vorkommt. Sei C eine Formel, für die $B \triangleright C$ gilt. Wenn $A \blacktriangleright D$ gilt, entsteht die Formel D dadurch, daß in A das Vorkommen von B durch C ersetzt wird.

Abbildung 14.1 zeigt die Situation: Bei der Anwendung der Reduktionsregel $\blacktriangleright$ auf einen Term bleibt der umschließende, weiße Teil des Terms unverändert, nur der Rest wird gemäß $\triangleright$ reduziert und ersetzt.

Nun läßt sich Beweisbarkeit in RC_1 definieren:

Definition 14.10 (Beweisbarkeit in RC_1) Eine Formel A ist *in RC_1 beweisbar* (geschrieben $RC_1 \vdash A$ oder einfach nur $\vdash A$), wenn $A \blacktriangleright^* \top$ gilt.

Dabei ist $\blacktriangleright^*$ der transitiv-reflexive Abschluß von $\blacktriangleright$. (Siehe dazu Definition B.9 in Anhang B.5.)

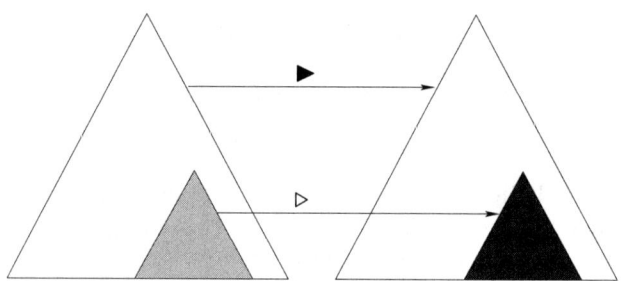

Abbildung 14.1   Reduktion auf Subtermen

Diese drei Zutaten machen einen Reduktionskalkül aus: Reduktionsregeln, Erweiterung auf Subterme und reflexiv-transitiver Abschluß.

Satz 14.11 RC$_1$ ist korrekt, konsistent und vollständig.

Beweis

Für $A \blacktriangleright B$ sind A und B immer äquivalent. Daraus folgen Konsistenz und Korrektheit.

Der Beweis für die Vollständigkeit ist etwas aufwendiger und wird darum nur skizziert. Prinzipiell schwierig ist er allerdings nicht:

Die Reduktionsregeln 14.8, 14.9 und 14.10 für sich gesehen überführen eine Formel in die folgende Form:

$$(L_1^{(1)} \vee (L_2^{(1)} \vee (\ldots \vee L_{k_1}^{(1)})\ldots))$$
$$\wedge \quad \ldots$$
$$\wedge \quad \ldots$$
$$\wedge \quad (L_1^{(n)} \vee (L_2^{(n)} \vee (\ldots \vee L_{k_n}^{(n)})\ldots))$$

(Diese Form heißt auch *konjunktive Normalform*.) Eine Formel dieser Form ist genau dann wahr, wenn alle Teilformeln

$$(L_1^{(j)} \vee (L_2^{(j)} \vee (\ldots \vee L_{k_j}^{(j)})\ldots))$$

wahr sind. Eine solche Teilformel ist genau dann wahr, wenn sie entweder $\top$ enthält oder zwei Literale $L_l^{(j)}$ und $\neg L_m^{(j)}$ mit $L_l^{(j)} = L_m^{(j)}$. Genau diese beiden Fälle werden aber von den Regeln (14.5) und (14.7) abgedeckt, so daß sich diese Teilformeln zu $\top$ reduzieren lassen. Regel (14.6) besorgt dann den Rest. □

Aufgaben

Aufgabe 14.1 *Gantōs Axt* ist ein Zen-Koan folgenden Inhalts:

Eines Tages sagte Tokusan zu seinem Schüler Gantō: „Ich habe zwei Mönche, die schon seit vielen Jahren hier sind. Geh hin und prüfe sie." Gantō nahm eine Axt und begab sich zu der Hütte, in der die zwei Mönche meditierten. Er hob die Axt und sprach: „Wenn ihr ein Wort sagt, so werde ich euch die Köpfe abhauen, und wenn ihr kein Wort sagt, werde ich euch ebenfalls die Köpfe abhauen."

Werden den Mönchen die Köpfe abgehauen? Beweise deine Antwort in SC$_1$!

Aufgabe 14.2 Zeige mit Hilfe der Wahrheitstafeln aus Anhang B.1, wie sich aussagenlogische Formeln, die Implikation $\Rightarrow$ enthalten, in äquivalente Formeln ohne $\Rightarrow$ übersetzen lassen.

Aufgabe 14.3 Beweise folgende Formeln in SC$_1$!

$$(P_3 \Rightarrow (P_1 \wedge P_2)) \Leftrightarrow (P_3 \Rightarrow P_1) \wedge (P_3 \Rightarrow P_2)$$

$$((P_1 \Leftrightarrow P_2) \wedge (P_3 \Leftrightarrow P_4)) \Rightarrow ((P_1 \wedge P_3) \Leftrightarrow (P_2 \wedge P_4))$$

Aufgabe 14.4 Eine aussagenlogische Formel mit Variablen $\neg F$, wobei F selbst kein $\neg$ enthält, ist äquivalent zu $\eta(F)$, wobei $\eta(F)$ aus F dadurch entsteht, daß alle aussagenlogischen Konstanten und Variablen umgedreht werden ($W \mapsto F, F \mapsto W, \neg X \mapsto X, X \mapsto \neg X$) und jeweils $\vee$ durch $\wedge$ und umgekehrt ersetzt wird. Zum Beispiel ist also $\neg(A \wedge (B \vee \neg C)) \equiv \neg A \vee (\neg B \wedge C)$.

- Schreibe eine induktive Definition für η.

- Beweise die Behauptung mittels struktureller Induktion und den DeMorgan'schen Gesetzen (Anhang B.1).

- Beweise in SC$_1$, daß $A, \eta(A)$ für jede Formel A beweisbar ist. Benutze dazu strukturelle Induktion über A!

Aufgabe 14.5 Programmiere Abstraktionen für den Umgang mit $\mathcal{L}_1$-Formeln in Scheme!

1. Schreibe eine Datendefinition für Formeln und dazu passende Record-Definitionen.

2. Schreibe eine Prozedur `write-L1`, welche $\mathcal{L}_1$-Formeln in lesbarer und vollständig geklammerter Form ausdruckt! Dabei soll `T` für $\top$, `B` für $\bot$, `!` für die Negation, `&` für die Konjunktion, und `|` für die Disjunktion stehen:

```
(write-L1
  (make-negation
    (make-conjunction (make-variable 1)
                      (make-disjunction (make-constant #t)
                                        (make-constant #f)))))
--→  (!(P1&(T|B)))
```

Aufgabe 14.6 Basierend auf den Abstraktionen für $\mathcal{L}_1$-Formeln von Aufgabe 14.5, schreibe ein Programm, das für Formeln herausfindet, ob sie in SC$_1$ beweisbar sind oder nicht!

1. Schreibe ein Prädikat `literal?`, das feststellt, ob eine Formel die Form ⊤, ⊥, P_i oder ¬P_i hat.

2. Benutze für die Repräsentation von Sequenzen Listen von Formeln. Schreibe ein Prädikat `axiom?`, das feststellt, ob eine gegebene Sequenz ein Axiom ist, also ob ⊤ in der Liste vorkommt, oder zu einer Variable die entsprechende negierte Variante.

   Hinweis: Eine Hilfsprozedur `variable-member?` ist hilfreich, die ein Vorzeichen und den Namen einer Variablen sowie eine Sequenz akzeptiert, und feststellt, ob die entsprechende Variable in der Liste vorkommt.

```
(define f1 (make-conjunction (make-constant #t) (make-variable 1)))
(define f2 (make-conjunction
               (make-disjunction (make-negation (make-variable 1))
                                 (make-variable 2))
               (make-variable 3)))
(define f3 (make-variable 1))
(define f4 (make-negation (make-variable 1)))
(define s1 (list f1 f2 f3))
(variable-member? #t 1 s1)
↪ #t
(variable-member? #t 2 s1)
↪ #f
(variable-member? #f 1 s1)
↪ #f
(axiom? s1)
↪ #f
(define s2 (list f1 f2 f3 f4))
(axiom? s2)
↪ #t
```

3. Schreibe eine Prozedur `reorder-sequence`, welche eine Sequenz so umsortiert, daß ein Nichtliteral vorn steht, oder #f zurückgibt, falls das nicht möglich ist.

   Anleitung: Benutze dazu eine endrekursive mit `letrec` gebundene interne Hilfsprozedur, welche die Sequenz absucht und dabei die Listenelemente vor dem Nichtliteral aufsammelt.

```
(define s3 (list f3 f1 f4 f2))
(for-each (lambda (formula)
             (write-L1 formula)
             (write-newline))
          s3)
--↠ P1
--↠ (T&P1)
--↠ (!P1)
--↠ (((!P1)|P2)&P3)
(define s4 (reorder-sequence s3))
```

```
(for-each (lambda (formula)
                  (write-L1 formula)
                  (write-newline))
          s4)
--→ (T&P1)
--→ P1
--→ (!P1)
--→ (((!P1)|P2)&P3)
```

4. Schreibe nun eine Prozedur `tautology?`, welche eine Sequenz als Parameter akzeptiert, und feststellt, ob sie beweisbar ist. Diese Funktion sollte die Sequenz entweder als Axiom identifizieren, oder durch Zerlegung eines Nichtliterals (durch `reorder-sequence` nach vorn sortiert) eine oder mehrere neue zu beweisende Sequenzen erzeugen, auf denen dann weiterbewiesen wird.

Aufgabe 14.7 Beweise, daß folgende Axiome bzw. Regeln zu SC$_1$ hinzugefügt werden können, ohne daß der Kalkül mächtiger wird:

$$\frac{A \wedge B, \Gamma}{A, \Gamma} \qquad \frac{A \wedge B, \Gamma}{B, \Gamma} \qquad \frac{A \vee B, \Gamma}{A, B, \Gamma}$$

Betrachte dazu einen fiktiven Kalkül SC$_1'$, der diese zusätzlichen Regeln enthält. Gib nun eine Anleitung an, wie sich ein Beweisbaum in SC$_1'$ in einen Beweisbaum in SC$_1$ übersetzen läßt, so daß die zusätzlichen Regeln dort nicht mehr vorkommen.

Aufgabe 14.8 Betrachte MPC$_0$, einen Inferenzkalkül für *intuitionistische Aussagenlogik*. Die Sprache $\mathcal{L}_0$ des Kalküls besteht aus Aussagenvariablen $\{P_1, \ldots, P_N\}$ für $N > 0$, der aussagenlogischen Konstante $\bot$, sowie einem einzelnen zweistelligen Junktor $\to$. Es gibt keine Sequenzen; der Kalkül beschäftigt sich nur mit Formeln. A, B und C seien jeweils Formeln. Hier sind die Axiome:

$$A \to (B \to A)$$
$$(A \to (B \to C)) \to ((A \to B) \to (A \to C))$$
$$\bot \to A$$

Es gibt nur eine Regel namens *modus ponens*:

$$\frac{A \qquad A \to B}{B}$$

1. Erweitere, wie bei der Modelltheorie für SC$_1$, eine Variablenbelegung sinnvoll zu einem Homomorphismus von $\mathcal{L}_0$ nach $\{W, F\}$, so daß alle Axiome den Wahrheitswert W bekommen und außerdem die Modus-Ponens-Regel gültig ist. Gleichzeitig sollen nicht alle Formeln den Wahrheitswert W bekommen.

2. Schreibe einen Beweisbaum für $A \to A$.

3. Die *relativierte Herleitbarkeit* in MPC$_0$ ist folgendermaßen definiert:

Es sei $M = \{G_1, \ldots, G_n\}$ für $n \geq 0$ eine endliche Formelmenge in $\mathcal{L}_0$. Eine Formel F aus $\mathcal{L}_0$ ist in MPC$_0$ *relativ zu M* herleitbar, wenn es einen Beweisbaum für F gibt, in dem oben neben den Axiomen auch Formeln aus M stehen können. Schreibweise: $M \vdash F$, Beispiel: $\{A, A \to B\} \vdash B$

Nun gilt in MPC$_0$ der sogenannte *Deduktionssatz*. Er lautet:

$$\{G\} \cup M \vdash F \text{ gdw. } M \vdash G \to F$$

Vervollständige den folgenden Beweis für den Deduktionssatz:

„$\Leftarrow$" Es gilt, einen Beweis für F zu konstruieren, in dem G oben vorkommen darf. Hier ist er:

$$\frac{G \qquad G \to F}{F}$$

„$\Rightarrow$" Induktion über die Höhe des Beweisbaumes: Es sei also T der Beweisbaum für $G \to F$, an dem oben die Formeln $G, G_1, \ldots, G_n$ (bei $M = \{G_1, \ldots, G_n\}$) sowie die Axiome auftreten können.

Angenommen, T hat die Höhe 1. F ist also bereits der Beweis selbst. Dann muß F ein Axiom oder ein Element aus $\{G\} \cup M$ sein. Es gilt dann also, eine Herleitung für $G \to F$ zu konstruieren. Es gibt jetzt zwei Möglichkeiten: entweder ist $F = G$ oder nicht. Schreibe Beweisbäume für $G \to F$ für beide Fälle!

Angenommen, T hat eine Höhe > 1. Dann muß ganz unten in T eine Anwendung der Modus-Ponens-Regel stehen, die so aussieht:

$$\frac{H \qquad H \to F}{F}$$

Nun kann ein Beweisbaum für $G \to F$ konstruiert werden:

$$\frac{\dfrac{H \qquad H \to (G \to H)}{G \to H} \qquad \dfrac{\cdots}{(G \to H) \to (G \to F)}}{G \to F}$$

Vervollständige den Beweisbaum! Hinweis: Es sind nur noch zwei Anwendungen der Modus-Ponens-Regel sowie zwei Anwendungen von Axiomen notwendig!

Wo und wie kommt die Induktionsvoraussetzung ins Spiel?

4. Benutze den Deduktionssatz, um

$$\vdash (A \to B) \to ((B \to C) \to (A \to C))$$
$$\vdash (A \to B) \to ((C \to A) \to (C \to B))$$

zu beweisen!

15 Der λ-Kalkül

Der λ-Kalkül ist ein logischer Kalkül, der als die Basis für eine formale Beschreibung des Verhaltens von Computerprogrammen dient. Scheme baut direkt auf dem λ-Kalkül auf: es ist kein Zufall, daß das Schlüsselwort für die Abstraktion `lambda` heißt. Der λ-Kalkül hat noch viele weitere Einsatzgebiete, insbesondere bei der Konstruktion von besonders effizienten Übersetzern für Programmiersprachen, in der Logik und der Linguistik, und bei der Entwicklung und Sicherheitsüberprüfung von mobilem Code im Internet.

15.1 Sprache und Reduktionssemantik

Definition 15.1 (Sprache des λ-Kalküls $\mathcal{L}_\lambda$) Sei V eine abzählbare Menge von Variablen. Die Sprache des λ-Kalküls, die Menge der λ-*Terme*, $\mathcal{L}_\lambda$, ist die kleinste Menge mit folgenden Eigenschaften:

1. $V \subseteq \mathcal{L}_\lambda$
2. Für $e_0, e_1 \in \mathcal{L}_\lambda$ ist auch $(e_0\ e_1) \in \mathcal{L}_\lambda$.
3. Für $x \in V, e \in \mathcal{L}_\lambda$ ist auch $(\lambda x.e) \in \mathcal{L}_\lambda$.

Ein λ-Term der Form $(e_0\ e_1)$ heißt *Applikation* mit *Operator* e_0 und *Operand* e_1. Ein Term der Form $(\lambda x.e)$ heißt *Abstraktion*, wobei x *Parameter* der Abstraktion heißt und e *Rumpf*. In diesem Kapitel steht e immer für einen λ-Term, v und x stehen für Variablen.

Es ist kein Zufall, daß Scheme genau die gleichen Begriffe verwendet wie der λ-Kalkül. Ein Lambda-Ausdruck mit einem Parameter entspricht einer Abstraktion im λ-Kalkül, und die Applikationen in Scheme entsprechen den Applikationen im λ-Kalkül. Scheme wurde bewußt auf dem λ-Kalkül aufgebaut.

Die Intuition für die Bedeutung der λ-Terme ist ähnlich wie in Scheme: Eine Abstraktion steht für eine mathematische Funktion, speziell für eine solche Funktion, die sich durch ein Computerprogramm berechnen läßt.[1] Eine Applikation steht gerade für die Applikation

---

[1] Die Wahl des Buchstabens λ für die Notation von Abstraktionen war eher ein Unfall: Zur Zeit der Entstehung des Kalküls war der Ausdruck $2\hat{x}+1$ eine historische Notation für eine Funktion f mit $f(x) \stackrel{\text{def}}{=} 2x+1$. ALONZO CHURCH, der Erfinder des λ-Kalküls, hatte ursprünglich die Notation $\hat{x}.2x+1$ in der ersten Publikation über den Kalkül vorgesehen. Der Schriftsetzer konnte allerdings aus technischen Gründen das Hütchen nicht über dem x positionieren und setzte es deshalb davor, womit aus dem Ausdruck $^\wedge x.2x+1$ wurde. Ein weiterer Setzer machte aus dem einsamen Hütchen ein λ und der λ-Kalkül war geboren.

einer Funktion, und eine Variable bezieht sich auf den Parameter einer umschließenden Abstraktion und steht für den Operanden der Applikation.

Der einfachste λ-Term ist die Identität:

$$(\lambda x.x)$$

Der folgende λ-Term wendet eine Funktion f auf ein Argument x an:

$$(\lambda f.(\lambda x.(f\,x)))$$

An diesem Beispiel wird deutlich, daß sich im λ-Kalkül, wie in Scheme auch, die Klammern schnell häufen, wenn die Terme größer werden. Darum werden redundante Klammern beim Aufschreiben von λ-Termen oft weggelassen. Damit wird aus dem obigen Term der folgende:

$$\lambda f.\lambda x.f\,x$$

Dieser Ausdruck läßt sich unterschiedlich klammern: $(\lambda f.((\lambda x.f)\,x))$, $(\lambda f.(\lambda x.(f\,x)))$ oder $((\lambda f.\lambda x.f)\,x)$. Bei solchen Mehrdeutigkeiten erstreckt sich der Rumpf einer Abstraktion so weit wie möglich nach rechts. Die richtige Variante ist also $(\lambda f.(\lambda x.(f\,x)))$.

Die Funktionen im λ-Kalkül sind auf einen Parameter beschränkt. Dies ist keine wirkliche Einschränkung: Funktionen mit mehreren Parametern werden geschönfinkelt, um aus ihnen mehrstufige Funktionen mit jeweils einem Parameter zu machen, vgl. Abschnitt 8.5.

Wegen der Verwandtschaft zwischen Funktionen mit mehreren Parametern und ihren geschönfinkelten Pendants gibt es zwei weitere Abkürzungen in der Notation von λ-Termen:

- $\lambda x_1 \ldots x_n.e$ steht für $\lambda x_1.(\lambda x_2.(\ldots \lambda x_n.e)\ldots)$.
- $e_0 \ldots e_n$ steht für $(\ldots(e_0\,e_1)\,e_2)\ldots e_n)$.

Dementsprechend ist $\lambda fxy.f\,x\,y$ eine andere Schreibweise für den Term

$$(\lambda f.(\lambda x.(\lambda y.((f\,x)\,y))))\,.$$

Bemerkenswert am λ-Kalkül ist, daß es dort *nur* Funktionen gibt, noch nicht einmal Zahlen, boolesche Werte oder Datenstrukturen. Darum erscheint die Sprache des Kalküls auf den ersten Blick noch spartanisch und unintuitiv: So unmittelbar läßt sich noch nicht einmal eine Funktion hinschreiben, die zwei Zahlen addiert – schließlich gibt es keine Zahlen. Wie sich jedoch weiter unten in Abschnitt 15.3 herausstellen wird, lassen sich all diese Dinge durch Funktionen nachbilden.

Der λ-Kalkül selbst legt das Verhalten von λ-Termen fest; er ist ein Reduktionskalkül, der beschreibt, wie ein λ-Term in einen anderen, gleichbedeutenden, überführt werden kann. Die Konstruktion dieses Kalküls erfordert sehr sorgfältigen Umgang mit Variablen, was eine Hilfsdefinition notwendig macht:

Definition 15.2 (Freie und gebundene Variablen) Die Funktionen

$$\text{free}, \text{bound} : \mathcal{L}_\lambda \to \mathcal{P}(V)$$

liefern die Mengen der *freien* bzw. der *gebundenen* Variablen eines λ-Terms.

$$\text{free}(e) \overset{\text{def}}{=} \begin{cases} \{v\} & \text{falls } e = v \\ \text{free}(e_0) \cup \text{free}(e_1) & \text{falls } e = e_0\, e_1 \\ \text{free}(e_0) \setminus \{v\} & \text{falls } e = \lambda v.e_0 \end{cases}$$

$$\text{bound}(e) \overset{\text{def}}{=} \begin{cases} \varnothing & \text{falls } e = v \\ \text{bound}(e_0) \cup \text{bound}(e_1) & \text{falls } e = e_0\, e_1 \\ \text{bound}(e_0) \cup \{v\} & \text{falls } e = \lambda v.e_0 \end{cases}$$

Außerdem ist $\text{var}(e) \overset{\text{def}}{=} \text{free}(e) \cup \text{bound}(e)$ die *Menge der Variablen* von e. (Es läßt sich leicht zeigen, daß diese Menge alle vorkommenden Variablen eines λ-Terms enthält.) Ein λ-Term e heißt *abgeschlossen* bzw. *Kombinator*, falls $\text{free}(e) = \varnothing$.

Einige Beispiele:

$$\begin{aligned} \text{free}(\lambda x.y) &= \{y\} \\ \text{bound}(\lambda x.y) &= \{x\} \\ \text{free}(\lambda y.y) &= \varnothing \\ \text{bound}(\lambda y.y) &= \{y\} \\ \text{free}(\lambda x.\lambda y.\lambda x.x\,(\lambda z.a\,y)) &= \{a\} \\ \text{bound}(\lambda x.\lambda y.\lambda x.x\,(\lambda z.a\,y)) &= \{x,y,z\} \end{aligned}$$

In einem Term kann die gleiche Variable sowohl frei als auch gebunden vorkommen:

$$\begin{aligned} \text{free}(\lambda x.y\,(\lambda y.y)) &= \{y\} \\ \text{bound}(\lambda x.y\,(\lambda y.y)) &= \{x,y\} \end{aligned}$$

Entscheidend ist dabei, daß das y einmal innerhalb und einmal außerhalb einer bindenden Abstraktion auftaucht. Das Frei- und Gebundensein bezieht sich also immer auf bestimmte *Vorkommen* einer Variablen in einem λ-Term.

Im λ-Kalkül gilt, genau wie Scheme, das Prinzip der lexikalischen Bindung (siehe Abschnitt 2.7): das Vorkommen einer Variable v als λ-Term gehört immer zur innersten umschließenden Abstraktion $\lambda v.e$, deren Parameter ebenfalls v ist. Bei $\lambda x.y\,(\lambda y.y))$ aus dem Beispiel oben ist also das erste y das freie, während das zweite y durch die zweite Abstraktion gebunden wird.

Der λ-Reduktionskalkül ist darauf angewiesen, Variablen durch andere zu ersetzen, ohne dabei die Zugehörigkeit von Variablenvorkommen und den dazu passenden Abstraktionen zu verändern. Der Mechanismus dafür heißt auch hier *Substitution*:

Definition 15.3 (Substitution) Für $e, f \in \mathcal{L}_\lambda$ ist $e[v \mapsto f]$ – *in e wird v durch f substituiert* – induktiv definiert:

$$e[v \mapsto f] \stackrel{\text{def}}{=} \begin{cases} f & \text{falls } e = v \\ x & \text{falls } e = x \text{ und } x \neq v \\ \lambda v.e_0 & \text{falls } e = \lambda v.e_0 \\ \lambda x.(e_0[v \mapsto f]) & \text{falls } e = \lambda x.e_0 \text{ und } x \neq v, x \notin \text{free}(f) \\ \lambda x'.(e_0[x \mapsto x'][v \mapsto f]) & \text{falls } e = \lambda x.e_0 \\ & \text{und } x \neq v, x \in \text{free}(f), x' \notin \text{free}(e_0) \cup \text{free}(f) \\ (e_0[v \mapsto f])\,(e_1[v \mapsto f]) & \text{falls } e = e_0\, e_1 \end{cases}$$

Die Definition der Substitution erscheint auf den ersten Blick kompliziert, folgt aber letztlich nur direkt dem Prinzip der lexikalischen Bindung. Die erste Regel besagt, daß das Vorkommen einer Variable durch eine Substitution genau dieser Variablen ersetzt wird:

$$v[v \mapsto f] = f$$

Die zweite Regel besagt, daß das Vorkommen einer *anderen* Variable durch die Substitution nicht betroffen wird:

$$x[v \mapsto f] = x \qquad x \neq v$$

Die dritte Regel ist auf den ersten Blick etwas überraschend:

$$(\lambda v.e_0)[v \mapsto f] = \lambda v.e_0$$

Ein λ-Ausdruck, dessen Parameter gerade die Variable ist, die substitutiert werden soll, bleibt unverändert. Das liegt daran, daß mit dem λ-Ausdruck die Zugehörigkeit aller Vorkommen von v in e_0 bereits festgelegt ist: ein Vorkommen von v in e_0 gehört entweder zu dieser Abstraktion oder einer anderen Abstraktion mit v als Parameter, die in e_0 weiter innen steht – v ist in $(\lambda v.e_0)$ gebunden und $v \in \text{bound}(\lambda v.e_0)$. Da die Substitution diese Zugehörigkeiten nicht verändern darf, läßt sie das v in Ruhe.

Anders sieht es aus, wenn die Variable der Abstraktion eine andere ist – die vierte Regel:

$$(\lambda x.e_0)[v \mapsto f] = \lambda x.(e_0[v \mapsto f]) \qquad x \neq v, x \notin \text{free}(f)$$

In diesem Fall wird die Substitution auf den Rumpf der Abstraktion angewendet. Wichtig ist dabei, daß x nicht frei in f vorkommt – sonst könnte es vorkommen, daß beim Einsetzen von f ein freies Vorkommen von x plötzlich durch die umschließende Abstraktion gebunden wird. Damit würde auch wieder die durch die lexikalische Bindung definierte Zugehörigkeitsregel verletzt.

Was passiert, wenn x eben doch frei in f vorkommt, beschreibt die fünfte Regel:

$$(\lambda x.e_0)[v \mapsto f] = \lambda x'.(e_0[x \mapsto x'][v \to f]) \qquad \begin{aligned} & x \neq v, x \in \text{free}(f) \\ & x' \notin \text{free}(e_0) \cup \text{free}(f) \end{aligned}$$

Hier kann es passieren, daß die freien x in f durch die Abstraktion „eingefangen" werden. Aus diesem Grund wird einfach das x in der Abstraktion aus dem Weg geschafft und durch ein „frisches" x' ersetzt, das noch nirgendwo frei vorkommt.

Die letzte Regel beschreibt schließlich, wie die Substitution auf Applikationen wirkt: sie taucht einfach in Operator und Operanden rekursiv ab:

$$(e_0\, e_1)[v \mapsto f] = (e_0[v \mapsto f])(e_1[v \mapsto f])$$

Hier ist ein etwas umfangreicheres Beispiel für die Substitution:

$$
\begin{aligned}
(\lambda x.\lambda y.x\ (\lambda z.z)\ z)[z \mapsto x\,y] &= \lambda x'.((\lambda y.x\ (\lambda z.z)\ z)[x \mapsto x'][z \mapsto x\,y]) \\
&= \lambda x'.((\lambda y.((x\ (\lambda z.z)\ z)[x \mapsto x']))[z \mapsto x\,y]) \\
&= \lambda x'.((\lambda y.(x[x \mapsto x']\ ((\lambda z.z)[x \mapsto x'])\ z[x \mapsto x']))[z \mapsto x\,y]) \\
&= \lambda x'.((\lambda y.(x'\ (\lambda z.z)\ z))[z \mapsto x\,y]) \\
&= \lambda x'.\lambda y'.((x'\ (\lambda z.z)\ z)[y \mapsto y'][z \mapsto x\,y]) \\
&= \lambda x'.\lambda y'.((x'[y \mapsto y']\ ((\lambda z.z)[y \mapsto y'])\ z[y \mapsto y'])[z \mapsto x\,y]) \\
&= \lambda x'.\lambda y'.((x'\ ((\lambda z.z))\ z)[z \mapsto x\,y]) \\
&= \lambda x'.\lambda y'.x'[z \mapsto x\,y]\ ((\lambda z.z)[z \mapsto x\,y])\ z[z \mapsto x\,y] \\
&= \lambda x'.\lambda y'.x'\ (\lambda z.z)\ (x\,y)
\end{aligned}
$$

Deutlich zu sehen ist, wie die freien Variablen x und y aus der Substitution $z \mapsto x\,y$ auch im Ergebnis frei bleiben, während die gebundenen Variablen x und y aus dem ursprünglichen Term umbenannt werden, um eine irrtümliche Bindung ihrer hereinsubstituierten Namensvettern zu vermeiden.

Mit Hilfe der Definition der Substitution ist es möglich, die Reduktionsregeln des λ-Kalküls zu formulieren.

Definition 15.4 (Reduktionsregeln) Die Reduktionsregeln im λ-Kalkül sind die α-Reduktion $\rightarrow_\alpha$ und die β-Reduktion $\rightarrow_\beta$:

$$
\lambda x.e \rightarrow_\alpha \lambda y.(e[x \mapsto y]) \quad y \notin \text{free}(e)
$$
$$
(\lambda v.e)\ f \rightarrow_\beta e[v \mapsto f]
$$

Für $x \in \{\alpha, \beta\}$ ist $\xrightarrow{*}_x$ jeweils der reflexiv-transitive Abschluß der Relation. (Siehe dazu Definition B.9). Außerdem ist $\leftrightarrow_x$ jeweils der symmetrische Abschluß, und $\xleftrightarrow{*}_x$ der reflexiv-transitiv-symmetrische Abschluß.

Die α-Reduktion (oft auch α-*Konversion* genannt) benennt eine gebundene Variable in eine andere um.

Die β-Reduktion, die zentrale Regel des λ-Kalküls, steht für Funktionsapplikation: eine Abstraktion wird angewendet, indem die Vorkommen ihres Parameters durch den Operanden einer Applikation ersetzt werden.

Wie in anderen Reduktionskalkülen auch, also zum Beispiel wie in RC_1, werden die Regeln auf Subterme fortgesetzt. So gilt zum Beispiel:

$$
\lambda x.(\lambda y.y)\ x \rightarrow_\beta \lambda x.x
$$

Auch der Begriff des Redex ist im λ-Kalkül analog zu RC_1 und bezeichnet einen reduzierbaren Subterm. Im obigen Beispiel ist der Redex gerade $(\lambda y.y)\ x$.

Als Reduktionskalkül ist die Hauptaufgabe des λ-Kalküls der Beweis von Gleichungen: Zwei Terme gelten als äquivalent wenn sie durch Reduktionen ineinander überführt werden können.

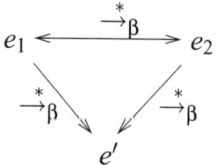

Abbildung 15.1 Die Church/Rosser-Eigenschaft

Definition 15.5 (Äquivalenz im λ-Kalkül) Zwei Terme $e_1, e_2 \in \mathcal{L}_\lambda$ heißen $\alpha\beta$-*äquivalent* oder einfach nur *äquivalent*, wenn $e_1 \leftrightarrow^*_{\alpha,\beta} e_2$ gilt, wobei $\leftrightarrow_{\alpha,\beta} \overset{\text{def}}{=} \leftrightarrow_\alpha \cup \leftrightarrow_\beta$. Die Schreibweise dafür ist $e_1 \equiv e_2$.

15.2 Normalformen

Im λ-Kalkül ist es erlaubt, jederzeit beliebige Teilausdrücke zu reduzieren, solange sie nur α- oder β-Redexe sind. Zum Beispiel gibt es für den folgenden λ-Term zwei verschiedene Möglichkeiten zur β-Reduktion. Der gewählte Redex ist jeweils unterstrichen:

$$((\lambda x.\underline{(\lambda y.y)\ z})\ a) \quad \to_\beta \quad (\lambda x.z)\ a$$
$$\underline{((\lambda x.(\lambda y.y)z)a)} \quad \to_\beta \quad (\lambda y.y)\ z$$

In diesem Beispiel kommt eine weitere β-Reduktion sowohl von $(\lambda x.z)\ a$ als auch von $(\lambda y.y)\ z$ zum gleichen Ergebnis z – ein Indiz dafür, daß schließlich alle Abfolgen von β-Reduktionen zum gleichen Ergebnis kommen. Eine solche Eigenschaft eines Kalküls heißt *Normalformeigenschaft*. Hier ist die Definition des Normalformbegriffs für den λ-Kalkül:

Definition 15.6 (Normalform) Sei e ein λ-Term. Ein λ-Term e' ist eine *Normalform* von e, wenn $e \to^*_\beta e'$ gilt und kein λ-Term e'' existiert mit $e' \to_\beta e''$.

Nun wäre es schön, wenn Normalformen dazu benutzt werden könnten, um den Beweis von Gleichungen im Kalkül zu erleichtern: Der Beweis von $e_1 \equiv e_2$ erfordert dann lediglich den Vergleich der Normalformen von e_1 und e_2 – wenn diese α-äquivalent sind, dann gilt $e_1 \equiv e_2$, sonst nicht.

Leider haben manche λ-Terme überhaupt keine Normalform. Hier ein Beispiel:

$$(\lambda x.x\ x)(\lambda x.x\ x) \to_\beta (\lambda x.x\ x)\ (\lambda x.x\ x)$$

Solche Terme ohne Normalformen lassen sich endlos weiterreduzieren, ohne daß der Prozeß jemals zum Schluß kommt. Sie entsprechen damit Programmen, die endlos weiterrechnen. Dies ist kein spezieller Defekt des λ-Kalküls: Jeder Kalkül, der mächtig genug ist, um beliebige Computerprogramme zu modellieren, hat diese Eigenschaft.

Eine wichtige Eigenschaft auf dem Weg zur Eindeutigkeit von Normalformen ist der Satz von Church/Rosser:

Satz 15.7 (Church/Rosser-Eigenschaft) Die β-Reduktionsregel hat die *Church/Rosser-Eigenschaft*: Für beliebige λ-Terme e_1 und e_2 mit $e_1 \overset{*}{\leftrightarrow}_\beta e_2$, gibt es immer einen λ-Term e' mit $e_1 \overset{*}{\to}_\beta e'$ und $e_2 \overset{*}{\to}_\beta e'$.

Abbildung 15.1 stellt die Aussage des Satzes von Church/Rosser grafisch dar. Der Beweis des Satzes ist leider recht umfangreich und technisch. Die einschlägige Literatur über den λ-Kalkül hat ihn vorrätig [HINDLEY and SELDIN 1986].

Die Church/Rosser-Eigenschaft ebnet den Weg für Benutzung von Normalformen zum Finden von Beweisen im λ-Kalkül:

Satz 15.8 (Eindeutigkeit der Normalform) Ein λ-Term e hat höchstens eine Normalform modulo α-Reduktion.

Beweis Angenommen, es gebe zwei unterschiedliche Normalformen e_1 und e_2 von e. Nach Satz 15.7 muß es dann aber einen weiteren λ-Term e' geben mit $e_1 \overset{*}{\to}_\beta e'$ und $e_2 \overset{*}{\to}_\beta e'$. Entweder sind e_1 und e_2 also nicht unterschiedlich, oder zumindest einer von beiden ist keine Normalform im Widerspruch zur Annahme. □

Satz 15.8 bestätigt, daß der λ-Kalkül ein sinnvoller Mechanismus für die Beschreibung des Verhaltens von Computerprogrammen ist: Bei einem λ-Term ist es gleichgültig, in welcher Reihenfolge die Reduktionen angewendet werden: Jede Reduktionsfolge, die zu einer Normalform führt, führt immer zur gleichen Normalform.

15.3 Der λ-Kalkül als Programmiersprache

Mit dem Normalformsatz ist geklärt, daß Terme im λ-Kalkül, die eine Normalform besitzen, so etwas wie einen „Sinn" haben, der unabhängig von der Reihenfolge der Reduktionsschritte ist. Bleibt die Frage, ob der λ-Kalkül „groß genug" ist, um Computerprogramme abzubilden.

Auf den ersten Blick erscheint das etwas unwahrscheinlich: In der Welt des λ-Kalküls gibt es direkt keine eingebauten booleschen Werte oder Zahlen. Diese lassen sich jedoch durch Funktionen nachbilden. Das heißt, daß der λ-Kalkül ebenso mächtig wie eine ausgewachsene Programmiersprache ist. Dadurch, daß er aber nur eine zentrale Reduktionsregel besitzt, eignet er sich aber viel besser als eine komplizierte Programmiersprache für die formale Manipulation.

Dieser Abschnitt zeigt, wie sich die wichtigsten Elemente einer Programmiersprache im Kalkül nachbilden lassen:

- Verzweigungen und boolesche Werte

- Zahlen

- Rekursion

15.3.1 Verzweigungen

Verzweigungen haben ihre primäre Daseinsberechtigung in Verbindung mit booleschen Werten und umgekehrt. Die binäre Verzweigung in Scheme der (if t k a) wählt, abhängig vom Wert von t, entweder die Konsequente k oder die Alternative a aus. Die Nachbildung im λ-Kalkül stellt dieses Prinzip auf den Kopf: die Maschinerie für die Auswahl zwischen Konsequente und Alternative wird in die booleschen Werte selbst gesteckt. *true* ist ein λ-Term, der das erste von zwei Argumenten auswählt und das zweite verwirft; *false* selektiert das zweite und verwirft das erste:

$$true \stackrel{\text{def}}{=} \lambda xy.x$$

$$false \stackrel{\text{def}}{=} \lambda xy.y$$

Damit hat die Verzweigung selbst nicht mehr viel zu tun; sie wendet einfach den Test, der einen booleschen Wert ergeben muß, auf Konsequente und Alternative an:

$$if \stackrel{\text{def}}{=} \lambda txy.t \; x \; y$$

Daß *if* tatsächlich so funktioniert wie angenommen, läßt sich an einem Beispiel leicht sehen:

$$
\begin{aligned}
if \; true \; e_1 \; e_2 &= (\lambda txy.t \; x \; y) \; true \; e_1 \; e_2 \\
&\rightarrow_\beta (\lambda xy.true \; x \; y) \; e_1 \; e_2 \\
&\rightarrow_\beta^2 true \; e_1 \; e_2 \\
&= (\lambda xy.x) \; e_1 \; e_2 \\
&\rightarrow_\beta (\lambda y.e_1) \; e_2 \\
&\rightarrow_\beta e_1
\end{aligned}
$$

Für *false* geht der Beweis analog.

15.3.2 Natürliche Zahlen

Die Nachbildung von Zahlen ist etwas komplizierter als die der booleschen Werte. Eine Methode dafür ist die Verwendung von *Church-Numeralen*. Das Church-Numeral $\lceil n \rceil$ einer natürlichen Zahl n ist eine Funktion, die eine n-fache Applikation vornimmt.

$$\lceil n \rceil \stackrel{\text{def}}{=} \lambda f \lambda x.f^n(x)$$

Für einen λ-Term f ist $f^n : \mathcal{L}_\lambda \rightarrow \mathcal{L}_\lambda$ folgendermaßen induktiv definiert:

$$f^n(e) \stackrel{\text{def}}{=} \begin{cases} e & \text{falls } n = 0 \\ f(f^{n-1}(e)) & \text{sonst} \end{cases}$$

$\lceil 0 \rceil$ ist nach dieser Definition $\lambda f.\lambda x.x$, $\lceil 1 \rceil$ ist $\lambda f.\lambda x.f \; x$, $\lceil 2 \rceil$ ist $\lambda f.\lambda x.f(f \; x)$, usw. Die Nachfolgeroperation hängt eine zusätzliche Applikation an:

$$succ \stackrel{\text{def}}{=} \lambda n.\lambda f.\lambda x.n \; f \; (f \; x)$$

Der folgende Term bildet die Vorgängerfunktion ab:

$$pred \overset{\text{def}}{=} \lambda x.\lambda y.\lambda z.x \ (\lambda p.\lambda q.q \ (p \ y)) \ ((\lambda x.\lambda y.x) \ z) \ (\lambda x.x)$$

Der Beweis dafür, daß sich *pred* in bezug auf *succ* wie die Vorgängerfunktion verhält, ist Übungsaufgabe 15.1.

In Verbindung mit den booleschen Werten läßt sich eine Zahl daraufhin testen, ob sie 0 ist:

$$zerop \overset{\text{def}}{=} \lambda n.n \ (\lambda x.false) \ true$$

Die Funktionsweise von *zerop* läßt sich am einfachsten an einem Beispiel erkennen:

$$
\begin{aligned}
zerop \ \lceil 0 \rceil &= (\lambda n.n \ (\lambda x.false) \ true) \ \lceil 0 \rceil \\
&\rightarrow_\beta \lceil 0 \rceil \ (\lambda x.false) \ true \\
&= (\lambda f.\lambda x.x) \ (\lambda x.false) \ true \\
&\rightarrow_\beta (\lambda x.x) \ true \\
&\rightarrow_\beta true
\end{aligned}
$$

15.3.3 Rekursion und Fixpunktsatz

Schließlich fehlt noch die Rekursion. Das Hauptproblem dabei ist, daß es im λ-Kalkül kein Pendant zu `define` oder `letrec` gibt: Es gibt keine direkte Möglichkeit, eine rekursive Bindung herzustellen. Zur Realisierung von Rekursion ist deshalb ein Kunstgriff notwendig, der sich an der rekursiven Definition der Fakultät zeigen läßt. Schön wäre eine Definition wie folgt, wobei Zahlen ohne ⌈ ⌉ für ihre Church-Numerale stehen:

$$fac \overset{\text{def}}{=} \lambda x.if \ (zerop \ x) \ 1 \ (* \ x \ (fac \ (pred \ x)))$$

= und * stehen dabei für λ-Terme, die Church-Numerale vergleichen bzw. multiplizieren. (Ihre Formulierung ist Teil der Übungsaufgabe 15.3.)

Leider ist diese Formulierung von *fac* keine richtige Definition: *fac* taucht sowohl auf der linken als auch auf der rechten Seite auf. Wenn *fac* aus der rechten Seite entfernt wird, bleibt folgender Term übrig:

$$\lambda x.if \ (= x \ 1) \ 1 \ (* \ x \ (? \ (pred \ x)))$$

Immerhin ist zu sehen, daß dieser Term korrekt die Fakultät von 0 ausrechnet, nämlich 1. Für alle Zahlen größer als 0 ist es allerdings schlecht bestellt, da der Term „?" noch unbekannt ist. Weil der obige Term nur für 0 taugt, sei er mit fac_0 benannt:

$$fac_0 \overset{\text{def}}{=} \lambda x.if \ (zerop \ x) \ 1 \ (* \ x \ (? \ (pred \ x)))$$

Nun wäre es schön, einen Term zu haben, der zumindest auch die Fakultät von 1 ausrechnen kann. Dazu wird fac_0 in seine eigene Definition anstelle des ? eingesetzt. Das Ergebnis sieht so aus:

$$\lambda x.if \ (zerop \ x) \ 1 \ (* \ x \ (fac_0 \ (pred \ x)))$$

Da fac_0 keinen Selbstbezug enthält, läßt sich seine Definition einsetzen; das Ergebnis soll der Funktion entsprechend fac_1 heißen:

$$fac_1 \stackrel{\text{def}}{=} \lambda x.if\ (zerop\ x)\ 1\ (* x\ ((\lambda x.if\ (zerop\ x)\ 1\ (* x\ (?\ (pred\ x))))\ (pred\ x)))$$

Auf die gleiche Art und Weise läßt sich ein Term konstruieren, der alle Fakultäten bis 2 ausrechnen kann:

$$fac_2 \stackrel{\text{def}}{=} \lambda x.if\ (zerop\ x)\ 1\ (* x\ (fac_1\ (pred\ x)))$$

Dieses Muster läßt sich immer so weiter fortsetzen. Leider entsteht dabei trotzdem nie ein Term, der die Fakultäten *aller* natürlichen Zahlen berechnen kann, da die Terme immer endlich groß bleiben.

Immerhin aber enthalten alle fac_n-Terme das gleiche Muster und unterscheiden sich nur durch Aufruf von fac_{n-1}. Also ist es sinnvoll, Abstraktion das Problem anzuwenden:

$$\lambda fac.\lambda x.if\ (zerop\ x)\ 1\ (* x\ (fac\ (pred\ x)))$$

Dieser Term soll FAC heißen. Nun lassen sich die fac_n-Funktionen mit Hilfe von FAC einfacher beschreiben:

$$
\begin{aligned}
fac_0 &\stackrel{\text{def}}{=} \lambda x.if\ (zerop\ x)\ 1\ (* x\ (?\ (pred\ x))) \\
fac_1 &\stackrel{\text{def}}{=} FAC\ fac_0 \\
fac_2 &\stackrel{\text{def}}{=} FAC\ fac_1 \\
fac_3 &\stackrel{\text{def}}{=} FAC\ fac_2 \\
& \qquad \ldots
\end{aligned}
$$

FAC ist also eine Fabrik für Fakultätsfunktionen und teilt mit allen fac_i die Eigenschaft, daß ihre Definition nicht rekursiv ist.

Damit ist zwar die Notation weniger schreibintensiv geworden, aber das fundamentale Problem ist noch nicht gelöst: Eine korrekte Definition von fac müßte eine unendliche Kette von Applikationen von FAC enthalten. Da sich nicht aufschreiben läßt, hilft im Moment nur Wunschdenken weiter. Dafür sei angenommen, fac wäre bereits gefunden. Dann gilt folgende Gleichung:

$$fac \equiv FAC\ fac$$

Die eine zusätzliche Applikation, die FAC vornimmt, landet auf einem ohnehin schon unendlichen Stapel, macht diesen also auch nicht größer. Damit ist aber fac ein sogenannter *Fixpunkt* von FAC: Wenn fac hineingeht, kommt es auch genauso wieder heraus. Wenn es nun eine Möglichkeit gäbe, für einen λ-Term einen Fixpunkt zu finden, wäre das Problem gelöst. Der folgende Satz zeigt, daß dies tatsächlich möglich ist:

Satz 15.9 (Fixpunktsatz) Für jeden λ-Term F gibt es einen λ-Term X mit $F\ X \equiv X$.

Beweis   Wähle $X \stackrel{\text{def}}{=} Y\ F$, wobei

$$Y \stackrel{\text{def}}{=} \lambda f.(\lambda x.f\ (x\ x))\ (\lambda x.f\ (x\ x)).$$

$$
\begin{aligned}
fac\ 3 \ &=\ Y\ FAC\ 3 \\
(\text{Satz } 15.9)\ &\xrightarrow{*}_{\beta}\ FAC\ (Y\ FAC)\ 3 \\
&\to_{\beta}\ (\lambda x.if\ (zerop\ x)\ 1\ (*\ x\ ((Y\ FAC)\ (pred\ x))))\ 3 \\
&\to_{\beta}\ if\ (zerop\ 3)\ 1\ (*\ 3\ ((Y\ FAC)\ (pred\ 3))) \\
&\xrightarrow{*}_{\beta}\ if\ false\ 1\ (*\ 3\ ((Y\ FAC)\ 2)) \\
&\xrightarrow{*}_{\beta}\ *\ 3\ ((Y\ FAC)\ 2) \\
(\text{Satz } 15.9)\ &\xrightarrow{*}_{\beta}\ *\ 3\ (FAC\ (Y\ FAC)\ 2) \\
&\to_{\beta}\ *\ 3\ ((\lambda x.if\ (zerop\ x)\ 1\ (*\ x\ ((Y\ FAC)\ (pred\ x))))\ 2) \\
&\to_{\beta}\ *\ 3\ (if\ (zerop\ 2)\ 1\ (*\ 2\ ((Y\ FAC)\ (pred\ 2)))) \\
&\xrightarrow{*}_{\beta}\ *\ 3\ (if\ false\ 1\ (*\ 2\ ((Y\ FAC)\ 1))) \\
&\xrightarrow{*}_{\beta}\ *\ 3\ (*\ 2\ ((Y\ FAC)\ 1)) \\
(\text{Satz } 15.9)\ &\xrightarrow{*}_{\beta}\ *\ 3\ (*\ 2\ (FAC\ (Y\ FAC)\ 1)) \\
&\to_{\beta}\ *\ 3\ (*\ 2\ ((\lambda x.if\ (zerop\ x)\ 1\ (*\ x\ ((Y\ FAC)\ (pred\ x))))\ 1)) \\
&\to_{\beta}\ *\ 3\ (*\ 2\ (if\ (zerop\ 1)\ 1\ (*\ 1\ ((Y\ FAC)\ (pred\ 1))))) \\
&\xrightarrow{*}_{\beta}\ *\ 3\ (*\ 2\ (if\ false\ 1\ (*\ 1\ ((Y\ FAC)\ 0)))) \\
&\xrightarrow{*}_{\beta}\ *\ 3\ (*\ 2\ (*\ 1\ ((Y\ FAC)\ 0))) \\
(\text{Satz } 15.9)\ &\xrightarrow{*}_{\beta}\ *\ 3\ (*\ 2\ (*\ 1\ (FAC\ (Y\ FAC)\ 0))) \\
&\to_{\beta}\ *\ 3\ (*\ 2\ (*\ 1\ ((\lambda x.if\ (zerop\ x)\ 1\ (*\ x\ ((Y\ FAC)\ (pred\ x))))\ 0))) \\
&\to_{\beta}\ *\ 3\ (*\ 2\ (*\ 1\ (if\ (zerop\ 0)\ 1\ (*\ 1\ ((Y\ FAC)\ (pred\ 0)))))) \\
&\xrightarrow{*}_{\beta}\ *\ 3\ (*\ 2\ (*\ 1\ (if\ true\ 1\ (*\ 1\ ((Y\ FAC)\ (pred\ 0)))))) \\
&\xrightarrow{*}_{\beta}\ *\ 3\ (*\ 2\ (*\ 1\ 1)) \\
&\xrightarrow{*}_{\beta}\ 6
\end{aligned}
$$

Abbildung 15.2 Berechnung der Fakultät von 3 im λ-Kalkül

Dann gilt:

$$
\begin{aligned}
Y\ F &= (\lambda f.(\lambda x.f\ (x\ x))\ (\lambda x.f\ (x\ x)))\ F \\
&\to_{\beta} (\lambda x.F\ (x\ x))\ (\lambda x.F\ (x\ x)) \\
&\to_{\beta} F\ ((\lambda x.F\ (x\ x))\ (\lambda x.F\ (x\ x))) \\
&\leftarrow_{\beta} F\ ((\lambda f.(\lambda x.f\ (x\ x))\ (\lambda x.f\ (x\ x)))\ F) \\
&= F\ (Y\ F)
\end{aligned}
$$

□

Der λ-Term Y, der Fixpunkte berechnet, heißt *Fixpunktkombinator*. Mit seiner Hilfe läßt sich die Fakultät definieren:

$$
fac \stackrel{\text{def}}{=} Y\ FAC
$$

Abbildung 15.2 zeigt, wie die Berechnung der Fakultät von 3 mit dieser Definition funktioniert.

15.4 Auswertungsstrategien

Die Definitionen des vorangegangenen Abschnitts zusammen mit dem Satz von Church/Rosser sind wichtige Meilensteine auf dem Weg zur Verwendung des λ-Kalküls als Basis für reale Programmiersprachen. Leider hat die Anwendung des Satzes von Church/Rosser noch einen Haken in der Praxis: Er besagt zwar, daß sich die Äquivalenz von zwei Termen dadurch beweisen läßt, daß ihre Normalformen verglichen werden. Leider sagt er nichts darüber, wie diese Normalformen gefunden werden.

Zum systematischen Finden von Normalformen gehört eine *Auswertungsstrategie*. Eine solche Strategie ist dafür zuständig, von den β-Redexen innerhalb eines λ-Terms denjenigen auszusuchen, der tatsächlich reduziert wird. Für den λ-Kalkül gibt es mehrere populäre Auswertungsstrategien, die jeweils ihre eigenen Vor- und Nachteile haben, was das effektive Finden von Normalformen betrifft.

Eine populäre Auswertungsstrategie ist die Linksaußen-Reduktion, auch *normal-order reduction* oder *leftmost-outermost reduction* genannt:

Definition 15.10 (Linksaußen-Reduktion) Die Relation $\rightarrow_{\beta o}$, die *Linksaußen-Reduktion*, ist durch die gleiche Regel wie die β-Reduktion definiert:

$$(\lambda v.e)\ f \rightarrow_{\beta o} e[v \mapsto f]$$

Diese Regel darf nur auf bestimmte Subterme angewendet werden, nämlich solche β-Redexe, die möglichst weit links außen stehen.

Die Linksaußen-Reduktion hat folgende äußerst angenehme Eigenschaft:

Satz 15.11 Wenn e' eine Normalform von e ist, so gilt $e \rightarrow_{\beta o}^{*} e'$.

Falls es also eine Normalform gibt, so findet die Linksaußen-Reduktion sie auch.

Es gibt allerdings noch weitere Auswertungsstrategien. Die sogenannte Call-by-Name-Auswertung basiert auf dem Konzept der *schwachen Kopfnormalform*:

Definition 15.12 (Schwache Kopfnormalform) Unter den λ-Termen heißen die Abstraktionen auch *Werte* oder *schwache Kopfnormalformen*. Ein λ-Term, der kein Wert ist, heißt *Nichtwert*.

Definition 15.13 (Call-by-Name-Auswertung) Die Relation $\rightarrow_{\beta n}$, die *Call-by-Name-Reduktion*, ist durch folgende Regel definiert, die wiederum identisch zur normalen Regel für β-Reduktion ist:

$$(\lambda v.e)\ f \rightarrow_{\beta n} e[v \mapsto f]$$

Diese Regel darf nur in einem Gesamtterm angewendet werden, wenn dieser noch nicht in schwacher Kopfnormalform ist, und auch dann nur auf Subterme, die β-Redexe sind, die möglichst weit links außen stehen.

Die Call-by-Name-Auswertung ist damit ähnlich zur Linksaußen-Auswertung, aber nicht ganz so aggressiv: sie gibt sich schon mit einer schwachen Kopfnormalform zufrieden anstatt einer „richtigen" Normalform. Dies ist bei der Verwendung als Auswertungsstrategie in Programmiersprachen allerdings schon genug: die weitere Auswertung des Rumpfes einer schwachen Kopfnormalform wird einfach verschoben auf die Zeit der Applikation.

Linksaußen- und Call-by-Name-Auswertung finden zwar immer eine Normalform bzw. eine schwache Kopfnormalform, wenn es eine solche gibt; gelegentlich aber geschieht dies nicht auf die effektivste Art und Weise. Im folgendem Term wird bei Linksaußen- und Call-by-Name-Reduktion zuerst der äußere Redex reduziert:

$$
\begin{aligned}
(\lambda x.x\, x)\, ((\lambda y.y)\, z) &\to_{\beta o} \quad ((\lambda y.y)\, z)\, ((\lambda y.y)\, z) \\
&\to_{\beta o} \quad z\, ((\lambda y.y)\, z) \\
&\to_{\beta o} \quad z\, z
\end{aligned}
$$

Bei dieser Reduktionsfolge wurde der Subterm $((\lambda y.y)\, z)$ zunächst „verdoppelt" und mußte demnach auch zweimal reduziert werden. Eine andere Auswertungsstrategie verspricht die Vermeidung solcher doppelter Arbeit: Die meisten Programmiersprachen verwenden eine Strategie, die von der sogenannten *Linksinnen-Reduktion*, auch genannt *applicative-order reduction* oder *leftmost-innermost reduction* abgeleitet ist:

Definition 15.14 (Linksinnen-Reduktion) In dieser Definition steht w immmer für einen Wert. Die Relation $\to_{\beta i}$, die *Linksinnen-Reduktion*, ist definiert durch die folgende Regel:

$$
(\lambda v.e)\, w \to_{\beta i} e[v \mapsto w].
$$

$\to_{\beta i}$ ist dabei nur anwendbar auf Subterme, die möglichst weit links innen stehen.

Die Linksinnen-Reduktion ist beim obigen Beispiel effektiver, da zunächst das Argument der äußeren Applikation ausgewertet wird:

$$
\begin{aligned}
(\lambda x.x\, x)\, ((\lambda y.y)\, (\lambda z.z)) &\to_{\beta i} \quad (\lambda x.x\, x)\, (\lambda z.z) \\
&\to_{\beta i} \quad (\lambda z.z)\, (\lambda z.z) \\
&\to_{\beta i} \quad (\lambda z.z)
\end{aligned}
$$

Leider führt die Linksinnen-Reduktion nicht immer zu einer Normalform, selbst wenn es die Linksaußen-Reduktion tut. Der Term

$$
(\lambda x.\lambda y.y)\, ((\lambda z.z\, z)\, (\lambda z.z\, z))
$$

zum Beispiel hat zwei Redexe, einmal den ganzen Term und dann noch

$$
(\lambda z.z\, z)\, (\lambda z.z\, z).
$$

Die Linksinnen-Strategie wählt den inneren Subterm als ersten Redex aus:

$$
(\lambda z.z\, z)\, (\lambda z.z\, z) \to_{\beta i} (\lambda z.z\, z)\, (\lambda z.z\, z).
$$

Damit läuft die Linksinnen-Reduktion unendlich im Kreis, während die Linksaußen-Reduktion sofort den ganzen Term reduziert und die Normalform $\lambda y.y$ liefert.

Eine Ableitung der Linksinnen-Reduktion, die in den meisten Programmiersprachen Anwendung findet, ist die *Call-by-Value-Reduktion*:

Definition 15.15 (Call-by-Value-Reduktion) In dieser Definition steht w immmer für einen Wert und e für einen Nichtwert. Die Relation $\to_{\beta v}$, die *Call-by-Value-Reduktion*, ist definiert durch die folgende Regel:

$$(\lambda v.e)\ w \to_{\beta v} e[v \mapsto w].$$

$\to_{\beta v}$ darf nur in einem Gesamtterm angewendet werden, wenn dieser keine schwache Kopfnormalform ist, und dann nur auf einen Subterm, der möglichst weit links innen steht.

15.5 Die Auswertungsstrategie von Scheme

Mit der Call-by-Value-Reduktion ist die Grundlage für die Auswertungsstrategie von Scheme gelegt. Tatsächlich definiert das Substitutionsmodell eine Variante der Call-by-Value-Auswertung. Zur Erinnerung ist hier noch einmal die Definition der wichtigsten Regel des Substitutionsmodells, nämlich der für Prozeduranwendungen der Form $(p\ o_1\ \dots\ o_n)$:

> [...] Zunächst werden Operator p und Operanden $o_1,\dots,o_n$ ausgewertet. Der Wert von p muß eine Prozedur sein. [...]

Der entscheidende Satz ist dabei der letzte: Er bedeutet, daß innen zuerst ausgewertet wird; treten bei der Auswertung von Operator und Operanden weitere Prozeduranwendungen auf, wird das gleiche Prinzip rekursiv angewendet. Damit ist das Substitutionsmodell für Scheme eng verwandt mit der Call-by-Value-Auswertung im Lambda-Kalkül.

Der einzige Unterschied zwischen der offiziellen Definition der Call-by-Value-Auswertung im λ-Kalkül und Scheme ist, daß in Scheme nicht notwendigerweise von links nach rechts reduziert wird: Der Scheme-Standard [KELSEY et al. 1998, SPERBER et al. 2006] schreibt nicht vor, in welcher Reihenfolge Operator und Operanden ausgewertet werden. Es kann im Prinzip sogar passieren, daß bei jedem Prozeduraufruf eine andere Auswertungsreihenfolge benutzt wird.

Trotzdem ist es üblich, bei Programmiersprachen, die von innen nach außen auswerten, von *Call-by-Value-Sprachen* oder *strikten Sprachen* zu sprechen. Neben Scheme gehören auch C, Java, Pascal und ML und viele andere zu den strikten Sprachen.

Es gibt auch *nicht-strikte* Sprachen wie z.B. Haskell, die auf der sogenannten *lazy evaluation* beruhen. Ihre Auswertungsstrategie ist eng mit der Call-by-Name-Auswertung im λ-Kalkül verwandt. Allerdings vermeiden diese Sprachen die mehrfache überflüssige Auswertung von Ausdrücken dadurch, daß sie den Wert beim ersten Mal abspeichern und danach wiederverwenden.

15.6 Übungsaufgaben

Aufgabe 15.1 Beweise, daß *pred* den Vorgänger eines positiven Church-Numerals berechnet!

Aufgabe 15.2 Finde Normalformen für folgende Lambda-Terme:

$$(\lambda x.x(xy))n$$

$$(\lambda x.(\lambda y.yx)z)v$$

$$(\lambda x.\lambda y.x(\lambda z.yz))(((\lambda x.\lambda y.y)n)(\lambda x.(\lambda y.y)x))$$

Aufgabe 15.3 Beweise, daß es Lambda-Terme für die folgenden arithmetischen Operationen auf Church-Numeralen gibt:

$$
\begin{aligned}
add\lceil m\rceil\lceil n\rceil &= \lceil m+n\rceil \\
mult\lceil m\rceil\lceil n\rceil &= \lceil mn\rceil \\
exp\lceil m\rceil\lceil n\rceil &= \lceil m^n\rceil \text{ für } m > 0 \\
=\lceil m\rceil\lceil n\rceil &= \begin{cases} true & \text{falls } m = n \\ false & \text{sonst} \end{cases}
\end{aligned}
$$

Benutze dazu die folgenden Definitionen:

$$
\begin{aligned}
add &\overset{\text{def}}{=} \lambda x.\lambda y.\lambda p.\lambda q.xp(ypq) \\
mult &\overset{\text{def}}{=} \lambda x.\lambda y.\lambda z.x(yz) \\
exp &\overset{\text{def}}{=} \lambda x.\lambda y.yx
\end{aligned}
$$

und gibt eine eigene Definition für = an. Dabei läßt sich die Korrektheit von *add* direkt beweisen. Für *mult* und *exp* beweise und benutze dazu folgende Hilfslemmata:

$$(\lceil n\rceil x)^m y \leftrightarrow_\beta x^{nm}y$$

$$\lceil n\rceil^m x \leftrightarrow_\beta \lceil n^m\rceil \text{ für } m > 0$$

Aufgabe 15.4 Der Y-Kombinator ließe sich auch in Scheme schreiben als:

```scheme
(define y
  (lambda (f)
    ((lambda (x) (f (x x)))
     (lambda (x) (f (x x)))))))
```

Zeige durch Ausprobieren, daß y mit dieser Definition in Scheme nicht funktioniert. Warum ist das so? Benutze für die Erklärung das Substitutionsmodell! Zeige, daß die folgende Variante von y ein Fixpunktkombinator ist, der in Scheme funktioniert:

```scheme
(define y
  (lambda (f)
    ((lambda (x)
       (f (lambda (y) ((x x) y))))
     (lambda (x)
       (f (lambda (y) ((x x) y))))))))
```

Aufgabe 15.5 (Quelle: Ralf Hinze, Bonn) Zeige, daß F mit der folgenden Definition ebenfalls ein Fixpunktkombinator ist:

$$F \stackrel{\mathrm{def}}{=} G^{[26]}$$

$$G \stackrel{\mathrm{def}}{=} \lambda abcdefghijklmnopqstuvwxyzr.r(dasisteinfixpunktkombinator)$$

Dabei steht $G^{[26]}$ für den Lambda-Term, der durch 26faches Hintereinanderschreiben von G entsteht, also $GG \ldots G = (\ldots ((GG)G) \ldots G)$.

16 Interpretation von Scheme

Das Umgebungsmodell aus Kapitel 12 ist ein Hilfsmittel zur Beschreibung des Ablaufes von Programmen. Es bedient sich der natürlichen Sprache und benutzt Bilder als Beschreibungsmittel. Das sorgt für Anschaulichkeit, läßt aber auch immer Platz für Ungenauigkeiten und Mißverständnisse. Darum gibt es formale Beschreibungen wie den λ-Kalkül. Eine andere Möglichkeit, das Verhalten von Programmen präzise zu beschreiben, ist ein Programm, welches das Umgebungsmodell simuliert.

Ein solches Programm, das die Auswertung eines anderen Programms simuliert, heißt *Interpreter*. Um einen solchen Interpreter für eine Teilmenge von Scheme geht es in diesem Kapitel. Er hat zwei Funktionen: Einerseits soll er eine präzise Beschreibung der Auswertung eines Scheme-Programms liefern, aber auch neue Erkenntnisse über Programmierung und Programmiertechniken liefern.

Die Tatsache, daß ein Interpreter, welcher die Bedeutung von Programmen festlegt, selbst wieder ein Programm sein kann, ist eine der wichtigsten Einsichten in der Programmierung überhaupt.

16.1 Quote und Symbole

Dieses Kapitel wird ab hier Gebrauch von einer weiteren Sprachebene in DrScheme machen, nämlich Die Macht der Abstraktion - fortgeschritten. Diese Ebene muß mit dem DrScheme-Menü Sprache unter Sprache auswählen aktiviert sein, damit die Programme dieses Kapitels funktionieren.

Die entscheidende Änderung gegenüber den früheren Sprachebenen ist die Art, mit der die REPL Werte ausdruckt. (Diese neue Schreibweise, ermöglicht, die Programme des Interpreters, die als Werte repräsentiert sind, korrekt auszudrucken.) Bei Zahlen, Zeichenketten und booleschen Werten bleibt alles beim alten:

```
5
↪ 5
"Mike ist doof"
↪ "Mike ist doof"
#t
↪ #t
```

Bei Listen sieht es allerdings anders aus:

```
(list 1 2 3 4 5 6)
↪ (1 2 3 4 5 6)
```

Die REPL druckt also eine Liste aus, indem sie zuerst eine öffnende Klammer ausdruckt, dann die Listenelemente (durch Leerzeichen getrennt) und dann eine schließende Klammer. Das funktioniert auch für die leere Liste:

```
empty
↪ ()
```

Mit der neuen Sprachebene bekommt außerdem der Apostroph, das dem Literal für die leere Liste voransteht, eine erweiterte Bedeutung. Unter anderem kann der Apostroph benutzt werden, um Literale für Listen zu formulieren:

```
'(1 2 3 4 5 6)
↪ (1 2 3 4 5 6)
'(1 #t "Mike" (2 3) "doof" 4 #f 17)
↪ (1 #t "Mike" (2 3) "doof" 4 #f 17)
'()
↪ ()
```

In der neuen Sprachebene benutzen die Literale und die ausgedruckten externen Repräsentationen für Listen also die gleiche Notation. Sie unterscheiden sich nur dadurch, daß beim Literal der Apostroph voransteht. Der Apostroph funktioniert auch bei Zahlen, Zeichenketten und booleschen Werten:

```
'5
↪ 5
'"Mike ist doof"
↪ "Mike ist doof"
'#t
↪ #t
```

Der Apostroph am Anfang eines Ausdrucks kennzeichnet diesen also als Literal. Der Wert des Literals wird genauso ausgedruckt, wie es im Programm steht. (Abgesehen von Leerzeichen und Zeilenumbrüchen.) Der Apostroph heißt auf englisch „quote", und deshalb ist diese Literalschreibweise auch unter diesem Namen bekannt. Bei Zahlen, Zeichenketten und booleschen Literalen ist auch ohne Quote klar, daß es sich um Literale handelt. Das Quote ist darum bei ihnen rein optional; sie heißen *selbstquotierend*. Bei Listen hingegen sind Mißverständnisse mit anderen zusammengesetzten Formen möglich, die ja auch mit einer öffnenden Klammer beginnen: [1]

```
(1 2 3 4 5 6)
↪ procedure application: expected procedure, given: 1;
    arguments were: 2 3 4 5 6
```

---

[1]Tatsächlich ist die neue Schreibweise für externe Repräsentationen die Standard-Repräsentation in Scheme. Die früheren Sprachebenen benutzten die alternative Schreibweise, um die Verwirrung zwischen Listenliteralen und zusammengesetzten Formen zu vermeiden.

Mit der Einführung von Quote kommt noch eine völlig neue Sorte Werte hinzu: die *Symbole*. Symbole sind Werte ähnlich wie Zeichenketten und bestehen aus Text. Sie unterscheiden sich allerdings dadurch, daß sie als Literal mit Quote geschrieben und in der REPL ohne Anführungszeichen ausgedruckt werden:

```
'mike
↪ mike
'doof
↪ doof
```

Symbole lassen sich mit dem Prädikat `symbol?` von anderen Werten unterscheiden:

```
(symbol? 'mike)
↪ #t
(symbol? 5)
↪ #f
(symbol? "Mike")
↪ #f
```

Vergleichen lassen sich Symbole mit `equal?` (siehe Abbildung 12.3):

```
(equal? 'mike 'herb)
↪ #f
(equal? 'mike 'mike)
↪ #t
```

Symbole können nicht aus beliebigem Text bestehen. Leerzeichen sind zum Beispiel verboten. Tatsächlich entsprechen die Namen der zulässigen Symbole genau den Namen von Variablen:

```
'karl-otto
↪ karl-otto
'mehrwertsteuer
↪ mehrwertsteuer
'duftmarke
↪ duftmarke
'lambda
↪ lambda
'+
↪ +
'*
↪ *
```

Diese Entsprechung wird in diesem Kapitel noch eine entscheidene Rolle spielen. Symbole können natürlich auch in Listen und damit auch in Listenliteralen vorkommen:

```
'(karl-otto mehrwertsteuer duftmarke)
↪ (karl-otto mehrwertsteuer duftmarke)
```

Mit Hilfe von Symbolen können Werte konstruiert werden, die in der REPL ausgedruckt
wie Scheme-Ausdrücke aussehen:

```
'(+ 1 2)
↪ (+ 1 2)
'(lambda (n) (+ n 1))
↪ (lambda (n) (+ n 1))
```

Auch wenn diese Werte wie Ausdrücke so aussehen, sind sie doch ganz normale Listen: der
Wert von '(+ 1 2) ist eine Liste mit drei Elementen: das Symbol +, die Zahl 1 und die Zahl
2. Der Wert von '(lambda (n) (+ n 1)) ist ebenfalls eine Liste mit drei Elementen: das
Symbol lambda, eine Liste mit einem einzelnen Element, nämlich dem Symbol n, und
einer weiteren Liste mit drei Elementen: dem Symbol +, dem Symbol n und der Zahl 1.

Quote hat noch eine weitere verwirrende Eigenheit:

```
''()
↪ '()
```

Dieses Literal bezeichnet nicht die leere Liste (dann würde nur () ausgedruckt, ohne Quote), sondern etwas anderes:

```
(pair? ''())
↪ #t
(first ''())
↪ quote
(rest ''())
↪ (())
```

Der Wert des Ausdrucks ''() ist also eine Liste mit zwei Elementen: das erste Element
ist das Symbol quote und das zweite Element ist die leere Liste. 't ist selbst also nur
syntaktischer Zucker, und zwar für (quote t):

```
(equal? (quote ()) '())
↪ #t
(equal? (quote (quote ())) ''())
↪ #t
```

Quote erlaubt die Konstruktion von Literalen für viele Werte, aber nicht für alle. Ein Wert,
für den Quote ein Literal konstruieren kann, heißt *repräsentierbarer Wert*. Die folgende
induktive Definition spezifiziert, was ein repräsentierbarer Wert ist:

• Zahlen, boolesche Werte, Zeichenketten und Symbole sind repräsentierbare Werte.

• Eine Liste aus repräsentierbaren Werten ist ihrerseits ein repräsentierbarer Wert.

• Nichts sonst ist ein repräsentierbarer Wert.

16.2   Mini-Scheme: eine Untermenge von Scheme

Für einen Interpreter muß zuerst festgelegt werden, welche Sprache er überhaupt behandelt. Der Interpreter dieses Kapitels verarbeitet eine Untermenge von Scheme, genannt *Mini-Scheme*. Mini-Scheme kennt nur die wichtigsten Kernformen von Scheme: es gibt keine abgeleiteten Formen wie `let` oder `cond`. Folgende Arten von Formen sind in Mini-Scheme zugelassen:

Definitionen (`define` *v a*), wobei *v* eine Variable und *a* ein Ausdruck ist.

Abstraktionen (`lambda` (p_1 ... p_n) *a*), wobei die Parameter p_i Variablen und *a* ein Ausdruck ist.

Literale (`quote` *r*), wobei *r* die Repräsentation eines Werts ist, sowie die selbstquotierenden Zahlen, Zeichenketten, und booleschen Werte

binäre Verzweigungen (`if` *t k a*), wobei der Test *t*, die Konsequente *k* und die Alternative *a* Ausdrücke sind.

Zuweisungen (`set!` *v a*), wobei *v* eine Variable und *a* ein Ausdruck ist.

Blöcke (`begin` a_1 ... a_n), wobei die a_i Ausdrücke sind.

Applikationen (*p* o_1 ... o_n), wobei *p* und die o_i Ausdrücke sind.

Alle Formen außer den Definitionen sind Ausdrücke.

Scheme erlaubt es, den Text eines Scheme-Programm als repräsentierbaren Wert darzustellen, nämlich als eine Liste aus Formen. Dadurch läßt sich ein Programm ganz einfach mit Quote als Literal schreiben. Hier ein Beispiel:

```
(define mini-scheme-example
  '(
    (define pi 3.1415926)

    (define circumference
      (lambda (radius) (* 2 pi radius)))

    (circumference 13))
  )
```

Obwohl damit die Repräsentation für Programme schon eingebaut ist, lohnt es sich, die Datendefinitionen trotzdem zu schreiben. Diese helfen, den Interpreter später zu organisieren. Dazu gehören insbesondere Prädikate für die Alternativen der gemischten Daten und Selektoren für die zusammengesetzten Daten. Es geht „ganz oben" los, nämlich bei Programmen:

```
; Ein Programm ist eine Liste aus Formen
; Name: program
```

Bei Formen handelt es sich um gemischte Daten:

```
; Eine Form ist eins der folgenden:
; - eine Definition
; - ein Ausdruck
; Name: form
```

Definitionen sind als nächstes dran:

```
; Eine Definition ist eine Liste,
; bestehend aus
; - dem Symbol define
; - einer Variablen
; - und einem Ausdruck.
; Name: definition
```

Da Definitionen von anderen Ausdrücken unterschieden werden müssen, benötigen sie ein Prädikat, das Definitionen am define erkennt:

```
; Prädikat für Definitionen
; definition? : form -> boolean
(define definition?
  (lambda (form)
    (and (pair? form)
         (equal? 'define (first form)))))
```

Wie für jede Sorte zusammengesetzter Daten werden noch Selektoren benötigt – da Definitionen keine Records sind, müssen sie von Hand programmiert werden:

```
; aus einer Definition die Variable extrahieren
; definition-variable : definition -> symbol
(define definition-variable
  (lambda (form)
    (first (rest form))))
```

```
; aus einer Definition den Ausdruck extrahieren
; definition-expression : definition -> expression
(define definition-expression
  (lambda (form)
    (first (rest (rest form))))))
```

Die Selektoren für Definitionen sehen in der REPL folgendermaßen aus:

```
(definition-variable '(define x (+ 23 42)))
↪ x
(definition-expression '(define x (+ 23 42)))
↪ (+ 23 42)
```

Bei der Definition von Definitionen wurde schon vorweggenommen, daß Variablen durch Symbole dargestellt werden. Dementsprechend muß das Prädikat für Variablen nur symbol? benutzen::

```
; variable? : form -> boolean
(define variable?
  (lambda (form)
    (symbol? form)))
```

Als nächstes sind Ausdrücke an der Reihe. Sie haben folgende gemischte Datendefinition:

```
; Ein Ausdruck ist eins der folgenden:
; - eine Variable
; - ein Literal
; - ein Lambda-Ausdruck
; - eine binäre Verzweigung
; - eine Zuweisung
; - ein Block
; - ein Prozeduraufruf
; Name: expression
```

Variablen sind bereits abgehakt; als nächstes sind Literale an der Reihe. Bei ihnen handelt es sich ihrerseits um gemischte Daten:

```
; Ein Literal ist eins der folgenden:
; - ein selbstquotierender Wert
; - ein Quote-Ausdruck
; Name: literal
```

Das geht mit den selbstquotierenden Werten weiter, die ebenfalls gemischte Daten sind:

```
; Ein selbstquotierender Ausdruck ist eins der folgenden:
; - ein boolescher Wert
; - eine Zeichenkette
; - eine Zahl
```

Daraus ergibt sich direkt ein Prädikat:

```
; Prädikat für selbstquotierende Literale
; self-quoting? : form -> boolean
(define self-quoting?
  (lambda (form)
    (or (boolean? form)
        (string? form)
        (number? form))))
```

(Das eingebaute Prädikat boolean? gibt #t zurück, wenn sein Argument ein boolescher Wert ist, sonst #f. Das Prädikat string? gibt #t zurück, wenn sein Argument eine Zahl ist, sonst #f. Das Prädikat number? gibt #t zurück, wenn sein Argument eine Zahl ist, sonst #f.)

Da die selbstquotierenden Werte sich selbst darstellen, werden keine weiteren Prädikate oder Selektoren benötigt. Es kann also mit den Quote-Ausdrücken weitergehen. Erst einmal die Datendefinition:

```
; Ein Quote-Ausdruck ist eine Liste aus
; - dem Symbol quote
; - einem beliebigen repräsentierbaren Wert
; Name: quote
```

Das Prädikat für Quote-Ausdrücke ist wie folgt:

```
; Prädikat für Quote-Ausdrücke
; quote? : form -> boolean
(define quote?
  (lambda (form)
    (and (pair? form)
         (equal? 'quote (first form)))))
```

Es fällt auf, daß dieses Prädikat fast identisch mit dem Prädikat definition? für Definitionen ist – der einzige Unterschied ist das Symbol, mit dem verglichen wird: define bei definition? und quote bei quote?. Dieses Symbol ist deswegen ein guter Kandidat für Abstraktion:

```
; Prädikat für zusammengesetzte Formen herstellen,
; die mit einem bestimmten Symbol anfangen
; make-compound-predicate : symbol -> (form -> boolean)
(define make-compound-predicate
  (lambda (name)
    (lambda (form)
      (and (pair? form)
           (eq? name (first form))))))
```

Mit der Hilfe von make-compound-predicate lassen sich nun sowohl definition? als auch quote? einfacher definieren:

```
; Prädikat für Definitionen
; definition? : form -> boolean
(define definition? (make-compound-predicate 'define))
```

```
; Prädikat für Quote-Ausdrücke
; quote? : form -> boolean
(define quote? (make-compound-predicate 'quote))
```

Es läßt sich schon absehen, daß make-compound-predicate noch häufiger zum Einsatz kommen wird. Jetzt jedoch erst einmal zurück zu Quote-Ausdrücken. Die Konstante, die von einem Quote-Ausdruck repräsentiert wird, wird mit folgendem Selektor extrahiert:

```
; aus einem Quote-Ausdruck die Konstante extrahieren
; quote-constant : quote -> datum
(define quote-constant
  (lambda (form)
    (first (rest form))))
```

Mit den selbstquotierenden Werten und den Quote-Ausdrücken haben nun beide Sorten von Literalen Datendefinitionen und Prädikate. Damit ergibt sich folgendes Prädikat für Literale im allgemeinen, entsprechend der Datendefinition:

```
; Prädikat für Literale
; literal? : form -> boolean
(define literal?
  (lambda (form)
    (or (quote? form)
        (self-quoting? form))))
```

Entsprechend dem Selektor für Quote-Ausdrücke ist es sinnvoll, einen entsprechenden Se-lektor für Literale im allgemeinen zu formulieren, der die repräsentierte Konstante extra-hiert. Da es sich bei den Literalen um gemischte Daten handelt, ist dieser Selektor als Fallunterscheidung formuliert:

```
; aus einem Literal die Konstante extrahieren
; literal-constant : literal -> datum
(define literal-constant
  (lambda (form)
    (if (quote? form)
        (quote-constant form)
        form)))
```

Die Prozeduren für Literale verhalten sich folgendermaßen:

```
(literal-constant 5)
↪ 5
(literal-constant ''(1 2 3))
↪ (1 2 3)
```

Damit sind die Literale abgeschlossen. Zurück zu den Ausdrücken, bei denen der nächste Fall die Lambda-Ausdrücke sind. Hier die Datendefinition:

```
; Ein Lambda-Ausdruck ist eine Liste aus
; - dem Symbol lambda
; - einer Liste der Parameter
; - dem Rumpf, einem Ausdruck
; Name: lambda
```

Damit folgt das Prädikat dem gleichen Schema wie definition? und quote?, kann also mit Hilfe von make-compound-predicate definiert werden:

```
; Prädikat für Lambda-Ausdrücke
; lambda? : form -> boolean
(define lambda? (make-compound-predicate 'lambda))
```

Für die beiden „echten" Bestandteile eines Lambda-Ausdrucks (also abgesehen vom Sym-bol lambda) ergeben sich die beiden Selektoren wieder direkt aus der Datendefinition:

```
; aus einem Lambda-Ausdruck die Parameter-Liste extrahieren
; lambda-parameters : lambda -> list(variable)
(define lambda-parameters
  (lambda (form)
    (first (rest form))))

; aus einem Lambda-Ausdruck den Rumpf extrahieren
; lambda-body : lambda -> expression
(define lambda-body
  (lambda (form)
    (first (rest (rest form)))))
```

Diese beiden Selektoren verhalten sich so:

```
(lambda-parameters '(lambda (x y) (+ x y)))
↪ (x y)
(lambda-body '(lambda (x y) (+ x y)))
↪ (+ x y)
```

Nach den Lambda-Ausdrücken sind die Verzweigungen an der Reihe. Datendefinition:

```
; Einen binäre Verzweigung ist eine Liste aus
; - dem Symbol if
; - dem Test, einem Ausdruck
; - der Konsequente, einem Ausdruck
; - der Alternative, einem Ausdruck
; Name: conditional
```

Das Prädikat geht wiederum mit make-compound-predicate:

```
; Prädikat für binäre Verzweigungen
; conditional? : form -> boolean
(define conditional? (make-compound-predicate 'if))
```

Die Selektoren entsprechen den drei Bestandteilen der binären Verzweigungen:

```
; aus einer binären Verzweigung den Test extrahieren
; conditional-test : conditional -> expression
(define conditional-test
  (lambda (form)
    (first (rest form))))

; aus einer binären Verzweigung die Konsequente extrahieren
; conditional-consequent : conditional -> expression
(define conditional-consequent
  (lambda (form)
    (first (rest (rest form)))))
```

```
; aus einer binären Verzweigung die Alternative extrahieren
; conditional-alternative : conditional -> expression
(define conditional-alternative
  (lambda (form)
    (first (rest (rest (rest form))))))
```

In der Praxis funktionieren diese Selektoren so:

```
(conditional-test '(if (> x y) x y))
↪ (> x y)
(conditional-consequent '(if (> x y) x y))
↪ x
(conditional-alternative '(if (> x y) x y))
↪ y
```

Als nächstes sind die Zuweisungen an der Reihe. Datendefinition:

```
; Eine Zuweisung ist eine Liste aus
; - dem Symbol set!
; - einer Variable
; - einem Ausdruck
; Name: assignment
```

Wiederum geht das Prädikat nach Schema:

```
; Prädikat für Zuweisungen
; assignment? : form -> boolean
(define assignment? (make-compound-predicate 'set!))
```

Ebenso die Selektoren:

```
; aus einer Zuweisung die Variable extrahieren
; assignment-variable : assignment -> variable
(define assignment-variable
  (lambda (form)
    (first (rest form))))

; assignment-expression : assignment -> expression
(define assignment-expression
  (lambda (form)
    (first (rest (rest form)))))
```

Die Selektoren verhalten sich folgendermaßen:

```
(assignment-variable '(set! x (+ 23 42)))
↪ x
(assignment-expression '(set! x (+ 23 42)))
↪ (+ 23 42)
```

Es folgen in der Datendefinition der Ausdrücke die Blöcke:

```
; Ein Block ist eine Liste aus
; - dem Symbol begin
; - weiteren Ausdrücken
; Name: block
```

Das Prädikat geht nach Schema:

```
; Prädikat für Blöcke
; block? : form -> boolean
(define block? (make-compound-predicate 'begin))
```

Bei dem Selektor für die Ausdrücke eines Blocks ist wichtig, daß die Ausdrücke nicht einfach das zweite Element der Liste sind, sondern den Rest der Liste nach dem begin-Symbole bilden:

```
; die Ausdrücke eines Blocks extrahieren
; block-expressions : block -> list(expression)
(define block-expressions
   (lambda (form)
     (rest form)))
```

Also:

```
(block-expressions '(begin 1 2 3))
↪ (1 2 3)
```

Bei der Datendefinition für die Ausdrücke stehen die Prozeduranwendungen zuletzt. Hier ihre Datendefinition:

```
; Eine Prozeduranwendung ist eine Liste aus
; - dem Operator, einem Ausdruck
; - den Operanden, ihrerseits Ausdrücke
; Name: application
```

Die Prozeduranwendungen sind nicht durch ein Schlüsselwort wie if oder set! gekennzeichnet. Sie sind daran zu erkennen, daß sie zu keiner der oberen Arten Ausdrücke gehört. Dementsprechend lohnt es sich auch nicht, ein eigenes Prädikat zu formulieren: die Prozeduranwendungen werden den else-Zweig der Verzweigung über die verschiedenen Sorten Ausdrücke bilden. Die Definition von Selektoren ist aber trotzdem geboten:

```
; aus einer Prozeduranwendung den Operator extrahieren
; application-operator : application -> expression
(define application-operator
   (lambda (form)
     (first form)))
```

```
; aus einer Prozeduranwendung die Operanden extrahieren
; application-operands : application -> list(expression)
(define application-operands
  (lambda (form)
    (rest form))))
```

Hier ein Beispiel:

```
(application-operator '(+ 42 23))
↪ +
(application-operands '(+ 42 23))
↪ (42 23)
```

16.3 Repräsentation von Werten

Die Werte, die ein Mini-Scheme-Programm manipuliert, müssen auch vom Interpreter repräsentiert werden. Da der Interpreter dem Umgebungsmodell entsprechen soll, müssen auch die Repräsentationen der Werte den Diagrammen im Umgebungsmodell entsprechen. Das Umgebungsmodell unterscheidet zwischen Prozeduren, die durch Closures dargestellt werden, und den anderen, „gewöhnlichen" Werten. Es handelt sich also um gemischte Daten. Die Datendefinition für Werte, die der Interpreter manipulieren soll, die sogenannten *Interpreter-Werte*, ist die folgende:

```
; Ein Interpreter-Wert ist eins der folgenden:
; - ein gewöhnlicher Wert
; - eine Closure
; Name: value
```

Die gewöhnlichen Werte umfassen erst einmal Zahlen, boolesche Werte und Zeichenketten; Listen und Records werden weggelassen. (Aber siehe Aufgabe 16.2.) Die gewöhnlichen Interpreter-Werte können durch die entsprechenden normalen Scheme-Werte dargestellt werden (also der Interpreter-Wert für 5 durch die Zahl 5 etc.). Damit die gewöhnlichen Interpreter-Werte jedoch nicht mit den Scheme-Werten durcheinander kommen, bekommen auch sie eine reguläre Daten- und eine Record-Definition:

```
; Ein gewöhnlicher Wert ist ein Wert
;   (make-ordinary-value v)
; wobei v ein Wert ist.
(define-record-procedures ordinary-value
  make-ordinary-value ordinary-value?
  (ordinary-value-ref))
```

Bei Closures hingegen handelt es sich um zusammengesetzte Werte: eine Closure besteht aus den Parametern der Abstraktion, deren Rumpf sowie einer Umgebung. (Siehe Abschnitt 12.5.) Hier die dazu passende Datendefinition:

```
; Eine Closure ist ein Wert
;   (make-closure p b e)
; wobei p eine Liste von Variablen (die Parameter),
; b ein Ausdruck (der Rumpf) und e eine Umgebung ist.
```

Eine Repräsentation für Umgebungen muß noch definiert werden; dies geschieht im nächsten Abschnitt.

Dieser Datendefinition entspricht folgende Record-Definition:

```
(define-record-procedures closure
  make-closure closure?
  (closure-parameters closure-body closure-environment))
```

16.4   Repräsentation von Umgebungen und Frames

Im Umgebungsdiagramm sind Umgebungen Ketten von Frames, die in einer globalen Umgebung enden. Das heißt, daß eine Umgebung ein Frame enthalten muß und eine umschließende Umgebung, sofern es eine gibt. Hier ist die dazu passende Datendefinition:

```
; Eine Umgebung ist ein Wert
;   (make-environment f e)
; wobei f ein Frame und e eine Umgebung oder #f ist.
```

Wenn die umschließende Umgebung #f ist, gibt es keine umschließende Umgebung. Es handelt sich dann um die globale Umgebung. Die Record-Definition dazu sieht folgendermaßen aus:

```
(define-record-procedures environment
  make-environment environment?
  (environment-frame environment-enclosing-environment))
```

Ein Frame seinerseits besteht aus einer Folge von Bindungen. Diese Folge muß mutierbar sein, da die globale Umgebung schrittweise durch Definitionen im interpretierten Programm erweitert wird:

```
; Ein Frame ist ein Wert
;   (make-frame b)
; wobei b eine Liste von Bindungen ist.
(define-record-procedures-2 frame
  make-frame frame?
  ((frame-bindings set-frame-bindings!)))
```

Eine Bindung schließlich besteht aus der Variable und dem an die Variable gebundenen Interpreter-Wert. Da Variablen an Zellen gebunden sind, muß der Wert der Bindung mutierbar sein.

```
; Eine Bindung ist ein Wert
;   (make-binding v l)
; wobei v eine Variable und l ein Interpreter-Wert ist.
(define-record-procedures-2 binding
  make-binding binding?
  (binding-variable (binding-value set-binding-value!)))
```

Das Umgebungsmodell aus Abschnitt 12.5 sieht folgende Operationen auf Umgebungen vor:

1. bei der Auswertung einer Variablen: den Wert einer Variablen in bezug auf eine Umgebung feststellen

2. bei der Auswertung von Applikationen: eine neue Umgebung aus einer alten erzeugen, in der ein neues Frame mit vorgegebenen Bindungen vorn steht

3. bei der Auswertung einer Zuweisung: die Bindung einer Variablen in bezug auf eine Umgebung finden

4. bei der Auswertung einer Definition: eine Umgebung um eine Bindung erweitern

Die erste Operation kann auf der dritten aufbauen: Wenn die Bindung einer Variablen bekannt ist, kann der Wert aus ihr mit dem Selektor `binding-value` extrahiert werden. Darum ist die dritte Operation zuerst an der Reihe: gegeben eine Umgebung und eine Variable, soll die Bindung der Variablen in bezug auf die Umgebung gefunden werden. Es kann vorkommen, daß es keine Bindung zu der Variablen in der Umgebung gibt; dann soll die Operation `#f` zurückgeben. Hier der Vertrag und das Gerüst für die Prozedur:

```
; Bindung in Umgebung suchen
; environment-lookup-binding : environment variable -> binding or #f
(define environment-lookup-binding
  (lambda (env var)
    ...))
```

Da es sich bei `env` um einen zusammengesetzten Wert handelt, müssen im Rumpf von `environment-lookup-binding` die Selektoren von `environment` aufgerufen werden:

```
(define environment-lookup-binding
  (lambda (env var)
    ... (environment-frame env) ...
    ... (environment-enclosing-environment env) ...))
```

Da die umschließenden Umgebungen von `env` nur betrachtet werden müssen, wenn im Frame von `env` keine passende Bindung vorhanden ist, muß erst einmal das Frame, also `(environment-frame env)` untersucht werden. Dies ist eine separate Aufgabe, die am besten in einer Hilfsprozedur namens `frame-lookup-binding` abgehandelt wird:

```
; Bindung in Frame suchen
; frame-lookup-binding : frame variable -> binding or #f
```

Damit environment-lookup-binding aber erst einmal fertig wird, wird frame-lookup-binding per Wunschdenken vorausgesetzt und benutzt:

```
(define environment-lookup-binding
  (lambda (env var)
    ... (frame-lookup-binding (environment-frame env) var)) ...
    ... (environment-enclosing-environment env) ...))
```

Nun gibt es beim Rückgabewert von frame-lookup-binding eine natürliche Fallunterscheidung, da entweder eine Bindung oder #f herauskommen kann. Die umschließende Umgebung wird nur im zweiten Fall benötigt:

```
(define environment-lookup-binding
  (lambda (env var)
    (if (binding? (frame-lookup-binding (environment-frame env) var)))
        ...
        ... (environment-enclosing-environment env) ...))
```

Im ersten Fall soll gerade die gefundene Bindung zurückgegeben werden: damit der Aufruf von frame-lookup-binding nicht zweimal ausgewertet werden muß, wird eine lokale Hilfsvariable an das Ergebnis gebunden:

```
(define environment-lookup-binding
  (lambda (env var)
    (let ((maybe
           (frame-lookup-binding (environment-frame env)
                                 var)))
      (if (binding? maybe)
          maybe
          ... (environment-enclosing-environment env) ...))))
```

In der Alternative der Verzweigung steht die umschließende Umgebung. Auch hier liegt eine Fallunterscheidung vor, weil (environment-enclosing-environment env) entweder eine Umgebung oder #f liefern kann:

```
(define environment-lookup-binding
  (lambda (env var)
    (let ((maybe
           (frame-lookup-binding (environment-frame env)
                                 var)))
      (if (binding? maybe)
          maybe
          (if (environment? (environment-enclosing-environment env))
              ...
              ...)))))
```

Falls es sich um eine Umgebung handelt, soll in ihr gesucht werden. Eine lokale Hilfsvariable ist also wiederum zweckmäßig:

```
(define environment-lookup-binding
  (lambda (env var)
    (let ((maybe
           (frame-lookup-binding (environment-frame env)
                                 var)))
      (if (binding? maybe)
          maybe
          (let ((enclosing
                 (environment-enclosing-environment env)))
            (if (environment? enclosing)
                ... enclosing ..
                ...)))))))
```

Wenn enclosing selbst eine Umgebung ist, liegt ein Selbstbezug vor: environment-
lookup-binding kann sich also rekursiv aufrufen:

```
(define environment-lookup-binding
  (lambda (env var)
    (let ((maybe
           (frame-lookup-binding (environment-frame env)
                                 var)))
      (if (binding? maybe)
          maybe
          (let ((enclosing
                 (environment-enclosing-environment env)))
            (if (environment? enclosing)
                (environment-lookup-binding enclosing var)
                ...))))))) 
```

Das ist auch intuitiv einleuchtend: wenn keine passende Bindung im Frame von env vorhanden ist, muß die gesuchte Bindung in der umschließenden Bindung stecken. Der letzte
Fall ergibt sich nun aus dem Vertrag: wenn es keine umschließende Umgebung gibt, soll
#f herauskommen:

```
(define environment-lookup-binding
  (lambda (env var)
    (let ((maybe
           (frame-lookup-binding (environment-frame env)
                                 var)))
      (if (binding? maybe)
          maybe
          (let ((enclosing
                 (environment-enclosing-environment env)))
            (if (environment? enclosing)
                (environment-lookup-binding enclosing var)
                #f)))))))
```

Die Definition von `frame-lookup-binding` fehlt noch. Hier ist das Gerüst:

```
(define frame-lookup-binding
  (lambda (frame var)
    ...))
```

Es liegt nahe, daß die Liste der Bindungen aus `frame` extrahiert werden muß:

```
(define frame-lookup-binding
  (lambda (frame var)
    ... (frame-bindings frame) ...))
```

Da es sich bei den Bindungen um eine Liste handelt, muß eine Hilfsprozedur über diese Liste eingeführt werden:

```
(define frame-lookup-binding
  (lambda (frame var)
    ;; lookup : list(bindings) -> binding or #f
    (letrec ((lookup
               (lambda (bindings)
                 ...)))
      (lookup (frame-bindings frame)))))
```

Erst einmal wird die Konstruktionsanleitung für Listen angewendet:

```
(define frame-lookup-binding
  (lambda (frame var)
    ;; lookup : list(bindings) -> binding or #f
    (letrec ((lookup
               (lambda (bindings)
                 (cond
                   ((empty? bindings) ...)
                   ((pair? bindings)
                    ... (first bindings) ...
                    ... (lookup (rest bindings) ...))))))
      (lookup (frame-bindings frame)))))
```

Der erste Fall ist klar: wenn die Liste zu Ende ist, muß `#f` zurückgegeben werden. Im zweiten Fall tritt wiederum eine Fallunterscheidung ein: `(first bindings)` könnte die gesuchte Bindung sein – oder nicht:

```
(define frame-lookup-binding
  (lambda (frame var)
    ;; lookup : list(bindings) -> binding or #f
    (letrec ((lookup
               (lambda (bindings)
                 (cond
                   ((empty? bindings) #f)
```

```
          ((pair? bindings)
           (if (equal? var (binding-variable (first bindings)))
               (first bindings)
               (lookup (rest bindings)))))))))
     (lookup (frame-bindings frame)))))
```

Also ist `frame-lookup-binding` und damit auch `environment-lookup-binding` funkti-
onsfähig. Mit der Hilfe von `environment-lookup-binding` kann auch die erste der oben
aufgelisteten Operationen leicht realisiert werden:

```
; den Wert einer Bindung in einer Umgebung suchen
; environment-lookup : environment variable -> value or #f
(define environment-lookup-value
  (lambda (env var)
    (let ((maybe (environment-lookup-binding env var)))
      (if (binding? maybe)
          (binding-value maybe)
          #f)))))
```

Als nächstes wird die Operation realisiert, die aus den Parametern einer Prozedur und den
Argumenten einer Prozedurapplikation sowie einer „alten" Umgebung eine neue macht, in
der das erste Frame aus den Bindungen der Parameter an die Argumente besteht. Es ist also
eine Prozedur mit Kurzbeschreibung, Vertrag und Gerüst wie folgt:

```
; Umgebung für Applikation konstruieren
; application-environment : list(variable) list(value) environment
;                          -> environment
(define application-environment
  (lambda (params args env)
    ...))
```

Die Hauptarbeit ist dabei, aus der Liste mit den Parametern und der Liste mit den Argumenten ein Frame herzustellen. Angenommen, eine solche Hilfsprozedur gebe es schon,
dann könnte sie folgenden Vertrag erfüllen:

```
; Frame für die Bindungen der Parameter einer Applikation konstruieren
; application-frame : list(variable) list(value) -> frame
```

Mit der Hilfe von `application-frame` muß `application-environment` aus dem entstandenen Frame und der Umgebung nur eine neue Umgebung konstruieren:

```
(define application-environment
  (lambda (params args env)
    (make-environment (application-frame params args)
                      env)))
```

Die Hauptarbeit steckt also in `application-frame`. Die Arbeit von `application-frame`
teilt sich in zwei Teile auf: erst aus den Parametern und den Argumenten im Reißverschluß-

verfahren eine Liste von Bindungen konstruieren und aus dieser dann das Frame machen. Für die erste Aufgabe wird eine Hilfsprozedur herhalten:

```
(define application-frame
  (lambda (params args)
    (letrec
        ;; zip-bindings : list(variable) list(value) -> list(binding)
        ((zip-bindings
          (lambda (params args)
            ...)))
      (make-frame (zip-bindings params args)))))
```

Bei zip-bindings ist entscheidend, daß die beiden Listen die gleiche Länge haben und auch parallel verarbeitet werden sollen. Es ist also egal, ob die Rekursion über params oder über args geht. Hier geht sie über params:

```
(define application-frame
  (lambda (params args)
    (letrec
        ;; zip-bindings : list(variable) list(value) -> list(binding)
        ((zip-bindings
          (lambda (params args)
            (cond
              ((empty? params) ...)
              ((pair? params)
               ... (first params) ... (first args) ...
               ... (zip-bindings (rest params) (rest args)) ...)))))
      (make-frame (zip-bindings params args)))))
```

Der erste Fall ist klar: Aus einer leeren Parameterliste wird auch eine leere Liste von Bindungen. Im zweiten Fall müssen der Parameter (first param) und das Argument (first args) zu einer Bindung verarbeitet werden, die dann vorn an die Liste der restlichen Bindungen gehängt wird:

```
(define application-frame
  (lambda (params args)
    (letrec
        ;; zip-bindings : list(variable) list(value) -> list(binding)
        ((zip-bindings
          (lambda (params args)
            (cond
              ((empty? params) '())
              ((pair? params)
               (make-pair (make-binding (first params) (first args))
                          (zip-bindings (rest params) (rest args))))))))
      (make-frame (zip-bindings params args)))))
```

Aus der Liste der zu programmierenden Operationen fehlt jetzt noch die Erweiterung einer Umgebung um eine einzelne Bindung bei Definitionen. Da bei dieser Operation das Diagramm verändert wird, benutzt die Prozedur dafür Mutation und hat ein ! im Namen:

```
; Umgebung um eine Bindung erweitern
; extend-environment! : environment variable value -> unspecified
(define extend-environment!
  (lambda (env var val)
    ...))
```

Die Operation betrifft die Bindungen der Umgebung, die in ihrem eigenen Frame stecken. Es müssen also der Selektor für das Frame und der Mutator für die Bindungen aufgerufen werden:

```
(define extend-environment!
  (lambda (env var val)
    (set-frame-bindings! (environment-frame env) ...)))
```

Die neuen Bindungen sollen aus den alten dadurch entstehen, daß eine Bindung vorn angehängt wird:

```
(define extend-environment!
  (lambda (env var val)
    (set-frame-bindings! (environment-frame env)
                         (make-pair
                           (make-binding var val)
                           (frame-bindings (environment-frame env))))))
```

Die doppelte Erwähnung von (environment-frame env) ist unschön; eine lokale Hilfsvariable verbessert das Bild:

```
(define extend-environment!
  (lambda (env var val)
    (let ((f (environment-frame env)))
      (set-frame-bindings! f
                           (make-pair (make-binding var val)
                                      (frame-bindings f))))))
```

Damit sind die Datendefinitionen und Operationen für Umgebungen vorläufig vollständig.

16.5 Auswertung und Anwendung

Das Herzstück des Umgebungsmodells steckt in der Beschreibung der Auswertung eines Ausdrucks in bezug auf eine Umgebung. Die Prozedur, die diese Operation implementiert, hat Kurzbeschreibung, Vertrag und Gerüst wie folgt:

```
; Ausdruck in bezug auf eine Umgebung auswerten
; evaluate : expression environment -> value
(define evaluate
  (lambda (exp env)
    ...))
```

Die Auswertung ist davon gesteuert, um was für eine Art Ausdruck es sich handelt: Ausdrücke sind gemischte Daten gemäß der Definition in Abschnitt 16.3. Dementsprechend ist die Schablone von evaluate auch eine Verzweigung mit ebensovielen Fällen wie die Datendefinition:

```
(define evaluate
  (lambda (exp env)
    (cond
      ((literal? exp) ...)
      ((variable? exp) ...)
      ((lambda? exp) ...)
      ((conditional? exp) ...)
      ((assignment? exp) ...)
      ((block? exp) ...)
      (else ;; Prozeduranwendung
        ...)))))
```

Diese Fälle entsprechen gerade den Fällen in der Beschreibung der Auswertung im Umgebungsmodell. Im ersten Fall, bei den Literalen, steht:

Literale Ergebnis ist ein Pfeil auf ein Bild des Literals im Umgebungsdiagramm.

Dieser Pfeil wird im Interpreter durch einen Interpreter-Wert repräsentiert, der den Wert des Literals enthält:

```
(define evaluate
  (lambda (exp env)
    (cond
      ((literal? exp)
       (make-ordinary-value (literal-constant exp)))
      ...)))
```

Der nächste Fall sind die Variablen. Aus der Beschreibung des Umgebungsmodells:

Variablen Ergebnis ist der Inhalt der Zelle der ersten Bindung für v entlang der Kette von Frames, aus denen U besteht.

Diese Operation ist schon weitgehend programmiert, nämlich als Prozedur environment-lookup-value:

```
(define evaluate
  (lambda (exp env)
```

```
(cond
  ...
  ((variable? exp)
   (environment-lookup-value env exp))
  ...)))
```

Die Auswertung der Lambda-Ausdrücke ist im Umgebungsmodell folgendermaßen beschrieben:

Abstraktionen Ergebnis einer Abstraktion in bezug auf eine Umgebung U ist ein Pfeil auf eine Closure aus den Parametern, dem Rumpf der Abstraktion und einem Pfeil auf U.

Im Interpreter wird entsprechend der Beschreibung eine Closure aus den angegebenen drei Bestandteilen konstruiert:

```
(define evaluate
  (lambda (exp env)
    (cond
      ...
      ((lambda? exp)
       (make-closure (lambda-parameters exp)
                     (lambda-body exp)
                     env))
      ...)))
```

Die Verzweigungen sind so beschrieben:

binäre Verzweigungen Das Ergebnis hängt vom Ergebnis des Tests der Verzweigung in bezug auf U ab: ist dies ein Pfeil auf #t, so wird die Konsequente in bezug auf U ausgewertet, ansonsten die Alternative. Das so ermittelte Ergebnis wird zum Ergebnis der Verzweigung.

Da nach dem Ergebnis der Auswertung des Tests gefragt ist, muß also im entsprechenden Fall von evaluate ein rekursiver Aufruf stehen:

```
(define evaluate
  (lambda (exp env)
    (cond
      ...
      ((conditional? exp)
       ... (evaluate (conditional test exp) env) ...)
      ...)))
```

Aus dem Test muß ein boolescher Wert herauskommen, der in einem Interpreter-Wert, also als ordinary-value verpackt ist. Der boolesche Wert des Tests muß erst einmal ausgepackt werden:

```
(define evaluate
  (lambda (exp env)
    (cond
      ...
      ((conditional? exp)
       ... (ordinary-value-ref (evaluate (conditional-test exp) env))
       ...)
      ...)))
```

Abhängig von diesem Wert wird schließlich das Ergebnis der Auswertung der Konsequente oder das der Alternativen zum Ergebnis der Auswertung der gesamten Verzweigung:

```
(define evaluate
  (lambda (exp env)
    (cond
      ...
      ((conditional? exp)
       (if (ordinary-value-ref (evaluate (conditional-test exp) env))
           (evaluate (conditional-consequent exp) env)
           (evaluate (conditional-alternative exp) env)))
      ...)))
```

Das Umgebungsmodell hat zu Zuweisungen folgendes zu sagen:

Zuweisungen Bei der Auswertung einer Zuweisung (set! *v e*) in bezug auf eine Umgebung *U* wird zunächst *e* ausgewertet. Dann wird die Bindung von *v* lokalisiert: der Pfeil der Bindung wird entfernt und durch das Ergebnis von *e* ersetzt. Das Ergebnis der Auswertung der Zuweisung ist ein Pfeil auf ein Bild mit der Aufschrift unspecified.

Am Anfang wird der Ausdruck ausgewertet und die Bindung lokalisiert:

```
(define evaluate
  (lambda (exp env)
    (cond
      ...
      ((assignment? exp)
       (let ((v (evaluate (assignment-expression exp) env))
             (b (environment-lookup-binding env
                                            (assignment-variable exp))))
         ...))
      ...)))
```

Schließlich muß der Pfeil der Bindung noch ersetzt werden und der „unspezifische Wert" zurückgegeben werden. Für den unspezifischen Wert wird der Einfachheit halber ein Interpreter-Wert aus dem Symbol unspecified gemacht:

```
; unspecified-value : value
(define unspecified-value
  (make-ordinary-value 'unspecified))
```

Mit der Hilfe von `unspecified-value` kann der Fall für Zuweisungen komplettiert werden:

```
(define evaluate
  (lambda (exp env)
    (cond
      ...
      ((assignment? exp)
       (let ((v (evaluate (assignment-expression exp) env))
             (b (environment-lookup-binding env
                                             (assignment-variable exp)))))
         (begin
           (set-binding-value! b v)
           unspecified-value)))
      ...)))
```

Es bleibt der interessanteste Fall, nämlich die Prozeduranwendung. Im Umgebungsmodell ist er so beschrieben:

Applikationen Bei der Auswertung eines Prozeduraufrufs in bezug auf eine Umgebung U werden zunächst Operator und Operanden in bezug auf U ausgewertet.

Ergebnis des Operators muß eine Prozedur sein – entweder eine eingebaute Prozedur oder ein Pfeil auf eine Closure. Falls es sich um eine eingebaute Prozedur handelt, so ist das Ergebnis ein Pfeil auf das Ergebnis der entsprechenden Operation.

Ist das Ergebnis des Operators ein Pfeil auf eine Closure, so muß diese ebensoviele Parameter besitzen, wie der Prozeduraufruf Operanden hat. Dann wird ein neues Frame eingezeichnet, dessen umschließende Umgebung die Umgebung in der Closure ist, und in dem die Parameter an die Werte der Operanden (die Argumente) gebunden werden. Ergebnis der Applikation ist das Ergebnis der Auswertung des Prozedurrumpfes in bezug auf die Umgebung, die von dem neuen Frame ausgeht.

Für den Fall, daß es sich bei dem Wert des Operanden der Applikation um eine Closure handelt, entspricht der Code direkt der Beschreibung. Die Operanden werden zu Argumenten, und dann wird der Rumpf in der passenden Umgebung ausgewertet:

```
(define evaluate
  (lambda (exp env)
    (cond
      ...
      (else
        ;; Prozeduranwendung
        (let ((proc (evaluate (application-operator exp) env))
              (args
                (map (lambda (operand)
                       (evaluate operand env))
                     (application-operands exp)))))
```

```
(evaluate (closure-body proc)
          (application-environment
            (closure-parameters proc)
            args
            (closure-environment proc))))))))
```

Die Beschreibung aus dem Umgebungsmodell erwähnt auch noch die Möglichkeit, daß es sich bei der Prozedur um eine eingebaute Prozedur wie + oder * handeln kann. Dieser Fall wurde bisher noch überhaupt nicht berücksichtigt; die eingebauten Prozeduren müssen noch nachträglich zu den Interpreter-Werten hinzugebaut werden. Hier die erweiterte Datendefinition:

```
; Ein Interpreter-Wert ist eins der folgenden:
; - ein gewöhnlicher Wert
; - eine Closure
; - eine eingebaute Prozedur
; Name: value
```

Wie nun können die eingebauten Prozeduren dargestellt werden? Zum Beispiel +: Am einfachsten, die eingebaute Prozedur + von Mini-Scheme im Interpreter wird durch die eingebaute Prozedur + in Scheme dargestellt. Hier sind Daten- und Record-Definitionen für eingebaute Prozeduren:

```
; Eine eingebaute Prozedur ist ein Wert
;   (make-builtin-procedure p)
; wobei p eine Prozedur ist.
(define-record-procedures builtin-procedure
  make-builtin-procedure builtin-procedure?
  (builtin-procedure-ref))
```

In der Beschreibung der für Prozeduranwendung in evaluate muß jetzt noch eine Fallunterscheidung stattfinden zwischen den eingebauten Prozeduren und den Closures:

```
(define evaluate
  (lambda (exp env)
    (cond
      ...
      (else
        ;; Prozeduranwendung
        (let ((proc (evaluate (application-operator exp) env))
              (args
                (map (lambda (operand)
                       (evaluate operand env))
                     (application-operands exp))))
          (cond
            ((builtin-procedure? proc) ...)
            ((closure? proc) ...)))))))
```

Der Closure-Fall ist durch den Code, der schon da ist, bereits abgedeckt. Bei einer eingebauten Prozedur wie + müssen die Argumente allesamt gewöhnliche Werte sein. Da aber
die Scheme-Prozedur + (im Gegensatz zur Mini-Scheme-Prozedur +) Zahlen erwartet und
nicht etwa Gewöhnliche-Werte-Records, müssen die Werte aus den Argumenten erst noch
ausgepackt werden, wie auch die eingebaute Prozedur selbst:

```
(define evaluate
  (lambda (exp env)
    (cond
      ...
      (else
       ;; Prozeduranwendung
       (let ((proc ...)
             (args ...))
         (cond
           ((builtin-procedure? proc)
            ... (builtin-procedure-ref proc) ...
            ... (map ordinary-value-ref args) ...)
           ((closure? proc) ...)))))))
```

Jetzt kann die Scheme-Prozedur in proc auf die Liste von Argumenten aus args angewendet werden mit der eingebauten Prozedur apply aus Abbildung 13.3 in Kapitel 13:

```
(define evaluate
  (lambda (exp env)
    (cond
      ...
      (else
       ;; Prozeduranwendung
       (let ((proc ...)
             (args ...))
         (cond
           ((builtin-procedure? proc)
            ...
            (apply (builtin-procedure-ref proc)
                   (map ordinary-value-ref args))
            ...)
           ((closure? proc) ...)))))))
```

Beim Aufruf von Scheme-+ kommt zum Beispiel eine Zahl heraus, die noch als Interpreter-
Wert verpackt werden muß:

```
(define evaluate
  (lambda (exp env)
    (cond
      ...
      (else
```

```
;; Prozeduranwendung
(let ((proc ...)
      (args ...))
   (cond
     ((builtin-procedure? proc)
      (make-ordinary-value
        (apply (builtin-procedure-ref proc)
               (map ordinary-value-ref args)))))
     ((closure? proc) ...)))))))
```

Damit ist die Definition von evaluate endlich vollständig.

16.6 Programme ausführen

Ganz fertig ist der Interpreter immer noch nicht. Schließlich soll er ganze Programme verarbeiten können wie das Beispiel vom Anfang des Kapitels:

```
(define mini-scheme-example
  '(
     (define pi 3.1415926)

     (define circumference
       (lambda (radius) (* 2 pi radius)))

     (circumference 13))
   )
```

Ein Programm ist eine Liste von Formen, und für die Auswertung benötigt der Interpreter eine Umgebung. Für die Auswertung eine Liste von Formen ist eine Prozedur mit folgendem Vertrag und folgendem Gerüst sinnvoll:

```
; Liste von Formen auswerten
; evaluate-forms : list(form) environment -> list(value)
(define evaluate-forms
  (lambda (forms env)
    ...))
```

Der Rumpf folgt der bekannten Schablone für Prozeduren auf Listen:

```
(define evaluate-forms
  (lambda (forms env)
    (cond
      ((empty? forms) ...)
      ((pair? forms)
       ... (first forms) ...
       ... (evaluate-forms (rest forms) env) ...))))
```

Der erste Zweig ist einfach – aus einer leeren Liste von Formen wird auch eine leere Liste von Werten. Der zweite Zweig muß beide Sorten Formen behandeln: Definitionen und Ausdrücke. Es entsteht folgende Schablone:

```
(define evaluate-forms
  (lambda (forms env)
    (cond
     ((empty? forms) '())
     ((pair? forms)
      (if (definition? (first forms))
          (... (first forms) ...
           ... (evaluate-forms (rest forms) env) ...)
          (... (first forms) ...
           ... (evaluate-forms (rest forms) env) ...))))))
```

Für die Verarbeitung von Definitionen schreibt das Umgebungsmodell folgende Regel vor:

> Am Anfang der Auswertung eines Programms gibt es nur die globale Umgebung und die Definitionen und Ausdrücke werden in bezug auf diese globale Umgebung ausgewertet. Die Auswertung jeder Definition (define *v e*) trägt eine Bindung an den Wert von *e* in die globale Umgebung ein.

Nach der Auswertung der Definition muß es mit den restlichen Formen im Programm weitergehen. Dafür steht der rekursive Aufruf bereits in der obigen Schablone von evaluate-forms:

```
(define evaluate-forms
  (lambda (forms env)
    (cond
     ((empty? forms) '())
     ((pair? forms)
      (if (definition? (first forms))
          (begin
            (extend-environment!
             env
             (definition-variable (first forms))
             (evaluate (definition-expression (first forms))
                       env))
            (evaluate-forms (rest forms) env))
          (... (first forms) ...
           ... (evaluate-forms (rest forms) env) ...))))))
```

Beim zweiten Fall des if – dem für Ausdrücke – ist der Wert der ersten Form interessant, der an die Liste der Werte angehängt werden muß:

```
(define evaluate-forms
  (lambda (forms env)
```

```
(cond
 ((empty? forms) '())
 ((pair? forms)
  (if (definition? (first forms))
      ...
      (make-pair (evaluate (first forms) env)
                 (evaluate-forms (rest forms) env)))))))))
```

Damit wäre der Interpreter fast ganz fertig. Allein, um ein echtes Programm laufen zu lassen, will evaluate-forms eine globale Umgebung als Argument. Bisher hat sich dieses Kapitel zwar viel über Umgebungen im allgemeinen geäußert, aber eine konkrete Umgebung fehlt noch. Damit das Beispielprogramm von oben laufen kann, ist erforderlich, daß die globale Umgebung zumindest eine Bindung für die eingebaute Prozedur * enthält, und vielleicht noch ein paar andere. Hier ist eine Prozedur, die eine solche Umgebung herstellt:

```
; globale Umgebung konstruieren
; make-builtin-global-environment : -> environment
(define make-builtin-global-environment
  (lambda ()
    (make-environment
     (make-frame
      (list
       (make-binding '+ (make-builtin-procedure +))
       (make-binding '* (make-builtin-procedure *))
       (make-binding '= (make-builtin-procedure =))
       (make-binding '- (make-builtin-procedure -))))
     #f)))
```

Eine Hilfsprozedur erledigt dann noch die Auswertung ganzer Programme:

```
; Programm auswerten
; evaluate-program : list(form) -> list(value)
(define evaluate-program
  (lambda (forms)
    (evaluate-forms forms
                    (make-builtin-global-environment))))
```

Das ganze verhält sich jetzt zum Beispiel so:

```
(evaluate-program mini-scheme-example)
↪ (#<record:ordinary-value 81.6814076>)
```

Fertig ist der Interpreter!

Mit dem Interpreter ist ein erster Kreis in der Einführung in das Programmieren geschlossen: Er erklärt viele der Konzepte der Bedeutung von Programmen selbst wieder durch ein Programm. Wer also den Interpreter versteht, hat die grundsätzlichen Konzepte der Programmierung ebenfalls begriffen.

Trotzdem ist auch der Interpreter noch nicht der Weisheit letzter Schluß. Dem kritischen Leser wird beim seinem Studium ein leicht mulmiges Gefühl bleiben. Immerhin ist die Erklärung eines Konstrukts einer Programmiersprache durch das gleiche Konstrukt der gleichen Programmiersprache nicht notwendigerweise eine hinreichende Definition. So ist die Bedeutung der Verzweigung in Mini-Scheme durch ein Scheme-`if` im Interpreter festgelegt, Mini-Scheme-Prozeduraufrufe sind durch Scheme-Prozeduraufrufe erklärt etc. Aus diesem Grund heißt der Interpreter *metazirkulär*: es gibt einen Bedeutungskreislauf zwischen der Metaebene (dem Interpreter) und der Objektebene (dem Programm).

Diesen Knoten zu lösen ist nicht mehr Stoff dieses Buchs, mag aber als erster Anstoß für ein weiteres Studium der Informatik dienen. Viel Spaß dabei!

Aufgaben

Aufgabe 16.1 Welche der folgenden Zeilen bilden einen korrekten Scheme-Ausdruck und welchen Wert haben sie jeweils?

```
'(+ 1 2 3)
'(if (>= x 0) x (- x))
''(1 2 3)
''1
''
'''
'(1 '(2))
```

Aufgabe 16.2 Erweitere den Interpreter um Listen!

- Erweitere die Umgebung, die in `make-global-environment` erzeugt wird, um `make-pair`, `first`, `rest`, `pair?` und `empty?`.

- Was muß noch getan werden, damit `'()` funktioniert? Funktioniert `'(1 2 3)`? (Benutze `(first '(1 2 3))` als Testfall.)

Aufgabe 16.3 Erweitere den Interpreter um `let` und `cond`, und zwar auf zwei verschiedene Arten und Weisen:

- Schreibe eine Prozedur `desugar-program`, welche die Repräsentation eines Mini-Scheme-Programms mit `let` und `cond` als Parameter akzeptiert, und ein äquivalentes Programm zurückgibt, das keine `let`- und `cond`-Ausdrücke mehr enthält.

  ```
  (desugar-program '(let ((x 23)) x))
  ↪ ((lambda (x) x) 23)
  (desugar-program '(cond (x 23) (else 42)))
  ↪ (if x 23 42)
  ```

- Ändere den Interpreter dahingehend, daß er `let` und `cond` direkt versteht.

Aufgabe 16.4 Warum können die eingebauten Prozeduren nur gewöhnliche Werte als Argumente akzeptieren, nicht aber z.B. Closures? Nimm zur Beantwortung der Frage die Scheme-Prozedur map als eingebaute Prozedur in die globale Umgebung auf und versuche, sie von einem Mini-Scheme-Programm zu benutzen.

Zusatzaufgabe: Verändere den Interpreter so, daß auch das eingebaute map benutzt werden kann.

Aufgabe 16.5 Schreibe einen Interpreter für den Lambda-Kalkül mit Leftmost-Outermost-Reduktion!

Anleitung:

1. Repräsentiere Lambda-Terme durch Scheme-Werte, die sich an die Scheme-Syntax anlehnen, also z.B.

```
(lambda (f) (f (x x)))
```

   für $\lambda f. f(xx)$. Schreibe Prädikate, Selektoren und Konstruktoren für die entsprechenden Syntaxkonstruktionen.

2. Schreibe Prozeduren, welche Mengen von Variablen verwalten.

3. Schreibe eine Prozedur free, welche eine Liste der freien Variablen eines Terms zurückgibt. Beispielsweise also:

```
(free '((lambda (x) ((lambda (y) (y x)) z)) v))
↪ (v)
```

4. Benutze folgende Prozedur, welche bei jedem Aufruf ein frisches Symbol liefert:

```
(define fresh-variable
  (let ((count 4711))
    (lambda ()
      (begin
        (set! count (+ 1 count))
        (string->symbol (string-append "#x-"
                                       (number->string count)))))))
```

5. Schreibe eine Prozedur substitute, die Variablen substituiert. Sie soll als Parameter einen Term, eine zu ersetzende Variable und einen einzusetzenden Term haben:

```
(substitute '((lambda (x) ((lambda (y) (y x)) z)) v)
            'v
            '(lambda (z) (x x)))
↪ ((lambda (#x-4712) ((lambda (y) (y #x-4712)) z))
   (lambda (z) (x x)))
```

6. Schreibe ein Prädikat beta-redex?, das feststellt, ob ein Lambda-Term ein β-Redex ist:

```
(beta-redex? '((lambda (x) ((lambda (y) (y x)) z)) v))
↪ #t
(beta-redex? '(x x))
↪ #f
(beta-redex? 'x)
↪ #f
```

7. Schreibe eine Prozedur `beta-reduce-redex`, welche einen β-Redex als Parameter hat, und das Resultat der β-Reduktion zurückgibt:

```
(beta-reduce-redex '((lambda (y) (y x)) z))
↪ (z x)
```

8. Schreibe eine Prozedur `split-term-leftmost-outermost`, die einen Term nach der Leftmost-Outermost-Strategie in eine Prozedur und einen Redex aufteilt. Dabei soll `split-term-leftmost-outermost` als Rückgabewert eine zweielementige Liste aus einer Prozedur und Redex liefern. Die zurückgegebene Prozedur soll einen Term akzeptieren und diesen in den unveränderten Teil des Terms einsetzen:

```
(define p (split-term-leftmost-outermost
            '(lambda (x) ((lambda (y) (y x)) z))))
(first (rest p))
↪ ((lambda (y) (y x)) z)
((first p) 'hole)
↪ (lambda (x) hole)
```

(Dies ist der schwierigste Teil.)

9. Schreibe eine Prozedur `reduce-leftmost-outermost`, welche, wenn möglich, eine Reduktion nach der Leftmost-Outermost-Strategie durchführt:

```
(reduce-leftmost-outermost '(lambda (x) ((lambda (y) (y x)) z)))
↪ (lambda (x) (z x))
```

Wenn keine Reduktion möglich ist, soll `reduce-leftmost-outermost` den Wert #f zurückgeben.

A   Geschichte der Informatik

Dieses Kapitel gibt einen kurzen Überblick darüber, wie die Informatik als Wissenschaft entstanden ist. Mehr Material zur Geschichte der Computer und der Programmiersprachen findet sich z. B. in [FLOYD und KLAEREN 1999].

A.1   Automatisierung des Denkens

Die Geschichte der Programmierung ist wesentlich älter als die Geschichte der Computer. Die ersten Vertreter der Ansicht, daß Denkprozesse sich soweit formalisieren lassen, daß sie quasi automatisch ablaufen können, waren noch keine Informatiker, aber sie haben den Boden dafür bereitet, daß später Computer als die Lösung für uralte Probleme angesehen werden konnten.

Schon im dreizehnten Jahrhundert trug der in Palma de Mallorca geborene RAMON LLULL (1232–1316), besser bekannt unter seinem Gelehrtennamen RAIMUNDUS LULLUS, einen genialen Gedanken vor: Er wollte die aus der Arithmetik bekannte systematische Methode übertragen auf Denkprozesse allgemein. In seiner Schrift *Ars Magna et Ultima* („Große und endgültige Kunst“) stellt er eine völlig neue Vision der Logik vor. Wurde in der scholastischen Logik, in der LLULL ausgebildet wurde, die Aufgabe der Logik als eine Beweiskunst (*ars demonstrandi*) definiert, so betrachtete LLULL sie als eine Erfindungskunst (*ars inveniendi*), deren Aufgabe es ist, neue wahre Sätze zu erzeugen. Auf diese Weise wird Logik das Instrument einer allgemeinen Wissenschaft (*scientia generalis*), die am Vorbild des Rechnens orientiert ist. Aussagen werden nach formalen Regeln verknüpft, ohne daß ihre Inhalte dabei eine Rolle spielen. Sind die Regeln korrekt, so führt dieses Verfahren dazu, daß bestimmte Fehlschlüsse vermieden werden, zu denen die Inhalte der Aussagen verleiten könnten. LLULL entwarf auch eine mechanische Vorrichtung zur Ableitung solcher Aussagen, war aber seiner Zeit so weit voraus, daß er weitgehend unverstanden blieb.

Ein späterer Vertreter des Gedankens, daß Denkprozesse formal nach vorgegebenen Regeln ablaufen sollten, ist RENÉ DESCARTES (RENATUS CARTESIUS, 1596–1650). Er war beeindruckt von der Präzision der geometrischen Beweismethodik und machte in seinen Schriften deutlich, daß es bei der Ableitung wahrer Aussagen in allen Wissenschaften nicht auf die geistigen Fähigkeiten eines Forschers ankommt, sondern nur darauf, daß er die richtige Methode verwendet. Der von DESCARTES solchermaßen begründete Rationalismus hat nachhaltige Wirkungen gezeigt und, wie wir bereits erwähnten, die Definition des Begriffs „informatique“ als „rationale Behandlung von Information“ beeinflußt. Die Methode von DESCARTES besteht nach R. Valk [VALK 1997] darin,

- nur dasjenige als wahr anzunehmen, was der Vernunft so klar ist, daß jeglicher Zweifel ausgeschlossen bleibt,

- größere Probleme in kleinere aufzuspalten,

- immer vom Einfachen zum Zusammengesetzten hin zu argumentieren und

- das Werk einer abschließenden Prüfung zu unterwerfen.

Diese Strategie läßt sich auch heute noch als methodische Richtschnur für die Problemanalyse empfehlen. In einem Brief spielt DESCARTES mit dem Gedanken an eine Universalsprache für die Wissenschaft, wobei der wichtigste Aspekt die Mathematisierung dieser Sprache ist.

Diese Gedanken wurden von GOTTFRIED WILHELM VON LEIBNIZ (1646–1716) aufgegriffen, der sich eine Abschrift dieses DESCARTES-Briefes besorgte. Da die einschlägigen Schriften LEIBNIZ' erst zu Beginn dieses Jahrhunderts wirklich bekannt wurden, ist das, was hier über LEIBNIZ ausgeführt wird, nur im Rückblick interessant; ein direkter Einfluß ist nicht zu verzeichnen.

LEIBNIZ wollte einen logisch-symbolischen Formalismus konstruieren, innerhalb dessen Denkfehler sozusagen als Rechenfehler, wenn nicht gar als Grammatikfehler erkennbar würden. Hierzu gehört einerseits eine Art Universalsprache (*characteristica universalis*), andererseits aber auch ein Verfahren zur Arithmetisierung von Aussagen in dieser Sprache (*calculus ratiocinator*), so daß die Wahrheit von Aussagen prinzipiell nachrechenbar würde. Heute ist bekannt, daß dies aus prinzipiellen Gründen unmöglich ist; trotzdem kann man in vielen Entwicklungen moderner Programmiersprachen die Absicht erkennen, möglichst viele semantische Fehler in syntaktische Fehler zu verwandeln, d. h. das sachlich Falsche auch grammatisch falsch zu machen. LEIBNIZ ging so weit zu prophezeien, daß sich in ferner Zukunft philosophische Dispute gänzlich erübrigen würden, weil die Philosophen sich in Zweifelsfällen auf ein *calculemus* („Laßt es uns ausrechnen!") einigen würden.

Noch deutlicher als LEIBNIZ und vor allem mit direktem Einfluß auf die Entwicklung der mathematischen Logik und der Informatik hat GEORGE BOOLE (1815–1864) Denken mit Rechnen assoziiert. Bei ihm ist eine Arithmetisierung logischer Aussagen nicht mehr nötig, da er den fundamentalen geistigen Schritt vollzogen hat, daß die Variablen in einer algebraischen Formel nicht unbedingt Platzhalter für Zahlen sein müssen, sondern auch für Aussagen im Sinne der Aussagenlogik stehen können: Auch bei ihm lassen sich bestimmte Rechengesetze formulieren, beweisen und schematisch anwenden, ohne daß man jederzeit über ihre Begründung nachdenken muß.

A.2 Programmierbare Maschinen

Schon vor dem Auftreten der ersten Computer in der Mitte des 20. Jahrhunderts gab es Maschinen, die mehr oder weniger programmierbar waren:

- JOSEPH JACQUARD (1752–1834) stellte einen Webstuhl vor, der mit Hilfe von Lochkarten auf die Herstellung beliebig gemusterter Stoffe programmiert werden konnte.

- CHARLES BABBAGE (1792–1871) entwickelte über mehrere Jahre hinweg die *Analytical Engine*, die durch die JACQUARDschen Lochkarten programmierbar war, und baute sie auch in Teilen. Diese Maschine war rein mechanisch aufgebaut und hatte zwei Hauptteile, ein Rechenwerk (*the mill*) für alle Grundrechenarten mit einer angeschlossenen Druckvorrichtung für Ergebnisse und ein Speicherwerk (*the store*) für 40stellige Dezimalzahlen.

- HERMANN HOLLERITH (1860–1929) entwarf, ebenfalls angeregt durch JACQUARDs Lochkarten, Kartenlocher, Sortierer und Zähler zur Auswertung der amerikanischen Volkszählung von 1890. Diese Maschinen waren durch *Steckbretter* programmierbar, wobei man mit Hilfe von kurzen Schnüren Abtaster für Eingabelochkarten mit Zählwerken, Addierern, Stanzmagneten für Ausgabelochkarten etc. verband. Nach diesem Prinzip funktionierende sogenannte *„Rechenstanzer“* waren in Deutschland noch bis zum Ende der 1960er Jahre in Betrieb.

- Frühe Werkzeugmaschinen (sog. NC-Maschinen) wurden sehr lange durch Lochstreifen auf bestimmte Bearbeitungsgänge programmiert.

Auch die ersten echten Computer waren sogenannte *Fixed Program Machines*, d.h. Maschinen, in denen das Programm durch mechanische Manipulationen fest montiert wurde. Bei der *Z3* zum Beispiel, die vom deutschen Computer-Pionier KONRAD ZUSE 1941 gebaut wurde, war das Programm auf einem Lochstreifen codiert, den die Maschine Schritt für Schritt abarbeitete. Wenn der Algorithmus erforderte, daß bestimmte Prozesse häufiger wiederholt werden mußten, bis ein Abbruchkriterium erfüllt war, klebte Zuse den entsprechenden Lochstreifen zu einem Ring bzw. einer *Schleife* zusammen. Bestimmte Formen der Wiederholung in Computerprogrammen heißen bis heute Schleifen.

Beim *ENIAC* (Electronic Numerical Integrator And Computer), der 1943 in den USA unter Leitung von J.P. ECKERT und J. MAUCHLY als erster voll-elektronischer Computer entstand und deshalb gelegentlich fälschlicherweise als *der* erste Computer bezeichnet wird, waren die Programme in Steckbrettern ähnlich denen der Rechenstanzer enthalten. Im Prinzip bestand ein Programm darin, daß an sich autonome Maschinenteile wie Register, Addierer, Zähler, Schrittfolge-Generatoren etc. untereinander verbunden waren und damit den mathematischen Algorithmus nachbildeten, der zu berechnen war. Die Denkweise, die durch diese Maschinen erzwungen wurde, heißt *Datenflußdenken*.

Bei der Konstruktion der ersten Computer stand zunächst die Lösung ganz bestimmter Probleme im Vordergrund. Die ersten Computer wurden in der Regel von ihren Erbauern programmiert; diese waren zugleich auch die Benutzer der Rechner. Insofern gab es wenig Gelegenheit für Mißverständnisse. Außerdem standen die Rechenvorschriften bereits weitgehend fest und mußten lediglich noch codiert werden. In dieser Umgebung war natürlich kein Bedarf für eine neue Wissenschaft *Informatik* oder *Computer Science*; die Methoden der Mathematik und der Elektrotechnik waren völlig ausreichend.

Gegen Ende der Vierziger Jahre kamen unter dem Einfluß einer billigeren Speichertechnologie die ersten Maschinen auf, in denen das Programm in gleicher Weise gespeichert war wie zuvor nur die Daten. Die Idee, daß Programme auch Daten sind und von der Maschine unter der Kontrolle anderer Programme manipuliert werden können, wird meist dem

Verfahrenstechniker und Mathematiker JOHN VON NEUMANN zugeschrieben, obwohl mit Sicherheit auch andere zu dieser Zeit daran dachten [METROPOLIS et al. 1980].

Die Auswirkungen dieser Idee sind schier unermeßlich: Es wurde möglich, daß der Computer selbst seine Programme herstellt, wobei der Mensch „nur noch" zu *spezifizieren* braucht, was zu tun ist. Dies kann er auf einer höheren Ebene tun als zuvor; er braucht nicht mehr die in der Mathematik gebräuchlichen Variablen selbst auf die Maschinenregister abzubilden und braucht sich nicht mehr so intensiv mit der Hardware der Maschine auseinanderzusetzen. Bereits Anfang der 50er Jahre erschienen die ersten *Programmgeneratoren*, die es erlaubten, arithmetische Ausdrücke wie z.B. „$2 + x * (i - 5)$" automatisch in eine Folge von Befehlen zur Berechnung dieses Ausdrucks zu übersetzen. Bis heute sind mehrere hundert Programmiersprachen entwickelt worden.

A.3   Programme, Berechnungen und Algorithmen

Der Begriff „Algorithmus" ist wesentlich älter als die Computer. Bereits Euklids „Elemente" (3. Jhdt. v.Chr.) ist eine Sammlung von Algorithmen. Das Wort „Algorithmus" kommt trotzdem nicht von den Griechen, sondern ist vom Namen des Mathematikers MOHAMMED IBN MUSA ABU DJAFAR AL KHOWARIZMI (ca. 783–850, auch al Khwarizmi, al Choresmi u.a.) aus Choresmien im heutigen Usbekistan abgeleitet, der um 800 in Bagdad in dem von dem Kalifen HARUN AL RASCHID gegründeten „Haus der Weisheit" zusammen mit anderen Wissenschaftlern Übersetzungen der griechischen mathematischen und medizinischen Schriften ins Arabische anfertigte und auf dieser Basis selbst weiter forschte. Er schrieb ein weit verbreitetes Buch mit dem arabischen Titel „*Kitab al muhtasar fi hisab al gebr we al muqabala*" („Kurzgefaßtes Lehrbuch für die Berechnung durch Vergleich und Reduktion"), das bereits Lösungen von Gleichungen mit mehreren Unbekannten behandelte, und hat damit außer dem „Algorithmus" auch das Wort „Algebra" geprägt. In der lateinischen Übersetzung dieses Buchs, das durch die Kreuzfahrer nach Europa kam, begann das Buch mit „*Dixit algorismi:*" („So sprach al Khowarizmi:"), woraus sich die Bezeichnung Algorismus (später auch Algoritmus, Algorithmus) für eine Rechenvorschrift ableitete.

Zur Zeit von ADAM RIESE galten Rechenaufgaben wie etwa Verdoppeln, Halbieren, Multiplizieren von Dezimalzahlen als so schwierig, daß hierfür ausdrücklich Algorithmen formuliert und gelehrt wurden. Hierzu ein Beispiel in der Formulierung von Riese:

Dupliren   *Lert wie du eine zahl zwifeltigen solt/ thu yhm also/ schreib die zal vor dich/mach eine linihen darunder/ heb an zu forderst/ duplir die erste figur kömet eine zal die du mit einer figur schreiben magst/ so setz sie unden/ wo mit zweien schreib die erst/ die ander behalt im sin/ darnach duplir die ander und gib darzu das du behalten hast/ und schreib abermals die erst figur wo zwo vorhanden/ und duplir fort bis zur letzten/ die schreib gantz aus/ als volgende exempel ausweisen.*

41232	98765	68704
82464	197530	137408

Natürlich lernen auch heute noch Grundschüler Algorithmen zur Multiplikation und Division von Dezimalzahlen, auch wenn sie nicht ausdrücklich so genannt werden.

In moderner Formulierung ist die Beschreibung von Riese *prozedural* ist: sie schreibt im einzelnen vor, welche Rechenschritte jeweils auszuführen sind, welche Prozedur also zu befolgen ist. Das ist nicht unbedingt nötig, wenn man eine Funktion konstruktiv und eindeutig beschreiben will. Den bekannten *Euklidischen Algorithmus* zur Bestimmung des größten gemeinsamen Teilers zweier natürlicher Zahlen formuliert Euklid beispielsweise einfach so:

> ... *indem man wechselweise immer die kleinere von der größeren abzieht...*

Grundlage für ein Programm ist immer ein *Verfahren*, welches präzise und bis in alle Einzelheiten beschreibt, wie sich das Problem mechanisch lösen läßt. Da der Computer mit unerwarteten Situationen nicht umgehen kann, muß jede eventuell bei der Lösung auftretende Schwierigkeit im Voraus bedacht sein und entsprechend behandelt werden. Ein solches Verfahren heißt üblicherweise *Algorithmus*.

In moderner Sprache könnten wir den Euklidischen Algorithmus wie folgt beschreiben:

Euklidischer Algorithmus

Aufgabe: Seien a und b natürliche Zahlen, $a, b \neq 0$. Bestimme den *größten gemeinsamen Teiler* $g \stackrel{\text{def}}{=} \text{ggT}(a, b)$ von a und b.

Lösung: Definiere

$$\text{ggT}(a, b) \quad = \quad \begin{cases} a & \text{falls } a = b \\ \text{ggT}(a - b, b) & \text{falls } a > b \\ \text{ggT}(a, b - a) & \text{falls } a < b \end{cases}$$

Gegenüber Euklids Formulierung ist dies deutlich genauer, weist aber das Problem auf, daß es sich um eine *rekursive* Formulierung handelt, bei der das gleiche Problem auf einer inneren Stufe wieder auftaucht. Es ist deshalb eine Fallunterscheidung nötig, um zu zeigen, daß die Rekursion endet: Wenn $a, b > 0$ sind, so wird im zweiten Fall $a - b < a$ und im dritten Fall $b - a < b$ sein. So lange $a \neq b$ gilt, wird außerdem $a \neq 0 \neq b$ sein, d.h. bei den rekursiven Aufrufen von *ggT* wird immer mindestens ein Argument kleiner, und zwar so lange, bis beide Argumente gleich sind. Im schlimmsten Fall ist dies für $a = 1 = b$ der Fall; dann sind die beiden Zahlen teilerfremd.

Die Mathematik hat sich lange Zeit nicht intensiv mit dem Algorithmenbegriff auseinandergesetzt, zumal die allgemeine Auffassung herrschte, daß es zu jedem mathematisch präzise formulierten Problem auch einen Algorithmus zu seiner Lösung gab. Resultate wie etwa der Beweis der Unmöglichkeit der Quadratur des Kreises mit Zirkel und Lineal widersprechen dieser Grundauffassung nicht, da hier lediglich gezeigt wird, daß eine bestimmte Aufgabe mit bestimmten eingeschränkten Hilfsmitteln algorithmisch nicht gelöst werden kann. Die prinzipielle Lösbarkeit mit stärkeren Hilfsmitteln bleibt jedoch unberührt.

Erst die zu Beginn dieses Jahrhunderts begonnene Axiomatisierung der Mathematik führte im Bereich der mathematischen Logik zu einer genaueren Beschäftigung mit dem Algorithmenbegriff. Diese Forschungen begannen in den Dreißiger Jahren, also vor der Computerzeit. Es ergab sich die überraschende Erkenntnis, daß sich bestimmte Probleme *prinzipiell* nicht algorithmisch lösen lassen, wie etwa das von D. HILBERT aufgeworfene sogenannte Entscheidungsproblem der Prädikatenlogik oder das von A. THUE behandelte Wortproblem der Gruppentheorie.

Aussagen über die algorithmische Unlösbarkeit setzen selbstverständlich eine allgemein anerkannte mathematisch präzise Formulierung des Algorithmenbegriffs voraus. Eine erste solche Präzisierung enthält implizit der *Unvollständigkeitssatz der Arithmetik* von K. GÖDEL (1931), der als erster Unlösbarkeitsbeweis seinerzeit großes Aufsehen erregte. Die Aussage dieses Satzes ist, daß es für jedes formale System zur Beschreibung der Arithmetik (auf natürlichen Zahlen) wahre Aussagen über Zahlen gibt, die sich innerhalb des Systems nicht beweisen lassen.

B Mathematische Grundlagen

Dieser Anhang erläutert die in diesem Buch verwendeten Begriffe und Notationen aus der Mathematik.

B.1 Aussagenlogik

Eine *Aussage* ist ein Satz, der prinzipiell einen *Wahrheitswert* W (für „wahr") oder F (für „falsch") besitzt.

Aus *primitiven (elementaren) Aussagen* werden mit Hilfe sogenannter aussagenlogischer *Junktoren* zusammengesetzte Aussagen aufgebaut. Es gibt zwei vordefinierte primitive Aussagen $\top$ und $\bot$ mit den Wahrheitswerten W bzw. F. Die wichtigsten Junktoren sind:

„und" ($\wedge$): $a \wedge b$ hat den Wahrheitswert W genau dann, wenn a und b beide den Wert W haben.

„oder" ($\vee$): $a \vee b$ hat den Wahrheitswert W genau dann, wenn von a und b mindestens eins den Wert W hat.

„nicht" ($\neg$): $\neg a$ hat den Wahrheitswert W genau dann, wenn a den Wert F hat.

In der Aussagenlogik gilt demnach das Prinzip, daß der Wahrheitswert einer zusammengesetzten Aussage durch die Wahrheitswerte seiner Bestandteile bestimmt ist.

Statt $\neg a$ wird gelegentlich auch $\overline{a}$ geschrieben.

Meistens werden logische Junktoren durch sogenannte *Wahrheitstafeln* definiert:

$\wedge$	W	F
W	W	F
F	F	F

$\vee$	W	F
W	W	W
F	W	F

$\neg$	
W	F
F	W

Andere Junktoren, die ebenfalls häufig verwendet werden, sind:

„impliziert" ($\Rightarrow$):

$\Rightarrow$	W	F
W	W	F
F	W	W

$a \Rightarrow b$ spricht sich als „wenn a, dann b" oder „aus a folgt b". $F \Rightarrow W$ besitzt ebenso wie $F \Rightarrow F$ den Wahrheitswert W! In der formalen Aussagenlogik folgt aus einer falschen Voraussetzung jede Folgerung.

„äquivalent" ($\Leftrightarrow$):

$\Leftrightarrow$	W	F
W	W	F
F	F	W

Häufig werden Wahrheitstafeln auch in einer etwas ausführlicheren Form notiert, wie im folgenden gezeigt. Dabei sind die Wahrheitstafeln für alle vorgestellten Junktoren in einer Tabelle zusammengefaßt:

a	b	$a \wedge b$	$a \vee b$	$\neg a$	$a \Rightarrow b$	$a \Leftrightarrow b$
W	W	W	W	F	W	W
W	F	F	W	F	F	F
F	W	F	W	W	W	F
F	F	F	F	W	W	W

Zur Einsparung von Klammern wird vereinbart, daß $\neg$ am stärksten bindet, gefolgt von $\wedge$, dann $\vee$, dann $\Rightarrow$ und zum Schluß $\Leftrightarrow$.

Eine zusammengesetzte Aussage heißt *allgemeingültig* oder eine *Tautologie*, wenn sie stets den Wahrheitswert W besitzt, unabhängig vom Wahrheitswert ihrer elementaren Aussagen. Beispiele für Tautologien sind etwa $a \vee \overline{a}$ („Satz vom ausgeschlossenen Dritten") und $\overline{a \wedge \overline{a}}$ („Satz vom Widerspruch"). Zwei Aussagen a und b heißen *äquivalent*, wenn $a \Leftrightarrow b$ eine Tautologie ist.

Es ist möglich, jede aussagenlogische Aussage durch Wahrheitstafeln auf ihre Allgemeingültigkeit hin zu überprüfen. Auch die Äquivalenz von Ausdrücken läßt sich durch Wahrheitstafeln überprüfen. In der Regel ist es jedoch einfacher, mit diesen Aussagen formal zu rechnen. Die folgenden Tautologien stellen Rechenregeln für die Aussagenlogik dar:

Lemma B.1   Für Aussagen a, b, c gilt:

$a \wedge a \Leftrightarrow a$	$a \vee a \Leftrightarrow a$	Idempotenzgesetze
$(a \wedge b) \wedge c \Leftrightarrow a \wedge (b \wedge c)$	$(a \vee b) \vee c \Leftrightarrow a \vee (b \vee c)$	Assoziativgesetze
$a \wedge b \Leftrightarrow b \wedge a$	$a \vee b \Leftrightarrow b \vee a$	Kommutativgesetze
$a \wedge (a \vee b) \Leftrightarrow a$	$a \vee (a \wedge b) \Leftrightarrow a$	Absorptivgesetze
$a \wedge (b \vee c) \Leftrightarrow (a \wedge b) \vee (a \wedge c)$	$a \vee (b \wedge c) \Leftrightarrow (a \vee b) \wedge (a \vee c)$	Distributivgesetze
$\overline{a \wedge b} \Leftrightarrow \overline{a} \vee \overline{b}$	$\overline{a \vee b} \Leftrightarrow \overline{a} \wedge \overline{b}$	DeMorgan'sche Gesetze
$\overline{\overline{a}} \Leftrightarrow a$		

B.2   Mengen

Die ursprüngliche Definition des Begriffs „Menge" lautet:

> „Unter einer Menge verstehen wir eine Zusammenfassung von bestimmten wohlunterschiedenen Objekten unserer Anschauung oder unseres Denkens zu einem Ganzen." (G. CANTOR)

Die Objekte einer Menge M heißen *Elemente* von M. Die Notation $x \in M$ bedeutet, daß x ein Element von M ist, $x \notin M$, daß x kein Element von M ist.

In der Informatik wie in der Mathematik werden häufig Mengen von *Zahlen* gebraucht. Für die wichtigsten Zahlenmengen gibt es feste Bezeichnungen. So bezeichnet $\mathbb{N}$ die Menge der *natürlichen Zahlen*; in diesem Buch gilt $0 \in \mathbb{N}$. $\mathbb{Z}$ bezeichnet die Menge der *ganzen Zahlen* und $\mathbb{R}$ die Menge der *reellen Zahlen*.

Endliche Mengen, also Mengen mit endlich vielen Elementen können als Aufreihung ihrer Elemente aufgeschrieben werden:

$$M = \{11, 13, 17, 19\}.$$

Häufig werden Mengen jedoch auch durch eine bestimmte Eigenschaft definiert, die ihre Elementen haben:

$$M = \{x \mid x \text{ ist Primzahl}, 10 \le x \le 20\}.$$

Die *leere Menge* ist die Menge, die keine Elemente besitzt und wird durch $\varnothing$ bezeichnet.

A *heißt Teilmenge von B*, in Zeichen $A \subseteq B$, wenn jedes Element von A auch Element von B ist:

$$A \subseteq B \quad \overset{\text{def}}{\Longleftrightarrow} \quad a \in A \Rightarrow a \in B.$$

Zwei Mengen sind gleich, wenn sie die gleichen Elemente besitzen; dies läßt sich mit Hilfe der Teilmengenbeziehung auch so ausdrücken:

$$A = B \quad \overset{\text{def}}{\Longleftrightarrow} \quad A \subseteq B \text{ und } B \subseteq A.$$

Hieraus ergibt sich für die oben erwähnte Darstellung endlicher Mengen z.B.

$$\{11, 13, 17, 19\} = \{17, 13, 19, 11\},$$

d.h. die *Reihenfolge* der Elemente ist unerheblich (bzw. es gibt gar keine ausgezeichnete Reihenfolge) und

$$\{11, 13, 17, 19\} = \{11, 13, 11, 17, 17, 11, 13, 19\},$$

d.h. es spielt keine Rolle, wie oft ein bestimmtes Element erwähnt wird; es ist trotzdem nur einmal in der Menge enthalten.

Die Notation $A \nsubseteq B$ bedeutet, daß $A \subseteq B$ nicht gilt, $A \ne B$, daß $A = B$ nicht gilt. A heißt *echte Teilmenge* von B, wenn $A \subseteq B$, aber $A \ne B$. Die Notation dafür ist $A \subset B$. Es bedeutet $B \supseteq A$, daß $A \subseteq B$ gilt, ebenso für $B \supset A$.

Die *Vereinigung* $A \cup B$ zweier Mengen A und B ist definiert durch

$$A \cup B \quad \overset{\text{def}}{=} \quad \{a \mid a \in A \lor a \in B\}.$$

Der *Durchschnitt* $A \cap B$ zweier Mengen A und B ist definiert durch

$$A \cap B \quad \overset{\text{def}}{=} \quad \{a \mid a \in A \land a \in B\}.$$

Die *Differenz* $A \setminus B$ zweier Mengen A und B ist definiert durch

$$A \setminus B \quad \overset{\text{def}}{=} \quad \{a \mid a \in A \land a \notin B\}.$$

Definition B.2 Das *kartesische Produkt* $A \times B$ zweier Mengen A und B ist definiert durch

$$A \times B \ \overset{\text{def}}{=} \ \{(a,b) \mid a \in A, \ b \in B\}.$$

Für $n \geq 2$ Mengen $A_1, \ldots, A_n$ ist definiert:

$$A_1 \times \cdots \times A_n \ \overset{\text{def}}{=} \ \{(a_1, \ldots, a_n) \mid a_i \in A_i\}.$$

Für eine Menge A und eine natürliche Zahl $n \geq 2$ ist

$$A^n \ \overset{\text{def}}{=} \ A \times \overset{n}{\cdots} \times A.$$

Um die Fälle $n = 0$ und $n = 1$ nicht immer ausschließen zu müssen, wird außerdem definiert:

$$A^1 \ \overset{\text{def}}{=} \ A$$
$$A^0 \ \overset{\text{def}}{=} \ \{()\} \, .$$

A^0 ist also eine einelementige Menge, deren einziges Element in Übereinstimmung mit der Tupelschreibweise $(a_1, \ldots, a_n)$ mit $()$ bezeichnet wird.

Für eine Menge A wird die Anzahl ihrer Elemente, ihre *Mächtigkeit,* als $|A|$ geschrieben. Für unendliche Mengen wird $|A| = \infty$ definiert.

Für eine Menge A heißt

$$\mathcal{P}(A) \overset{\text{def}}{=} \{T \mid T \subseteq A\}$$

die *Potenzmenge* von A. Für endliche Mengen gilt $|\mathcal{P}(A)| = 2^{|A|}$.

Definition B.3 Für $T \in \mathcal{P}(A)$ ist das *Komplement* von T in A definiert durch

$$\overline{T} \overset{\text{def}}{=} A \setminus T \, .$$

Lemma B.4 Für $A, B \in \mathcal{P}(M)$ gelten die sogenannten *DeMorgan'schen Gesetze:*

$$\overline{A \cup B} = \overline{A} \cap \overline{B}$$

$$\overline{A \cap B} = \overline{A} \cup \overline{B}$$

Es ist üblich, Teilmengen $T \subseteq \mathcal{P}(A)$ durch sog. *charakteristische Funktionen* darzustellen:

Definition B.5 Sei A eine Menge, $T \in \mathcal{P}(A)$. Die *charakteristische Funktion von T* ist definiert durch

$$\chi_T : A \longrightarrow \{0, 1\}$$

$$\chi_T(x) \overset{\text{def}}{=} \begin{cases} 1 & \text{falls } x \in T \\ 0 & \text{falls } x \notin T \end{cases}$$

Ist umgekehrt $f : A \rightarrow \{0,1\}$ eine (totale) Abbildung, so läßt sich hieraus eine Menge $T_f \in \mathcal{P}(A)$ ableiten durch

$$T_f \stackrel{\text{def}}{=} \{x \in A \mid f(x) = 1\}.$$

Die Zuordnung $T \mapsto \chi_T$ ist bijektiv.

B.3   Prädikatenlogik

Viele Aussagen haben die Form „es gibt (mindestens) ein Objekt (*Individuum*) mit der Eigenschaft...“ oder „für alle Objekte aus einem bestimmten Bereich gilt...“. Solche Aussagen heißen *Prädikate* und für ihre mathematische Behandlung werden sogenannte *Quantoren* eingeführt, und zwar der *Allquantor* (Universalquantor) $\forall$ und der *Existenzquantor* $\exists$. Im folgenden werden Großbuchstaben zur Bezeichnung von Prädikaten und Kleinbuchstaben für Individuen verwendet. Die *Stelligkeit* eines Prädikats ist die Anzahl der Individuen, über die hier eine Aussage gemacht wird.

Ist Q ein n–stelliges Prädikat und sind $x_1, \ldots, x_n$ Individuen eines Individuenbereichs, so ist die Behauptung, daß Q auf $x_1, \ldots, x_n$ zutrifft (abgekürzt $Qx_1 \ldots x_n$) eine prädikatenlogische Aussage. Mathematische Ausdrücke wie $x \in M$ oder $n < m$ oder aussagenlogische Aussagen sind ebenfalls prädikatenlogische Aussagen, nur in anderer Schreibweise.

Statt der Individuen selbst kommen in den Quantorenausdrücken *Individuenvariablen* vor; diese sind Platzhalter für die Individuen selbst. Die prädikatenlogische Aussage $(\forall x)Qx$ bedeutet: Für alle Individuen a gilt die Aussage (das Prädikat) Q, wobei für die Variable x das Individuum a eingesetzt wird. Dementsprechend heißt $(\exists x)Qx$: Es gibt mindestens ein Individuum a, so daß die Aussage Qa wahr ist. Die Variable x heißt in beiden Fällen eine *gebundene Variable* des Prädikatsausdrucks. Variablen, die nicht gebunden sind, heißen *freie Variablen*.

Eine wichtige Eigenschaft der Quantoren beschreibt der folgende Satz:

Satz B.6 Ist Q ein einstelliges Prädikat, so ist die Aussage $\neg(\forall x)Qx$ genau dann wahr, wenn $(\exists x)\neg Qx$ wahr ist. Umgekehrt ist die Aussage $\neg(\exists x)Qx$ genau dann wahr, wenn $(\forall x)\neg Qx$ wahr ist.

Im Prinzip wäre es also möglich, mit nur einem der beiden Quantoren auszukommen.

Häufig werden Einschränkungen an den Individuenbereich gemacht, z.B. in der Form

$$(\forall x \in M)(\exists y \in N)\, Pxy\, .$$

Dies dient als Abkürzung für die kompliziertere Aussage

$$(\forall x)(x \in M \Rightarrow (\exists y \in N)Pxy)$$

oder die noch kompliziertere Aussage

$$(\forall x)(x \in M \Rightarrow (\exists y)(y \in N \wedge Pxy))\, .$$

B.4   Multimengen

Mengen sind so definiert, daß sie jedes Element „nur einmal enthalten". In einer *Multimenge*, kann jedes Element mit einer bestimmten *Multiplizität* (Vielfachheit) vorkommen. Technisch werden Multimengen als Kreuzprodukte $M = G \times (\mathbb{N} \setminus \{0\})$ beschrieben, wobei G die *Grundmenge* heißt und die natürliche Zahl die Multiplizität jedes Elements der Grundmenge angibt.

Die Schreibweise $x \in M$ ist eine Abkürzung für die Tatsache $(x, n) \in M$. Die Multiplizität $\mathcal{M}(M, x)$ eines Elements bzw. Nicht-Elements x ist so definiert:

$$\mathcal{M}(M, x) \stackrel{\text{def}}{=} \begin{cases} 0 & x \notin M \\ n & (x, n) \in M \end{cases}$$

Die mengentheoretischen Operationen sind wie folgt definiert:

$$P \cup Q \stackrel{\text{def}}{=} \{(x, m) \mid x \in P \vee x \in Q, m = \max(\mathcal{M}(P, x), \mathcal{M}(Q, x))\}$$

$$P \cap Q \stackrel{\text{def}}{=} \{(x, m) \mid (x, p) \in P, (x, q) \in Q, m = \min(p, q), m > 0\}$$

$$P \setminus Q \stackrel{\text{def}}{=} \{(x, m) \mid (x, p) \in P, m = p \ominus \mathcal{M}(Q, x), m > 0\}$$

Dabei ist $\ominus$ die positive Differenz mit dem Wert 0 für $q > p$.

B.5   Relationen und Abbildungen

Definition B.7 Eine *(binäre) Relation* ist eine Teilmenge $\rho \subseteq A \times B$. Eine alternative Notation für $(a, b) \in \rho$ ist $a\rho b$. Für eine Relation ρ heißt

$$\rho^{-1} \stackrel{\text{def}}{=} \{(b, a) \mid (a, b) \in \rho\}$$

die *Umkehrrelation* von ρ.

Definition B.8 Eine Relation $\rho \subseteq A \times A$ heißt

- *reflexiv* $\stackrel{\text{def}}{\Longleftrightarrow}$ für alle $a \in A$ gilt $a\rho a$,

- *symmetrisch* $\stackrel{\text{def}}{\Longleftrightarrow}$ aus $a\rho b$ folgt $b\rho a$,

- *antisymmetrisch* $\stackrel{\text{def}}{\Longleftrightarrow}$ aus $a\rho b$ und $b\rho a$ folgt $a = b$,

- *transitiv* $\stackrel{\text{def}}{\Longleftrightarrow}$ aus $a\rho b$ und $b\rho c$ folgt $a\rho c$,

- *Äquivalenzrelation* $\stackrel{\text{def}}{\Longleftrightarrow}$ ρ ist reflexiv, symmetrisch und transitiv.

Äquivalenzrelationen werden oft dazu verwendet, Elemente einer Menge in *Äquivalenzklassen* einzuteilen. Die Äquivalenzklasse $[a]$ eines Elements $a \in A$ bezüglich einer Äquivalenzrelation $\cong$ ist die Menge aller Elemente $b \in A$ mit der Eigenschaft $b \cong a$.

Für eine Relation $\rho \subseteq A \times A$ wird häufig eine verwandte Relation $\rho' \supseteq \rho$ betrachtet, die eine oder mehrere der oberen Eigenschaften zusätzlich zu ρ besitzt. Eine solche Relation heißt jeweils *Abschluß*:

Definition B.9 (Abschlüsse über Mengen) Gegeben sei eine Relation $\rho \subseteq A \times A$. Eine Relation $\rho' \subseteq A \times A$ heißt

- *reflexiver Abschluß* von ρ $\overset{\text{def}}{\Longleftrightarrow}$ ρ' ist die kleinste reflexive Relation mit $\rho \subseteq \rho'$,

- *symmetrischer Abschluß* von ρ $\overset{\text{def}}{\Longleftrightarrow}$ ρ' ist die kleinste symmetrische Relation mit $\rho \subseteq \rho'$,

- *transitive Abschluß* von ρ $\overset{\text{def}}{\Longleftrightarrow}$ ρ' ist die kleinste transitive Relation mit $\rho \subseteq \rho'$,

- *reflexiv-transitiver Abschluß* von ρ $\overset{\text{def}}{\Longleftrightarrow}$ ρ' ist die kleinste reflexive und transitive Relation mit $\rho \subseteq \rho'$.

Dabei heißt „kleinste Relation" jeweils, daß für jede andere Relation ρ'', welche die jeweilige Eigenschaft erfüllt, gilt $\rho' \subseteq \rho''$.

Die transitive Abschluß von ρ wird $\overset{+}{\rho}$ geschrieben, der reflexiv-transitive Abschluß $\overset{*}{\rho}$.

Definition B.10 Eine *Abbildung* ist ein Tripel $f = (A, \rho_f, B)$, wobei A und B Mengen sind und $\rho_f \subseteq A \times B$ eine Relation, so daß für jedes $a \in A$ genau ein $b \in B$ existiert mit $a\rho_f b$. A heißt *Vorbereich* von f, B heißt *Nachbereich* und ρ_f der *Graph* von f. Für $f = (A, \rho_f, B)$ steht auch $f : A \to B$ oder $A \overset{f}{\longrightarrow} B$. Für $(a,b) \in \rho_f$ steht normalerweise $f(a) = b$.

Nach dieser Definition sind zwei Abbildungen $f = (A, \rho_f, B)$ und $g = (C, \rho_g, D)$ *gleich* genau dann, wenn $A = C$, $B = D$ und $\rho_f = \rho_g$.

Definition B.11 Für eine Menge A ist die *Identitätsabbildung* durch $\text{id}_A \overset{\text{def}}{=} (A, \rho_{\text{id}_A}, A)$ mit $\rho_{\text{id}_A} \overset{\text{def}}{=} \{(a,a) \mid a \in A\}$ definiert.

Definition B.12 Eine Abbildung (auch: Funktion) $A \overset{f}{\longrightarrow} B$ heißt

- *surjektiv* $\overset{\text{def}}{\Longleftrightarrow}$ für alle $b \in B$ gibt es ein $a \in A$, so daß $f(a) = b$,

- *injektiv* $\overset{\text{def}}{\Longleftrightarrow}$ aus $f(a_1) = f(a_2)$ folgt $a_1 = a_2$ für beliebige $a_1, a_2 \in A$,

- *bijektiv* $\overset{\text{def}}{\Longleftrightarrow}$ $A \overset{f}{\longrightarrow} B$ ist injektiv und surjektiv.

Ist $A \overset{f}{\longrightarrow} B$ bijektiv, so heißen A und B *isomorph*, in Zeichen $A \cong B$.

Definition B.13 Für zwei Abbildungen $A \overset{f}{\longrightarrow} B$ und $B \overset{g}{\longrightarrow} C$ definiere durch

$$g \circ f \overset{\text{def}}{=} (A, \rho_{g \circ f}, C)$$

die *Komposition* von g und f mit

$$\rho_{g \circ f} \stackrel{\text{def}}{=} \{(a,c) \mid (\exists b \in B)(a,b) \in \rho_f \wedge (b,c) \in \rho_g\}.$$

Lemma B.14 Die Komposition von Abbildungen ist assoziativ, das heißt für $A \xrightarrow{f} B$, $B \xrightarrow{g} C$ und $C \xrightarrow{h} D$ gilt

$$(h \circ g) \circ f = h \circ (g \circ f).$$

Es ist deshalb möglich, die Klammern ganz wegzulassen und $h \circ g \circ f$ zu schreiben.

Lemma B.15 Für eine bijektive Abbildung $A \xrightarrow{f} B$ mit $f = (A, \rho_f, B)$ existiert eine *Umkehrabbildung* $B \xrightarrow{f^{-1}} A$ mit $f^{-1} \stackrel{\text{def}}{=} (B, \rho_{f^{-1}}, A)$, wobei $\rho_{f^{-1}} \stackrel{\text{def}}{=} \rho_f^{-1}$. Es gilt $f^{-1} \circ f = \text{id}_A$ und $f \circ f^{-1} = \text{id}_B$.

Definition B.16 Sei A eine Menge, $f : A \to A$ eine Abbildung. Dann ist definiert:

$$f^0 \stackrel{\text{def}}{=} \text{id}_A$$
$$f^{n+1} \stackrel{\text{def}}{=} f \circ f^n$$

B.6   Ordnungen

Definition B.17 Sei M eine Menge. Eine Relation $\rho \subseteq M \times M$ ist eine *Halbordnung* auf M $\stackrel{\text{def}}{\Longleftrightarrow}$ ρ ist reflexiv, transitiv und antisymmetrisch (vgl. Definition B.8).

Ein Beispiel für eine Halbordnung ist etwa die Relation „$\subseteq$" zwischen Mengen. Eine *halbgeordnete Menge* $(M; \rho)$ ist eine Menge M mit einer Halbordnung ρ. In einer halbgeordneten Menge kann es *unvergleichbare Elemente* geben, d.h. Elemente $x, y \in M$, für die weder $x\rho y$ noch $y\rho x$ gilt. In der halbgeordneten Menge $(M; \subseteq)$ mit

$$M = \{\{1,2\}, \{2,3\}, \{1,2,3\}\}$$

sind z.B. die Elemente $\{1,2\}$ und $\{2,3\}$ unvergleichbar.

Definition B.18 Eine *totale Ordnung* auf einer Menge M ist eine Halbordnung ρ, bei der zusätzlich gilt

$$(\forall x, y \in M)\ x\rho y \vee y\rho x.$$

Definition B.19 Sei $(M; \rho)$ eine halbgeordnete Menge. Ein Element $x \in M$ heißt

minimales Element: $\stackrel{\text{def}}{\Longleftrightarrow} (\forall y \in M)\ y\rho x \Rightarrow y = x$

kleinstes Element: $\stackrel{\text{def}}{\Longleftrightarrow} (\forall y \in M)\ x\rho y$

maximales Element: $\stackrel{\mathrm{def}}{\Longleftrightarrow} (\forall y \in M)\ x\rho y \Rightarrow y = x$

größtes Element: $\stackrel{\mathrm{def}}{\Longleftrightarrow} (\forall y \in M)\ y\rho x$

Die Begriffe „minimales" und „kleinstes Element" werden gern verwechselt. Das liegt vielleicht daran, daß die Relation „$\leq$" auf Zahlen, die oft als „Modell" für eine Halbordnung herhalten muß, in Wirklichkeit eine totale Ordnung ist. Bei totalen Ordnungen fallen die Begriffe „minimales" und „kleinstes Element" jedoch zusammen. Deshalb hier noch einmal eine verbale Definition:

minimales Element heißt, daß es kein Element gibt, das kleiner ist. Es kann aber Elemente geben, die unvergleichbar mit einem minimalen Element sind. (In der oben angegebenen Menge M sind $\{1,2\}$ und $\{2,3\}$ beide minimal.)

kleinstes Element heißt, daß alle anderen Elemente größer sind. Damit ist auch die Vergleichbarkeit gegeben. Es gibt in einer Menge höchstens ein kleinstes Element. (In der oben angegebenen Menge M gibt es kein kleinstes Element.)

Definition B.20 Eine totale Ordnung heißt *Wohlordnung*, wenn es keine unendlich langen absteigenden Ketten gibt, d. h. keine unendliche Folge $(a_i \mid i \in \mathbb{N})$ mit der Eigenschaft

$$(\forall i \in \mathbb{N})\quad a_i \rho^{-1} a_{i+1}\ .$$

In einer wohlgeordneten Menge besitzt jede nichtleere Teilmenge ein kleinstes Element.

Aufgaben

Aufgabe B.1 $A \xrightarrow{f} B \xrightarrow{g} C$ sei injektiv (surjektiv). Welche Aussagen über $A \xrightarrow{f} B$ bzw. $B \xrightarrow{g} C$ gelten dann mit Bestimmtheit?

Aufgabe B.2 Zeige, daß die Umkehrfunktion $B \xrightarrow{f^{-1}} A$ einer bijektiven Funktion $A \xrightarrow{f} B$ stets injektiv ist.

Aufgabe B.3 Für eine endliche Menge A beweise

$$|\mathcal{P}(A)| = 2^{|A|}$$

Aufgabe B.4 Sei A eine endliche Menge. Beweise, daß für $T \in \mathcal{P}(A)$ gilt

$$|T| + |\overline{T}| = |A|$$

Aufgabe B.5 Lothar Giknitz macht die folgende wahre Aussage: *„Wenn es draußen regnet, regnet es draußen nicht"*. Regnet es nun oder nicht?

Aufgabe B.6 Beweise anhand der Wahrheitstafeln für die Aussagenlogik:

- Die DeMorgan'schen Gesetze:

$$\neg(A \wedge B) = \neg A \vee \neg B$$
$$\neg(A \vee B) = \neg A \wedge \neg B$$

- Das erste Distributivgesetz:

$$A \vee (B \wedge C) = (A \vee B) \wedge (A \vee C)$$

- Die Kontraposition:

$$(A \Rightarrow B) \Leftrightarrow (\neg B \Rightarrow \neg A)$$

- Folgenden Satz über die Implikation:

$$(A \Rightarrow (B \Rightarrow C)) \Rightarrow ((A \Rightarrow B) \Rightarrow (A \Rightarrow C))$$

Aufgabe B.7 In einem an Schulen populären Lehrbuch der Mathematik wird folgende Aussage gemacht:

Für eine Halbordnung $\sqsubseteq$ auf einer Menge D und $d_1, d_2 \in D$ mit $d_1 \not\sqsubseteq d_2$ gilt $d_2 \sqsubseteq d_1$.

Gib eine Halbordnung an, für welche die Aussage nicht gilt!

Aufgabe B.8 Lothar Giknitz stellt folgende Überlegungen an:

Betrachte zwei Sorten von Mengen: Mengen, die sich selbst als Element enthalten (sogenannte *selbstenthaltende Mengen*) und solche, die sich nicht selbst als Element enthalten (sogenannte *08/15-Mengen*).

Lothar kann sich nun nicht entscheiden, ob die Menge aller 08/15-Mengen eine 08/15-Menge oder eine selbstenthaltende Menge ist. Hilf ihm!

C Mantras zur Programmierung

Mantra 1 (Vertrag vor Ausführung) (Kapitel 2, S. 17) Schreibe eine Kurzbeschreibung der Aufgabe und einen Vertrag als Kommentare ins Programm, bevor du die Prozedur selbst programmierst.

Mantra 2 (Testfälle) (Kapitel 2, S. 18) Schreibe für jede Prozedur Testfälle, bevor du die Definition schreibst.

Mantra 3 (Strukturerhaltung) (Kapitel 2, S. 20) Versuche, dein Programm so wie das Problem zu strukturieren.

Mantra 4 (Abstraktion) (Kapitel 2, S. 20) Schreibe eine Abstraktion für jedes Unterproblem des Problems.

Mantra 5 (Namen) (Kapitel 2, S. 20) Definiere Namen für häufig benutzte Konstanten und benutze diese Namen anstatt der Konstanten, für die sie stehen.

Mantra 6 (Kapitel 3, S. 30) Benutze ausgehend von einer Datenanalyse die passende Konstruktionsanleitung!

Mantra 7 (Prozeduren über Listen) (Kapitel 6, S. 73) Befolge für Prozeduren, die Listen konsumieren, zuerst die Konstruktionsanleitung und schreibe Vertrag und Schablone auf, bevor du tiefer über die Aufgabenstellung nachdenkst.

Mantra 8 (Flaches Denken) (Kapitel 6, S. 81) Versuche nicht, rekursiv über einen rekursiven Prozeß nachzudenken.

Mantra 9 (Wunschdenken, Top-Down-Design) (Kapitel 7, S. 97) Verschiebe Probleme, die du nicht sofort lösen kannst, in noch zu schreibende Prozeduren. Lege für diese Prozeduren Beschreibung und Vertrag fest und benutze sie bereits, schreibe sie aber später.

Mantra 10 (lokale Variablen) (Kapitel 7, S. 99) Benenne Zwischenergebnisse mit lokalen Variablen.

Mantra 11 (Abstraktion aus Mustern) (Kapitel 8, S. 110) Wenn mehrere Prozeduren im Programm bis auf wenige Stellen gleich aussehen, schreibe eine allgemeinere Prozedur, die darüber abstrahiert, was an diesen Stellen steht. Ersetze dann die ursprünglichen Prozeduren durch Anwendungen der neuen, allgemeinen Prozedur.

Mantra 12 (Kapitel 12, S. 178) Wenn eine Prozedur einen Effekt hat, beschreibe diesen unter dem Vertrag durch einen Kommentar.

Mantra 13 (Gekapselter Zustand) (Kapitel 12, S. 180) Gekapselter Zustand ist besser als globaler Zustand.

Mantra 14 (Kapitel 12, S. 186) Vermeide die Verwendung von Zustand, wenn möglich.

Mantra 15 (Oberklassen) (Kapitel 13, S. 212) Fasse Gemeinsamkeiten von Klassen in Oberklassen zusammen.

Mantra 16 (Überschreiben von Methoden) (Kapitel 13, S. 216) Vermeide es, Methoden zu überschreiben.

Mantra 17 (Mixins) (Kapitel 13, S. 221) Kapsele isolierte Eigenschaften von Klassen in Mixins.

D Konstruktionsanleitungen

Konstruktionsanleitung 1 (Konstruktion von Prozeduren) Gehe bei der Konstruktion einer Prozedur in folgender Reihenfolge vor:

Kurzbeschreibung Schreibe eine einzeilige Kurzbeschreibung.

Datenanalyse Führe eine Analyse der beteiligten Daten durch und stelle fest, ob zusammengesetzte und/oder gemischte Daten dabei sind.

Vertrag Wähle einen Namen und schreibe einen Vertrag für die Prozedur.

Gerüst Leite direkt aus dem Vertrag das Gerüst der Prozedur her.

Testfälle Schreibe einige Testfälle.

Schablone Leite aus dem Vertrag und der Datenanalyse mit Hilfe der Konstruktionsanleitungen eine Schablone her.

Rumpf Vervollständige den Rumpf der Prozedur.

Test Vergewissere dich, daß die Tests erfolgreich laufen.

Konstruktionsanleitung 2 (Fallunterscheidung) Wenn ein Argument einer Prozedur zu einer Fallunterscheidung gehört, die möglichen Werte also in feste Kategorien sortiert werden können, steht im Rumpf eine Verzweigung. Die Anzahl der Zweige entspricht der Anzahl der Kategorien.

Die Schablone für eine Prozedur p, deren Argument zu einer Sorte s gehört, die n Kategorien hat, sieht folgendermaßen aus:

```
; p : s -> ...
(define p
  (lambda (a)
    (cond
      (t_1 ...)
      ...
      (t_n ...)))))
```

Die t_i müssen dabei Tests sein, welche die einzelnen Kategorien erkennen. Sie sollten alle Kategorien abdecken. Der letzte Zweig kann auch ein else-Zweig sein, falls klar ist, daß a zum letzten Fall gehört, wenn alle vorherigen t_i #f ergeben haben. Anschließend werden die Zweige vervollständigt.

Bei Fallunterscheidungen mit zwei Kategorien kann auch if statt cond verwendet werden.

Konstruktionsanleitung 3 (zusammengesetzte Daten) Wenn bei der Datenanalyse zusammengesetzte Daten vorkommen, stelle zunächst fest, welche Komponenten zu welchen Sorten gehören. Schreibe dann eine Datendefinition, die mit folgenden Worten anfängt:

```
; Ein x ist ein Wert
;    (c f₁ ... fₙ)
; bei dem ...
```

Dabei ist x ein umgangssprachlicher Name für die Sorte („Schokokeks"), c ein Name für den noch zu definierenden Konstruktor, und die f_i Namen für die Komponenten. Beschreibe dann für jede Komponente kurz ihre Rolle und die Sorte, zu der sie gehört.

Übersetze die Datendefinition in eine Record-Definition, indem du auch Namen für den Record-Typ t, Prädikat p und die Selektoren s_i wählst:

```
(define-record-procedures t
  c p
  (s₁ ... sₙ))
```

Konstruktionsanleitung 4 (zusammengesetzte Daten als Argumente) Wenn ein Argument einer Prozedur zusammengesetzt ist, stelle zunächst fest, von welchen Komponenten des Records das Ergebnis der Prozeduren abhängt.

Schreibe dann für jede Komponente $(s\ c)$ in die Schablone, wobei s der Selektor der Komponente und c der Name des Parameters der Prozedur ist.

Vervollständige die Schablone, indem du einen Ausdruck konstruierst, in dem die Selektor-Anwendungen vorkommen.

Konstruktionsanleitung 5 (zusammengesetzte Daten als Ausgabe) Eine Prozedur, die einen neuen zusammengesetzten Wert zurückgibt, enthält einen Aufruf des Konstruktors des zugehörigen Record-Typs.

Konstruktionsanleitung 6 (gemischte Daten) Wenn bei der Datenanalyse gemischte Daten auftauchen, schreibe eine Datendefinition der Form:

```
; Ein x ist eins der folgenden:
; - ein x₁
; ...
; - ein xₙ
; Name: s
```

Dabei bezeichnen die x_i die möglichen Sorten, die ein Wert aus diesen gemischten Daten annehmen kann. Der Name s ist für die Verwendung als Sorte in Verträgen.

Wenn die Prädikate für die einzelnen Sorten $p_1, \ldots, p_n$ heißen, hat die Schablone für eine Prozedur, die gemischte Daten konsumiert, die folgende Form:

```
; p : s -> ...
(define p
  (lambda (a)
    (cond
      ((p₁ a) ...)
      ...
      ((pₙ a) ...)))))
```

Die rechten Seiten der Zweige werden dann nach den Konstruktionsanleitungen der einzelnen Sorten ausgefüllt.

Konstruktionsanleitung 7 (Listen) Eine Prozedur, die eine Liste konsumiert, hat die folgende Schablone:

```
; p : list(...) -> ...
(define p
  (lambda (l)
    (cond
      ((empty? l) ...)
      ((pair? l)
       ... (first l)
       ... (p (rest l)) ...)))))
```

Fülle in der Schablone zuerst den `empty?`-Zweig aus. Dann vervollständige den anderen Zweig unter der Annahme, daß der rekursive Aufruf (p (rest l)) das gewünschte Ergebnis für den Rest der Liste liefert.

Konstruktionsanleitung 8 (natürliche Zahlen) Eine Prozedur, die natürliche Zahlen konsumiert, hat die folgende Schablone:

```
; p : N -> ...
(define p
  (lambda (n)
    (if (= n 0)
        ...
        ... (p (- n 1)) ...)))
```

Fülle in der Schablone zuerst den 0-Zweig aus. Dann vervollständige den anderen Zweig unter der Annahme, daß der rekursive Aufruf (p (- n 1)) das gewünschte Ergebnis für $n - 1$ liefert.

Konstruktionsanleitung 9 (natürliche Zahlen, endrekursiv) Eine endrekursive Prozedur, die natürliche Zahlen konsumiert, hat die folgende Schablone:

```
; p : N -> ...
(define p
  (lambda (n)
    (p-helper n z)))

(define p-helper
  (lambda (n result)
    (if (= n 0)
        result
        (p-helper (- n 1)
                  (... result ...)))))
```

Dabei ist z das gewünschte Ergebnis für $n = 0$. Der Ausdruck (... result ...) muß den neuen Wert für den Akkumulator berechnen.

Konstruktionsanleitung 10 (gekapselter Zustand) Falls ein Wert Zustand enthalten soll, schreibe eine Datendefinition wie bei zusammengesetzten Daten.

Schreibe dann eine Record-Definition mit define-record-procedures-2 und lege dabei fest, welche Bestandteile veränderbar sein sollen. Gib Mutatoren für die betroffenen Felder an. Wenn der Selektor für das Feld s heißt, sollte der Mutator meist set-s! heißen. Die Form sieht folgendermaßen aus, wobei an der Stelle k ein veränderbares Feld steht:

```
(define-record-procedures-2 t
  c p
  (s_1 ... (s_k m_k) ... s_n))
```

In der Schablone für Prozeduren, die den Zustand eines Record-Arguments r ändern, benutze den dazugehörigen Mutator m_k. Wenn a der Ausdruck für den neuen Wert der Komponente ist, sieht der Aufruf folgendermaßen aus: $(m_k\ r\ a)$.

Um mehrere Komponenten in einer Prozedur zu verändern, oder um einen sinnvollen Rückgabewert nach einer Mutation zu liefern, benutze begin.

Literaturverzeichnis

[ABELSON et al. 1996] ABELSON, HAROLD, G. J. SUSSMAN, and J. SUSSMAN (1996). *Structure and Interpretation of Computer Programs*. MIT Press, Cambridge, Mass., second ed.

[ADAMS and REES 1988] ADAMS, NORMAN and J. REES (1988). *Object-oriented programming in Scheme*. In *ACM Conference on Lisp and Functional Programming*, pp. 277–288, Snowbird, Utah. ACM Press.

[BARENDREGT 1990] BARENDREGT, HENK P. (1990). *Functional programming and lambda calculus*. In VAN LEEUWEN, JAN, ed.: *Handbook of Theoretical Computer Science—Formal Models and Semantics*, vol. B, chap. 7. Elsevier Science Publishers.

[BAUER and WÖSSNER 1984] BAUER, FRIEDRICH L. and H. WÖSSNER (1984). *Algorithmische Sprache und Programmentwicklung*. Springer-Verlag.

[BRITANNICA CD 1994-1999] BRITANNICA CD (1994-1999). *Version 99*. Encyclopædia Britannica. Stichwort „Engineering".

[BROOKS 1995] BROOKS, FREDERICK P. (1995). *The Mythical Man-Month, Anniversary Edition: Essays on Software Engineering*. Addison-Wesley, 2nd ed.

[FELLEISEN et al. 2001] FELLEISEN, MATTHIAS, R. B. FINDLER, M. FLATT, and S. KRISHNAMURTHI (2001). *How to Design Programs*. MIT Press.

[FLATT et al. 1998] FLATT, MATTHEW, S. KRISHNAMURTHI, and M. FELLEISEN (1998). *Classes and mixins*. In CARDELLI, LUCA, ed.: *Proc. 25th Annual ACM Symposium on Principles of Programming Languages*, pp. 171–183, San Diego, CA, USA. ACM Press.

[FLOYD und KLAEREN 1999] FLOYD, CHRISTIANE und H. KLAEREN (1999). *Informatik als Praxis und Wissenschaft*. Tübinger Studientexte Informatik und Gesellschaft. Universität Tübingen. Hrsg. Johannes Busse.

[FRIEDMAN et al. 2001] FRIEDMAN, DANIEL P., M. WAND, and C. T. HAYNES (2001). *Essentials of Programming Languages*. MIT Press and McGraw-Hill, 2nd ed.

[GALLIER 1986] GALLIER, JEAN H. (1986). *Logic for Computer Science: Foundations of Automatic Theorem Proving*. Harper & Row Computer Science and Technology Series. Harper & Row.

[GOOS 1996] GOOS, GERHARD (1996). *Vorlesungen über Informatik*, vol. 1: Grundlagen und funktionales Programmieren. Springer-Verlag.

[HAILPERIN et al. 1999] HAILPERIN, MAX, B. KAISER, and K. KNIGHT (1999). *Concrete Abstractions*. Brooks/Cole.

[HINDLEY and SELDIN 1986] HINDLEY, J. R. and J. P. SELDIN (1986). *Introduction to Combinators and λ-Calculus*, vol. 1 of *Mathematical Sciences Student Texts*. Cambridge University Press, London.

[HINZE 1991] HINZE, RALF (1991). *Einführung in die funktionale Programmierung mit Miranda*. Teubner Verlag.

[HOFSTADTER 1979] HOFSTADTER, DOUGLAS R. (1979). *Gödel, Escher, Bach: An Eternal Golden Braid*. Basic Books, New York.

[KELSEY et al. 1998] KELSEY, RICHARD, W. CLINGER, and J. REES (1998). *Revised⁵ report on the algorithmic language Scheme*. Higher-Order and Symbolic Computation, 11(1):7–105.

[KLAEREN 1983] KLAEREN, HERBERT (1983). *Algebraische Spezifikation — Eine Einführung*. Lehrbuch Informatik. Springer-Verlag, Berlin-Heidelberg-New York.

[MESCHKOWSKI 1971] MESCHKOWSKI, H. (1971). *Einführung in die moderne Mathematik*, Bd. 75/75a d. Reihe *Hochschultaschenbücher*. BI.

[METROPOLIS et al. 1980] METROPOLIS, N., J. HOWLETT, and G.-C. ROTA, eds. (1980). *A History of Computing in the Twentieth Century*. Academic Press.

[MEYER 1997] MEYER, BERTRAND (1997). *Object-Oriented Software Construction*. Prentice-Hall, second ed.

[RAYMOND 1996] RAYMOND, ERIC S., ed. (1996). *The New Hacker's Dictionary*. MIT Press, 3rd ed.

[SPERBER et al. 2006] SPERBER, MICHAEL, W. CLINGER, R. K. DYBVIG, M. FLATT, A. VAN STRAATEN, R. KELSEY, and J. REES (2006). *Revised⁶ report on the algorithmic language Scheme*. http://www.schemers.org/Documents/Standards/.

[THIEMANN 1994] THIEMANN, PETER (1994). *Grundlagen der funktionalen Programmierung*. Teubner Verlag, Stuttgart.

[VALK 1997] VALK, RÜDIGER (1997). *Die Informatik zwischen Formal- und Humanwissenschaften*. Informatik-Spektrum, 20(2):95–100.

Index

Teubner Lehrbücher: einfach clever

Dietrich Boles

Programmieren spielend gelernt mit dem Java-Hamster-Modell

3., überarb. u. erw. Aufl. 2006. 394 S.
mit 186 Abb. Br. EUR 24,90
ISBN 3-8351-0064-5

Grundlagen: Programmierung - Programmier-sprachen - Programmentwicklung - Computer - Aussagenlogik - Imperative Programmie-rung: Grundlagen des Hamster-Modells - Anweisungen und Programme - Prozeduren - Auswahlanweisungen - Wiederholungsanwei-sungen - Boolesche Funktionen - Programm-entwurf - Boolesche Variablen - Zahlen, Varia-blen und Ausdrücke - Prozeduren und Funk-tionen - Funktionsparameter - Rekursion

Mit dem Hamster-Modell wird Programmier-anfängern ein einfaches aber mächtiges Modell zur Verfügung gestellt, mit dessen Hilfe Grundkonzepte der Programmierung auf spielerische Art und Weise erlernt wer-den.

Stand Juli 2006.
Änderungen vorbehalten.
Erhältlich im Buchhandel
oder beim Verlag.

B. G. Teubner Verlag
Abraham-Lincoln-Straße 46
65189 Wiesbaden
Fax 0611.7878-400

Teubner www.teubner.de

Matthias Schubert

Datenbanken

Theorie, Entwurf und
Programmierung
relationaler Datenbanken

2004. 352 S. Br. EUR 29,90
ISBN 3-519-00505-0

Einführungen aus der Sicht der Anwender,
aus der Sicht der Theoretiker und aus der
Sicht der Programmierer - Der Aufbau einer
Beispieldatenbank Schritt für Schritt - Relatio-
nale Theorie - Index- und Hashverfahren zur
Optimierung von Datenbankzugriffen - Ein
eigenständiger SQL-Kurs - Analyse und
Design von Datenstrukturen und Tabellen -
Transaktionen, Recovery und Konkurrierende
Zugriffe

Was sind Datenbanken, wie entwirft man
eigene Datenbanken und wie kann man mit
ihnen optimal arbeiten? Lebendig und umfas-
send führt Sie dieses Buch in die Grundlagen
von Theorie, Programmierung und dem Entwurf relationaler Datenbanken ein. Aus verschiedenen Perspektiven von Anwendern,
Programmierern und Datenbankadministra-
toren werden die unterschiedlichsten Anforderungen beleuchtet und ein umfassendes
Verständnis für die Problematik geweckt.
Eine übersichtliche Grafik dient als Wegwei-
ser durch das Buch. An jedem Kapitelende
finden Sie neben zahlreichen Fragen und
Aufgaben ausführliche Zusammenfassungen
zur Wiederholung und Intensivierung des
Stoffes. Auf der Homepage zum Buch stehen
alle Beispieldateien zum Download bereit.

Stand Juli 2006.
Änderungen vorbehalten.
Erhältlich im Buchhandel
oder beim Verlag.

B. G. Teubner Verlag
Abraham-Lincoln-Straße 46
65189 Wiesbaden
Fax 0611.7878-400

Teubner www.teubner.de